日 新 文 库

江河行地

近代长江中游的船民与木帆船航运业

陈瑶 — 著

图书在版编目(CIP)数据

江河行地:近代长江中游的船民与木帆船航运业/陈瑶著.—北京:商务印书馆,2023
(日新文库)
ISBN 978-7-100-22316-4

Ⅰ.①江… Ⅱ.①陈… Ⅲ.①木船—帆船—航运—交通运输史—研究—中国—近代 Ⅳ.①F552.9

中国国家版本馆 CIP 数据核字(2023)第 068696 号

权利保留,侵权必究。

国家社会科学基金一般项目(批准号:18BZS146)成果

日新文库
江河行地
近代长江中游的船民与木帆船航运业
陈瑶 著

商 务 印 书 馆 出 版
(北京王府井大街36号 邮政编码100710)
商 务 印 书 馆 发 行
北京艺辉伊航图文有限公司印刷
ISBN 978-7-100-22316-4

2023 年 7 月第 1 版	开本 880×1240 1/32
2023 年 7 月北京第 1 次印刷	印张 12½ 插页 2
定价:75.00 元	

日新文库

学术委员会

学术委员会主任
刘北成　　　清华大学人文学院历史系

学术委员会委员（以姓氏笔画为序）
丁　耘　　　复旦大学哲学学院
王东杰　　　清华大学人文学院历史系
任剑涛　　　清华大学社会科学学院政治学系
刘　宁　　　中国社会科学院文学研究所
刘永华　　　北京大学历史学系
杨立华　　　北京大学哲学系
杨春学　　　首都经贸大学经济学院
李　猛　　　北京大学哲学系
吴晓东　　　北京大学中文系
张　生　　　中国社会科学院法学研究所
罗　新　　　北京大学历史学系
郑　戈　　　上海交通大学凯原法学院
孟彦弘　　　中国社会科学院中国历史研究院古代史研究所
聂锦芳　　　北京大学哲学系
黄　洋　　　复旦大学历史学系
黄群慧　　　中国社会科学院经济研究所
渠敬东　　　北京大学社会学系
程章灿　　　南京大学文学院
潘建国　　　北京大学中文系
瞿旭彤　　　清华大学人文学院哲学系

日新文库
出 版 说 明

近年来，我馆一直筹划出版一套青年学者的学术研究丛书。其中的考虑，大致有三。一是当今世界正处于"百年未有之大变局"，当代中国正处于民族复兴之关键期，新时代面临新挑战，新需求催生新学术。青年学者最是得风气先、引领潮流的生力军。二是当下中国学界，一大批经过海内外严格学术训练、具备国际视野的学界新锐，积学有年，进取有心，正是潜龙跃渊、雏凤清声之时。三是花甲重开的商务，以引领学术为己任，以海纳新知求变革，初心不改，百岁新步。我馆先贤有言："日新无已，望如朝曙。"因命名为"日新文库"。

"日新文库"，首重创新。当代中国集合了全世界规模最大的青年学术群体，拥有最具成长性的学术生态环境。新设丛书，就要让这里成为新课题的讨论会，新材料的集散地，新方法的试验场，新思想的争鸣园；让各学科、各领域的青年才俊崭露头角，竞相涌现。

"日新文库"，最重专精。学术研究，自有规范与渊源，端赖脚踏实地，实事求是。薄发源于厚积，新见始自深思。我们邀请各学科、各领域的硕学方家组成专业学术委员会，评审论证，擘画裁夺，择取精良，宁缺毋滥。

"日新文库"，尤重开放。研究领域，鼓励"跨界"；研究课题，乐见"破圈"。后学新锐，不问门第出身，唯才是举；学术成果，不图面面俱到，唯新是求。

我们热烈欢迎海内外青年学者踊跃投稿，学界友朋诚意绍介。经学术委员会论证，每年推出新著若干种。假以时日，必将集水为流，蔚为大观，嘉惠学林。

是所望焉！

商务印书馆编辑部

2022 年 6 月

目　录

绪论 1

上编　千帆过尽：长江中游木帆船航运业

第一章　清至民国长江中游木帆船与船民规模 27
　　第一节　长江中游干流木船与船民规模 29
　　第二节　湖北河道上的木船与船民规模 38
　　第三节　湖南河道上的木船与船民规模 42
　　第四节　江西河道上的木船与船民规模 50
　　第五节　本章小结 54

第二章　清代河运中的船行、船帮与商业规范 56
　　第一节　长江中游船户船只的管理制度 57
　　第二节　长江中游的船行及其商业机制 70
　　第三节　长江中游的船帮及其组织规范 78
　　第四节　本章小结 86

第三章　清代湖南的基层运役与船户宗族组织 90
　　第一节　湖南涟水河道运输与民船规模 91
　　第二节　船户宗族应役运漕与垄断河运 97

第三节　陈氏宗族建构与应承船差机制 105
　　第四节　本章小结 116
第四章　晚清变局中湘潭的船行、船帮与绅商 119
　　第一节　汉益船帮与湘潭船行讼案过程 121
　　第二节　船行的差役化与运输业务锐减 131
　　第三节　船帮与地方商业社会结构演变 140
　　第四节　初来湘江下游的轮船业及遭遇 147
　　第五节　本章小结 153
第五章　民国年间长江中游民船业的初步转型 156
　　第一节　交通运输与民船的市场新格局 156
　　第二节　民船航运业初入政府管理体制 165
　　第三节　民船航运业组织的延续与萌变 173
　　第四节　本章小结 181
第六章　抗战前后长江中游民船业的最后繁荣 183
　　第一节　抗战初期运输无序与需求激增 187
　　第二节　抗战后期民船同业组织的建立 192
　　第三节　战后复员民船船主的身份认同 203
　　第四节　本章小结 213

下编　江湖流声：长江中游船民们的声音

第七章　工资与伙食：船民账簿中的日常生活 219
　　第一节　20世纪中叶湘潭的民船航运业 222
　　第二节　船民账簿中的货币与物价信息 225
　　第三节　船民账簿中的船民工资及变化 233
　　第四节　船民账簿中日常社会经济生活 245

第五节　本章小结 251
第八章　水神与山神：涟水船户宗族建构话语 253
　　第一节　水神祖先必清公与唱太公仪式 253
　　第二节　清前期湖南磺矿的探勘与开采 258
　　第三节　船户矿工走私磺矿与官方稽查 262
　　第四节　陈氏宗族的建构与族谱的编纂 266
　　第五节　本章小结 270
第九章　水路歌传唱：从生命地图到非遗名目 273
　　第一节　船民的生计、生活与生命礼仪 275
　　第二节　湘江及其支流船民水路歌文本 287
　　第三节　资江及其支流船民水路歌文本 293
　　第四节　沅江、澧水及支流水路歌文本 302
　　第五节　水路歌文本的形成过程与底色 318
　　第六节　本章小结 331
结语 336

参考文献 354
后记 378
专家推荐意见一 　　　　　　　　　　　　鲁西奇 384
专家推荐意见二 　　　　　　　　　　　　邱澎生 387

图表目录

图1　1920年代初汉口江汉关及码头繁忙景象 25
图2　长江中游流域示意图 30
图3　光绪二十年汉口船行官契 67
图4　同治九年湘潭船行官契 73
图5　湘乡白沙陈氏手抄本世系之一页 107
图6　《湘潭船行成案稿》之一页 122
图7　1880—1900年两江交汇处汉口集家嘴商船云集商贸繁盛景象 143
图8　湘潭日清轮船公司趸船 157
图9　旅汉湖南安益船商同乡会绘制汉阳码头使用权图 179
图10　长江各省水警总局湖北分局各船帮公所会首姓名暨各项一览表 186
图11　必清公神像 217
图12　《无名氏船户1934江河总簿》之一页 220
图13　唱太公仪式神案 256
图14　涟水示意图 263
图15　江西赣州储君庙中崇祀的滩神 286

表 1	宜昌海关经由船只数年别比较表	33
表 2	宜昌常关经由民船数年别比较表	34
表 3	沙市最近五年间出入民船只数比较表	35
表 4	汉口最近五年间船舶出入表	36
表 5	1928年度汉口出入船舶与前年度比较表	36
表 6	九江关出入民船数量表（根据海关规定的记录）	37
表 7	1916年九江经报关通过民船数	37
表 8	1918年至1920年九江常关经由民船出入只数	37
表 9	最近十年间长沙港船舶出入表	47
表 10	最近十年间内地航行船舶长沙港出入表	47
表 11	湖南全省水上警察局调查船籍登记表	49
表 12	民国二十三年度（1934）江西水上公安局征收旗照税之民船只数	52
表 13	1946年至1948年法洋与光洋比价	226
表 14	1948年金圆券与光洋比价	228
表 15	1950年旧人民币与光洋比价	229
表 16	湘潭猪肉价格（1946—1953）	231
表 17	湘潭鱼价格（1946—1953）	231
表 18	1934年船工日工价	236
表 19	1946年船工日工价	236
表 20	1948年船工日工价	237
表 21	1950年船工日工价	237
表 22	1952年船工日工价	238
表 23	1953年船工日工价	238
表 24	1934年至1953年船工工资的实际购买力	243

表 25 湘潭县甄选民船运输合作社易俗河埠、涓江埠社员名册 246
表 26 《中国民间歌谣集成·湖南卷》及各县市的资料册所收水路歌采集信息 322

绪　　论

　　湘潭开头望昭山，兴马羑洲巴矶滩，枯石猴子南湖港，西湖桥上石栏杆。

　　长沙开头到铜官，青竹云田磊石山，鹿角城陵矶下水，压缆茅埠石头滩。

　　嘉鱼排洲荆口驿，黄鹤楼中吹玉笛。顺风吹过黄鹤楼，长江滚滚向东流。

——《船工收索号子》[①]

　　中国古代有"南船北马"的说法，意思是北方的交通运输较多仰仗马匹，而南方则一般选择水路，倚赖传统木帆船。流动的船民及其所从事的木帆船航运业，一直于中国广阔水域之中承担着物流人通的工作。木帆船航运业的兴盛程度，直接反映中国不同区域之间市场网络勾连互通的深度和广度。近代以降，木帆船航运业遭遇前所未有的技术剧变和市场更迭；其衰颓趋势与转型格局，又透露了近代中国社会经济结构变动的大势及区域之间变

[①] 湘潭市民间文学集成编委会编：《中国民间歌谣集成湖南卷·湘潭市分卷》，内部资料，1988年版，第30—31页。

动节奏的差异。以水运为业的船民,则不得不直面世代相承的行业日渐衰落,最终走进历史。

本书探讨传统航运业的近代转型问题,关心流动性船民群体如何在传统渐变至现代的中国社会中谋求生存、应对危机和实现转型,并希望通过考察一个行业及其从业者的历史,解读近代中国社会经济变迁的某些面向、节奏和趋势。具体来说,本书透过船民与木帆船航运业研究,所要探讨的近代中国社会、经济、文化的变迁问题,可以分解成以下几个层面:其一,船民这类流动人群的生计模式、生活方式、社会性质如何?船民本身及其组织是主动地参与近代转型,抑或完全被动地被新兴交通运输业取代?其二,船帮之类的流动群体如何组建行业组织?如何赢得政府和市场的信任?如何应对行业技术的更新迭代?其三,政府如何管控流动性职业的从业者?市场机制如何引导流动性职业者的秩序化?归纳起来,本书讨论的是流动的船民及其社会组织与政府、市场之间的动态互动关系,以及由此所反映的中国近代社会经济结构转型过程。

下文有必要先解释本书所关注的宏观问题与研究对象,进而简要介绍本书的章节框架。本书主要关怀流动性劳工群体及其行业的相关问题,并对以下三个方面的具体问题研究有所关照:第一个是长江中游区域社会经济的近代历程;第二个是船民的历史;第三是木帆船航运业的历史。下面在学术研究的脉络中逐一阐明。

一、议题与背景:近代长江中游社会经济史

中国幅员辽阔,由于处于同一政府、制度、文化大环境下,

区域之间自明清以来日益织就紧密的流动通路和市场网络。[①] 不同区域社会经济的发展面向、节奏和趋势各具特色，在对区域史进行实证研究的基础上，重视区域之间的联动互通关系，将有助于领会中国发展的区域节奏和整体乐章。

长江中游社会经济的近代历程是本书探讨的议题，也是本书聚焦的船民与木帆船航运业所处的宏大时空背景。本书所用的"近代"一词，泛指清代至1949年的时间范畴。本书讨论的长江中游区域，主要包括湖北、湖南、江西三省，长江中游的水运体系，是指长江中游干流、洞庭湖、鄱阳湖，以及湖北的汉水，湖南的湘、资、沅、澧四水，江西的修水、赣江、抚河、信江、昌江等，加上遍布整个长江中游地区的支流港汊所沟通形成的水路交通运输网络。

关于长江流域经济史的发展脉络，吴承明早已指出，明代后期，长江贸易主要聚集在中下游，两湖丘陵地带和四川、云南尚未大力开发，明代国内市场的开辟更重要的是基于大运河和沿赣江南下过大庾岭到两广一路的南北贸易。长江中上游一线的突破

[①] 最近，中国史和欧洲史学者在推进"大分流"问题比较研究的理论性成果中，积极强调统治理念、政治格局、统一和分裂的政权竞争，财政体系对于经济发展和市场拓展的影响，这些研究有助于推动中欧市场规模和全国市场的历史比较。笔者受此启发，认为商业运输行业作为中欧不同政治格局影响下的市场史重要面向，值得进行比较研究。参见〔美〕王国斌（R. Bin Wong）、〔美〕罗森塔尔（Jean-Laurent Rosenthal）：《大分流之外：中国和欧洲经济变迁的政治》，周琳译，江苏人民出版社2018年版；〔美〕万志英（Richard von Glahn）：《剑桥中国经济史：古代到19世纪》，崔传刚译，中国人民大学出版社2018年版；马德斌：《中国经济史的大分流与现代化》，徐毅、袁为鹏、乔士容译，浙江大学出版社2019年版；刘志伟：《贡赋体制与市场：明清社会经济史论稿》，中华书局2019年版；黄国信：《国家与市场：明清食盐贸易研究》，中华书局2019年版。

性发展是在清代前期。长江中游随着土地开发、水路畅通和商业兴起，九江、汉口、宜昌、湘潭、襄樊等长江干支流沿岸城市逐渐繁荣起来。清代以后，除了赣江一线，湘江商货日繁，长江中上游整体商业水运已具近代规模。① 在此基本判断之上，学者们关注的问题是，鸦片战争之前，中国是否已经发展成为一个统一的全国市场（national market）呢？或者说，中国的国内市场已经拓展到哪些空间，以至于这些区域形成了社会经济变动节奏和命运相系的共同体？

关于这一重大问题，李伯重从整体上进行评价，认为在1840年以前，中国已经形成了一个统一的全国市场，在这个整合良好的全国市场中，商品、劳力、资金和信息的流动方面都取得重大进展，形成了较大比例的跨区自由流动。② 他指出，长江水系、大运河和沿海是三条主要水路，构成了中国水运系统的主干；而中国的国内长途贸易也正是集中在这三条水路经过的地区。因此，中国全国市场也就以这三条水路为基础，呈现出一种三叉形的枝状空间结构。从功能上来说，第一层商业腹地包括直接与这三条水路相邻的地区，第二层腹地包括可以通过其他大小水道进入这三条水路的地区，而第三层腹地则为那些仅只有陆运的地区。对于这个结构来说，是否有水运比距离的远近更为重要。就长江中游来说，汉口位于长江和长江的两大支流——汉水与湘江——的交汇地段，在明末就已十分繁华，与江西景德镇、

---

① 参见吴承明：《中国的现代化：市场与社会》，生活·读书·新知三联书店2001年版，第118、145—146、162页。
② 参见李伯重：《中国全国市场的形成：1500—1840》，《清华大学学报（哲学社会科学版）》1999年第4期。

河南朱仙镇、广东佛山镇并称为天下"四大名镇"。入清之后，汉口发展更为迅速，号称"九省通衢"，在长江流域贸易中占据非常重要的地位。[①]这些认识成为本书的知识背景和研究起点。

从财政史和全国市场研究视角出发的相关研究，也为长江流域社会经济史提供了新的史料支撑和研究结论。倪玉平的系列研究，在彭泽益、彭雨新、祁美琴、许檀、邓亦兵等前辈先行研究的基础上，提供了较为系统而详细的长江流域扬州关、芜湖关、九江关、赣关、武昌厂、荆州关、湖北新关、夔关、渝关等税关相关史料，认为运河与长江沿线税关所征税收在19世纪上半叶之前远远高于边疆贸易税关和沿海税关，但之后沿海税关严重挑战了运河长江沿线税关的地位，并使用关税数据估算1840年粮食、棉花、棉布、丝、食盐、茶叶、布、桑叶、甘蔗、烟草、木材等各类商品的市场价值量，认为这些产品的市场价值量在19世纪中叶达到七亿五千万两。[②]根据倪玉平提供的资料，在太平天国运动之前，运河-长江沿线各关税收基本保持在三百万两以上，若以晚清关税定额全国关税收入为五百万两计算，运河-长江沿线税额占60%，若以此数估算，运河-长江沿线商品价值量在19世纪中叶达到四亿五千万两。这一数据让我们对长江流域的商品流通量有一个基本轮廓和印象。

近几十年来，随着长江流域史料的披露和科研力量的持续投入，长江中游区域社会经济史也有了新的进展。本书研究的长

---

① 参见李伯重：《十九世纪初期中国全国市场：规模与空间结构》，《浙江学刊》2010年第4期。
② 参见倪玉平：《清代关税：1644—1911年》，科学出版社2017年版，第179—185、197页。

江中游流域，主要涵盖自湖北宜昌到江西湖口的主流河段，以及湖北、湖南、江西三省的众多支流。长江水路运输与区域商业经济发展相辅相成。明代前期，长江沿线的商品流通集中在下游地区。长江中游干支流经历河道和沙洲的长期演变，直到明代成化年间（1465—1487）之后，汉水注入长江的河道稳定下来，汉口随之形成并发展繁荣。清代以后，汉水、湘江、沅江、清水江等大小支流也获得进一步的疏通。[1]自明代后期起，特别是清代前期，长江中游地区移入人口激增，土地开发迅速推进，农业垦殖和物产开采进入新时代，开始为国内市场提供大量粮食、木材、矿产等物资，也为边境和国际贸易提供茶叶等产品[2]；并且形成人口密集的消费市场，汉口、九江、湘潭等港口成长为长江中游商品转运和商人聚集的中心城市，淮盐、米粮、棉布、丝绸、

---

[1] 参见张修桂：《汉水河口段历史演变及其对长江汉口段的影响》，《复旦学报（社会科学版）》1984年第3期；陶家元、廖春华：《汉江航道及其航运前景的研究》，《华中师范大学学报》（自然科学版）1990年第4期；罗传栋主编：《长江航运史（古代部分）》，人民交通出版社1991年版，第306—308、312页；皮明庥主编：《近代武汉城市史》，中国社会科学出版社1993年版；鲁西奇、潘晟：《汉水下游河道的历史变迁》，《江汉论坛》2001年第3期；尹玲玲：《明清时期长江武汉段江面的沙洲演变》，《中国历史地理论丛》2007年第2期；张应强：《木材之流动：清代清水江下游地区市场、权力与社会》，生活·读书·新知三联书店2006年版；陈瑶：《粜粜之局：清代湘潭的米谷贸易与地方社会》，厦门大学出版社2017年版。

[2] 参见彭雨新、张建民：《明清长江流域农业水利研究》，武汉大学出版社1992年版；张国雄：《明清时期的两湖移民》，陕西人民教育出版社1995年版；吴量恺：《清代湖北农业经济研究》，华中理工大学出版社1995年版；龚胜生：《清代两湖农业地理》，华中师范大学出版社1996年版；方志远：《明清湘鄂赣地区的人口流动与城乡商品经济》，人民出版社2001年版；张建民主编：《明清长江流域山区资源开发与环境演变》，武汉大学出版社2007年版；林荣琴：《清代湖南的矿业：分布·变迁·地方社会》，商务印书馆2014年版；陈瑶：《粜粜之局：清代湘潭的米谷贸易与地方社会》；吴晓美：《商镇兴衰：洪江的商业历史与地域社会建构》，社会科学文献出版社2021年版。

茶叶、药材、瓷器等百货汇聚。①清代以降，随着湖南、湖北、四川等省的深化开发，整个长江沿线的商品流通规模大幅度增长，中游地区以汉口为区域市场中心，通过廉价便捷的水运，串联起干支河流沿线的市镇，进一步与长江下游、华北、西北、西南、华南地区连接，共同勾勒出全国性商贸网络与国内市场的拓展形势。②

五口通商和太平天国战争之后，上海取代广州成为对外贸易中心，并带动整个长江流域腹地进入商业化的新阶段。③至清末，长江中游地区被迫对外开放，汉口、九江、宜昌、沙市、岳阳、长沙等内河港口一一开埠，逐步成为外国掠夺物产资源和开发消费市场的对象，进入商贸更新与市场扩展的转型时期。④长江

---

① 参见梁淼泰:《明清景德镇城市经济研究》，江西人民出版社1991年版；任放:《明清长江中游市镇经济研究》，武汉大学出版社2003年版；〔美〕罗威廉（William T. Rowe）:《汉口：一个中国城市的商业和社会（1796—1889）》，江溶、鲁西奇译，中国人民大学出版社2005年版；陈锋主编:《明清以来长江流域社会发展史论》，武汉大学出版社2006年版；张建民主编:《10世纪以来长江中游区域环境、经济与社会变迁》，武汉大学出版社2008年版；陈瑶:《籴粜之局：清代湘潭的米谷贸易与地方社会》；赵伟洪:《粮食流通与市场整合——以乾隆时期长江中游为中心的考察》，经济管理出版社2018年版。
② 参见吴承明:《中国的现代化：市场与社会》，第145—146页；许檀:《清代前期流通格局的变化》，《清史研究》1999年第3期；李伯重:《中国全国市场的形成：1500—1840》，《清华大学学报（哲学社会科学版）》1999年第4期；李伯重:《十九世纪初期中国全国市场：规模与空间结构》，《浙江学刊》2010年第4期；许檀:《明清华北的商业城镇与市场层级》，科学出版社2021年版。
③ 参见戴鞍钢:《五口通商后中国外贸重心的转移》，《史学月刊》1984年第1期；戴鞍钢:《近代上海与长江流域商路变迁》，《近代史研究》1996年第4期。
④ 参见苏云峰:《中国现代化的区域研究·湖北省》，"中研院"近代史研究所1981年版；张朋园:《中国现代化的区域研究·湖南省》，"中研院"近代史研究所1982年版；皮明庥主编:《近代武汉城市史》；李玉:《长沙近代化的启动》，湖南教育出版社2000年版；黄永豪:《米谷贸易与货币体制：20世纪初年湖南的经济衰颓》，广西师范大学出版社2012年版；张芳霖:《市场环境与制度变迁——以清末至民国南昌商人与商会组织为视角》，人民出版社2013年版；任放:《近代两湖地区的市场体系》，《安徽史学》2014年第2期；程军:《近代长江流域行轮内港时空变迁研究（1898—1929年）》，《历史地理研究》2020年第4期。

沿岸城市陆续被迫开埠与轮船航运业进入之后,传统的木帆船航运业与新兴的轮船航运业互相竞争,又相互合作,带动长江中游干支流沿线城镇的商贸规模和市镇经济经历了程度不一的兴衰起伏。近代以降,国内市场网络的依存共生的程度进一步加深,很多内地市镇融入全国市场之中,在抗日战争时期成为后方经济重心和转运通道,为持久抗战提供了不可或缺的支撑力量。

木帆船航运业的兴衰起伏,反映了中国传统市场经济体系的盈缩和转型。由于水运廉价、便捷且运载量灵活,长江中游地区与外界的米粮、茶叶、木材、矿产等大宗商品的贸易往来,以及城乡之间的物资运输,长期依赖木帆船航运业。船户契约、族谱、碑刻、水路歌、讼案记录等民间文献与地方档案、中外调查、官方史志等多元史料相互印证,一方面展现木帆船航运业与商运路线变迁之间的紧密联系,另一方面也直观地反映国内市场自明清以至近代在空间上的不断伸展。本书尝试将内河木帆船航运业历史的研究,从航运业史的范畴带回近代经济史、制度史、社会史等多维度考察脉络之中,期待透过木帆船航运业的行业史,加深认识近代中国社会经济结构的变迁过程。

二、社会基层劳动者:历史中的船民和船帮

船民,也被称为船夫、船户、船工,因分工不同与出资出力的差别,又包括船主(船户、船老板)、舵工、篙师、水手、纤夫等从事木帆船航运业的社会基层劳动者。[①] 船民部分生活在船

---

① 参见黄纯艳:《宋代内河船夫群体的构成与生计》,《首都师范大学学报(社会科学版)》2017年第5期;吴智和:《明代江河船户》,《明史研究专刊》1978年第1期。

上，部分在明清时期已经上岸居住；他们或已成家立业，拥有船只，或者孑然一身，充当雇工。识别船民的主要依据是他们的职业。船民因生计需要，生活方式具有极大的流动性，历来不被官府、士绅、商旅、乡党视若良民，其职业与身份一般世代相袭。在木帆船航运时代，川流不息的江湖河道上，船民从事长短程商货运输，支持社会经济的发展和全国市场的扩张。自20世纪中叶以来，船民及其所从事的木帆船运输业，才渐渐退出历史舞台，成为历史的远影。

以往对于船民的认识，主要来源于官方、士绅、商旅的文献。这些群体往往将船民视为江河匪盗，游离于社会秩序之外的人群。特别是刑案或省例成案之类的官方档案，记录内容往往是船户为非作歹的事迹，或凸显江湖险恶的刑事民事案件，给人留下"水路运输危险艰难实乃船民造成"的刻板印象。[1] 又如明代商贾对世人的告诫，提及"船载家人行李逃""娶妾在船夜被拐""买铜物被艄谋死""带镜船中引谋害"等船运带来的商旅安全问题。[2] 再如，明人钱春所著《湖湘五略》中，记载了湖南衡州府一起船户谋财害命的案件，其中船户秦大吉与唐大瑚，"阳为操舟揽载，阴则谋杀掠财。羡陈少溪之囊资，知孤客之易与，深夜放船，设酒使醉，斧槌横尸，缚沉江底，俾异方逐末之

---

[1] 参见吴智和：《明代的江湖盗》，《明史研究专刊》1978年第1期；龚汝富：《清代保障商旅安全的法律机制——以〈西江政要〉为例》，《清史研究》2004年第4期；杨国安、徐斌：《江湖盗、水保甲与明清两湖水上社会控制》，《明代研究》第17期（2011年12月）；王日根、曹斌：《明清河海盗的生成及其治理研究》，厦门大学出版社2016年版。

[2] 张应俞：《杜骗新书》第十二类"在船骗"，山西古籍出版社2003年版，第127—149页。

人,曾不得还葬域中"。①清雍正六年(1728),湖广总督迈柱的上疏亦称,湖北江夏县一带水上盗匪多为当地船户,"查楚省江河渡驳、江划小船与茅蓬船只,此等船户皆穷苦无赖之徒,或系沿江、沿湖附近村庄,或系四处混聚,未知来历,亦无牙埠约束。黄昏深夜,巧以捕鱼为名,乘空即将过客行舟逞志截劫。塘汛地方因其捕鱼,不便拿缉。甚有窃劫乡村,盗已获而无窝家,借船以为巢穴。如臣属江夏县之八吉堡地方,素称盗薮,其故,皆由附近村庄多以捕鱼为业,家设划船茅蓬,借名为匪,碍难查缉"。②不可否定,这类史料揭示了客观存在的部分事实,但如果我们由此判定船民主体大多是江湖匪盗,又很难合理解释船民及其所从事的木帆船航运业自明清以来在中国商品经济发展中所发挥的物流运输作用。

在水路运输中,船民一般纠集数条船只组建船队来承接客货水运业务,而非单独一人一船进行运载,这种工作模式强调团队合作和组织性,船帮因而形成。涉及船帮的资料和多数研究,仅仅指出某一水域活动着哪些船帮,而邱澎生的研究详细深入地探讨了长江上游巴县(重庆)的大小船帮与当地船行埠头制度于清乾隆年间被地方官府取消之间的关系。乾隆初年,清朝开始大力整治和打通长江上游水道,随着全国商业市场的发展,重庆外来移民与商业人口持续增加,形成了以"八省会馆"为代表的会馆、公所组织。大批从事长短程航运的船只也云集重庆各大码

---

① 钱春:《湖湘五略》卷2《湖湘谳略·衡州府·一起依谋杀得财律斩犯壹名》,《四库全书存目丛书》史部第65册,齐鲁书社1996年版,第704页。
② 迈柱:《编查渔船保甲疏》,贺长龄、魏源等编:《清经世文编》卷75《兵政六·保甲下》,中华书局1992年版,第1856页。

头。19世纪初,四川地区战事动乱加剧,地方政府要求船户无偿提供劳役,或领价和雇(由政府支付薪水雇佣),促成了不同船帮团体的形成。邱澎生根据巴县档案中关于重庆船帮的记载,将重庆船帮划分为长程货运、短程货运、短程客运三类。长程货运商船组建了"三河船帮",即大河帮(岷江)、下河帮(长江)与小河帮(嘉陵江)。在"三河船帮"这一大分类之下,根据航运业者的籍贯、主要载运商品的种类以及航运技术的差异,还存在着其他大大小小的船帮组织。大量负责短程货运的拨船(驳船),则负责将大船货物装卸并在城内码头上下货,并在嘉庆年间形成了"五门拨船帮"。同"三河船帮"类似,"五门拨船帮"下还可再分为不同船帮,除了日常承载客货的商业行为,还需要为政府提供"差役"与"和雇"服务。长程货运、短程货运与短程客运因为经营船运的业务性质有别,时常发生船运纠纷。远程货运业的船运纠纷主要涉及业者如何共同承担政府和雇与差役事务、船户盗卖客商托运货品讼案、船户承揽货品于运送途中受损时的赔偿纠纷以及船工向船户或客商索取应得工资的冲突等。短程货运主要是船运纠纷,一是业者成员共同对外抢占市场的冲突,二是业者成员对内分配营运利益的争议。而短程客运纠纷则主要集中表现在抢占市场上的冲突。重庆地方官府的船运管理制度也发生了一系列变化。首先,从康熙末年到乾隆二十五年(1760)之间,随着民间航运业的发展以及相关法律的完善,重庆地方官府逐步裁撤原设官船,转而雇用民间船只,进而取消了"船行"与"埠头"制度。第二,18、19世纪重庆地方官府审理各项船运纠纷时,"船帮"与"八省会馆"等民间社团组织也在地方官员的支持下介入各种船运纠纷之中。第三,重庆地方官府在对于船运纠纷的审理中既没有拘泥于粗疏划一的"国法",也不完全依赖船帮自发生成的"帮规",而是依据不同情况在二者之间灵活地选择,促使其相互调适或巧妙地糅合在一起。①这一研究深入明清区域社会经济和法治运作肌理,为本书关于长江中游木帆船航运业研究提供了一个清代长江上游木帆船航运业历史经验的重要参照。

除了船户、船帮时常发生纠纷官司,与民间教派和秘密社会的神秘关联是船民、水手被视为社会不稳定因素的深层原因。相关研究认为,清代前期,罗教在漕运头舵水手中的广泛传播,并与漕运包工雇佣制度结合,构成了苦力型漕运水手行帮组织的基本特色。罗教与漕船水手结合后与青帮的形成存在关系,水手在漕运过程中滋事或走私的情况所在多有。②这些建立或参加秘密帮派组织的船民水手被认为对运河两岸居民、商家的正常生产和生活具有破坏性。③此外,也有学者提出,迟至20世纪三四十年代,湖北省沿江地区的汉流组织与码头上的船帮关系密切,船帮中的汉流组织是清末哥老会在长江沿岸扩散后延续下来的一种帮

---

① 参见邱澎生:《国法与帮规:清代前期重庆城的船运纠纷解决机制》,邱澎生、陈熙远编:《明清法律运作中的权力与文化》,(台湾)联经出版公司2009年版。
② 参见刘伯涵:《漕运船帮中的协作与秘密结社》,《史学月刊》1985年第4期;〔日〕渡边惇:《清末时期长江下游的青帮、私盐集团活动——以与私盐流通的关系为中心》,钱保元译,《盐业史研究》1990年第2期;周育民:《漕运水手行帮兴起的历史考察》,《中国社会经济史研究》2013年第1期;欧阳恩良:《从漕船到盐场:青帮形成过程中活动载体的演变》,《求索》2014年第10期;曹金娜:《清代粮船水手中的罗教》,《宗教学研究》2013年第2期;张瑞威:《清代粮船水手的组织与巢穴》,《运河学研究(第5辑)》,社会科学文献出版社2020年版。
③ 参见陈峰:《清代的船帮水手及其破坏性》,《西北大学学报(哲学社会科学版)》1995年第4期。

会模式。如湖北宜昌、秭归至四川宜宾之间航行的船帮"川楚八帮",其1915年的会首即由秭归汉流大爷担当。不仅民船船工参加汉流,轮船上的船员和领江也有加入汉流的。[1]

导致社会对船民认识偏向负面的根本原因,不只是对船民污名化的文献占据主流话语,还在于船民自身书写的历史文献资料匮乏零散,既极少得到发掘,更未被充分地解读。所幸是近年来,随着船民历史文献的发现与深入研究的开展,历史时期船民群体的社会经济状况开始浮现出更为清晰多元的面貌。[2] 船民及船民组织留下的历史声音,既包括碑刻、族谱、契约、账簿、诉讼文书、水路歌等丰富的文献史料,还有神明塑像、庙宇会馆和仪式展演等多元的历史遗迹和非物质文化遗产。此外,民国时期的民船业档案中也保留了不少涉及船民和民船同业组织的文书档案和诉讼档案,其中直观的个人信息和生动的口供记录具有强烈的场景带入感。目前我们还能寻访到中国内陆木帆船运输业的最后一代船民,他们的表述和言行让我们理解和亲近他们。本书充分利用船民创造的弥足珍贵的历史文献,结合官方文献、民船业档案、中外调查报告等史料,得以具体而微地讨论船民群体的规模演变、管理制度、商业机制、组织实态、文化特征,深入分析

---

[1] 参见尹恩子:《20世纪三四十年代湖北省沿江地区帮会》,《近代史研究》2008年第4期。
[2] 参见邱澎生:《国法与帮规:清代前期重庆城的船运纠纷解决机制》,邱澎生、陈熙远编:《明清法律运作中的权力与文化》;〔日〕松浦章:《清代内河水运史研究》,董科译,江苏人民出版社2010年版;陈瑶:《明清湘江河道社会管理制度及其演变》,《中国经济史研究》2016年第1期;陈瑶:《清代湖南涟水河运与船户宗族》,《中国经济史研究》2017年第4期;刘诗古:《从"化外之民"到"水上编户":20世纪50年代初鄱阳湖区的"民船民主改革"运动》,《史林》2018年第5期。

船民群体在近代转型过程中,如何与日新月异的区域市场、政府制度、技术设施进行动态协整。

三、基础交通运输业:木帆船航运业的历史

木帆船,又称木船、帆船、民船,在不同流域木制船只还有特称,如倒扒船、赣板子、鸦稍船、艞子船、秋子船、荆帮划子等。在长江中游干流与湖北、湖南、江西三省支流上航行运载的木帆船,在数量、形制和运载能力诸方面各有差别,支流港汊上的民船更为复杂多样。木帆船在中国19世纪中叶之前的历史中,是广阔江河湖海上唯一的交通运输工具。[①]

20世纪以来,国内外学者对中国航运业历史进行了不同角度和不同程度的调查与研究。20世纪三四十年代出现了最早的一批研究中国近代航运业的专著。20世纪五六十年代,费正清（John King Fairbank）、费维恺（Albert Feuerwerker）以"冲击与回应"理论阐释中国近代通商口岸和沿海商业经济的发展变化。由此,轮船的使用数据成为中国内陆市场开放程度的一个指标。此后,新式轮船航运的发展状况受到研究者关注。刘广京、吕实强等海外学者开始以近代化理论和帝国主义理论阐释中国近代航运业与近代经济的发展趋势,影响颇为深远。刘广京关于19世纪英美航运势力在华竞争的研究即聚焦于外国轮船公司势

[①] 参见方行、经君健、魏金玉主编:《中国经济通史·清代经济卷》,经济日报出版社1999年版,第927—956页;刘秀生:《清代内河商业交通考略》,《清史研究》1992年第4期;邓亦兵:《清代前期的粮食运销和市场》,《历史研究》1995年第1期;戴鞍钢:《近代上海与长江流域商路变迁》,《近代史研究》1996年第4期;许檀:《清代前期流通格局的变化》,《清史研究》1999年第3期。

力的扩张与垄断。吕实强认为,太平天国战争给予木帆船航运业重创,其后由于厘金制度和航运政策的扰害,以及洋船受到不平等条约和所属国实力的保护,导致19世纪后期木帆船航运业的衰落。[1]

其后,国内学者关于中国近代航运业史的研究,基本遵循这一套解释模式。[2] 20世纪80年代开始,中国近代航运史的研究,从资料搜集、整理走向深入研究的阶段。《中国近代航运史资料》汇集了1840年至1927年间与中国近代航运史相关的大量档案、函牍、笔记、奏章、条例以及各种中外文报刊,并以此制作了多种统计表格,奠定了中国近代航运业史研究的资料基础。[3] 中国航海史研究会在交通部的支持下,组织编写了"中国水运史丛书",自1985年至1998年,先后出版了73部专书,不仅搜罗到大量地方航运业史料,并且深入分析了各地航运业在近代转型过程中的实际状况。其中《长江航运史》《湖北航运史》《江西内河航运史》《九江港史》《武汉港史》《武汉长江轮船公司史》等专著,主要关注长江中游航运、港口城市和轮船公司的历史。

综观20世纪以来中国近代航运史的研究成果,对于木帆船

---

[1] 参见〔美〕费正清、费维恺编:《剑桥中华民国史》,杨品泉等译,中国社会科学出版社1994年版;刘广京:《英美航运势力在华的竞争(1862—1874)》,邱锡镕等译,上海社会科学院出版社1988年版;吕实强:《中国早期的轮船经营》,"中研院"近代史研究所1976年版。
[2] 参见聂宝璋:《聂宝璋集》,中国社会科学出版社2002年版;樊百川:《中国轮船航运业的兴起》,中国社会科学出版社2007年版;朱荫贵:《中国近代轮船航运业研究》,中国社会科学出版社2008年版;黄娟:《湖南近代航运业研究》,湖南人民出版社2015年版。
[3] 参见聂宝璋编:《中国近代航运史资料(1840—1895)》,上海人民出版社1983年版;聂宝璋、朱荫贵编:《中国近代航运史资料(1895—1927)》,社科文献出版社2002年版。

航运业在近代的遭遇,学界存在"迅速衰落"与"持续发展"两种截然相反的观点。从轮船航运业视角出发的研究,对于木帆船航运业的近代遭遇,以"迅速衰落"为主流观点。聂宝璋认为,落后的木船在19世纪后期终不可避免地要为先进的轮船所取代。樊百川认为,19世纪60年代起,中国内河主要航道完全开放外国轮船自由航行,木帆船航运业因此逐步败退,最终濒临破产。朱荫贵认为,列强轮船势力进入长江内河导致内河木船业在同治、光绪年间被逐入长江支流,致使支流中更小型的木船停运。持"迅速衰落"论的学者主要以长江下游和沿海地区为考察对象,以外国轮船航运业的侵入与垄断、中国民族轮船业的诞生和发展的历程为论述主轴,认为外国轮船航运业凭借先进的技术与管理制度以及关税优待政策的受惠,在中国水域的竞争中具有较大优势,导致中国传统木帆船航运业在19世纪后期迅速衰落。[①]而关于长江内河航运史的研究则显示,近代长江各个河段的航运体系因轮船的日渐进入而变得更为复杂多元,但长江航运业的主要力量由木帆船转变为轮船的现象并非一蹴而就地在19世纪后期发生。轮船进入不同水域、港口的时间先后有别,对于各地河道水文条件和社会环境的适用程度亦存在较大差异。因此直至20世纪中叶,长江流域木帆船航运业仍保持"持续发展"趋势。例如,江天凤已留意到,木帆船在长江轮船航运业发达的河段上虽遭到相当程度的排挤,但在支流地区的城乡物流和区域间短途货

[①] 参见聂宝璋:《19世纪中叶中国领水主权的破坏及外国在华轮运势力的扩张》,《中国经济史研究》1987年第1期;樊百川:《中国轮船航运业的兴起》;朱荫贵:《中国近代轮船航运业研究》;朱荫贵:《清代木船业的衰落和中国轮船航运业的兴起》,《安徽史学》2014年第6期;黄娟:《湖南近代航运业研究》,第68页。

运中，却长期占有优势地位。[①] 特别是涉及长江中游民船业的研究说明，民船和民船航运从业人员直至20世纪中期仍保有相当大的数量和载运能力。[②]

近年来，研究者从社会经济史的角度，以各大内河航道、长江流域整体或某一支流为考察对象，对近代民船航运业进行整体研究或个别流域的具体分析，认为五口通商以来，轮船航运业并未全面击垮长江流域木帆船航运业，在长江中游及其支流，反而为木帆船航运业提供了新的发展契机。松浦章认为，直至20世纪中期，木帆船在中国水路运输中仍保有相当大的数量和载运能力，如在芜湖申报海关的木帆船，1912年高达34,702只，到1921年迅速上升到24万多只。任放发现，迟至20世纪中叶，水运仍为长江中游区域最主要的运输方式，而轮驳船仅占内河货运量10%左右，大多属于长江干流的远程运输。[③] 市场史、商业史、漕运史研究，亦述及民船运输在全国市场经济发展中的重要

[①] 参见聂宝璋：《轮船的引进与中国近代化》，《近代史研究》1988年第2期；江天凤主编：《长江航运史（近代部分）》，人民交通出版社1992年版，第415—416页；刘宏友、徐诚主编：《湖北航运史》，人民交通出版社1995年版，第244—245页；江西省内河航运史编写办公室编印：《江西省内河航运史资料》，内部资料，1987年版，第636页。

[②] 参见〔日〕松浦章：《清代内河水运史研究》，董科译，第225页；任放：《华中近代经济地理》，华东师范大学出版社2017年版，第13页。

[③] 参见〔日〕松浦章：《清代内河水运史研究》，董科译；萧正红：《清代汉江水运》，《陕西师范大学学报》1988年第4期；刘秀生：《清代内河商业交通考略》，《清史研究》1992年第4期；戴鞍钢：《近代上海与长江流域商路变迁》，《近代史研究》1996年第4期；龚汝富：《清代保障商旅安全的法律机制——以〈西江政要〉为例》，《清史研究》2004年第4期；任放：《近代两湖地区的交通格局》，《史学月刊》2014年第2期；徐斌、曹振禹：《19世纪湖北境内长江水运路线考论——以英人立德〈扁舟过三峡〉为据》，《中国历史地理论丛》2019年第1期。

作用。① 社会经济史视域下的研究成果，一定程度上推进了对船民历史文献的挖掘工作，更重要的是，提倡将民船业置于中国近代社会经济发展脉络中详加考察。这一研究理路，将有助于学界重新认识航运业在清至民国时期的发展及其与中国近代社会经济结构转型之间的联动关系。

回顾已有研究可以推论，不同水域空间的木帆船航运业经历差异颇大的近代命运。在近代中外轮船航运业兴起的过程中，作为基础交通运输业的长江中游民船航运业并未被一举摧毁。到20世纪三四十年代，虽然轮船、铁路、公路等现代交通运输系统有所发展，长江中游木帆船仍旧是中国基础交通运输业不可或缺的组成部分，对基层市镇商贸往来、人员物资调运起到重要的作用，在抗战时期新型交通工具遭受战争破坏之时，船民和木帆船再次成为交通运输业的主角。过去学界对于中国航运业历史的认识，主要依据官方、士绅或商人的记录，包括报纸、海关档案、企业档案、官方调查和外文报道等，从轮船航运业的角度进行研究。本书着重发掘和利用船户历史文献和地方民船业档案，从船民和木帆船航运业的角度，对民船航运业从传统向近代转型过程中所涉及的诸多议题，包括民船的数量和运载能力、从业船户的数量和组织、民船航运的商业机制和管理制度、民船航运业与轮运公司和地方政府之间的关系等，进行新的探讨，以期推进和深化近代航运业史与区域社会经济史研究。

---

① 参见许檀：《清代前期流通格局的变化》，《清史研究》1999年第3期；邓亦兵：《清代前期的粮食运销和市场》，《历史研究》1995年第1期；李文治、江太新：《清代漕运》，中华书局1995年版；陈瑶：《清代湖南涟水河运与船户宗族》，《中国经济史研究》2017年第4期；〔日〕松浦章：《清代华南帆船航运与经济交流》，杨蕾等译，厦门大学出版社2017年版。

四、章节安排与内容简介

基于以上学术脉络，考虑到主要讨论的问题和研究主题，以及账簿、族谱和仪式、水路歌等几种第一手船户文献史料的内容和性质，本书分为上、下两编，除绪论和结语，主体部分共九章。

上编"千帆过尽：长江中游木帆船航运业"包括六章，按时代顺序讨论清至民国时期长江中游木帆船航运业的发展、延续与转型。

第一章"清至民国长江中游木帆船与船民规模"对长江中游干支流水运体系中的民船和船民的数量进行估算，说明清前期长江中游民船已经具有相当规模的运输能力，分布广泛且适应地方性水路运输，长江中游流域各级市场之间的往来联系十分频繁密切，这一状况一直延续到20世纪初期。20世纪二三十年代，长江主河道上民船航运业有所缩减。抗战时期与战后复员时期，民船航运业再度受到倚重而呈现繁荣景象。

第二章和第三章分析清代船户的管理制度、商运模式和社会组织。第二章"清代河运中的船行、船帮与商业规范"认为，清代长江中游流域的船户和民船绝大多数受雇于商业运输，官方通过船行、埠头、牙行、船保甲等间接制度管理民船和船民。最迟到清代中期，各地大量船行、船帮、船户宗族形成，掌握了长江中游干支流不同河道的运输权力。船运组织的自发组建，在地方性河道的流域空间内形成了共同的水路运输秩序和纠纷解决机制，反映民间船运力量对于清代长江中游区域商业增长和市场扩展的回应。

第三章"清代湖南的基层运役与船户宗族组织"通过清至民国湖南湘乡县涟水船户的家族文献与官方文献的互相印证,摹绘出内陆小支流河道上以运输、捕鱼为生的船户历史。涟水船户自明代后期承担船役,到清乾隆年间,湖南商贸繁荣,涟水上发展到六七千只倒划船,装载煤矿及客货,秘密走私硫磺。清至民国年间,涟水河道长期为陈氏、邓氏和潘氏宗族把持。三姓充当埠头,负责管理各埠船户,承担地方官府转运漕粮等运输差役,由此获取共同垄断涟水河道的商旅运输权和捕鱼权。三姓分别在宗族内部设立分房轮充运役的机制,后演变为募役当差的应役方式。官方基层运役制度为船户群体提供了组织化和垄断河道资源的制度背景。涟水船户建构宗族组织的历程,与其他地区船户的社会组织形态存在较大差异,展演出主动灵活的应对能力和谋生技艺。

第四章"晚清变局中湘潭的船行、船帮与绅商",通过20世纪初发生在湖南湘潭的一桩民船航运业诉讼案,展现当地船行制度的变革、绅商势力的抬升以及运输业市场的分化。自五口通商以至清末,长江中游各籍船户和船帮灵活能动地绕过行有百年的船行中介制度,改与地方商界、新兴洋行和轮运公司直接合作,在与新型轮船运输竞争的同时,亦形成彼此融合互补的态势,并未因轮船航运业的引进而迅速衰落。相较于轮船航运等近代外来变革力量带来的挑战,旧有制度体系、内陆商业社会和区域市场结构等多维本土因素的嬗变,才是当时长江内河民船航运业亟需因应的时代变局。

第五章"民国年间长江中游民船业的初步转型"认为,20世纪初期萌生的诸多近代新兴变革因素,在民国年间迅速发展,民船航运业面临更多更快的制度变革、市场复杂化和行业组织转型的时局冲击。船户、船帮灵活应对政府渐次设立的制度、法规、机构，以及中外官营、民营轮船公司深入内地市场等大势所趋，寻找新的合作方式和业务来源。至20世纪三四十年代，长江中游流域的民船航运业仍以流动松散的船帮为主要组织形态。

第六章"抗战前后长江中游民船业的最后繁荣"认为，抗战期间战争前线的湘北县市码头上，各籍船帮依法依规组建或改组民船船员同业工会、船舶商业同业公会或同乡会，在铁路、公路和轮船等交通路线和运输工具破坏殆尽的情况下，面对政府和军队多头管理和强行征派的局面，主动承担或被迫应对战时军政征用的大量船差，完成前线兵力和物资的运输周转。民船航运业呈现战时繁荣的行业面貌。抗战胜利后，长江中游各地民船船员工会继续服务于复员运输。历经战时军差民运和战后复员运输中的组织体系化，船民群体实现了职业身份和阶级身份的重新定调。

下编"江湖流声：长江中游船民们的声音"包括三章，分别利用船户账簿、族谱和仪式、水路歌四种船民留下的史料来分析船民的日常生活。

第七章"工资与伙食：船户账簿中的日常生活"利用湖南省湘潭县档案馆藏1934年至1953年间的9册船户江河总簿，包括出入数簿、记工簿、出入工数簿、伙食簿，力图展现大动荡时代下湘潭船户的生计状态与社会经济生活。通过统计分析账簿中的收入和支出流水账，雇工人名、工数、工资和收付账目以及伙食花费和其他消费开销等数据信息，结合账簿中的雇工契、造船契、造龙舟契等各种契据，本章力图展现抗战时期至中华人民共和国建立初期湘江船民的生计模式、工资收入、日常消费和社会关系等方面的实况和特色。

第八章"水神与山神：涟水船户宗族建构话语"结合唱太公仪式，对数部湖南涟水白沙陈氏族谱进行分析，认为谱中水神祖先必清公在清前期成为宗族建构的话语工具。陈氏纹祯公一支在清初整合到白沙陈氏宗族，开始接受陈氏三世祖必清公水神信仰。纹祯迁居产矿山区时，将必清公信仰带到山区。纹祯及其后裔一支由于采运煤、磺矿产为生，故祭祀在山区有法力的神明以求护佑，其后形成我们现在看到的形式独特的唱太公仪式——在必清公诞辰日庆贺仪式上同时祭祀水神必清公和山神梅山陈良中、陈法虎。陈氏宗族的建构过程中，必清公信仰扮演着连接不同房支的话语机制，生动地反映船民人群因应当地自然资源开发与运输、朝廷政策和市场需求的话语操作能力和行动能力。

第九章"水路歌传唱：从生命地图到非遗名目"结合田野访谈所得的船工口述资料，解析《中国民间歌谣集成》及长江中游各县市民间歌谣资料册中收录的水路歌文本，认为水路歌中蕴含的水文环境、码头分布、市镇商业、税关位置等河道信息，是船民掌握的一套流域知识，亦呈现船民一生行走江湖的生命地图。沉积船工累世经验的水路歌，以口口相传的方式代代传承，直至20世纪80年代完全落实为文字。在这个过程中，水路歌的歌词内容被标准化，仪式性内涵被掩盖。至今，水路歌以船工号子之名，申请成为国家级非物质文化遗产，船民的声音以及他们的生活方式与独特思想，却难再追寻。

本书通过丰富多元的史料和实证的史学方法，以清至民国长江中游的船民与木帆船航运业为主要研究对象，着重考察船民在长江、湘江、涟水等干支流勾连的长江中游河流网络中的商业运输工作和社会组织活动，重新评估船民作为社会基层劳动者、民船航运业作为基础运输部门，为长江流域的经济发展与全国市场扩张做出的重要贡献，并进一步借此流动性劳工群体及其行业历史的研究，展现中国近代社会经济结构体系的渐进演变过程。

上 编
千帆过尽：长江中游木帆船航运业

图1 1920年代初汉口江汉关及码头繁忙景象（武汉美术馆藏，引自樊枫主编：《老武汉 新武汉：从汉口开埠到老城新生》，河北美术出版社2018年版，第24页。）

第一章

清至民国长江中游木帆船与船民规模

由于通航河道的自然环境复杂且长期缺乏人工疏浚，长江中游干支流上的木帆船形成了多样化的形制规格和运载能力；又因为各地商品经济发达程度不一，活动在不同河道上的木帆船的数量也大相径庭。明清时期，长江水路上的木帆船是长江中游地区商业发展与国内市场扩张唯一的基础交通运输工具。关于中国传统时期木帆船的数量、载重、航线、船工、船运组织等具体情况，学界已有初步、零散的分析，但仍缺乏整体性的研究。① 据巫宝三估计，20世纪30年代，除东北外，内地各省存有民船95.8万艘，内地民船水运业总所得是轮船业的3.5倍有余。② 长江中游民船和船民至20世纪中期仍然保有相当大的数量和载运

---

① 参见任放:《华中近代经济地理》，第13页；陈瑶:《整体把握长江民船业近代转型》，《中国社会科学报》2018年12月4日。
② 巫宝三:《中国国民所得（一九三三年）》，商务印书馆2011年版，第122—123页。

能力。① 较为保守的估计认为，二战前数十年间，中国民船贸易长期年增长率为2%。②

《长江航运史（近代部分）》曾根据战前的调查统计资料，对20世纪30年代长江流域民船数量和载重量做过一个粗略的估算：

> 据1935年江西省征收旗照捐的统计，全省共有木船25,709只；1937年湖北省建设厅对木船登记编组的统计，计有木船36,469只，载重2,539,996担（合127,000吨），平均每只3.48吨；四川则称1933年"川江沿岸木船不下数万余只"。沿江川、鄂、湘、赣、皖、苏、浙7省，各省木船数应大体相当，平均以2.5万只计，则7省共有木船17万只。木船吨数，从通过海关的几组木船吨数来看，平均载重量最大的一组为216吨，最小的为21.2吨，平均载重为37.6吨；而按常关出入的木船，平均载量最大的为32.5吨，最小的为7.6吨，合计平均载量15.1吨。那些长年只在支流小河行驶而不出长江的木船，载量多则10吨，少则不足1吨，约在总数的九成以上。依此，将长江干、支流航线大小木船均以5吨计，17万只木船的载量，约在85万吨左右，相当于外船入侵前木船载量总吨的1/4。船主和船工按每船5—6人计，则以木船为业的人口，约在100万人左右。③

---

① 参见〔日〕松浦章：《清代内河水运史研究》，董科译，第225页；任放：《华中近代经济地理》，第13页。
② 〔美〕托马斯·罗斯基（Thomas G. Rawski）：《战前中国经济的增长》，唐巧天、毛立坤、姜修宪译，浙江大学出版社2009年版，第396页。
③ 江天凤主编：《长江航运史（近代部分）》，第415页。

由于长江中游干支流传统木帆船形制在20世纪50年代以前变化不大，我们可以借此数据，初步了解长江中游干流以及湖北、湖南和江西三省支流的民船航运业在20世纪30年代及此前的发展状况。在前人搜集的相关数据的基础上，本章进一步综合中外调查记录、海关档案等史料，估算清至民国长江中游干流和支流上民船的数量、载重量及船工人数。值得注意的是，船民群体与陆地居民的生活方式不一样，具有强大流动性，这极大地影响了各级政府、中外机构、调查人员对船民人数的统计，此外，关于船只数量和吨位，在估算时需要特别区分停泊某一港口的船只数量和出入某一港口的船只数量，并注意到通过某一海关或常关的船只数实际上是指通过船只的次数，由此避免形成数据上的误解。总的来说，利用近代船户和民船调查数据时，我们必须持慎重态度，形成更接近实况的估计数据。下文按长江中游干流、湖北河道、湖南河道、江西河道诸流域一一分述之。

第一节 长江中游干流木船与船民规模

长江中游河道，主要涵盖自湖北宜昌到江西湖口的主流河段，全长大约1000余公里。明代后期以降，整个长江沿线各省之间的商贸往来日益频繁，随着商品流通规模的增长，长江中游地区形成了九江、汉口、沙市、宜昌等一批重要的流通枢纽城市，其中中游干流河段上最重要的市镇是九江和汉口。①

---

① 参见吴承明：《中国的现代化：市场与社会》，第145页；许檀：《清代前期流通格局的变化》，《清史研究》1999年第3期。

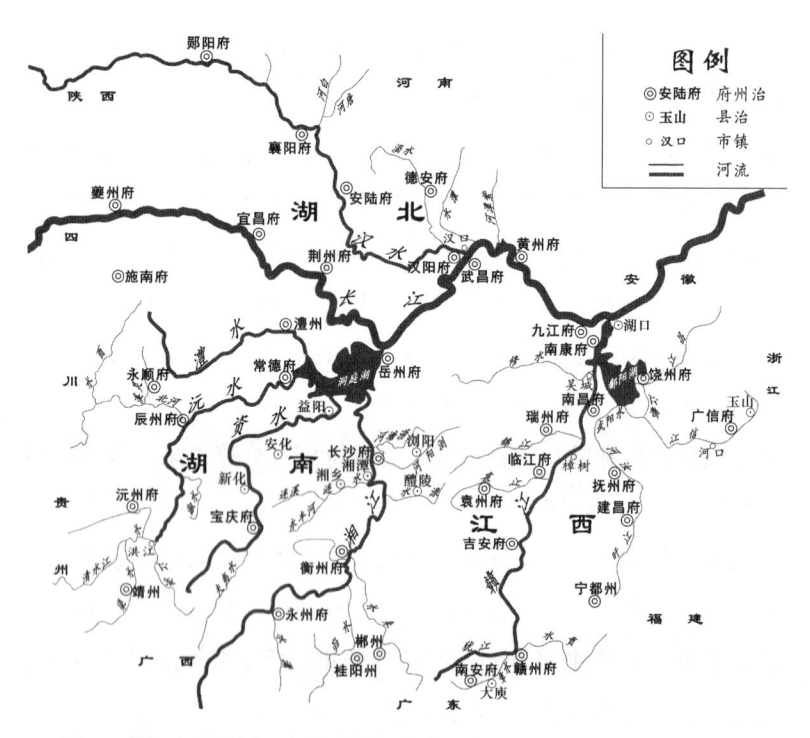

图 2　长江中游流域示意图（厦门大学历史系伍伶飞绘制，陈瑶校对，
　　　参考谭其骧主编:《中国历史地图集》第八册［清时期］，
　　中国地图出版社 1987 年版，第 3—4、33—38 页。）

九江地处赣江水系、鄱阳湖与长江的交汇点，自明代即为重要港口，于明景泰元年（1450）设立九江关。万历年间，九江关税额占全国钞关税收总额的 7.3%，天启年间增长为 12%。清代自康熙年间至嘉庆年间，九江关税定额一路增长，是清代前期长江各关中税收最高的榷关。雍正年间，在距离湖口 40 里处的大姑塘设立九江关分关，凡往来于江西内河与长江下游之间的"不由九江经过之江南、江西商船"在大姑塘纳税；凡"湖广往江西船，若在九江纳税，至大姑塘即验票放行"；"江西至湖广船在大姑塘纳税者",至九江亦验票放行。经由九江关的商品以粮食、竹木、食盐、茶叶等项为大宗。此外,江浙绸缎布匹溯长江至中上游地区,洋、广杂货由大庾岭商道入鄱阳湖转运中原各省,以及江西本省所产瓷器、纸张、夏布、药材等输往汉口、重庆等地,均需经由九江转输。① 可见,清代九江税关档案中记载的九江关过关船只,包括部分湖广往下游的船和部分江西往湖广的船,而且并非包括全部纳税船只,也不等同于全部湖广往下游的船只。许檀利用九江关档案的研究发现,乾隆年间每年通过九江关的船只在4万至6万只之间。② 松浦章的研究根据乾隆年间两江总督、江西巡抚、九江关税务的奏折和报告中提到的数据,也支持这个结论。③ 由于存在逃避关税的船只等情况,实际每年通过九江关的船只应该更多。

明中期汉水改道后,汉口镇成为各处商民建房泊舟的地方,逐渐发展出街市。明正德元年(1506),明朝确立汉口、长沙为漕粮交兑口岸。万历元年(1573),明朝再次"题准湖广衡、永、荆、岳、长沙漕粮,原在城陵矶交兑者,改并汉口水次"④。在此一政策的推行下,汉口成为湖广地区漕粮转运口岸。除漕粮转运之外,汉口自万历年间确立为"楚商行盐"总口岸。⑤ 明清两代,汉口作为漕粮和食盐等大宗货物交易转运港口,发展成为长江中游最繁华的商业城市。清初刘献廷《广阳杂记》称:"汉口不特

---

① 参见许檀:《明清时期江西的商业城镇》,《中国经济史研究》1998年第3期;许檀:《清代前期的九江关及其商品流通》,《历史档案》1999年第1期;倪玉平:《清代关税:1644—1911年》,第96—97页。
② 许檀:《明清时期江西的商业城镇》,《中国经济史研究》1998年第3期;许檀:《清代前期的九江关及其商品流通》,《历史档案》1999年第1期。
③ 参见〔日〕松浦章:《清代内河水运史研究》,董科译,第80、197—200页。
④ 范锴:《汉口丛谈》卷二,成文出版社1975年版,第41页。
⑤ 参见皮明庥、吴勇主编:《汉口五百年》,湖北教育出版社1999年版,第14—15、25页。

为楚省咽喉,而云、贵、四川、湖南、广西、陕西、河南、江西之货,皆于此焉转输,虽欲不雄天下,不可得也。天下有四聚,北则京师,南则佛山,东则苏州,西则汉口。"[1]

樊百川估计清代汉口常年停泊帆船至少有万只以上。[2]据松浦章的研究,清末汉口专用于民船停泊的大埠头有20余个,停泊四川、湖南、湖北、江西等地船只数量大约2.4万艘,载重量达100万吨,船只平均载重量超过40吨。汉口船行中有11家专营往襄阳以西的生意,另有未领部帖的船栈10余家。汉口经营民船运业者多为湖南人,湖北本地人和四川人较少。各种民船类型中,湖南船的种类亦最多。据此推测,汉口与湖南方向的商业往来在汉口商业中占主要份额。[3]笔者认为其原因在于,清代汉口食盐大量分销湖南和西南地区,湖南大量米粮通过汉口外运,特别在广州一口通商时期,长江中游通过湖南湘江、桂江、西江与广州相连,汉口与湖南方向的贸易往来因此相当繁盛。

综上可知,自明代后期以降,长江中游干流上航行的民船逐步增多。清乾隆年间,通过汉口和九江的木帆船,亦即常年运输于中游干流上的木帆船,可估计为5万艘。若按海关资料和松浦章研究结果来估计,长江中游干流航船以平均每船载重量为40吨计算,则总载重量达200万吨。

至民国初年,长江中游干流上航行的木帆船数量和载重量有何变化呢?下面利用民国时期中外调查以及海关、常关数据资料等,分别简要考察宜昌、沙市、汉口、九江的情况。

从表1和表2来看,自1911年至1923年,经过宜昌海关登

---

[1] 刘献廷:《广阳杂记》卷四,中华书局1997年版,第193页。
[2] 参见姚贤镐:《中国近代对外贸易史资料》第1册,中华书局1962年版,第555页;樊百川:《中国轮船航运业的兴起》,第60页。
[3] 参见〔日〕松浦章:《清代内河水运史研究》,董科译,第214—216页。

记的汽船数量和吨数,除了少数年份外,显示逐年稳步增长的大势,相较之下,民船数量和载重量经过小幅增长波动之后,自1920年开始逐年下降,并在1923年大幅跌落。不仅经过海关的民船在1920年之后大幅下降,经过宜昌常关的民船也反映出逐年减少的趋势,1923年民船通过数量仅为1911年的44%,1923年民船通过吨数仅为1911年的42%。其中宜昌往重庆、万县、沙市、汉口及下游各地航线的民船数量都在1914年之后逐渐减少,并于1923年大幅跌落,仅有宜昌往上游各地的民船减少幅度较小。经过宜昌海关的民船平均载重约为40吨,而经过宜昌常关的民船平均载重能力仅为18吨左右。

表1 宜昌海关经由船只数年别比较表

年次	汽船[江照轮船] 只	汽船[江照轮船] 吨	民船 只	民船 吨	合计 只	合计 吨
1911	461	385,399	3963	132,360	4424	517,759
1912	441	368,821	4534	162,039	4975	530,860
1913	477	375,588	4100	155,607	4577	531,195
1914	670	485,832	4036	181,257	4706	667,089
1915	737	463,750	3924	180,830	4661	644,580
1916	695	445,838	3529	161,017	4224	606,855
1917	830	466,358	3848	165,018	4678	631,376
1918	643	431,097	4076	154,849	4719	585,946
1919	1142	649,240	4779	185,421	5921	834,661
1920	1231	626,525	2836	115,599	4067	742,124
1921	1289	744,863	2052	91,448	3341	836,311
1922	1742	1,014,227	2206	94,222	3948	1,108,449
1923	1819	963,964	909	42,897	2728	1,006,861

参见〔日〕外務省通商局编『宜昌帝国領事館管轄区域内事情』,1925年,第27页,https://dl.ndl.go.jp/info:ndljp/pid/947319,2023年1月28日;〔日〕東亜同文会調査编纂部编『支那開港場誌』第二卷,1924年,第268页,https://dl.ndl.go.jp/info:ndljp/pid/949578,2023年1月28日。

表 2 宜昌常关经由民船数年别比较表

年次		1911	1912	1913	1914	1915	1916	1917	1918	1919	1920	1921	1922	1923
重庆行	只	6420	8277	6828	9177	8679	7514	5996	3713	4693	2684	2961	2166	767
	吨	105,608	133,180	115,190	174,663	159,832	137,208	103,990	63,988	85,904	47,985	117,630	91,352	32,130
万县行	只	—	—	—	—	—	—	—	—	3918	1985	1454	2175	882
	吨	—	—	—	—	—	—	—	—	70,713	34,992	35,055	63,732	32,503
上流各地行	只	13,980	15,434	16,358	14,702	13,503	14,644	15,929	10,371	10,260	9996	8220	9182	10,408
	吨	228,206	249,793	274,349	279,822	246,586	262,666	278,656	179,362	186,910	175,382	92,047	113,417	116,894
沙市行	只	7548	9595	9892	9303	8644	7943	8403	4368	5383	4081	3414	3798	2950
	吨	124,900	157,299	168,476	179,434	162,418	146,177	148,692	78,234	101,519	70,936	89,751	96,805	59,843
汉口行	只	1742	1810	2830	2756	2476	1970	1987	1032	1645	1157	785	946	419
	吨	29,571	30,753	50,326	55,775	49,617	38,558	36,835	19,286	32,258	19,868	24,658	32,575	11,890
下流各地行	只	8915	7402	5104	5315	5115	4222	5001	3637	4189	2936	2149	1776	1637
	吨	145,620	118,707	84,717	99,648	92,292	74,839	85,928	61,356	74,171	52,189	21,432	18,241	13,373
合计	只	38,605	42,518	41,012	41,253	38,417	36,293	37,316	23,121	30,088	22,839	18,983	20,043	17,063
	吨	63,3905	689,732	693,058	789,342	710,745	659,448	654,101	402,126	251,475	401,352	380,573	416,122	266,633

参见〔日〕外务省通商局编『宜昌帝国领事馆管辖区域内事情』，第 41 页；〔日〕东亚同文会调查编纂部编『支那开港场誌』第二卷，第 269—270 页。

沙市的情形与宜昌稍有不同。根据表3，自1916年至1921年期间，沙市往来长江上游、下游以及汉口、当阳、公安县的民船只数和运输量，整体呈现增长趋势。以1担等于60公斤算，通过沙市的民船载重量均在10吨以下，平均载重能力在5吨左右。

表3　沙市最近五年间出入民船只数比较表

年次		1916	1917	1918	1919	1920	1921
扬子江上流	只	5453	7005	5163	7232	8463	7017
	担	883,680	1,157,650	734,730	1,099,640	1,152,090	1,198,540
扬子江下流	只	9277	7943	6010	7989	8277	8692
	担	702,420	566,440	500,580	562,550	584,630	694,910
汉口其他（经由便河）	只	7486	9261	3309	6788	12,756	13,813
	担	256,550	416,860	184,020	369,740	694,100	805,860
当阳	只	1113	845	500	850	1343	1576
	担	79,450	59,940	32,760	57,570	10,8040	137,240
公安县（经由黄金口）	只	165	100	147	134	615	390
	担	5180	3280	4960	4580	29,600	19,180
合计	只	23,485	25,154	15,129	22,993	31,454	31,488
	担	2,020,280	2,203,770	1,457,050	2,090,080	2,568,460	2,855,730

参见〔日〕東亜同文会調査編纂部編『支那開港場誌』第二卷，第296页；〔日〕在沙市日本領事館編『在沙市帝国領事館管轄区域内事情』，1924年，第65页，https://dl.ndl.go.jp/info:ndljp/pid/1878245，2023年1月28日。

汉口作为长江中游中心港口，从表4和表5来看，自1915年至1928年，汉口的各种汽船和洋式船只的数量和运输规模都在直线迅速上涨，而在干流上航行的民船数量缩减幅度较大，内河民船数量经历小幅跌落后又有所提升。当然，这是日本商界和商务行政部门根据中国海关统计数据所制作的报表，未体现常关统计数据，故不能代表这一时段汉口民船航运业的整体样貌。从中可知，通过长江干流汉口港的帆船载重量均值高达84吨，载重量稍低的一组数据也不低于70吨,从汉口往内河航运的帆船载重则在32吨左右。

表4 汉口最近五年间船舶出入表

年次			1915	1916	1917	1918	1919	1920	1921
一般航行规则	汽船	只数	5460	5783	6744	6129	7234	10,624	10,080
		吨数	5,355,347	5,106,646	5,143,789	4,838,990	5,632,520	6,455,924	6,464,067
	帆船	只数	14,346	15,463	18,082	9195	13,524	4459	1018
		吨数	1,122,080	1,102,268	1,390,935	1,086,702	1,181,818	381,556	123,825
内河航行规则	帆船	只数	12,649	10,521	10,978	8785	12,957	13,459	14,007
		吨数	360,812	317,291	349,090	302,075	419,974	463,550	468,792

参见〔日〕中根和一编『漢口日本商業会議所年報』,1919年,第26页,https://dl.ndl.go.jp/info:ndljp/pid/932050,2023年1月28日;〔日〕中根和一编『漢口日本商業会議所年報』,1920年,第28页,https://dl.ndl.go.jp/info:ndljp/pid/932051,2023年1月28日;〔日〕中根和一编『漢口日本商業会議所年報』,1921年,第25页,https://dl.ndl.go.jp/info:ndljp/pid/932051,2023年1月28日。

表5 1928年度汉口出入船舶与前年度比较表

船种别	1928年		1927年	
	只数	吨数	只数	吨数
海洋汽船	811	1,797,739	423	1,120,684
河用汽船	4936	6,060,595	2222	2,831,324
洋式帆船	104	23,882	5	765
小蒸汽船	8114	959,833	2567	326,935
民船	295	27,950	406	21,764
合计	14,260	8,869,999	4801	4,266,414

参见〔日〕商工省商務局貿易課编『漢口貿易』,1928年,第18页,https://dl.ndl.go.jp/info:ndljp/pid/1208972,2023年1月28日。

据表6、表7和表8所示,自1907年至1916年,通过九江海关的民船数量亦有所缩减。进出九江海关的民船数量和吨数历来不多,但自1907年至1916年期间,这两项数据至少减少一半左右。经九江常关报关通过民船数跌至3万艘左右,比清乾隆朝时期的4万至6万艘减少了约一半。根据这组海关记录,自长江通过九江海关进入江西的民船平均载重量高达240吨,自江西内河通过九江海关出港的民船平均载重能力也高达134吨,应为载重量较高的一组数据,不能代表整体面貌。

表6 九江关出入民船数量表(根据海关规定的记录)

年度	进港只数	进港吨数	出港只数	出港吨数
1907	60	15,383	112	18,623
1908	61	14,622	149	21,116
1909	39	7630	184	20,886
1910	18	3992	158	17,343
1911	20	7119	120	15,266
1912	24	6093	91	12,223
1913	31	8499	91	13,786
1914	31	6744	107	13,400
1915	29	6287	40	6986
1916	34	7133	50	8344

参见〔日〕東亜同文会編『支那省別全誌』第10卷『江西省』,1918年,第55—56页。

表7 1916年九江经报关通过民船数

向南昌及鄱阳湖各港	10,970
向长江上游	13,987
向长江下游	9022
合计	33,979

参见〔日〕東亜同文会編『支那省別全誌』第10卷『江西省』,第57页;江西省内河航运史编写办公室编印:《江西省内河航运史资料》,第567页。

表8 1918年至1920年九江常关经由民船出入只数

年次	1918	1919	1920
民船数	29,716	30,869	32,095

参见〔日〕在九江日本領事館編『在九江帝国領事館管轄区域内事情』,1923年,第114页,https://dl.ndl.go.jp/info:ndljp/pid/1878146,2023年1月28日。

以上海关和常关数据表明，民国初年，宜昌、沙市、汉口、九江各埠通行的民船数量和载重量变化不一，整体规模趋向缩减。其中，宜昌、汉口、九江民船减少趋势较为显著，各种汽船和洋式帆船日益增加，汉口和九江的民船数据较盛清时期缩减至半数以下。当然，这一时期长江中游各省局势较为动荡，以上数据皆为通关时登记在册的民船数量，大多数民船并未得到官方记录，故而，这些数据仅仅具有一种趋势上的参考价值，不可视为实际的整体状况。

第二节　湖北河道上的木船与船民规模

湖北省位于长江中游北岸，省内内河航运除了长江干流之外，主要包括汉水及其支流丹江等13条河道，共计通航里程2800余公里。汉水发源于陕西省汉中地区，流经陕西、河南、湖北三省，由汉口注入长江，全长1500公里，其中一半以上航道在湖北境内。明清时期，汉江水运在不同地区、不同支流的发展是不均衡的。汉水下游航道在明成化朝之后未再发生重大变化，汉口镇在明代后期逐渐繁荣，而汉江中下游流域的商品经济则到清代中期才有所提升。清乾隆初年起，汉江各个航段水运逐步获得开发，汉江上游山区的木材、山货、矿产通过水路往南运至汉口，湖南、福建、安徽以及湖北本地所产的茶、盐、棉花、布匹等物资，则溯汉水运往西北甚至俄罗斯。[①]

[①] 参见刘宏友、徐诚主编：《湖北航运史》，第172页；萧正红：《清代汉江水运》，《陕西师大学报（哲学社会科学版）》1988年第4期；陶家元、廖春华：《汉江航道及其航运前景的研究》，《华中师范大学学报（自然科学版）》1990年第4期；鲁西奇、潘晟：《汉水下游河道的历史变迁》，《江汉论坛》2001年第3期。

关于清代湖北内河航运中民船的状况,已知的数据相当有限。《湖北航运史》搜集到部分市镇的零星数据,如汉江中上游物资集散中心襄阳-樊城港①,在乾隆年间,襄阳与商县间每月有200条船只来往②,而往来樊城的商货舟船数量更多,每年流通于襄樊港的船只合计至少可达3000只以上。再如星罗棋布的中小港口中,阳逻港在明清时期有民船40只③;小池港在明末清初有黄梅、德化两船帮60艘船只经营客货业务。④此后,研究湖北内河航运史和商业史的成果发现了更多的民船相关数据,值得参考。黄忠鑫据1937年平汉铁路经济调查组编的调查报告发现,"樊城之粮食市场,在张家湾;而张家湾之粮食市场,则在水上,由唐、白河所来之船只,即各以其地为帮,每帮之船,或三、五只,或十数只,相系于一处,栉次鳞比,停泊于河中,当地即呼之为帮上"。⑤这份报告还提到,襄阳张家湾之唐、白河各帮船只约有3000只,"凡船客在粮行预支款项者,称曰'上帮船',计小河方面有上帮船约2000只,就中毛大房一家,即有140只。其余未上帮者,约1000只。"1936年到达张家湾者,有自卖船约1600只,雇船约3000支,总计4600只。自卖船中之帮派如下:黄陂帮500只;孝感帮200只;天门帮200只;系马口帮

---

① 参见鲁西奇:《"双子城":明清时期襄阳-樊城、光化-老河口的空间形态》,张建民主编:《10世纪以来长江中游区域环境、经济与社会变迁》。
② 参见刘宏友、徐诚编:《湖北航运史》,第180页。
③ 参见张明、汪国祥:《黄冈地区水运志》,上海社会科学院出版社1991年版,第74页。
④ 参见刘宏友、徐诚主编:《湖北航运史》,第180、187、188页。
⑤ 平汉铁路管理局经济调查组编:《老河口支线经济调查·樊城经济调查》,1937年,第19、29页;转引自黄忠鑫:《清代以来汉水中游的商业中心及其变动》,《近代史学刊》第10辑,华中师范大学出版社2013年版。

200只;南帮(即河南瓦店、新野等地)500只。雇船中,以黄陂、孝感、天门、系马口等帮占半数,南帮及西河帮(自襄河上游如老河口等地所来者)占半数。①另有资料提到,陕西省境内丹江水运另一重要码头竹林关港,在清末时有船户30余家,共60多只船,每天停泊的船只,最盛时达百艘以上。②

综合以上数据,可对湖北内河航运民船数量做以下保守估计:乾隆年间,襄樊港级别的汉水沿岸大港每年往来帆船约3000多只;阳逻港、小池港、竹林关港等中小港口大概有木船40—60只,繁盛之时亦不超过100只。

至于载重量,由于汉江河道曲折,各段河道深浅宽窄不同,各条支流上船只大小形态各异,如上游的船"扁浅而厚,其种类有平头老鸦、楸子、驳船、梭子等类,其余小船,称为划子,如药划子、花划子,无一定名,各种船只,容量不一",仅上游老河口船只就有26种之多。③是故,仅仅依据以上资料,我们难以估算清代湖北内河航运民船的载重量。解决湖北各地民船载重量的问题可从两个方面下手:一方面,由于民船型制具有适配于河道的长期延续性,可以借重民国年间的调查资料了解清代的情况;另一方面,由于在湖北境内从事水运的船只大部分是来自湖南,我们可以尝试从湖南民船的型制和载重情况稍作推测。

民国年间,湖北省境内轮船航运业虽然发展较快,但区间短

---

① 平汉铁路管理局经济调查组编:《老河口支线经济调查·樊城经济调查》,1937年,第18—19页;转引自张博锋:《近代汉江水运变迁与区域社会研究》,华中师范大学博士学位论文,2014年,第76页。
② 参见《丹凤县志》,陕西人民出版社1994年版,第823页;李刚、卫红丽:《论丹江水运与明清陕西商品经济的发展》,《人文杂志》2004年第3期。
③ 参见张博锋:《近代汉江水运变迁与区域社会研究》,第73页。

途和支流、湖泊上的民船仍是重要的运输力量,除湖北本省民船以外,湖南、四川、河南、陕西、江西等省的很多民船长年在湖北从事水运或往来于省际之间。就湖北省内民船而言,主要有鸦稍船、艑子船、秋子船、荆帮划子等种类。鸦稍船广泛分布在汉江及内荆河水系,各地造型大同小异,冠以地名以示区别,如黄陂鸦稍、孝感鸦稍等,最大的载重500担(约合30吨),最小的70担,数量总计约2万艘。艑子船航线与鸦稍略同。襄阳艑子的载量小者上百担,大到250担,往来汉口、老河口之间,有时也载客货至湖南、江西等地。黄陂艑子小者上百担,大者则达300担,往来于汉口至老河口。沙市内河以这种艑子船为多,载重量50至120担,民国初期有1200至1600艘。秋子船,为郧阳、襄阳、谷城、均州(今丹江口市)一带船民建造,最大可载千担,多数在300担左右,总数在2000艘上下。荆帮划子中,内河帮常航行于沙市至沙洋,载重量最大为7、8吨,小者1、2吨,据沙市海关资料记载,1913年,这类船只由便河进入沙市的有6600余艘,1914年为4400余艘。沮漳帮船,航行于沮漳河的当阳、江陵、宜都等县,最大10余吨,最小5至6吨,1913年到沙市的沮漳帮船有1000多艘,1914年有900余艘。府河内船户分8帮,环潭帮有船300余艘,安居帮200余艘,随县、厉山帮共约300艘,淅河帮约200艘,马坪帮约100艘,府帮上至云潭港,下至隔蒲潭,有船1000余艘,下杂帮道人桥至府河口,约有船100艘。长江支流清江沿线木帆船运输业也比较发达。仅以资丘港为例,往来运输的木帆船共有1000余艘,船工2000余人。[1]

---

[1] 参见刘宏友、徐诚编:《湖北航运史》,第311—314页。

至1937年全面抗战爆发，国民政府军事委员会、资源委员会通过交通部长江区航政局对往来于汉口、宜昌、沙市三港埠重量200担以上的木帆船进行调查，总艘数为7711艘，总载重量约合18万吨，其中船籍湖南省的船只有3666只，排名第一，湖北省3119只排名第二，其余为四川省、江西省、河南省、陕西省、安徽省、浙江省、上海市等地船籍的船只。其中航行长江线者为7587艘，约合15.7万吨；航行于汉江线者为1072艘，约合2.3万吨。[①] 由此可见，湖北大小河道上各类民船约有2万多艘，民船的载重量小至1、2吨，大至30吨，形制不一，10吨以下的船只在数量上更占优势。

第三节　湖南河道上的木船与船民规模

湖南省位于长江中游南岸，东与鄱阳湖、赣江水系相通，南与广西桂江、珠江上游西江水系相连，西与乌江、清江相接，北部洞庭湖与长江水系相会，可谓居全国水网中部之大省。湖南省内湘、资、沅、澧四水及其支流，沟通省内外大小河港，汇入洞庭湖，构成长江中游、洞庭之南四通八达的水运网络。湖湘水系的运输能力自清前期得到前所未有的开发，凭借与长江、珠江流域水运交通的便利，成为沟通东西、连接南北的重要商货运输通道。

湖南湘、资、沅、澧四水，不论是河流的季节性水流量大小等水文条件、河道宽窄和暗礁分布等河道状态，还是码头市镇与各级税关的分布等商业环境，各个方面都有相当大的差异，是以

---

① 参见刘宏友、徐诚编：《湖北航运史》，第314—317页。

活动在四水河道和沿岸市镇的民船和船户的数量规模悬殊。清前期，湖南地方官员在多次清查全省河道船户和渔民的过程中认识到，应该根据水道运输便利与商业繁盛的程度，对省内不同水域社会进行区别对待和管理。乾隆十八年（1753），湖南布政使周人骥命令十三府州查明全省水路情形，根据可否通航舟楫、商贾多寡和市镇发达的程度，将全省各州县分为"滨临大江附近水次者""可通水次者""虽通水道但系一线溪河不能挽运者""不通水次者"四个"通衢等级"。长沙府的长沙、善化、湘阴、湘潭、湘乡、益阳诸县，衡阳府的衡阳、衡山两县，岳州府的巴陵、临湘、华容三县，常德府的武陵、桃源、龙阳、沅江四县，以及澧州及其所辖安乡等17州县，被划分为"滨临大江附近水次者"。浏阳、醴陵、宁乡、攸县、茶陵、耒阳、安仁、常宁、零陵、祁阳、芷江、安福等12州县，为"可通水次，系逆水挽运者"。"虽通水道，系一线溪河不能挽运者"，包括东安、道州、邵阳、武冈、新化、新宁、城步、平江、溆浦、永顺、保靖、龙山、桑植、黔阳、麻阳、郴州、永兴、兴宁、宜章、桂东、靖州、会同、通道、石门、慈利、永定、桂阳州等27州县。而"不通水次者"，则包括安化、酃县、宁远、永明、江华、新田、凤凰厅、桂阳县、绥宁、临武、蓝山、嘉禾等12州厅县。①

为适应大小河道各具差异的水文地理，湖南各地民船发展出多元化的形制种类与载重规格，以适应于承担各种商货的运输任务。如体型较大的常德帮神州船，载重量可达80吨，主要航行

---

① 参见《湖南省例成案》之《户律仓库》卷23《各府厅州县买补仓谷及地方市镇水次章程情形》，香港科技大学华南研究中心藏，据日本东京大学东洋文化研究所藏刊本影印。

于湘水和沅水下游；而如永州帮的把杆船、津市帮的倒扒子船，则载重数吨甚至更小。①那么，在清代，湖南大概有多少民船和多大的载运能力？又有多少船民呢？

水文地理和商贸发展程度的差异直接导致各地船只和船户的数量多寡与分布不均。一般来说，越是濒临大江、河道通衢的州县，船只和船户的数量越多，反之越少，但也存在反常的现象。乾隆二十二年（1757），湖南全省水次各府州县大规模清查船户和渔户情况，结果居然是湘江支流涟水流经的湘乡县上报的船户数量居全省各县之首。据湘乡知县奏报，湘乡涟水有倒划船不下六七千只。②这是个非同寻常的数据。与湘乡县同时上报了具体船只数量的县份，包括长沙县、攸县、安化县、茶陵州、安仁县、桃源县、永兴县、常宁县、酃县、道州、永明县等诸州县。其中上报船只较多的长沙县，运输为业的船户加上捕鱼船亦最多不过七百余只。长沙县称，该县仅有倒划船五百余只，捕鱼船二百余只。攸县上报，该县仅有三板茅蓬小船二百九十只。安化县详称，"县地方四面皆山，县北溪河一道，上通宝庆，下达益阳，有艬船一百九十六号，划船一百号，渡船五号，鱼船一十一号"。茶陵州称该州"山陬僻壤，一线溪河"，"民间撑驾，俱系茅蓬小船，装载不过百十石至二百余石"，查明茅蓬船共四百二十四只。安仁县称，该县溪河一线，往来客商甚少，止有茅蓬、倒划等项小船，乾隆十八年编查时共计一百二十二号，新添倒扒、茅蓬、网船共十七只。桃源县地处津要，上达辰州府和沅州府，下接洞庭湖西重要港口常德府城，往来船只甚多，当

---

① 参见〔日〕松浦章：《清代内河水运史研究》，董科译，第267页。
② 《湖南省例成案》之《兵律关津》卷12《一切大小船只编列号次于船梢粉书州县村庄船户姓名缮给印照以凭查验》。

时，桃源知县查出该县船只三百余只。永兴县详称，该县原属一线溪河，止有小船俗名吹火筒，装载粤东杂货及本处煤炭，编查共计二百四十六只。① 根据这几个州县稽查的结果，结合各县所属的"通衢等级"，如若我们较为保守地按照"滨临大江附近水次"州县500只船（16州县，湘乡县单列按6500只计算）、"可通水次"州县300只船（12州县）、"虽通水道但系一线溪河不能挽运"州县200只（27州县）、"不通水次"州县100只船（12州厅县）的数量估算，当时航行或停泊在湖南全省各州县的大小船只至少有24,700只。另据相关统计认为，1840年前后，湖南的木船总数达3万只，平均载重约为每船20吨，是湖南水上交通运输的主力。② 两种数据相较，我们可以推测清代前中期湖南河道上活跃的民船大约在2.5万至3万只左右。

至于湖南内河航运船只的载重量，"每船20吨"的估计可能偏大，我们可以以湖南较为普遍的倒划船为例稍作分析。湖南倒划船，俗称倒划子、倒扒子、到巴。倒划子船，"湖南人架多，其船身条长，两头略小些，可倒划走得，故名"。③ 倒划子船的运载量大概为多少？乾隆十八年，永州府奏报中提及，该地三舱、四舱、扒杆、倒划等船，载米不过数十石至一百石而止。④ 从《支那省别全志·湖南省》调查结果可见，湘乡造的到巴可运载货物

---

① 《湖南省例成案》之《兵律关津》卷12《一切大小船只编列号次于船稍粉书州县村庄船户姓名缮给印照以凭查验》。
② 参见樊百川：《中国轮船航运业的兴起》，第61页；江天凤主编：《长江航运史（近代部分）》，第16页。
③ 吴中孚：《商贾便览》卷2《各省船名样式》，乾隆五十七年（1792）刊本，东京大学东洋文化研究所大木文库藏。转引自〔日〕松浦章：《清代内河水运史研究》，董科译，第356页。
④ 《湖南省例成案》之《户律仓库》卷23《各府厅州县买补仓谷及地方市镇水次章程情形》。

300—600担，需雇水夫5—8人；湘乡窝子，可运载货物500—800担，需雇水夫7—10人。在资江上航运的倒扒子，沅江船运载量为100—300担，湘潭船运载量为500—800担，湘乡船运载量为300—600担，长沙船则为200—300担。[①] 据《湘乡史地常识》称，涟水河道水深时，每只倒划子载重约100硕，水浅时只50硕。[②] 另外，根据相关调查记录显示，长沙的民船中，属于津市帮与沅江帮的倒扒子民船载重量从6、7吨到20吨不等。[③] 从目前所见的这些数据来看，倒扒子的载重有大有小，而这与其所航行河道的水文地理情况有关。若按1担约等于60公斤计算，以上资料中所揭示的船只载重量，湘潭、湘乡倒划子最大均值为39吨，湘乡还有运载量为27吨、4.5吨不等的船只，长沙倒划子约15吨，沅江倒划子约为12吨，平均值为19.5吨。根据前文所陈，长沙、湘潭、湘乡、沅江被认为是"滨临大江附近水次者"，这一通衢等级县份的船只占全省船只一半，由于其他三类河道的木船的运载量应该相对较小，故可保守估算湖南内河木船的平均载重量为10吨左右。

进入20世纪的最初十余年，随着长沙港开埠，进出长沙港海关的汽船和民船持续增多，运载量也较为稳定地上升。（参见表9和表10）

---

① 〔日〕東亜同文会編『支那省別全誌』第10巻『湖南省』，1918年，第284、314—316页。
② 谭日峰：《湘乡史地常识》，湘乡铅印局1935年版，湖南图书馆古籍室藏，第13页。按：硕为湖南地方米谷度量单位，1硕相当于1担。一般来说，1担大概为100斤。然以常德的计量换算方式，1担等于144斤。故而，本书取平均约数，1担按60公斤计。参见〔日〕東亜同文会編『支那省別全誌』第10巻『湖南省』，第121页。
③ 粮食运销局：《湘桂粤三江民船运输调查》，1937年，上海图书馆藏，第2页。该资料复印件由松浦章先生提供，特此致谢。

表 9 最近十年间长沙港船舶出入港表

年次		1904	1905	1906	1907	1908	1909	1910	1911	1912	1913
入港汽船	只数	118	254	303	373	399	434	558	515	585	967
	吨数	52,010	103,796	95,516	153,348	153,339	171,408	155,972	195,818	259,697	226,300
入港帆船	只数	—	1	17	20	23	16	42	40	69	128
	吨数	—	32	263	303	526	737	1404	1229	2514	3013
出港汽船	只数	119	244	309	364	394	431	528	496	581	964
	吨数	52,021	103,759	95,587	150,906	153,193	171,277	155,385	193,375	260,079	226,062
出港帆船	只数	—	1	23	6	10	15	26	99	37	253
	吨数	—	32	310	138	197	731	1124	2445	1289	965

参见〔日〕東則正編『中部支那経済調査』上卷，1915 年，第 591 页，https://dl.ndl.go.jp/info:ndljp/pid/952438，2023 年 1 月 28 日。

表 10 最近十年间内地航行船舶长沙港出入表

年次	1904	1905	1906	1907	1908	1909	1910	1911	1912	1913
只数	697	2535	2303	3576	3822	4854	6424	7073	6040	6797
吨数	72,571	194,212	163,175	314,989	266,044	370,977	313,271	391,175	342,851	327,580

参见〔日〕東則正編『中部支那経済調査』上卷，第 592—593 页。

民国年间，湖南各地市镇码头的民船数量和船户规模仍然相当悬殊。根据国民政府粮食运销局在1937年刊行的调查记录，当时长沙的民船，属于衡州帮的小驳船约有1000艘，载重量约10—20吨；属于祁阳帮的白水船约700艘，载重量约17—20吨；属于永州帮的把杆船约有600艘，载重量5—15吨；属于常德帮的神州船约800艘，载重量20—80吨；属于津市帮与沅江帮的倒扒子民船约700艘，载重量6—20吨不等；合计将近4000艘。衡阳民船运输更为发达，其中零陵巴杆子计150—160艘，祁阳桐子壳计109艘及毛蓬子计20艘，白水船计有40艘，归阳小行船计有53艘，常宁船计有203艘，长沙、湘潭、湘乡、醴陵的倒扒船2906艘及乌江船1356艘，衡阳本地小驳船计有2791艘，尚有不常往来之各帮船只计有1800余艘，合计近万艘。零陵民船数量则不如长沙、衡阳多，有本地永帮船户300—400户，道县道帮船只200余艘，衡阳衡帮船户400—500户，全县的全帮船户100余户，以及少量祁阳的祁帮船和桂林的桂帮船，合计千余艘。[①] 同一时期，湘江支流涟水上的湘乡民船数量总计在3000艘上下，另有客帮船近400只。[②] 仅以上数县合计，船只数量约2万艘之多。

据1936年湖南省水上警察局的船籍调查，参与登记的船只有12,106只，船户人口男26,771人，女1117人。这批登记表记录了帮埠地名、船名、船只艘数、船主伙计人数、载重量、航线等信息。其中衡阳、湘乡、益阳登记入册的船只和船户数量较多，这些以湘江下游至湖北为主要航线的船只载重量在30—1500石之间，大多数在200—300石（12—18吨）及其以下，登记表也反映了民船业性别比例的极度失衡。（参见表11）

---

① 参见粮食运销局：《湘桂粤三江民船运输调查》，第2、7、12—13页。
② 参见谭日峰：《湘乡史地常识》，第30页。

表 11　湖南全省水上警察局调查船籍登记表

帮埠	船名	艘数	主夥人数	载量	航线
湘乡	倒扒	1468	男 3100，女 40	百石至五百石	湘鄂
湘潭	同	817	男 1900，女 29	同	同
醴陵	同	178	男 338，女 31	同	同
湘阴	同	23	男 43，女 8	同	同
长沙	同	420	男 1067，女 50	同	同
衡阳	小驳	2791	男 6500，女 270	二百石至一千石	同
长沙	乌江	752	男 1457，女 50	百石至二百石	同
宁乡	同	552	男 1020，女 26	同	同
湘阴	同	52	男 96，女 8	同	同
益阳	长船	1379	男 3020，女 58	同	同
湘阴	同	10	男 22，女 3	同	同
浏阳	鰍船	213	男 580，女 14	百石至八百石	同
新化	同	664	男 1450，女 59	同	同
安化	同	61	男 140，女 1	同	同
岳阳	铲子	269	男 680，女 17	百石至三百石	同
平江	同	12	男 24，女 4	同	同
嘉禾	同	20	男 47，女 3	同	同
茶陵	驳子	67	男 140，女 17	同	同
石门	同	262	男 540，女 12	同	同
永州	巴杆	156	男 410，女 21	五百石至千五百石	同
沅陵	辰船	631	男 1350，女 129	百石至三百石	同
桃源	撇子	394	男 900，女 24	五十石至二百石	同
麻阳	跨子	297	男 650，女 68	百石至六百石	同
湖北	鸦艄	209	男 480，女 50	百石至三百石	同
汉寿	桐艄	109	男 210，女 50	三十石至一百石	同
澧州	呆板	148	男 310，女 22	五十石至二百石	同
沅江	封艄	33	男 72，女 8	同	同
贵州	岩板	99	男 180，女 40	百石至三百石	同
祁阳	茅板	20	男 45，女 5	同	同
总计		12,106	男 26,771，女 1117		同

资料来源：平汉铁路管理局经济调查组编《长沙经济调查》(1936 年)，张研、孙燕京主编：《民国史料丛刊》第 381 册，大象出版社 2009 年版，第 290—292 页。

另据《湖南省志》所引1936年湖南省水警局不完全统计称，全省民船（不包括渡船、农副业船与邵阳、新化的毛板船），约在10万艘以上，载量最小者数担，最大者可至8000担。专业船民船工（不含临时雇工，且缺耒阳、祁阳、湘乡、宁乡等十数县资料）116,272人。[①] 若依10万艘民船之数，以平均每艘民船配备5名船工计算[②]，湖南省河道上以水运为业的船主、船夫、水手、舵工等人数大概不低于50万，远远超过11万之数。

第四节　江西河道上的木船与船民规模

江西省位于长江中游南岸，北部鄱阳湖处于长江之南，为江西全省河流汇聚之水运枢纽。江西最重要的通航河道是发源于南岭山脉的赣江。赣江水系的上游，往南越过大庾岭至广东南雄，沿珠江支流北江可直抵广州；往北汇入抚水、袁水、修水，注入鄱阳湖，北接长江，全长700余公里。清代广州一口通商的80余年间，九江-赣江-大庾岭-北江-广州商道贸易最为繁盛，是沟通珠江水系与长江的南北水路交通运输要道。除赣江外，联通长江与钱塘江水系的信江、连接景德镇与鄱阳湖的昌江等小河也构成江西省内河流运输网络的重要部分。赣江沿岸的大庾县、赣

[①] 参见湖南省地方志编纂委员会编：《湖南省志》第10卷《交通》，湖南人民出版社2001年版，第508—509页。
[②] 以通航芜湖、重庆的湖南船的平均船员人数为例估算，大概每船船员为5—8人。另有数据称五百石载重的船，下水需6—7人，上水时12—13人；而神农溪一类溪流船只亦需5名船工；普通载重5吨左右的船舶需要船用5—6人，10吨左右者则需8—9人。参见〔日〕松浦章：《清代内河水运史研究》，董科译，第184、221、233、235、268页。

州、樟树镇、吴城镇，信江沿岸的玉山、河口镇等商业市镇也随之兴盛繁荣。①

关于清代江西境内河道上民船的资料较为零散。乾隆《钦定大清会典则例》江西九江关条中记载了辰船等通过九江关的50多种船名。②这些船只大多是航行于江西境内，输送商品物资而通过九江。信江中游的河口镇大约在明代中叶发展起来，到清代中叶最为繁盛之时，沿河形成十余座码头，每日停泊大小货船达2000多艘。③《江西内河航运史》以及编纂该书过程中形成的六卷本《江西省内河航运史资料》提供了一些民国时期的相关数据可资参考。民国初年，江西内河大小船只约达10万艘（包括轮船、渡船及渔划等）。依据船业为生活者，约有50万人。至1914年，仅余大小船只约7万艘，操船业者35万人。至1927、1928年，仅余大小船只约5万艘，操船业者约25万人。至1936年，则仅有船只4万艘（内经登记可查者，计南昌市各轮船公司，有轮船83艘，水上公安局经征旗照捐帆船有25,709艘，南昌市各码头共有划渡船1064艘，水上公安局各队所辖汛内共有渔划2370艘），操船业者20万人。与民国初年比，船只及操船业之人民，约仅占40%。④

---

① 参见谭钜生等：《江西省地理》，江西教育出版社1989年版，第44页；萧放：《明清江西四大镇的发展及其特点》，平准学刊编辑委员会编：《平准学刊》第五辑下册，光明日报出版社1989年版；梁洪生：《吴城商镇及其早期商会》，《中国经济史研究》1995年第1期；许檀：《明清时期江西的商业城镇》，《中国经济史研究》1998年第3期。
② 参见〔日〕松浦章：《清代内河水运史研究》，董科译，第199页。
③ 参见沈兴敬主编：《江西内河航运史》，人民交通出版社1991年版，第96页。
④ 参见家豪：《江西航业概况与改进意见》，《经济旬刊》第7卷第10、11期，1936年；亦见江西省内河航运史编写办公室编印：《江西省内河航运史资料》，第603页。

民国二十三年（1934）度江西水上公安局及其稽征所登记在案的帆船共有 24,935 只，其不同容量的船只数量如下：

表12　民国二十三年度（1934）江西水上公安局征收旗照税之民船只数

容量（担）	只数	平均吨数（笔者按）
1800 担以上	62	90 以上（400 担以上：40 吨）
1501—1800	58	82.5
1301—1500	78	70
1101—1300	64	60
901—1100	134	50
801—900	332	42.5
701—800	208	37.5
601—700	323	32.5
501—600	533	27.5
401—500	921	22.5
301—400	1889	17.5（400 担以下：8 吨）
201—300	3541	12.5（300 担以下：7.3 吨）
101—200	8084	7.5
100 担以下	8708	5 以下
总计	24,935	11

资料来源：江西省内河航运史编写办公室编印《江西省内河航运史资料》，第636页。

根据这组登记数据可以粗略地了解，江西全省木帆船以容量三百担以下的小船最多，计16,792只，占全数67%以上，实际比例可能更高；其中一百担以下的船只占35%；载重量大的船只所占比例较低，且大多应该是活动于大港口或长江干流。该调查报告还对江西省民船种类和船帮组织有所描述，称江西省"帆船不下百余种，名目繁杂，或依地名，或因形状。如抚船、赣板子、饶划子、浮梢子、沙排子、鸦尾子、桐壳子、倒扒子、巴斗子、罗汤子、牙梢子、线鸡尾、舯子等。常年来往于某一处之船，多因同业同籍关系,合组公所,亦名船帮,互推经理,俗称帮头,负对外一切责任,有数县一帮者,有一县数帮者。船帮即为船户旅外同乡会,在水上运输组织占重要之地位。"[1]

另据1936年4月由南昌民船同业公会报送、江西水利局制发的《江西省主要水道航运状况调查表》,按当地计量方式,一百担相当于5吨。以此结合表12简单统计,则江西全省民船平均载重量约为11吨;载重量400担以上船只的平均载重量为40吨左右,占总数的10%,与前文依海关数据和松浦章研究结果所估的长江中游干流船只平均载重量40吨相符合;而占总数90%的载重量400担以下船只的平均载重量为8吨左右,300担以下船只的平均载重量为7.3吨。《江西省主要水道航运状况调查表》给出的船只载重数据也很接近:全省帆船平均载重量约为6—8吨之间。[2]另有1946年4月30日《江西省建设厅文件》提供的信息,称"战前各河帆船共有三万数千余户,战时损失甚巨,航民颇多破产,目前全省约共5402户,内有运粮专船127户,运盐专船94户,均系较大较好船只"。从该文件所列表格《江西省各河湖航行概况一览表》中取数据较大数值计算,当时帆船平均运载量为4.5吨。[3]根据这些民国年间的数据,我们大概可以推测清代至民国时期江西省民船平均载重量在4.5—7吨左右,大概可估为6吨上下。

---

[1] 农艺部农业经济组:《江西米谷运销调查报告》,《江西省农业院专刊》1937年第4期,第89—91页;亦见江西省内河航运史编写办公室编印:《江西省内河航运史资料》,第635—637页。
[2] 参见江西省内河航运史编写办公室编印:《江西省内河航运史资料》,第111—112页。
[3] 同上书,第147—152页。

第五节 本章小结

综上所述，长江中游干流与湖北、湖南、江西三省支流上的民船种类多达数百种，数量和载重量都很难准确估算。结合前文关于长江中游干流与湖北、湖南、江西三省支流民船情况的资料，本章大概可以对18世纪至20世纪中期长江中游民船的数量和载重量提出一组粗略而保守的估计：（1）长江中游干流大概流通船只约5万只，平均载重估计为40吨。（2）乾隆年间湖南的数据与20世纪30年代调查资料所提供的2.5万只的三省平均估数相当接近，故笔者较为接受湖南、湖北和江西三省平均数为2.5万只船。三省支流木帆船平均载重吨数可依江西数据估为6吨。（3）在以上所估数据的基础上，我们可以得出一个较为保守的推算数据：在人口迈向高峰、商贸持续繁盛的18世纪中期至20世纪之前，长江中游干支流木帆船数大概为12.5万只，总载重能力达245万吨。总体而言，清前期长江中游木帆船已经具有相当大的运输能力，分布广泛且适应地方性水路运输，这说明长江中游流域各级市场之间以及长江中游与上下游之间的联系十分频繁密切。到民国年间特别是20世纪二三十年代，民船在长江中游干流上大幅退缩，主要活跃在支流运输和城乡物资的交流中。

据前文估算，18世纪中期至20世纪中期，长江中游干流加上湖北、湖南和江西三省内河航运中大小船只约12.5万只，若以每条船进行运输时需要5—8名船工计算[①]，清代长江中游流域

[①] 参见〔日〕松浦章：《清代内河水运史研究》，董科译，第184、221、233、235、268页。

河道上船主、篙师、水手、舵工等以水运为业的船民人数大概在62.5万至100万之间。若按湖南、江西全省船民数据最大值50万算，长江中游流域干支流上船民人数可能曾经高达200万之数。直至民国年间，民船与船民的规模稍有减少，但仍是区域间交通运输的一股重要力量。

面对流动性如此之高的数十上百万船民，自清朝至民国的中央政府和地方官府是否进行有效管理以及如何加以约束？对于官方的制度设计，船民又是如何应对？这些问题直接关系到长江中游商业贸易的秩序和地方社会的稳定。通过对这些问题的探索，我们可以更深入地了解清至民国长江中游木帆船航运业的内部构造及其所处的外部环境。接下来的五章分别从清代的船行埠头制度、船帮组织、船户宗族以及民国时期的直接管理制度和抗战时期的统制政策等方面来讨论这些问题。

第二章

清代河运中的船行、船帮与商业规范

长江中游干支流，在明清时期逐渐发挥出沟通南北、连接东西的商品运输航道的重要作用。据前章估算，18世纪中期至20世纪前期，长江中游干流加上湖北、湖南和江西三省内河航运中大小船只不低于12.5万只，船主、船工、水手、舵工等以水运为业的人数至少在62.5万至100万之间。其中，绝大多数民船和船民受雇于商业运输。[1]那么，清朝官方如何管理这数十百万流动性极高的社会群体？这些民船和船运从业人员是否形成了一些船运组织和行业规范？长江中游船运业在多大流域范围内形成了有效的纠纷解决机制？

明清时期，一些重要的交通运输河道进入王朝统治者的视

---

[1] 内河民船和船民绝大多数受雇于商业运输与漕粮运输，其中漕粮运输民船数量有限。据雍正四年（1726）查定各省粮道卫所船帮及其漕船定额，江西省粮道设10卫所14帮，原额漕船为708艘，到乾隆二十四年裁减后实有638艘；湖北、湖南两省粮道各设漕船三帮，原额漕船为410艘，乾隆二十九年（1764）后两省漕船共358艘。参见李文治、江太新：《清代漕运》，第157—159、173页。

野。中国历来最受传统王朝关注的内陆河道是贯通南北的大运河，王朝对大运河管理的制度设置及其运作情况，与其在历史上特殊的政治意义和经济意义紧密相关。[①]而关注长江干支流河道历史的论著，主要从历史地理的角度出发，讨论河道的长期演变与自然环境、地质地貌、水文因素、人力工程的关系[②]，较少从河道的交通运输功能和社会经济史的角度探寻王朝制度和社会机制在河道运输管理中的意义。本章分别从长江中游的河道社会管理制度、船行埠头机制、船帮组织和船运商业规范等方面进行讨论，揭示明清时期长江中游航运业中的船运组织在多大流域空间中形成了共有的经济秩序和纠纷解决机制，并尝试综合比较长江上、中、下游木帆船航运业的秩序维系机制。

第一节　长江中游船户船只的管理制度

中国传统时期，王朝国家对海洋、湖泊、河流等各种水域的控制与管理，相对于陆地来说，较为薄弱。生活在水上的主要人

---

① 参见王云：《近十年来京杭运河史研究综述》，《中国史研究动态》2003年第6期；胡梦飞：《近十年来国内明清运河及漕运史研究综述（2003—2012）》，《聊城大学学报（社会科学版）》2012年第6期。

② 参见杨纫章：《湘江流域水文地理》，《地理学报》1957年第2期；张修桂：《汉水河口段历史演变及其对长江汉口段的影响》，《复旦学报（社会科学版）》1984年第3期；张修桂：《长江宜昌至沙市河段河床演变简史——三峡工程背景研究之一》，《复旦学报（社会科学版）》1987年第2期；张修桂：《近代长江中游河道演变及其整治》，《复旦学报（社会科学版）》1994年第6期；鲁西奇：《区域历史地理研究：对象与方法——汉水流域的个案考察》，广西人民出版社2000年版；鲁西奇、潘晟：《汉水中下游河道变迁与堤防》，武汉大学出版社2004年版；孔艳：《明清时期湘江长沙段历史地理问题探讨》，上海师范大学硕士学位论文，2011年。

群是以捕鱼为生的渔民和运输谋生的船民。官府对于水域的管理集中体现在对水上人群的控制与征税上。[1]据已有研究可知，王朝水域管理制度中，"渔户"作为一种独特的户籍种类，将渔民纳入户籍管理体系之中，是从元代开始的；明代继承元制，并在全国范围内系统地编订渔户户籍和实行河泊所制度；到清代，河泊所制度完全废弛，地方各级官府先后发展出与不同水域社会环境相适应的管理制度。[2]长江中游干支流河道上生活着大量倚水而生的渔民和船民人群，在相当长的历史时期里，其大多数处于王朝制度管束的边缘。近年来，诸多研究者开始关注明清时期湖广地区水域的渔户管理和渔民社会，在大量新资料的基础上，以湖广地区、两湖平原、湖北地区、江汉平原等地理范畴为中心，对河泊所制度、"赤历册"、水保甲、"水鱼鳞册"等水域管理制度开展了深入细致的研究，并提出以水为本位的"水域史"研究

---

[1] 鲁西奇指出，中古时期水上人群以不同方式被纳入版籍，获得乡里编户、夷户、海户、盐户、疍户等不同属性的户籍。参见鲁西奇：《中古时代滨海地域的"水上人群"》，《历史研究》2015年第2期。

[2] 参见吴智和：《明代渔户与养殖事业》，《明史研究专刊》1979年第2期；〔日〕中村治兵衞『中国漁業史の研究』，刀水書房1995年版；闫富东：《清初广东渔政述评》，《中国农史》1998年第1期；张建民：《明代湖北的鱼贡鱼课与渔业》，《江汉论坛》1998年第5期；尹玲玲：《明代的渔政制度及其变迁——以机构设置沿革为例》，《上海师范大学学报（哲学社会科学版）》2003第1期；杨培娜：《"违式"与"定例"——清代前期广东渔船规制的变化与沿海社会》，《清史研究》2008年第2期；梁洪生：《捕捞权的争夺："私业"、"官河"与"习惯"——对鄱阳湖区渔民历史文书的解读》，《清华大学学报（哲学社会科学版）》2008年第5期；鲁西奇、徐斌：《明清时期江汉平原里甲制度的实行及其变革》，《"中央"研究院历史语言研究所集刊》第84本第1分（2013年3月）；杨培娜：《从"籍民入所"到"以舟系人"：明清华南沿海渔民管理机制的演变》，《历史研究》2019年第3期；贺喜、科大卫主编：《浮生：水上人的历史人类学研究》，中西书局2021年版。

理路。[①]相较于渔民历史研究来说,对于船民管理制度的探讨,则较为滞后。吴智和指出,明朝自明初重视江防和湖防,其后怠惰,设立巡司、巡船,以守备、把总等官员和会哨制度查缉江湖匪盗,成效不彰。[②]至清初,为了应对两湖地区日益猖獗的江湖盗匪,地方官府在基层社会推行水保甲制度,在水域地区加强塘汛、巡检、水师的配置和巡逻稽查制度,并对沿江沿湖码头、市镇等进行排查监控。[③]清代江西的地方政府也是从组织和安排员弁巡查河道、制定地方性法律规范来保障商旅安全。[④]

迟至清朝初年,对船户及其船只进行管理的制度,才开始形成并逐渐系统化,这与商品经济发展的规模紧密相关。下面以长江中游支流湘江为例展开讨论。湘江作为纵贯湖南、连接珠江流域与长江流域的主要河道,历来是各种外来商品输入和内陆各省土产输出的主要通道,到了清前期,随着湖南米谷贸易的兴盛,

---

[①] 参见张建民:《明代湖北的鱼贡鱼课与渔业》,《江汉论坛》1998年第5期;尹玲玲:《明代的渔政制度及其变迁——以机构设置沿革为例》,《上海师范大学学报(哲学社会科学版)》2003年第1期;徐斌:《明代河泊所的变迁与渔户管理——以湖广地区为中心》,《江汉论坛》2008年第12期;徐斌:《明代河泊所赤历册研究——以湖北地区为中心》,《中国农史》2011年第2期;杨国安、徐斌:《江湖盗、水保甲与明清两湖水上社会控制》,《明代研究》第17期(2011年12月);鲁西奇、徐斌:《明清时期江汉平原里甲制度的实行及其变革》,《"中央"研究院历史语言研究所集刊》第84本第1分(2013年3月);徐斌:《以水为本位:对"土地史观"的反思与"新水域史"的提出》,《武汉大学学报(人文科学版)》2017年第1期;徐斌:《制度、经济与社会:明清两湖渔业、渔民与水域社会》,科学出版社2018年版;刘诗古:《资源、产权与秩序:明清鄱阳湖区的渔课制度与水域社会》,社会科学文献出版社2018年版;等等。

[②] 吴智和:《明代的江湖盗》,《明史研究专刊》1978年第1期。

[③] 杨国安、徐斌:《江湖盗、水保甲与明清两湖水上社会控制》,《明代研究》第17期(2011年12月)。

[④] 龚汝富:《清代保障商旅安全的法律机制——以〈西江政要〉为例》,《清史研究》2004年第4期。

湘江更成为米谷输出要道。从康熙朝后期开始，湖南成为全国重要的米谷输出地，所谓"湖广熟，天下足"的民谚即广泛流行于此时。雍正朝和乾隆朝是湖南米谷贸易最繁盛的时期，每年外运粮米约在500万石以上。湖南输出的米谷主要产于湘江中下游地区，其中湘潭和衡阳是重要的米谷生产地和湖南两个最大的米谷交易市场。外来的常平仓采买官员和客商大多途经湘江来到湖南买米售货，当地人则需要通过湘江及其支流将米谷运到市场上出售，所以，不论是对于地方官、客商来说，还是对于当地米谷生产者来说，湘江河道的顺畅和安全至关重要。[1]

随着商业运输的兴盛，船户被视为造成长江中游干支流河道上商旅危险的重要因素。在官方的记载中，"奸恶船户偷窃客货"之类的案件时常发生。如雍正五年（1727）八月，湖南巡抚布兰泰听闻"有等奸恶船户，揽载客货之时，无不甜言蜜语，皆可信为诚实，及至货载伊船，即起盗心，擅将客盐米货，任意偷卖；倘被本客窥破向论，竟敢肆行殴打；甚有机乘僻地旷野之处，将客捆绑，撩入河干，亦无顾忌"。[2] 船户在河道水域的客货运输中偷扒抢劫的案件屡屡频发，甚至被称为"江湖盗匪"。[3] 商旅安全引起了官方对河道秩序的重视。为了解决湖南水域安全问题，雍正五年，湖广总督迈柱出台了编列和管理船户和渔户之定例：

> 案照雍正五年定例，一切小船，各该地方官取具舡户邻佑保结，编列号次于舡只两傍，刊刻籍贯、姓名，给以印照，

---

[1] 参见陈瑶：《粜粜之局：清代湘潭的米谷贸易与地方社会》，第55—57页。
[2] 《湖南省例成案》之《刑律贼盗》卷1《严禁奸恶船户偷窃客货》。
[3] 杨国安、徐斌：《江湖盗、水保甲与明清两湖水上社会控制》，《明代研究》第17期（2011年12月）。

持照揽载，地方文武员并不时稽查。倘书役等有借端勒索情弊，立拿枷示。至渔舡，亦照陆地保甲之例，十舡编为一甲。若一船有犯盗窃者，令九船公首，如隐匿不报，事发一体治罪。十船之外，再有余船，即照保甲法编作畸零。倘有漏匿需索等情，察出严加治罪等因。当经行司通饬遵照。嗣于上年十月内，准兵部咨行，令竭力奉行。①

雍正五年出台的这一船户和渔船管理制度，已然初现区分管理船户和渔户的观念。前一部分针对船户，以船只为单位编号，登记籍贯和姓名，给予印照，允许他们凭印照从事水上运输的营生，由地方文武吏员管理；后一部分针对渔船，模仿陆地保甲的办法，以渔船为单位编立保甲；船户和渔户皆隶属兵部。下引"渔船保甲规条"，与这项"雍正五年定例"同样出自湖广总督迈柱之手。

据杨国安和徐斌的研究，清初推行保甲制度较为突出的便是雍正年间湖广总督迈柱在督府所在地江夏地区实施的渔船保甲法，这一规定在两湖其他沿江近湖地区加以推广，制定了更为详细的渔船保甲规条：

请将南北两省沿江近湖地方一切小船，逐一清查，各归就近堤岸，彼此认保。每十船具一连环保结，挨次编号。遇晚，令其务在本埠一处湾泊。其有别埠别号混入者，即行查逐。每船船户，不得过二人。取鱼器具，止许带罾网等类，其叉鱼、铁钢叉、打鱼之棍棒等物，概行查禁。均责令就近

---

① 《湖南省例成案》之《兵律关津》卷10《饬查船只编列号次》。

典史、巡检、塘汛兵丁，不时清查。并令每十号船内，自行首报匪类，免罪。如平日已经认保，及后为匪，又通同徇隐，不行首出，一船犯事，十船连坐。如此，则所有小船，彼此自相察觉，似弭盗之一法也。①

杨国安和徐斌的研究指出，为了应对两湖地区日益猖獗的江湖盗匪，官府采取了多种相应措施，在基层社会着力推行渔船保甲制度是其中最重要的一种，渔船保甲不仅实行渔船联保，对船只携带的渔具也进行了严格的限制，更为重要的，是规定渔船必须停泊所属埠头，接受检查。②笔者认为，以上雍正五年定例及迈柱上奏的《编查渔船保甲疏》，反映当时的两湖地方官员初步致力于水域管理制度的设计与推行，对船户和渔户生计模式的不同已有基本的观察，为之后管理制度设计的细致化和针对性奠定了基础，提供了方向。

然而，从乾隆朝前期湖南按察使和巡抚多次饬令抽验渔船编列号次来看，雍正年间官府出台的水域管理定例并未有效实行，自上而下推广的渔船保甲法也并没有根除湖南江湖盗匪的存在，盗匪事件仍然频发。乾隆四年（1739），巡抚冯光裕重申雍正五年定例，因"恐日久懈弛，或致盗贼得以渐次混杂"，而"再行饬遵"。③乾隆八年（1743）八月二十六日，按察使明德称，"楚

---

① 迈柱：《编查渔船保甲疏》，贺长龄、魏源等编：《清经世文编》卷75《兵政六·保甲下》，第1856页；亦见杨国安、徐斌：《江湖盗、水保甲与明清两湖水上社会控制》，《明代研究》第17期（2011年12月）。
② 参见杨国安、徐斌：《江湖盗、水保甲与明清两湖水上社会控制》，《明代研究》第17期（2011年12月）。
③ 《湖南省例成案》之《兵律关津》卷10《饬查船只编列号次》。

省襟江带湖,素称泽国,界连滇、黔、蜀、豫、江、广等省,商贾往来,帆樯若织,诚系五方杂处之区,而萑苻宵小之徒,每有纠伙扒舱,贻害行旅,最为恶毒,如积匪杜二山、杨么等,案牍累累,行窃者不止一年,被害者不仅一处,此案伙党虽经缉获,而此风仍未止息",于是下令"将禁内鱼船逐一查明,编列号次,造册查核,仍于船艄粉书州、县、村庄、渔户姓名,用油刷盖,示谕各渔户每日自寅至酉,悉听往来捕取,自初更以及未交五更止,许在近埠江面停舟捕鱼,毋许鼓棹他往,并饬塘汛兵捕,遇有夜行渔船,严加盘诘,其验无粉白书记者,拿送有司究治"。[①] 乾隆十九年(1754)五月二十三日,巡抚胡宝瑔再行严饬"编查船只,以靖盗匪",提到"水次商渔渡载船只编刻字号,给与印照,久奉定例",然而,"该地方官视同故套,并未实力奉行,本部院近闻各属船只多有改造,未经补编,及虽编而船户顶名撑驾,奸匪混淆,每于沿湖劫夺,沿江扒窃,行舟失事频闻,更有行旅失物无多,吞声不报,匪窃小船驾使轻捷,任意作奸,塘兵并不遵奉禁止夜行,又不闻声追捕"。[②] 之后,陈宏谋任湖南巡抚期间,亦多次饬令"巡缉江湖匪船"。乾隆二十年(1755)十二月初六日,陈宏谋再申"巡缉匪船,以靖江湖",指出"各处水路马头及湖、河、港、汊,渔舟、小艇最易藏匿,匪徒乘间窃掠",无从捉获的原因在于"地方官虽各派役巡缉,各役久已视为故套,止于滨湖河岸游行,并未实力巡缉,或间一巡缉,而惯行窃之匪船多其熟识,索取陋规,反为勾通包庇,所以到处未尝

[①] 《湖南省例成案》之《兵律关津》卷3《渔鱼实力编号委员抽验》。
[②] 《湖南省例成案》之《兵律关津》卷12《严饬编查船只》。

无巡缉之役,而到处仍时有扒窃之事,通行之河道及滨湖之荡港尤甚"。①按察使夔舒也派人抽查渔船编排保甲的实行情况。②到了乾隆二十一年(1756)十月,陈宏谋又饬令"严行巡缉匪类",因为当时"时届寒冬,每有匪徒,潜藏各处水陆塘汛、马头及湖、河、港、汊,日则湾泊以揽载为尤,夜则轻舟乘间窃掠,或载妇女为囮,诱娶迷骗"。③当年十二月,陈宏谋再次针对武陵、湘潭、衡阳等处口岸特饬巡缉奸匪。④这样的例子不胜枚举,不仅说明雍正定例与保甲法难以确实推行,还体现地方官员对水域社会秩序问题的重视程度日益提高,对于河道社会的认识亦日渐加深。其中陈宏谋所揭巡缉之役对匪船的徇私包庇,极为真实地反映河道问题难以解决的深层原因,亦表明官员知悉利用胥役管理河道社会的运作机制并不成功。

为了保持河道运输畅通和防范盗匪,在不断地稽查渔户和船户的过程中,湖南地方各级官员吸收来自基层的反馈信息,在河道管理制度中加强了针对性,分辨出渔户与船户之异同。乾隆年间,湖南地方官在推行渔船保甲法的同时,对于"另有艺业,偶尔捕鱼"⑤、"揽载客货船只"⑥的船户,提出"责成业总,于认课领票之时,确查果系诚实良民,方许给票办课,如将来历不明之人混给照票,乘机扒窃,事发,将业总照保甲牌头之例究惩"⑦。

---

① 《湖南省例成案》之《兵律关津》卷6《巡缉江湖匪船》。
② 《湖南省例成案》之《兵律关津》卷6《委员抽查保甲章程》。
③ 《湖南省例成案》之《兵律关津》卷6《严饬巡缉匪类》。
④ 《湖南省例成案》之《兵律关津》卷6《特饬关会巡缉奸匪》。
⑤ 《湖南省例成案》之《兵律关津》卷3《渔鱼实力编号委员抽验》。
⑥ 《湖南省例成案》之《兵律关津》卷12《一切大小船只编列号次于船稍粉书州县村庄船户姓名缮给印照以凭查验》。
⑦ 《湖南省例成案》之《兵律关津》卷3《渔鱼实力编号委员抽验》。

船户每年乘机为害，故而"总宜严密稽查，除将各项船尾照前粉底编号外，并着落各埠头查明船户姓名、住址以及所雇水手之姓名、住址，逐一另造清册，呈官验明，给与印照、门牌"，"客人叫船装货，先令验明牌照，方许装载"，则商旅得以无虞。① 也就是说，"另有艺业"的船户，由船行、埠头、牙行之类的"业总"实行间接式管理，通过业总"认课领票"，拿到"票"或印照的船户需要课税，同时也获得了载货和载客的合法权利。船户如果犯法，他所附属的业总需要承担连带责任。

地方官员意识到滨湖、沿江或一线溪河等不同水域情况也需要区别管理方式，考虑到河道宽狭和商业发展情况，重点关注湘江下游地处通衢的湘潭、长沙、善化和湘阴四县，力图加强对这些商贸繁盛的水域和事故频发的河段进行管理，在这些县份发展出新的管理制度。乾隆十四年（1749）八月初六日，按察使周人骥严厉饬行船户管理制度，令湖南各府州清查各地情形并上报抽查结果，从中发现"湖南地方，长沙、衡州、永州、岳州、常德、澧州、辰州、沅州八府州，系水路通衢，商贾往来络绎，匪船易于混迹，其宝庆、永顺、郴、靖、桂阳五府州，或不通水道，或止一线溪河，旁无支港，商贩稀少，本地船只为数无多，与通衢不同，似应分别查办"。② 于是，在下令巡查抽验地方船只时，将湖南府州区分为通衢和非通衢府州，湘江流域的通衢府州主要为永州、衡州、长沙等府。到乾隆二十二年（1757）八月，湖南署理布政使暨按察使夔舒再次上奏，议请"编查船只，以靖

---

① 《湖南省例成案》之《兵律关津》卷12《一切大小船只编列号次于船稍粉书州县村庄船户姓名缮给印照以凭查验》。
② 《湖南省例成案》之《兵律关津》卷4《委员抽验长衡等八府州编号船只》。

盗匪、以安商旅"。这是一次全省水次各府州县上奏船户和渔户情况的大规模清查行动。全省各州县范围内的河道情况各不相同，或为通衢大埠，或为山间溪河，各州县官员上禀了本地船户和渔户的具体情况和管理方式。其中，湘江流域长沙府、衡州府和永州府各州县都上奏详文。

由于湘江下游沿岸的湘潭、善化、长沙、湘阴等水路通衢各县为米谷生产和输出的重要地区，地方官府对这一河段的监管更为细密和严谨。长沙县，附郭省会，"所属城外河下为水路通衢，往来舟楫如织，然多系别处之舡，应听各该地方清编"，本地止有"倒划船一项，向设四十八埠，约计舡五百余只，每埠按舡只之多寡，原设有船什长二三名不等，在埠稽查；又有捕鱼舡一项，约计二百余只，向设一十七团，每处设团总一名弹压"，可见长沙县在乾隆年间已经实行船什长和团总的管理中介制度。善化县，"倒划船多有出外揽载，各处船行见有船户印照，即便相信载客，应请止给印照，不必编号；至渔船一项，俱以捕鱼为业，并不出外揽载，除编给门牌外，其船尾仍行编号粉书，以便稽查；各船遇有更替添造，责成保甲、船什长、埠头人等随时查禀，填照编号，遇晚停歇，责成塘汛稽查不便，孤艇于黑夜中往来水面，卑职一面檄委典史不时查察，卑职亦遇便留心查看各船有无编号给照"，可见善化县亦确立船行、保甲、船什长、埠头等管理中介，并委任塘汛、典史监察，甚至县官需亲自前往查看。地处湘江沿岸和洞庭湖滨的湘阴县，由于"商贾往来，船只最杂，最易藏奸"，故而编号船户，"责成巡检典史半月一次分地抽查，遇有形迹可疑，严加盘诘，拿交地方官审究"，可见水文条件和河道社会更为复杂的湘阴县建立了知县责成巡检典史管制的办法。① 湘江下游沿岸四县对渔户和船户的管理力度增强，各县管理方式虽各有侧重，但其中一个新的管理制度发展方向都是引入船行、团总、保甲、船什长、埠头、船总、牙行等中介层来实施管理和控制。②

图 3　光绪二十年汉口船行官契（牛津大学图书馆藏）

湘潭县在知县加大抽查力度之外，亦设立船总和埠头等管理中介制度。清前期，湘潭县是湘江下游重要的米谷产地与市场中

---

① 《湖南省例成案》之《兵律关津》卷12《一切大小船只编列号次于船稍粉书州县村庄船户姓名缮给印照以凭查验》。
② 关于埠头、船行、牙行的已有研究表明，清前期全国其他商业较为繁荣之处也普遍设有埠头、船行、牙行等商业机构，兼有保护商旅安全、参与市场管理等功能。参见方行、经君健、魏金玉主编：《中国经济通史·清代经济卷》，第1324—1325页；邱澎生：《国法与帮规：清代前期重庆城的船运纠纷解决机制》，邱澎生、陈熙远编：《明清法律运作中的权力与文化》；林红状：《从地方文献看清代重庆的船行埠头》，《图书馆工作与研究》2012年第3期；燕红忠：《清政府对牙行的管理及其问题》，《清华大学学报（哲学社会科学版）》2012年第4期。

心,"衡、永、郴、桂、茶、攸二十余州县之食货皆于是取给,故江苏客商最多,又地宜泊舟,秋冬之交,米谷骈至,樯帆所舣,独盛于他邑焉"①,故而,进入湘潭境内,湘江的畅通和安全显得尤为重要,地方官府极其严密地监控着这一河段。船总与埠头是乾隆年间湘潭县实行的河道管理办法,在前文提到的乾隆二十二年八月夔舒对湖南全省水域的清理行动中,湘潭县知县张光绪上报称:

> 卑职遵查卑县河道,上至樊田,与衡山交界,下连善化,与鹅洲交界。适中有小河港汊,西接湘乡,南达衡山,东抵醴陵,上下水程往返数百里。而沿河乡市、大小埠头,历产一色划船。卑职到任检查,前案正在,差役遵照陆地编立保甲之法,每埠设一船总,十舡编为一甲长,每舡给一印照,俱载某埠划鱼舡及舡户、水手姓名于内,凡经外贸,使经过沿途塘隘,易于盘诘,并将舡身粉书某埠潭字某号舡只、舡户姓名。其鱼舡一项,亦按埠头,均令照式编列号次,一同取造各埠划鱼舡户姓名、住址、年貌,确册备查外,卑职仍不时亲临河干抽验。倘有久经外贸未归者,归日,即令舡总、甲长报明,补编号次。遇新造,更易顶替死故者,亦着令本埠舡总随赴县禀更姓名,换给印照,庶无遗漏隐匿。②

湘潭县在这一次清查行动之时,仍在遵循雍正五年定例,照陆地

---

① 乾隆《湖南通志》卷49《风俗》,齐鲁书社1996年版,第86页。
② 《湖南省例成案》之《兵律关津》卷12《一切大小船只编列号次于船稍粉书州县村庄船户姓名缮给印照以凭查验》。

编立保甲之法，并区别对待船户和渔户。对于船户，按埠设船总和甲长，以船为单位给以印照，允许其出外贸易。而对于渔户，则按埠头编列。亦即，船总和甲长管理外出贸易的船户，埠头则管理捕鱼为业的渔户，而知县则直接管理船总和埠头。

此后，地方官府沿用船行、牙行、埠头等中介管理制度，新制度实效显著。乾隆二十四年（1759）八月二十七日按察使严有禧禀报，"昨据湘潭县禀报捕获贼匪李林玉、王四等，纠伙多人乘坐船只，在于沿河居民肆行偷窃，得赃累累，其中谷石尤多"，于是，"通饬所属严督捕巡等官，移会营汛，遴选兵役，在于河干港汊，严密稽查，责成船行、牙保、埠头留心体察，如有匪徒驾船行窃，或得赃销售，一经盘获审实，即将盘获之人给赏鼓励，贼犯从重治罪。"[①] 乾隆二十八年（1763）八月初八日，按察使五诺玺指出有一种渔船小艇，专门与匪徒勾结串通，虽然从前曾就地编甲稽查，但"本年秋成丰稔倍于往岁，远近农民商旅装载米谷，船只湖面往来络绎不绝"，所以要防范周密，"严饬滨湖各州县并附近水次地方将境内商、渔、渡、载各船共有若干，责成埠头及居住原籍之保甲逐一查明"。[②] 凡此诸例都说明，乾隆朝前期之后，湖南地方官府根据当地水次情形区别对待滨湖州县、沿江州县、水路码头等各处情形，利用船行、团总、船什长、埠头、牙行等中介制度间接管理河道上的船户。

湘江船户及船只管理制度在清代逐渐完善化，并非独特的流域性个案，而是在长江中游甚至更广阔水域中具有普遍性的制度

---

① 《湖南省例成案》之《刑律贼盗》卷3《严饬缉拿贼匪》。
② 《湖南省例成案》之《兵律关津》卷11《各属江湖商渔舡只逐一查造册结编号给予印照于舡尾粉白大书某号某舡姓名》。

发展趋势。下文即以船户管理制度中的船行制度在长江中游流域各地实施的状况进行分析说明。

第二节 长江中游的船行及其商业机制

船行埠头制度自宋元至明清逐渐清晰，在各地的设立和实行也变得复杂、不完全统一。一般认为，宋代文献中尚未出现被称为"船行"的船运行业的专门中介。[①]到元代，内陆江河的长短程商货运输中已普遍使用雇船契，并已出现在官方注册的船牙充当商旅与船户之间的中介。元代的雇船契约形成了固定契约格式，注明船户姓名、年貌籍贯、货物名色、数量多少、货运价格、起始地和目的地等内容，并且要求船牙作为船户的担保。[②]明朝沿袭元代船牙制度，并在《大明律》中颁布关于官牙埠头的明确规定："凡城市乡村，诸色牙人，及船埠头，并选有抵业人户充应，官给印信文簿，附写各客商、船户住贯、姓名、路引字号、物货数目，每月赴官查照。私充者，杖六十，所得牙钱入官。官牙埠头容隐者，笞五十，革去。"[③]清代律例沿用明朝，又因商贸日显繁荣而屡屡改革商牙制度。雍正年间对牙行进行了清理和改革，逐渐形成了额定牙帖制度，规定"各省商牙杂税，额

[①] 参见黄纯艳：《宋代船舶与南方民众的日常生计》，《中国社会经济史研究》2016年第2期。

[②] 参见黄时鉴点校：《通制条格》卷十八《关市》，浙江古籍出版社1986年版，第239页；黄时鉴点校：《元代法律资料辑存》，浙江古籍出版社1988年版，第249页。

[③] 《大明律》卷十《户律七·市廛》"私充牙行埠头"条，转引自童光政：《明律"私充牙行埠头"条的创立及其适用》，《法学研究》2004年第2期。

设牙帖，俱由藩司衙门颁发，不许州县滥给"。[1]但到乾隆朝之后，民间私设牙行和州县所发私帖数量大增，各省府州县给帖、编审和换帖的实际执行并非完全按照规定操作，牙税等则更为纷繁复杂。[2]长江中游三省各地船行埠头的实际商业运作，亦属同样的复杂情形。

有清一代，船行埠头在湖南、湖北、江西各地普遍存在，其数量之多寡，与市镇的商品经济规模和水运发达程度直接相关。乾隆二十一年，湖南的常宁、祁阳、巴陵、平江、武陵、永兴、兴宁等县，已设有船行、船总、埠头等船运中介。[3]时至晚清，湖南重要市镇湘潭的船行由28家减少到6家。[4]虽自晚清始，内河民船航运业受到外国轮船航运业的冲击，但直至清末，湖南省内繁盛的城市和码头，几乎仍皆设有船行。如长沙、善化，"有刘人和、聂义泰、刘义发、李光朝、石复兴等五行，皆请帖纳税"；湘潭、益阳、平江、衡阳、清泉、武陵、永定、安化、安乡、桃源、新化、靖州、永顺等处，"皆设有船行数家不等"。[5]

至于湖北，汉口、襄樊等大埠头亦设立数量不等的船行充当中介。汉口船行数量众多，其中有11家专营汉水流域往襄阳的

---

[1] 《清世宗实录》卷136，雍正十一年（1733）十一月甲寅，中华书局1986年版，第741页。
[2] 参见燕红忠：《清政府对牙行的管理及其问题》，《清华大学学报（哲学社会科学版）》2012年第4期。
[3] 《湖南省例成案》之《兵律关津》卷12《一切大小船只编列号次于船稍粉书州县村庄船户姓名缮给印照以凭查验》。
[4] 《湘潭船行成案稿》，汉益商号船帮刻本，光绪三十年版，湖南图书馆藏，第31页。详情参见第四章。本书所引页码为笔者抄录时标注的单面页码。
[5] 湖南法制院、湖南调查局编：《湖南民情风俗报告书·湖南商事习惯报告书》，劳柏林校点，湖南教育出版社2010年版，第121—122页。下文简写为湖南调查局编：《湖南商事习惯报告书》。

生意，另外还有十多家未在官方登记纳税的船栈。① 樊城的清代碑刻显示当地也设立船行若干。② 在江西省内，大小水运港埠普遍设立船行。道光年间，鄱阳港最大的船行——萧惟公行，"独家能将郭西庙扩建修葺一新，所费不赀，此举非巨富莫办"。③ 信江上游的玉山县和赣江上游的大庾县也都设有船行。④

理论上，各地船行的存在，是为了降低物流风险、保障船运安全。从制度安排上来说，地方官府要求船户由船行、牙行、船总、埠头之类的"业总"直接管理，通过业总"认课领票"，取得"票"或印照的船户需要课税，同时也获得了载货或载客的合法资格。如果船户犯法，他所归属的业总需要承担连带责任。船主通过船行获得运载客货的生意，运输过程中的运费、关税、物料费、装载驳船费、沿途神庙添香油钱及其他各种费用如何支付，都需事先立契为凭。

船户通过官牙船行与客商签订的船运契约，存留至今的数量较少，想必是在航行运输交易完成之后，这些契据失去效用而被弃毁。目前笔者所见一纸保存较好的官牙船行书契为湖南湘潭县官牙云祥老行船契，其全文抄录如下：

官牙云祥老行

立船契人**高云春**，系**衡州**府**清泉**县人氏，今有自己**小驳船壹**只，在于湖南湘潭县河下，凭行揽到**山西客李爷、王爷**

---

① 参见〔日〕松浦章：《清代内河水运史研究》，董科译，第215页。
② 参见黄忠鑫：《清代以来汉水中游的商业中心及其变动》，《近代史学刊》第10辑。
③ 沈兴敬主编：《江西内河航运史》，第89页。
④ 《禁玉山行埠苛索牙用》，中国社会科学院历史研究所清史研究室编：《清史资料》第三辑，中华书局1982年版，第211—212页；许檀：《明清时期江西的商业城镇》，《中国经济史研究》1998年第3期。

第二章 清代河运中的船行、船帮与商业规范　73

衣箱行李，载前往**郴州交船**。当日三面议定水脚实钱**伍吊文**。其货物上船，驾长务要点清数目，小心仔细遮盖看管。倘有上漏下湿，船户照依地头货价赔客。湖广、九江、芜湖等处各关税银，船料在船，货料在客。凡大河搬滩、提湖进里河、驳载装粮食，装**衣箱、行李、加头工添扦起驳，一并在船**。各色货物捎载，均照大例。成交之后，二家均无退悔。如有退悔者，罚银 两办【公】。【今】将有凭，立册契付 客为据。

同治**九**年**三**月**初八**日立船契人（花押）

本船囊装**协泰永宝号**衣箱行李等物不计随客。

凭行水脚、沿途神福，一并付讫。**在湘除付下挂包封钱壹千文正，至郴州交卸**，给船户收用。此批。

凭官牙船行高万长（花押）

顺风相送，一本万利。　　　　　　住十一总河街河岸①

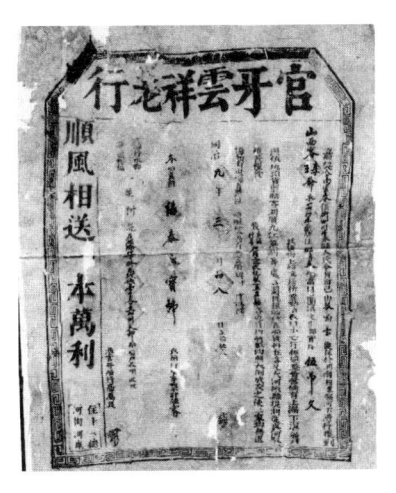

图4　同治九年湘潭船行官契

---

① 按：该船契由山西大学历史文化学院杨建庭老师提供图片，特致感谢。该船契为印制的制式契纸，手写字迹内容以黑体标明，契内手写处加盖"协泰永记"印章共16枚。

这纸船契是设立在湖南长沙府湘潭县城厢十一总河街的官牙船行云祥老行发行的印制契约，这种制式船契为同治年间制作，印制部分的内容包括官牙船行的行号、船户运输的注意事项、客货损失的赔偿方式、运输过程中产生的费用归谁承担等内容。由契中内容亦可知，由湘潭云祥船行介绍业务的船户一般在湖广、九江甚至芜湖等长江中游地区从事运载活动。除了契中明文规定的各项要求，船户还应遵循众所周知的"大例"。值得一提的是，契中印制部分明确货物在运载过程中出现的损失由船户照价赔偿，说明该船行所有立契船运的运输保险责任皆归船户。该契为同治九年（1870）三月初八日于湘潭县湘江河岸订立，立契三方为船户高云春、官牙船行高万长和山西客协泰永宝号的李姓、王姓客商。船户虽为衡州府清泉县人，但他实际上是自驾小驳船投行湘潭船行获得这笔揽载业务。这笔运载交易以湘潭县为起点，逆湘江而上、经清泉县转入耒水前往郴州交卸，运费为五千文，已在湘潭支付，另有一千文到郴州兑现给船户。这类船契是揭示清代湖南木帆船运输中官牙船行商业运作机制的第一手文献资料。

由此可见，各地的官牙船行不仅具有中介功能，由于大多数船行在官方登记有案，还在一定程度上对官府和客商都负有担保船户的责任，为内河航运的安全顺畅提供了一定程度的保障和保险。然而，纠纷还是时常发生。一旦发生运输事故或客货损失，到底应由船行、船户或客商中哪方来承担责任，仍然是民船运输中攸关各方却又经常难以决断之事，即便制式契约上有明文规定。航程时间、货物运送地点、契约协议内容、造成损失的原因等因素，都会影响到如何赔偿的最终裁决。

实际上，不论长程运输还是短途运输，商旅赁船运输是一个过程，在这个运输的过程中，水路难以预计的危险环境和船户的私心可能导致发生各种各样损害商旅利益的状况。例如，船户中途自行分雇数船载货，或原定甲船运输，实则在客商不知情的情况下改换乙船装运，在这些随意变动的情形下，若出现事故，则有赔偿之责不明的问题。另外，由于船户航运一般并无预定抵达时间的惯例，若船户私载货物，绕道躲避厘关，或者私自揽载其他货物，船重难行而导致到达时间迟延较久，都有可能致使客商利益承受损害。① 利益受损事件发生时，赁船的商客往往与船户谈判，要求减扣赁资，这些时间和精力上的损耗也应被视为物流成本的附加，皆导致商业利润的降低甚至完全亏损。

水路运输过程中常常发生商货损失的事故，船行、埠头等中介能够在事故中承担多大的责任，实难简单地一概而论。一般而言，船行由于知悉船户优劣，能够保证船户的职业能力与信誉，但是一旦发生事故，"责任轻重，各属不同，手续亦异"。以长沙、善化、湘潭、武陵等地为例，凡是经由船行赁定商船的客商，如果遇有损害，"除将运资（俗名水脚）扣抵外，其余均归行赔认"；如果是船户挟货逃逸，船行"不仅赔偿损失，并须交出船户人等惩办"。浏阳县船行的办法是由船行扣押船户的船进行拍卖抵偿。永顺县船行则先由船行垫赔，"俟该船下次运货，得运资若干，尽行扣回"。龙阳县船行则"积有公款，为赔偿损失之预备"，"如船户实系无力，杨泗庙得酌提公款补偿之"。② 其他地方的船行之中，也存在绝对不负责任的船行。若事故处理

---

① 湖南调查局编：《湖南商事习惯报告书》，第 128 页。
② 同上书，第 122—123 页。

不善，则导致船户、船行、客商三方之间的长期纷争。

船行本身也可能造成纠纷。船行作为中介商和担保方，向客商和船户收取数额多寡不定的中介手续费。中介费一般是收取货物价值的3%，但实际情况则各地不一。① 是故，各地常常发生因船行索费过高而导致客商向官府投诉船行的纠纷事件。如江西信江上游玉山县，在乾隆初年，因牙行、埠头苛索过往商旅，江西按察使专门出示严禁，规定船行、埠头每两取用不许超过七分。②又如江西赣江上游大庾县，县城东关的南安大码头是该县最重要的水运码头，船行船户云集于此。水路运输中的商货雇船、船行取佣均有定规："大庾县货客须用船只，向凭过载行转向船行雇备，照例【三分】取用，相安已久。"嘉庆年间，因船行肖同源等把持勒索，"每货一担多索钱十余文至二十文不等，又每担另取纸笔钱三文"，商民肖福利、丘和记等控至府衙，经知府审理，重申定制：（1）货客需船，仍照旧例由过载行代雇；（2）船

---

① 湖南各地船行收取用钱的方法各有规章，或者按船户所收运费的一定比例收取，或者按照货物的类别有区别地收取费用，或者按船收取，或者按舱收取。按船户所收运费的一定比例收取中介费的情况，如湘潭县，直至清末，船行一般通例是"运费千钱取百三十文"；而武陵船行的通例是收取运费的10%。照船只计算费用的情况，如湘阴城埠，"凡进货、卸货，每船收用钱一百二十文，新市进货卸货每石收钱二文"；而江华下水盐船每船收用钱二百文。按船只大小收取船行用钱的情况，有安乡、宜章等地。永定则是"按舱之大小多寡，分别收用"。甚至有同地同一船行而分别以不同的标准收取费用。如益阳船行，一般货物按运费的4%收取中介费，但对于茶船，则区别大小茶箱，每箱分别按6文、8文、10文、12文不等收取费用。安化也是如此，诸种百货按照运费的3%收取用费，但红茶则以石计，每石收用8文。在江西，有的港口船行佣按运费的10%抽取。湖南调查局编：《湖南商事习惯报告书》，第122页；陈孟庆：《船行与陈箕源》，沈兴敬主编：《江西内河航运史》，第89页。

② 参见《禁玉山行埠苛索牙用》，中国社会科学院历史研究所清史研究室编：《清史资料》第三辑，第211—212页；许檀：《明清时期江西的商业城镇》，《中国经济史研究》1998年第3期。

行取佣"无论长行短驳,俱按船价【每】两三分,不得例外多索分文";(3)货客住宿过载行的其他费用,"需用房饭及□货纸笔等费,悉照旧规给与"。并将此规定刊刻石碑立于南安大码头之畔。① 另有湖南一例:乾隆二年(1737)二月十一日,湖南长沙府善化县知县张弘烈上报布政司,要求"勒石永禁牙行违例于买主卖主名下多取用钱",其中包括该县"船行在船户名下每两抽用一钱",知县张弘烈称,船行向船户抽用高达10%,这种做法属于违例,"祇缘相沿已久,未加察禁,致为定规",此次上报布政司,是要求各个牙行按照规定抽取中介费用,命令"船行每两减去七分,止许照例抽用三分"。其后得到布政使反馈的意见:"各牙行违例于买主卖主名下多取用钱,殊累商民,据该县查明议减,甚属允协",并下令张贴告示、刻立石碑以广而告之。② 这些事例都暴露了船行不正当的牟利行为。

由于船户的流动性较大,经常有"奸恶船户偷窃客货"之类的案件发生,影响河道的商旅安全与社会秩序,清代地方官府中,知县、塘汛、巡检、典史以及临时金派的巡河人役、佐杂、吏目等基层行政人员负有直接管理之责,但往往因为行政成本过高,管控成效不显著,难以长期有效实行,因此,保障水运安全的任务,基本落到船行、牙行、船总等商业组织的头上。③ 然而,民船航运风险颇大,船行、埠头、船户、客商之间发生各种纠纷

---

① 许檀:《明清时期江西的商业城镇》,《中国经济史研究》1998年第3期。
② 《湖南省例成案》之《户律市廛》卷34《勒石永禁牙行违例于买主卖主名下多取用钱》。
③ 参见杨国安、徐斌:《江湖盗、水保甲与明清两湖水上社会控制》,《明代研究》第17期(2011年12月);王日根、曹斌:《明清河海盗的生成及其治理研究》;陈瑶:《明清湘江河道社会管理制度及其演变》,《中国经济史研究》2016年第1期。

的可能性很大,在无法自行协调解决的情况下,最终只能向地方官府提起诉讼,以待平息争端。当然,清代长江中游的木帆船航运业也并非毫无秩序可言,航运业者为了获取客商的信任和运输业务,自发组建了各种船运组织,并在特定流域范围内形成了船运秩序和有效的纠纷解决机制。

第三节 长江中游的船帮及其组织规范

传统时期的水路商品运输往往由成群结队的船队共同作业。至清代中期,湖北、湖南、江西省内支流涌现的大量船帮,成为长江中游木帆船航运业中的主要社会经济组织。船帮与船行、埠头等官牙业户之间的最大区别,在于其并未在官府登记,而是船户自发组建。[①]《长江航运史(古代部分)》称,清乾隆年间,"渝州每年下米楚地石数十万计,而百货贩运均非船莫济",这些货物当时大都由湖北地区专门航行川江的宜昌、荆沙、汉阳、武昌四大船帮承运,这是清代长江中游干道上最早的民间船帮。[②]而《湖北航运史》称,明末清初,湖北即有大小船帮如四川帮、湖南帮、河南帮、陕西帮,湖北帮中又分为楚帮、沮漳帮、武昌汉

---

① 需要说明的是,各地私营船帮的称名各不相同,称为船行者并不一定皆在官方登记,称为船帮者亦并非全部私营。如武冈、道州、晃州厅的船行均系私开。还有称为"船会"、"船总",实为"巧立名目,冀免税捐"的私营船运中介。如长沙,在官牙船行之外另有船总之设;浏阳"分上八、中六、西五三埠,每埠设船总一名,调度各船户,兼供差役";湘乡则"有船业公会,无行";石门、泸溪均设有船总,而无船行。湖南各州县地方在习惯上对这些私营船行、船总、船会组织均予以承认,官吏基本不干涉。参见湖南调查局编:《湖南商事习惯报告书》,第121—122页。
② 乾隆《巴县志》卷3《赋役志》;罗传栋主编:《长江航运史(古代部分)》,第354页。

阳帮、宜昌帮等。① 由此可见，目前较难断定长江中游最早出现船帮组织的时间和地点，但基本上可以推断，到了乾隆年间，船帮组织在长江中游各地已经普遍存在。

船帮一般以原籍港的港名、河流名或地域名来命名。在湖北，汉水上游有汉（汉中）帮、兴安（安康）帮、白河帮、郧阳帮等，中下游有河南帮、湖北帮、湖南帮、江西帮等。至晚清出现实力雄厚的"兴汉郧"船帮。光绪十四年（1888），"兴汉郧"商船船主，组织安康、洵河、白河商号船帮集资270串，由当地船工汪永绪承包，组织80余名工匠，历时两月合力疏浚河道，保障航道畅通。兴汉郧帮后于光绪二十九年（1903）在汉口天宝巷河岸创建了商船公所。② 在汉水支流丹江沿岸的龙驹寨，船工和水手于嘉庆二十年（1815）建造了一座雄伟的船帮会馆，供奉杨泗将军，其建筑保留至今。在汉水流域，洵阳蜀河镇、竹林关及山阳县漫川关都建有船帮会馆，大多都是供奉杨泗将军。除此之外，汉水流域由湖南人所建的禹王宫或湖南会馆也很有可能是船帮会馆，如汉中府同治年间所建的两湖会馆、西乡县的禹王宫、紫阳县的湖南会馆、石泉县乾隆年间建立的湖广会馆、汉阴厅乾隆四十年（1775）建立的湖南会馆等。③

湖南内河船帮难以枚举，行驶外江的船帮到嘉庆年间至少有13个。至清末，行驶内河和外江的船帮多数合并成立大帮，建有自己的会馆。五邑船帮便在长沙城北门外"平浪宫"设立会

---

① 刘宏友、徐诚主编：《湖北航运史》，第165—166页。
② 参见民国《夏口县志》卷五《建置志》，江苏古籍出版社2001年版，第89页；张博锋：《近代汉江水运变迁与区域社会研究》，第75—76页。
③ 参见张博锋：《近代汉江水运变迁与区域社会研究》，第67—72页；杨飞、庞敏：《陕西丹凤龙驹寨船帮会馆及其演剧考论》，《文化遗产》2019年第1期。

馆，后又改设于铁铺码头"洞庭宫"。正如上文所示，不仅湖南省内的船帮设有会馆，一些行驶外江的湘籍船帮也建有自己的会馆，如设于湖北武昌鹦鹉洲的"湖南商船总会会馆"，入汉之船舶多泊碇于此。[1] 江西的内河船帮，同样以地域为基础，如赣州帮、抚州帮、广信帮、安仁帮等。[2]

大部分船帮的活动范围限于河流的某一段水域，组织方式具有自发自治特点，势力强大的船帮可能控制着地方性河道的船运。船帮常常以选举的方式选出会首，以神庙作为船户聚会的场所，按照不同标准收取一定的费用，并形成一系列内部运作机制。在江西，在一个较大的城镇港口内，一般驻有各地的船帮，船帮设有船长，即船帮头，由船户公众选举；船长主要是代船户向当地货商、船行、过载行招揽货源，调度分配船只，充当船户与货商之间的媒介；每调配装运一批商货，船长从中抽取一定的业务介绍费，即佣金，佣金有时高达运费的10%。[3] 如景德镇的水上行会组织，当地设立了船行和船帮，并且分工明确，船行负责联系运输业务，而船帮负责管理船只；各地商人需船运货出口，必须由船行通知船帮，再由船帮安排船只；船帮对船只限制较严，东河的船不能走西河，各种船只都有自己的航行范围和航区。[4]

在湖南，邵阳各船帮设有江神会；龙阳船户以杨泗庙作为会

---

[1] 参见湖南省地方志编纂委员会编：《湖南省志》第10卷《交通》，第542页。
[2] 参见沈兴敬主编：《江西内河航运史》，第87页。
[3] 参见陈孟庆：《船行与陈箕源》，沈兴敬主编：《江西内河航运史》，第87页。
[4] 参见王国梁：《码头搬运工》，景德镇市文史资料编写委员会：《景德镇市文史资料》第11辑《景德镇杂帮》，1995年，第166—170页；另参见苏永明、黄志繁：《行帮与清代景德镇城市社会》，《南昌大学学报（人文社会科学版）》2007年第3期。

集场所,设置有会首。①渌口为醴陵县渌水通往湘江的水运门户,该地船帮以设在渌口街上的杨泗庙为聚会议事中心,由刘、许、陈、张四大姓主持,外姓人入帮要办4桌酒席,缴2元银洋,而本姓可免。②再如湘潭上游通衢之地株洲,在乾隆年间即有船帮组织,船帮创设杨泗庙,每年在杨泗将军生日的农历六月初六日聚会庆祝,商议船帮中的大事。株洲船帮会名紫云宫,本埠船民皆须入帮,入帮要办8桌酒席,缴银洋100元,入帮船民享受本埠头业务的优先承揽权,不再缴纳其他费用,这项承揽权可由子孙世代相传。未入会的船户承揽业务则要经紫云宫同意,每担货缴纳1文钱埠头费。③另如衡阳、清泉、新化、晃州、乾州、道州等地的船帮,各项规则又各有不同。④各地船帮向本地和外地船户收取的"帮差费用"价目,由双方随时议定,并无一定之标准。结合前文来看,湖南的衡阳、清泉、桃源、新化等县既设有官牙船行,又存在私营船帮,船行和船帮之间大多形成既竞争又合作的复杂关系。

  承上所述,各地船帮对船户的具体管理方式各不相同,其中部分的商业机制有助于维系跨地域木帆船航运的安全。如上述株洲船帮于同治初年设立船局,船局在船埠条规中规定船只不可超载、船只必须修整完固、船只须至船局挂号轮流装运等,并明文强调要求船局所管辖的船户保障客货安全:"装载客货必须谨慎安置,交卸清楚,如有损坏客货,及雇伙不正、私地偷窃者,经

---

① 参见湖南调查局编:《湖南商事习惯报告书》,第121页。
② 参见株洲市地方志编纂委员会:《株洲市志》第三册,湖南出版社1995年版,第236页。
③ 参见株洲市地方志编纂委员会:《株洲市志》第三册,第236页。
④ 参见湖南调查局编:《湖南商事习惯报告书》,第122页。

客查出报局,除按多寡赔补外,任由帮众分别罚革。"① 又如浏阳县船埠头,"每埠设船总一名,调度各船户,兼供差役",虽不收中介费用,却"每岁向各船户收帮差费,多寡不一,不另取用"。② 浏阳的船户,一概必须登记加入某一船帮,初次登记之船,须缴纳费用二串四百文。③ 宣统元年(1909),浏阳"合邑船总"将公议"船户条规"立碑于各个码头,条规规定:本地和外地船户每年初次到浏阳运载客货,必须先到船总处报名挂号;客商应当如数完纳厘金国税;船户及雇工禁止赌博;船户雇请帮工必须当面议定工资,并对帮工力资的多寡进行估价。浏阳船总倡导"凡同帮者,务宜守望相助,并力维持,尤当和衷共济,以昭慎重"。④ 实际上,船帮不仅为单个船户的生计建构起一种互助经济关系,也为航运的安全顺利提供了保障。

船帮组织一般以一个码头作为聚集中心,权威范围延伸至主要航行河道的沿线码头,管束船户在运输过程中的行为,并应对水运过程中可能发生的各种天灾人祸。以水急滩多的资水为例,从武冈至宝庆府(邵阳)一段,遍布礁石,水流湍急,行船最为危险,这一段河道通行毛板船,专门运煤,然而煤船触礁而毁者,不计其数。据民国时期的调查称,"武冈之煤,价格极廉,设煤商载煤十船,其中如有三只抵邵,即可不致蚀本"。⑤ 从宝庆府邵阳往下游经新化、安化至益阳进入洞庭湖,是资江水运事故

---

① 参见湖南调查局编:《湖南商事习惯报告书》,第506—507页。
② 同上书,第121—122页。
③ 同上书,第123—124页。
④ 同上书,第505—506页。
⑤ 《中国实业志·湖南》第10编《交通》第4章《水道》,上海实业部国际贸易局,1935年,香港中文大学图书馆藏缩微版,第三九(癸)页、第四〇(癸)页。

常发的河道。承担宝庆府往下游至益阳货运的船帮组织，以邵阳为集会码头，组建了五属舵工、毛板帮等船帮组织，制定船帮条规以约束船户、舵工、桨手、号客等，并且往往在处理他们之间的各种纠纷后，勒碑公立规章，重申原定成规或更新惩戒办法，并请官方出示严禁再犯。[①] 光绪二十一年（1895），宝庆毛板帮再次刊碑声明帮规，不仅在宝庆府至安化县沿河各大码头刊石立碑，还在资水注入洞庭湖的重镇益阳立碑，广告该船帮的条约规章事宜，其所列诸规条如下：

一议、船拢益阳，舵工水手不许需索盐米等项。如违，公同议罚议革。

二议、外河舵工、水手等务以船本为重，毋得擅行夜放，偷漏走关。违者禀究。

三议、船经岳州完纳厘金，钱必先预备，以免水急船奔，以延误走关之咎贻船主。违者公同禀究。

四议、船拢益阳，开给水手身价，即在益阳交给，钱以通用为度，毋得斛换争闹。如违，大则禀究，小则议罚。

五议、炭戽向经较准，公戽以火印为凭。近有私行制戽，假盖火印，哄骗客商。如再擅用者，公同禀究。

六议、船工人等，毋得呼朋引类，在船开场聚赌，致干法究。包月水手，务须管束。

七议、船工人等，倘有船遭失事，有命被溺毙者，或有暴病身亡者，赏给收敛费，照依旧章。此系关乎天定，毋得

---

① 参见《毛板帮条规（邵阳）》，湖南调查局编：《湖南商事习惯报告书》，第507—509页。

藉端生枝。违者公同禀究。

八议、舵司领放客船，资本为重。务须送至边鱼山靠稳交卸，方可起坡。向有妄行之徒，不惜客船，在桃花港起坡，将船嘱交水手送益，只徒赶快。嗣后有蹈前辙者，查出，除无舵司钱给外，另行重罚。

九议、毛板船原为运炭，毋得夹带杂货，近有贪利之徒，每多夹带。嗣后如有此弊，公同议罚议究。①

这些规条主要针对四个方面的问题制定。第一，要求舵工、水手与客商在终点按照原定契约完成交易，互不索取哄骗。第二，规定舵工、水手皆应遵守官方规定，不可私自设法避税。第三，要求船工行为得当，不得赌博、不得擅自改变运送客货的方式、不得夹带等。第四，规定事故处理的方式。船帮制定帮规条例管束船户，亦为船工提供一定人身保障，以此自治方式维系河道运输的秩序。

宝庆府各船帮组织不仅订立严格详尽的规章管束帮内船户成员，还尽力保障本帮船户在运输经途中的安全，若沿途发生事故，船帮首事将出面处理纠纷。如光绪十八年（1892）夏初，宝庆府同福庄毛板船队行船百余里，在经过险滩岣嵝门时，发生事故，而岣嵝门突然出现当地船户乘乱抢劫同福庄毛板帮，"将桨篙及一切器物乘势抢去，以致货船俱付流水"。宝庆船帮首事闻讯之后，推举数人到岣嵝门船帮处讨要赔偿，并由当地团邻从中斡旋下，所有趁危抢劫的岣嵝门船户甘愿接受惩罚。在诉诸官府

---

① 湖南调查局编：《湖南商事习惯报告书》，第507—508页。

之前，这次哄抢事件已在宝庆船帮首事的积极运作之下息事宁人。此事过后不久，宝庆船帮首事、岣嵝门团绅与岣嵝门船帮共同议定《岣嵝门船帮条规》管束当地船户，章程规定如下：

一、毛板船经过岣嵝门，倘水势泛滥，船遇带伤，在傍划子，不得藉势拥集上船，致令水手心乱，小则失散什物，大则殒人性命，贻误非浅。如违鸣究。

二、船经伊处，倘有稍行带伤，势可拢岸者，仍随本船舵工如何设法顾全客货，在傍划子不得恃众抢掳及藉端滋扰。如违鸣究。

三、船经失浅，或因舵坏，或开船伤，概由本船舵工请叫划子出绳救船拢岸。如船索既稳，公议赏给酒钱八千文。即时交付，决不失言。

四、被伤船只既经拢岸，所有搬炭挑运及呼船过载，仍随客主。舵工自择妥人使用。在他人等不得藉滋阻扰。如违鸣究。

五、船被破散，在傍划子必以救人为急，捞货次之。救活一人，公议重赏。[1]

以上数条帮规，主要针对岣嵝门的船帮和船户，规定宝庆毛板船在岣嵝门遇险时，当地船户应当如何对毛板船进行施救，以及救助的奖赏。船帮条规的订立过程，说明宝庆船帮有能力处理本帮船只在岣嵝门等资水沿河一线各地发生的事故，并且有办法通过

---

[1] 湖南调查局编：《湖南商事习惯报告书》，第509—510页。

当地船帮和中间人约束和惩罚峒崻门的船民，降低了资水河运中发生危险的可能性，提高了船只在危险河段失事时获得当地救助的几率。由此可见，各流域船帮组织在跨地域商货运输中具有监控流动船户、保障物流安全的一定能力。

第四节　本章小结

清前期，随着长江中游商品经济的发展，船户在河道上拦截、偷盗、抢劫甚至杀人越货的行为严重影响到交通顺畅和商旅安全，地方官员越来越关注河道交通运输问题，通过加深对河道社会的认识，区分渔户和船户的管理侧重点，重点监督商贸繁荣的通衢河段的船户，在河道船户管理中引入船行、团总、船什长、埠头、牙行等间接管理制度。清朝官府间接管理船户的方式，一直持续到清末，留给船户社会经济活动较大的自治空间。

清前期，长江中游各地形成了大量船帮，作为流动性的共同体，船帮内部形成了多种行为规范，以应对运输业务中出现的种种麻烦和纠纷。零散的船运业者也通过码头上的船行埠头寻找工作机会，船行、船户和客户签订三方契约，书写各方的责任和任务。船行和船帮通过把控运输业务，管束居所无定的船户，减少船户人为损害客货的事故，也为船户的航运旅途提供一定程度的保障。可以说，民船航运业中，船行、船帮等中介商业机构具有一定的社会管理功能。然而，虽然船运组织在大部分地方性河段形成了一些内部纠纷处理机制，但分散而流动的船帮也带来纷繁的竞争，具有较大权势以至于能够有效处理跨流域经济冲突的船商团体或商人团体，未能在汉口等中游重镇出现。这与以上海为中心的长江三角洲、以重庆为中心的长江上游的船运业发展状况形成鲜明对比。

清代长江下游的木帆船航运，以沙船与沙船业船商为主导。清代兴盛于长江口的沙船业，历至嘉庆年间已发展有沙船3000艘以上，大号沙船载重达3000石，小号沙船也可载重1500石。按平均185吨算，总吨位达到55万吨。乾嘉年间，上海沙船业中相继形成具有垄断运输业能力的"朱、王、沈、郁"四大沙船巨头。嘉庆至道光年间，小型资本的沙船船商兴起，船商中"崇明、通州、海门、南汇、宝山、上海土著之富民"逐步联合起来，组成"沙船十一帮"，其中以"崇明、通州、海门三帮为大"，入帮船只数多的船主拥有四五十号沙船。沙船上雇佣船工、水手一般为每船20—30人。至鸦片战争前夕，上海的沙船业在船水手约有10多万人。[1] 至于沙船业的社会组织，早在康熙五十四年（1715），上海的船号众商共同建立了商船会馆，这也可能是上海最早的商人会馆。上海船商与外来客商以及本地商行、牙行、保载行等形成错综复杂的关系，在上海发挥领袖百业的作用，拥有大资本的船商在上海地方公共事务中具有较大的影响力。[2]

长江上游船运业在清前期也出现新的变化。最早在乾隆初年，重庆地区出现了五门驳船帮和三河船帮，其后，川江干支流中，大河七帮、下河六帮相继组建成立。乾隆十六年（1751），

---

[1] 参见罗传栋主编：《长江航运史（古代部分）》，第350—351页。
[2] 参见范金民：《清代刘家港的豆船字号——〈太仓州取缔海埠以安海商碑〉所见》，《史林》2007年第3期；范金民：《清代前期上海的航业船商》，《安徽史学》2011年第2期；〔日〕松浦章『清代上海沙船航運業史の研究』，关西大学出版部2004年版。

巴县地方政府革除了当地的船行埠头，让船帮直接与货主见面议运，维护了船帮的利益与川货东下的航运秩序。①重庆的船行埠头制度于乾隆年间被当地官府取消，一方面与当时民间航运业发展密切相关；另一方面，地方官要求各类民间船帮或是船队自行设置轮流充任差役的"会首"，也促使"三河船帮、五门拨船帮"等船帮团体的形成。清代重庆的航运业中，船户老板、船舶水手、托运商人、船厂老板等建立各种商业契约和多项行业规程，以处理船运事务和经济纠纷。可以说，在以重庆为中心的长江上游，各类船帮与重庆八省商人会馆等社会团体在各种船运纠纷中充当协助地方政府审判的民间力量，船运事务在很大程度上形成了共同的纠纷协调机制。②

长江上游和下游民船业组织的共同点是在清前期早已取消了船行中介制度。长江上游船帮组织的势力强大，可以与商业组织和政府直接沟通。长江下游船商资本雄厚，本身成立势力强大的商业组织，有能力直接与政府打交道。而长江中游的船行制度则长期存在，船帮势力低下，一方面说明本区域商业的发展程度相对落后，包括民船运输业在内的城市商人的经济实力和社会势力尚未达到长江下游沙船业船商和上游巴县八省商人同样的强势；另一方面，中游船帮组织的流动性比上游和下游更大，流动空间更广泛，船帮组织难以获得商人团体和政府官员长期而稳定的信任感。这也是中游民船业无法建立可与官府合作的社会机构代表的深层次原因。

---

① 参见罗传栋主编：《长江航运史（古代部分）》，第354—355页。
② 参见邱澎生：《国法与帮规：清代前期重庆城的船运纠纷解决机制》，邱澎生、陈熙远编：《明清法律运作中的权力与文化》。

综合比较长江上、中、下游民船航运业发展历史，笔者认为，长江上、中、下游流域的木帆船航运业在资本水平、社会权势、制度模式诸方面发展程度互不均衡，虽然木帆船的数量和吨位以及船运业从业船工人数都达到较大规模，表明长江流域商品贸易和市场联系的长足发展；但是就水运秩序的层面来说，时至清末，长江中游流域船运业并未出现具有广泛影响力的社会机构，具有普适性的处理各类水运纠纷、保障水运安全的经济制度也尚未形成。[①] 通过后文第四章和第五章的分析，我们将看到，长江上、中、下游民船航运业之间的区域差异，由于轮船的进入而经历了节奏更为参差不齐的近代转型。

---

① 相比之下，欧洲莱茵河水运在 19 世纪的发展变化有其特点。据海恩·A. M. 克莱曼（Hein A. M. Klemann）等学者关于莱茵河船运的已有研究，1815 年维也纳会议决定组成一个名为"莱茵河航运中央委员会"（The Central Commission for the Navigation of the Rhine）的国际机构。从那时起的 200 多年，莱茵河航运中央委员会履行了确保航行自由和河道疏浚的职责，并解决莱茵河航运公司或船长之间的争端。值得一提的是，18 世纪以来，莱茵河的航运牵涉沿河多个主权国家对莱茵河运输路线的控制权分配的问题。通过长江与莱茵河水运的比较，各种新问题涌现出来。例如，为什么长江航运在统一的清代中国发展为如此多样化的局面，而莱茵河航运却在欧洲形成了统一的国际共管机构？由于长江上、中、下游水运的发展模式各有不同，若以它们分别与长度接近的莱茵河（约 1000 公里）水运体系进行比较，能在哪些方面找到更多的相似性或互异性？其背后的原因是什么？这些问题都有待在未来的研究中寻找答案。参见 Hein A. M. Klemann, "The Central Commission and Regulation of Rhine Shipping"，〔荷〕包乐史（Leonard Blussé）、王振忠主编：《长江与莱茵河：长江与莱茵河历史文化比较研讨会论文集》，中西书局 2019 年版。

第三章

清代湖南的基层运役与船户宗族组织

内陆江河水路的疏通及其与运河、沿海商品流通运道的连接，促成明中叶至清前期全国商贸网络的延伸拓展，这是清代社会经济繁荣的必要条件。①前章已揭，清前期，地处长江中游的湖南进入商业经济发展与米谷贸易兴盛的时代，地方官府加强了商品运输水路要道的管理，着力于控制渔户和船户。湘江下游地区的船行、牙行、埠头等间接管理船户的制度以及沿河宗族参与对船户、渔户的社会约束，成为河道畅通和安全的有效保障。②新近发现的湖南湘乡县涟水船户宗族——陈氏、邓氏、潘氏的家族文献③，与地方志、《湖南省例成案》等文献相互印证，不仅为我们了解州

---

① 参见方行、经君健、魏金玉主编：《中国经济通史·清代经济卷》，第927—956页；许檀：《清代前期流通格局的变化》，《清史研究》1999年第3期；邓亦兵：《清代前期全国商贸网络形成》，《浙江学刊》2010年第4期等。
② 参见陈瑶：《明清湘江河道社会管理制度及其演变》，《中国经济史研究》2016年第1期；陈瑶：《靠岸：清前期湘潭鼓磉洲罗氏与渔户之凑聚成族》，黄永豪、蔡志祥、谢晓辉主编：《边陲社会与国家建构》，稻乡出版社2017年版。
③ 湘乡《白沙陈氏必元房谱》（下房谱），世德堂刊本，1909年修，美国犹他家谱学会收藏缩微版；湘乡《上湘白沙陈氏支谱》（上房谱），颍川堂刊本，1914年修，

县以下基层漕粮运输提供实例,[①] 也呈现出生活在内陆小河的船户以组织宗族的方式,承差运漕、垄断河运的生动历史场景。这些船民家族文献有助于从船户本身的角度考察明清时期内陆河道船户的生计方式与社会组织,进而客观评价内河船户在商货跨域运输、区域经济发展中的作用。

第一节　湖南涟水河道运输与民船规模

湖南省境内的涟水发源于现在的新邵县,主要流经涟源、娄底、双峰、湘乡、湘潭等地,最终在湘潭县湘河口处汇入长江的支流——湘江,主流全长约259公里。其中,在湘乡县境内通航里程达100公里。湘乡县位于资江流域的宝庆府与湘江流域的长沙府之间,涟水春夏两季水域深阔,是沟通资水流域与湘江流域的重要水运通道。明清时期,湘乡县并非商业重镇,本县地方志

（接上页）湖南省娄底市娄星区郊外水塘埔村陈家组陈时生藏,由陈振翅先生提供;湘乡《白沙陈氏续修支谱》（中房谱）,树德堂刊本,1925年修,上海图书馆家谱阅览室藏;湘乡《涟西潘氏广系二修支谱》,荥阳堂刊本,1917年修,上海图书馆家谱阅览室藏;湘乡《江口邓氏族谱》,南阳堂刊本,道光十年（1830）修,湖南图书馆古籍室藏;湘乡《湘乡邓氏族谱》,南阳堂刊本,1944年修,美国犹他家谱学会藏缩微版。

① 关于清代基层运漕与地方社会的关系,在以往清代漕运史研究中较少涉及。近年来,数篇讨论清代江西、湖北漕运军户与地方社会关系的论文,有益于这一研究空间的拓展。参见李文治、江太新:《清代漕运》;吴琦:《漕运与中国社会》,华中师范大学出版社1999年版;高元杰:《20世纪80年代以来漕运史研究综述》,《中国社会经济史研究》2015年第1期;陈华:《清代江西运漕及其负担研究》,江西师范大学硕士学位论文,2005年;徐斌:《明清军役负担与卫军家族的成立——以鄂东地区为中心》,《华中师范大学学报（人文社会科学版）》2009年第2期;朱美兰:《清代漕运与地方社会——以江西省莲花厅为中心》,南昌大学硕士学位论文,2009年;衷海燕:《清代江西漕运军户、家族与地方社会——以庐陵麻氏为例》,《地方文化研究》2013年第6期。

的自我评价称,"陆行非当冲要,水行难容巨舟,无富商大贾往来辐辏,故列肆而居者不尚浮华"①。通过涟水运输的大多是湘乡县境内以及上游宝庆府民众日常所需的食盐、布匹、日用百货等生活物资,以及本地的漕粮课税、农副产品、煤炭、石灰,甚至数度禁采的磺矿等物产。

湘乡县虽非商业巨镇,但涟水河运中的船只数量在湖南商贸大兴的盛清时期却相当惊人。前文已提及,清前期,湖南地方官员在逐次清查河道社会的过程中认识到,对于滨湖、沿江或一线溪河等不同水域,需要根据水道运输便利与商业繁盛的程度,推行区别对待的管理方式。乾隆十八年,湖南十三府州查明全省水路情形,根据可否通航舟楫、商贾数量和市镇发达的程度,将全省各州县分为滨临大江附近水次者、可通水次者、虽通水道但系一线溪河不能挽运者、不通水次者4个等级。湘乡县被划为滨临大江附近水次者。②乾隆二十二年八月,湖南全省水次各府州县大规模清查船户和渔户情况,其中湘乡知县奏报,湘乡涟水,"一线溪河,滩多水浅,并无大船,止有倒划船,装载煤炭以及客货,往来三埠,不下六七千只"。③此地"六七千只"倒划船,因与同时代其他地区船只与船户数量以及晚清民国时期湘乡本地船只数量形成显著对比,而引人注目。

与此次湘乡县同时上报船只数量的县份,包括长沙县、攸县、安化县、茶陵州、安仁县、桃源县、永兴县、常宁县、鄾

---

① 同治《湘乡县志》卷2《地理》,岳麓书社2009年版,第104页。
② 《湖南省例成案》之《户律仓库》卷23《各府厅州县买补仓谷及地方市镇水次章程情形》。
③ 《湖南省例成案》之《兵律关津》卷12《一切大小船只编列号次于船稍粉书州县村庄船户姓名缮给印照以凭查验》。

县、道州、永明县等。其中，上报船只较多的长沙县，即便加上捕鱼船，亦最多不过700余只。长沙县称仅有倒划船500余只、捕鱼船200余只；攸县上报仅有三板茅蓬小船290只；安化县详称有鳅船196号，划船100号，渡船5号，鱼船11号；茶陵州称有茅蓬船共424只；安仁县称只有茅蓬、倒划等项小船122号，及倒扒、茅蓬、网船17只；桃源县有往来船300余只；永兴县详称只有小船246只。① 相较之下，湘乡县所报船只数量不仅大大超过其他各县，甚至是长沙、桃源等水路交通枢纽诸县上报船只数目的近10倍。

各县上报的船只数据差距悬殊，可能存在如下原因：首先，湘乡县运载船只数量与从事运输行业的人数确实庞大。20世纪30年代湘乡县的船只数据，在一定程度上可作为乾隆二十二年数据真实性的旁证。据《湘乡史地常识》，其时"滩既险峻，丝路易崩，加之商业衰疲，汽车竞运，遂致航业萧条，船户失业，船数渐减"。② 湘乡涟水当时的船只数量，陈埠约1500余，潘埠约1000余，邓埠约600余，总计在3000只上下。另有客帮船不足400只。经营航业的，有第一、第五、第六、第八、第九各区人民，向有潘、邓、陈三埠之别。至20世纪40年代后期，湘乡有木帆船750多艘，从业人员2456人，大多分布在涟水沿河两岸的毛田、羊古、苏坡、小车、潭市、石狮江、山枣、县城、铜钿湾、新田等地。③ 这也说明涟水船运一直到1949年前仍保持不小

---

① 《湖南省例成案》之《兵律关津》卷12《一切大小船只编列号次于船梢粉书州县村庄船户姓名缮给印照以凭查验》。
② 谭日峰：《湘乡史地常识》，第12页。
③ 同上书，第30页。

的规模。第二，湘乡县的船户登记管理制度运作效果较好，地方官员能够切实把握该地船户情况，这或许与邓、陈、潘三姓埠头制度和县级运漕机制紧密相关。第三，长沙等县上报船只数量与实际情况存在较大落差，或因其地处水运枢纽，外来船只与外出运输船只较多，大量这类船只并未进入官方统计，抑或说明这些县份从事河运的船户大多仍处于官方管束范围之外。

湘乡的船只以倒划船为主，据第一章的讨论，倒扒子的载重有大有小，这与其所航行河道的水文地理情况有关。据《湘乡史地常识》称，涟水河道水深时，每只倒划子载重约100硕，水浅时只50硕。[①]即湘乡倒划子载重约3—6吨，平均4.5吨。若依《支那省别全志·湖南省》，取湘乡船运载量为300—600担，湘乡倒划子的运载量则在18—36吨之间，平均为27吨。若以倒划船运载量为每只27吨计算，乾隆年间湘乡县六七千船只的运载能力可达16.2万—18.9万吨。乾隆年间，湘乡县漕粮项下实征米共11648石，即便按1石等于150斤计，相当于873.6吨，按每只倒划子运送27吨，每年仅仅需要33只船运漕，即便加上南米9418石，亦仅需59只倒划子运粮1次，即可完成漕粮运输的工作。若以倒划船运载量为每只4.5吨计算，乾隆年间湘乡县船只运载能力可达2.7万—3.15万吨，乾隆年间湘乡县漕粮和南米运输亦仅需354只倒划子运粮一趟。[②]

承担漕运以外，商货运输为涟水船户带来丰厚的利润。清代涟水船运的主要货物是湘乡、安化两县出产的煤矿，其特点

---

① 参见谭日峰：《湘乡史地常识》，第13页；〔日〕東亜同文会編『支那省別全誌』第10卷『湖南省』，第121页。
② 参见乾隆《长沙府志》卷8《赋役》，江苏古籍出版社2002年版，第201—202页。

是夹产硫磺。乾隆年间长期的磺矿封禁与其后时禁时复的矿产管制政令[1]，反而促使走私偷运磺矿因风险成本增大而利润相应提高。根据乾隆三年（1738）五月初七日湖南布政司张璨的详文内容，湘乡、安化煤船出境，私贩磺矿，磺矿"贩至汉口，价获数倍"，故民众想方设法夹带偷运。[2] 乾隆年间，湖南巡抚数次饬令相关府州县提出缉拿走私贩磺的办法，其中一条便是强调由从事河道运输的船户入手，责令地方官设立船总、埠头、循环册等制度管束船户。[3] 从各级地方官员的调查和报告来看，涟水船户很可能长期充当当地煤炭和硫磺搬运的主力军，不仅承包官办矿产的运输，而且协助私贩偷运。[4] 关于这一问题，第八章将进行详细论述。

湘乡船户在涟水的航运业中基本处于垄断地位，其业务覆盖的地域范围以涟水、湘江、资江河道为主。据《湘乡史地常识》称："湘乡航船，有本帮、客帮之别。本帮向分邓、陈、潘三大埠，各埠之下，又分小埠。测水流域，如街埠头、洋潭、永丰一带，属邓埠。梅林江、石头埠、娄氏渡头坪等处属陈埠。县城、石狮江、薛家渡、潭市、羊古市、谷水、磨子石、杨家滩一带，属潘埠。而潘埠复分大潘、小潘。旧称三大埠之下，有七中埠，十九小埠之说。即老年舵工，也不易分晰明确。客帮船分蓝

---

[1] 同治《湘乡县志》卷5上《兵防志一》，第189—190页。亦可参见中国人民大学清史研究所等编：《清代的矿业》，中华书局1983年版，第464—467页；林荣琴：《清代湖南的矿业：分布·变迁·地方社会》，第86—90、100—101页。
[2] 《湖南省例成案》之《兵律关津》卷10《禁止私贩私磺条规》。
[3] 同上。
[4] 《湖南省例成案》之《兵律关津》卷11《湘乡安化二县封禁磺矿将河下总卡撤除无凭稽查恐奸民藉挖煤名色潜匿深山私煎磺斤由煤炭米谷船私运出境请总卡免其撤除仍饬该县选差丁役严行查察》。

田（属安化县）、云湖（属湘潭县）两帮,在本县纯为客籍,没有一定停泊的埠头。"① 由此可知,湘乡船户邓、陈、潘三大埠长期垄断涟水流域的河运,为众小埠统合归属之称。从地理空间上来看,这些小埠头密集分布于涟水沿岸和涟水支流测水流域,归属三姓的小埠由涟水上游往下游排布,依次为梅林江（陈）、磨子石（潘）、石头埠（陈）、谷水（潘）、杨家滩（潘）、洋潭（邓）、潭市（潘）、石狮江（潘）、窑上（陈）、县城（潘）。（参见第八章图14）若结合三姓族谱所涉及的埠头和居地地名,小埠头分布将更为密集,可见,湘乡本帮三姓大埠实乃垄断涟水航运之社会组织。涟水白沙洲陈氏族谱中提到,他们曾在明景泰年间全族迁往资江注入洞庭湖处的最大港口益阳,部分族人于成化年间迁回湘乡,正德年间开始承担船役。嘉靖年间又召一批族人迁回湘乡共同承担船差,清代一直延续下来。② 清中期,个别陈氏族人在湘潭

---

① 谭日峰:《湘乡史地常识》,第12页。
② 《白沙陈氏续修支谱》卷2《必通公行略》载:"三派祖,讳醇达,字必通,应寿公元配曹孺人所出也。次三。兄二人:必诚、必清。弟三人:必善、必荣、必元,皆副室龙孺人所出。今惟必诚衍上房,必元衍下房,与我支鼎峙而三,余皆失传。明景泰四年（1453）,湘邑寇贼蜂起,朝议兴兵剿除。祖虑玉石之俱焚也,尽室避居益阳桃花港。至成化十三年（1477）,祖率子志洪、志广、志海、志仙归湘。必诚、必元两房尚留。因外居日久,田被曹姓占去,而册名未脱,田随曹人,粮堕陈氏。激控粮储道,颁批府宪讯核,祖与曹廷质,委县主簿踏验,地邻证曹占夺是实。详覆之日,府宪断将十二石粮饬曹输纳。自是讼端虽息,仇隙日深。弘治十五年（1502）,祖嗣志广家人徙居十二都大坪（今十都）。正德九年（1514）,志广承任户首,经理船差,更名陈庚七。嘉靖二十四年（1545）,户首》模以族人丁寡少,难充差事,禀县宪李,旋奉府宪札,颁回必诚、必元两房,分纳粮丁,共纳鱼油。而一时留居益阳者,尚不乏人,以生居益阳,即没葬益阳。故我三派祖妣谢孺人墨谱并注葬桃花港,俟他日访其故里,清其邱墟,增入谱牒。"另可参见《白沙陈氏必元房谱》卷首上《必元公行略》,《上湘白沙陈氏支谱》卷首上《必诚公行略》。

等湘江流域的重要市镇购置店铺和房屋，经营贸易。① 由此推断，明清时期的陈氏族人主要在涟水、资江与湘江河道从事船运业。

涟水船户的活动范围不仅限于湖南境内。湘乡帮的船帮名号于道光二十五年（1845）出现在巴县政府颁发的公文书中，在"下河帮"项下，列有"长涪帮、忠丰帮、夔丰帮、宜昌帮、辰帮、宝庆帮、湘乡帮"等船帮。② 晚清民国时期，倒扒子一类的船只也出现在汉口和沙市的码头。③ 据日本外务省通商局的调查报告称，船籍归属湘乡的船形种类包括钓钩子、倒扒子，其营业内容主要为载米、石炭下汉口、南京、镇江，归程则载盐、杂货而上，或供旅客乘坐。④《湘乡史地常识》亦称，湘乡船户除往来涟水运载客货外，多半向湘江和长江以下发展。⑤ 可见，倒扒子、湘乡船帮的身影也出现在重庆、汉口、沙市、南京、镇江等长江流域各大城市和码头。

第二节　船户宗族应役运漕与垄断河运

清前期，随着商品经济的发展与米谷外输的繁荣，湖南地方

---

① 参见《白沙陈氏必元房谱》卷首上《永松公行略》《永庆公述略》。
② 四川省档案馆、四川大学历史系主编：《清代乾嘉道巴县档案选编》，四川大学出版社1989年版，第404、418页；亦见邱澎生：《国法与帮规：清代前期重庆城的船运纠纷解决机制》，邱澎生、陈熙远编：《明清法律运作中的权力与文化》。
③ 参见〔日〕外务省通商局编纂『通商彙纂』第130号（1899年4月18日），第51页，转引自〔日〕松浦章：《清代内河水运史研究》，董科译，第219页；〔日〕東亜同文会调查编纂部『支那開港場誌』第二卷，第298—300页，转引自〔日〕松浦章：《清代内河水运史研究》，董科译，第51页。
④ 参见〔日〕外务省通商局编纂『通商彙纂』第247号（1902年9月18日），第37页，转引自〔日〕松浦章：《清代内河水运史研究》，董科译，第258页。
⑤ 谭日峰：《湘乡史地常识》，第12页。

各级官府日益加强保障与维护大小河道的安全通畅，致力于管理运输河道上的社会人群。与湘江沿岸埠头为湘江沿岸宗族分段把持的状况不同①，涟水河道由陈、邓、潘三个船户宗族控制。应付官方差役以获得在涟水河道生存的利益和权力，成为陈氏、邓氏、潘氏船户宗族成立并延续数百年的至关紧要的原因。

乾隆年间，针对全省江河湖水上社群危害商旅运输的情形，湖南署理布政使暨按察使夔舒命全省水次各府州县查明并上奏各地船户和渔户的具体情况。其中，湘乡县知县柳秉谦详文禀称：

> 卑县地方，一线溪河，滩多水浅，并无大船，止有倒划船，装载煤炭以及客货，往来三埠，不下六七千只。且查卑县历来并无船行，止有版籍。邓福、陈王七、潘道清三姓充当埠头，每埠设立户首一名，房役六七名，挨管散埠船只。前任李、徐两令，虽俱编号给照，但恐船多人刁，或有遗漏。卑职现在饬令，邓埠编列湘乡天字几号，陈埠编列湘乡地字几号，潘埠编列湘乡人字几号，分别稽查，每船船尾仍用粉底红圈黑字，大书船户姓名，并令各埠头造具船户水手姓名、住址清册，逐一验明，给予牌照，以杜隐漏私载之弊。其一切农渔小船，亦俱逐一挨查，饬令补编。容俟编查完竣，另文造册申赍外，缘奉饬议，合将管见所及并现在查办缘由，具文申覆。②

---

① 参见陈瑶：《靠岸：清前期湘潭鼓磉洲罗氏与渔户之凑聚成族》，黄永豪、蔡志祥、谢晓辉主编：《边陲社会与国家建构》。
② 《湖南省例成案》之《兵律关津》卷12《一切大小船只编列号次于船稍粉书州县村庄船户姓名缮给印照以凭查验》。

此次清理船户渔民的行动肇始于湖南各级官员试图整顿河道以便利物资运输的目标，亦为各级官员检视当地河道社会制度提供了契机。湘乡知县的这份奏报简明扼要地勾勒出涟水河道的运输船只数量、商品流通内容以及该县河道社会的管理办法。其中，揭示湘乡涟水河道历来为邓、陈、潘三姓充当埠头，协助县令稽查与管理船户和船只，不在三姓埠头编号之列的船户，则属于无照经营的非法运载。乾隆二十二年，柳秉谦再次下令三姓埠头清查登记船户和水手的身份信息，并强调该县所立埠头制度的目的在于"以杜隐漏私载之弊"，结合前文关于涟水河运中大量磺矿走私的情节，实可断定邓、陈、潘三姓船户"隐漏私载"之物，便是当时经常禁止开采的硫磺。

另据邓氏族谱记载，涟水三姓埠头制度由来已久。邓氏族谱中收录的《船埠始末记》称：邓族"在明成化年间，因同姓土著民原充船役，避徙他乡，致邑解漕米无人办船，邑宰压我先人代之，与陈、潘二姓合成三埠，嗣遂援为定例焉"①。此种说法，与陈氏自称在明正德年间开始承担船差的说法相互印证。②《船埠始末记》继而指出，就在清乾隆二十二年地方官清查渔户和船户之前一年，即乾隆二十一年，邓氏"苤房廷植因大村斗盐、溪口、小窑、测水、江口、河家等埠自称官埠，不服大埠管理，迭禀上宪，致各小埠均归大埠协办，公事同荷，宪准禁革月差滥派，将永奉为成规也"③。该事件说明乾隆二十二年湘乡知县确立三姓埠

---

① 《湘乡邓氏族谱》卷首《船埠始末记》。
② 《白沙陈氏续修支谱》卷2《必通公行略》。另可参见《白沙陈氏必元房谱》卷首上《必元公行略》；《上湘白沙陈氏支谱》卷首上《必诚公行略》。
③ 《湘乡邓氏族谱》卷首《船埠始末记》。

头地位，深符湘乡船户社群由竞争转为统合的地方社会背景，而乾隆二十二年的官方清查行动，在一定程度上推动湘乡涟水船户社会再次组织化与更新合作关系。

除上引两条信息以外，《船埠始末记》的其他内容皆源自同谱收录的、成文时间更早的《船籍源流》。《船籍源流》汇编的文件与记录，是清代邓氏宗族成员就船籍问题频繁与官府打交道的过程中所形成的，主要涉及邓、陈、潘三姓承担船差、充当埠头的历史。《船籍源流》由两大部分组成，第一部分抄录了湖南布政使于嘉庆十四年（1809）六月二十八日所颁发的告示，并在告示文件之前，详述了邓氏几代人从康熙六年（1667）至嘉庆十四年近150年间累次向湖南省府县各级官府上禀求示的历程，以及最终在嘉庆十四年获得布政使所出告示的前因后果。现将全文抄录于下：

> 我族与陈、潘，自祖驾渔舟营生，因县饬查水匪，致成名三埠。又因湘邑一线小溪，大船难进，国初，装运漕米，用到划送潭交卸，每十硕例给水脚银一钱，饭合米一斗，此外并无杂派。厥后弊生，勒值月差，不拘长、衡、岳、常、江、广，每站仅给官封钱九十六文。康熙年间，族祖福及陈庚七、潘道清以"百年弊根不除，百姓残喘莫生，吁赐剔革，永超苦海"禀抚部院，奉批：从前已令勒禁，如违，禀究。盖因前康熙六年，祖逢时林，以"医死肉骨事"禀都察院周，奉批：严禁，给示张挂，通衢晓谕。后又接禀，至康熙三十二年，县宪李为"吁解倒悬事"，案奉府宪陈、臬宪刘、藩宪杨、道宪张及院宪批，刊碑立县。迨后，乾隆五十

年，差书乘县修署，弊匿禁碑，月差之累更苦。至嘉庆十三年九月十八日，贤房茂山与潘大定、陈和中以"违禁派累泣复刊禁事"禀都察院景，奉批：查该县滥派民船，久经严行禁革，乃日久弊生，派累滋甚，实堪痛恨，仰布政司速饬长沙府严查究详，仍即勒碑禁革，具报，毋得狥延苦累干咎，抄案并发。后，司催府，府催县，搁抗如故，接次多禀在案。至嘉庆十四年四月初六日，以"泣示刊禁除累苏命事"禀督部汪，奉批：官役勒派月差，固应禁革，船户居奇讹索，亦病商民，仰南布政司分别示禁具报，并将示稿呈赍查核，毋违。后，司以"援示请示事"札饬府，府以"泣示刊禁事"札饬县。至今，宪示煌煌，兵房案稽，谨志。

钦命湖南等处承宣布政使司布政使加一级随带军功加五级军功纪录二十次朱为示禁事。嘉庆十四年五月初九，奉督部堂汪批，据湘乡县民邓茂山、陈和忠、潘大定呈称：民等自祖驾到划小船，仰事俯畜，惟赖乎舟。湘邑装运漕米，例给水脚、食米，自运漕外，并无杂派。厥后弊生，勒值月差。康熙间，节诉抚辕，沐禁刊碑除弊。奈续修县署，衙蠹匿碑，渐派月差，至今为烈。如县官公出往来，差吏解饷提犯，正佐衙门丁书及典商、游客、戏子与厂书通好等辈，概拔装送，不拘远近。每站仅给官封九十六文，难敷一站零用。每船苦累，或帮一千，或数千文。禀恩赏准示禁并饬照示刊碑，戴德上呈等情。奉批：官役勒派月差，固应禁革，船户居奇讹索，亦病商民，仰南布政司分别示禁具报，并将示稿呈赍查核，毋违等因。奉此合行，出示严禁，为此示，仰官役军民人等知悉，嗣后大小衙门，凡有需用船只，务须照民价公平雇觅,将月差各色,永行禁革,毋许再有勒派。该船户亦不得居奇讹索,致病商民。倘敢故违,或经访闻,或被告发,定即照例究办,决不稍贷。各宜凛遵,切切特示。

嘉庆十四年六月二十八日示[①]

这部分内容揭示出两方面重要的信息。其一,自清初始,邓、陈、潘三姓即承担运漕,将湘乡县的漕粮运输到湘潭县交卸,官府支付运输费用,并不摊派其他杂役。而后,胥役加派各种差遣,使得三姓不堪重负。陈氏《必通公行略》等文献中亦称,明代承领船差,尔后演变为沉重负担。[②] 解除官府胥役随意征用带来的生活压力,是邓氏族人历年上诉的目的。其二,邓氏累累案禀,为求官府保障船户不受衙差书役的盘剥。有趣的是,嘉庆十四年官府所批告示则称,"官役勒派月差,固应禁革,船户居奇讹索,亦病商民",透露出当时的现实弊病及其解决办法:一方面是地方官役衙差,凡需要使用船只,务必依照民间价格雇用,革除月差等额外派遣,严禁逼勒船户服役;另一方面是船户不得居奇讹索,阻滞商民的水上运输和交通。据此可知,邓、陈、潘三姓船户垄断整个涟水河道的运输,地方官府亦知悉下情,认为如此情形给客商贩运货物造成了负面影响,故亦对其相关行为加以警示。当然,邓氏族人身为船户,却对官方制度相当熟悉,甚至能够获取湖南各级官府批文和告示文字内容,并将之汇编抄录于族谱之中,这些行为让人对船户群体刮目相看。

《船籍源流》第二部分是道光九年(1829)湘乡知县发布的

---

① 《江口邓氏族谱》卷1《船籍源流》。
② 参见湘乡《白沙陈氏续修支谱》卷2《必通公行略》。

另一通告示，提及嘉道年间邓氏族人诸多信息，以及道光年间出现逃避船役的新方式：第一，邓氏宗族中数位族人获得举人头衔，与地方官打交道时，社会地位有所提升。第二，其时，部分邓姓族人借口充当保甲、都正、社长等差，试图逃脱船差，导致邓氏宗族垫赔船差支出，这是身为举人的上诉者呈报本族逃役情形的原因。第三，直至道光年间，邓氏与陈氏、潘氏共同承办湘乡县的漕务船差制度，并未发生变化。第四，邓氏宗族内部实行的应役机制，即分七房七埠，运作方式为逐年设立户首1名、埠头14名，轮流交替。[①] 下节将论及陈氏宗族内部各房轮流充当船役的机制，与此类似。

潘氏族谱亦收录与船籍相关的文献记载，且可与邓氏、陈氏族谱中的诸种叙事互为印证。潘英兰在咸丰十一年（1861）所撰谱序中写道："自明成化丁亥奉充船籍，分房轮值，惜福、禄两公，半离桑梓，而启裔惮籍烦苦，顿生规避，乞他郡同姓寻其无后者为支祖，而本宗茔域、船务，卒悍然不与，我先人大惧不肖者之踵相接也。"[②] 此番叙述不仅符合邓氏、陈氏所称于明代承担船籍的说法，亦相当直白地揭示了潘族逃避船差的实情，即利用他郡同姓宗族后裔冒顶本宗，而本宗得以避免船差。潘氏族谱中收录的《旧宗规》还提到，潘族"建祠涟滨西岸，并置祀田二处，兼妥差务。道光甲申（1823）、乙酉（1824），房先辈虑公费浩繁，入不偿出，商我调、论两支后裔，纠捐田产、铺屋、银钱。凡本房祀产、差事、士子奖赏及轮充户首与房长、围长，俸资皆取给于逐年所入之租租焉"。《旧宗规》对"户首""埠

---

① 参见湘乡《江口邓氏族谱》卷1《船籍源流》。
② 湘乡《涟西潘氏广系二修支谱》卷1《又序》。

头""围长"等称谓有所定义,称"户首为一族领袖,族事悉赖主持,我族理族事则曰户首,办差事则曰埠头,盖一身而两任之也"。有关户首和埠头的职责,族规规定,"至办理船务,当恪守旧章,矢公矢慎,谨遵成宪,无怠无荒;年给谷十二硕,秋收量讫,五载期满,果克胜任,则公制匾额悬诸祠,以表勤劳,不称职者,公议另举"。潘姓还选出"围长",以协助户首,"各姓无围长名色,我族充船籍,先人不忍户首之独任其劳也,择一人以供奔走,而'围长'名焉。虽其字难骤索解,人亦仍其旧而已。遇有差事,与各房围长同心协力,偕各姓小埠趋事赴功"。①由此可见,潘氏宗族亦如邓族和陈族,由于不少族人逃避差役,故在宗族内部设立公产以备船差开销,户首、埠头、围长各领俸办差。

对于明清时期船差带给族人的影响,邓氏《船埠始末记》写道:"是役也,自明迄清四百余年间,邑中船运漕粮有役,月差杂派有役,相沿成例,而惟我邓、陈、潘三姓是任。专制时代之不平待遇,抑至此极。我先人苦差役之频繁,扰累之滋甚,弃业逃走者有之,破家避徙者有之。县署碑泐尚在,旧谱纪载颇详,言之痛心,闻之堕泪。其幸而不逃不徙者,诉县、诉府、诉司、诉道、诉院,奔走呼吁,波折横生。公资之累赔既多,私人之捐输亦巨。尤以清嘉庆间瑄房遇笏之垫贷特多,为不可及。讼控几无宁岁,而役派自若,我先人之心力交瘁矣。爰记其始末,以示不忘云耳。"②其中的申诉苦楚,溢于言表。然而,如此苦差,为何并未迅速导致陈、邓、潘三族船户为规避船役而逃亡四散,反而促成船户群体以埠头为中心构建三个宗族,并延续数百年之

---

① 湘乡《涟西潘氏广系二修支谱》卷1《旧宗规》。
② 湘乡《湘乡邓氏族谱》卷首《船埠始末记》。

久？这或应归因于三姓自明清以至民国长期垄断河道，把持涟水运输权和捕捞权，在应付官府运漕正役与官吏诸多加派之外，仍能从河道运输业和渔业中获得丰厚的经济利益。关于运输权的垄断，前引官方指摘所称"该船户亦不得居奇讹索，致病商民"，透露出三姓垄断河运之端倪。考虑到清代涟水船运煤炭和硫磺等矿产利润之高，可以想象船户宗族从垄断涟水运输业中牟利之巨。乾隆二十二年，湘乡知县呈报该县河道上六七千只倒划船，毫不夸张地展示了当时涟水河运的繁忙景象。关于捕捞权，《湘乡县志》提到，明清至民国，湘乡境内的涟水水域为少数宗族把持。其中，涟水捕鱼为陈姓埠独占，凡外姓捕鱼者，必须向陈埠缴费。[1]可见，对河道捕鱼权的独霸亦为陈氏宗族带来不菲收入。

总而言之，明清时期，邓、潘、陈三姓藉由承担运漕等官方差役，合作垄断涟水河道，从河道运输与捕捞鱼获中谋求生存与发展。这套机制得以实现并长期有效运转的重要原因，在于官方管控和运漕的制度为船户宗族垄断河道提供了政治资源。然而，上述三姓家族文献中亦屡屡暴露船户逃避船差的情形，可见，如何妥善有效安排宗族内部的应役承差，事关维系涟水河运机制之至要。下面以白沙陈氏宗族为例，分析宗族内部如何安排船差，以及族内应役制度在清代的数次演变。

第三节　陈氏宗族建构与应承船差机制

白沙陈氏三世祖中房必通公及其子嗣，最先在明成化至正德

---

[1] 湘乡县志编纂委员会编：《湘乡县志》，湖南出版社1993年版，第226—227页。

年间自益阳返回湘乡，承领船差，下房必元公、上房必诚公的后裔则于嘉靖年间返湘承役。① 这是陈氏族谱自称承当船籍之始。万历元年，因"此年丈田，公务浩大，差事负重，难以料理"，合族商议，公举下房必元公后裔天学公充当户首，"兼理公务，承办差事，用费多金，未派族上分文"，天学公因此获县宰赏赠"眷铎"之誉。② 自顺治九年（1652）至康熙元年（1662），下房兴苗公次子茂甫公"秉家政十载"，时逢战乱，族人逃避差务而远徙，惟茂甫公独力承担公差。③ 康熙三十一年（1692），下房嘉言公承当户首，因才能干练，合族赠送匾额"掌握平衡"四字。④ 其后，上房必诚公十一派后裔功熙公承任户役，经理船差，督粮护解。⑤

前文提及，乾隆二十二年湘乡县确立陈、邓、潘三姓埠头制度，"每埠设立户首一名，房役六七名，挨管散埠船只"⑥。结合以上几位在明后期至清初担当户首的陈氏族人传记资料可知，其时，陈氏宗族内部采取公同推举户首的方式，择人承担户役，有

---

① 参见《白沙陈氏续修支谱》卷2《必通公行略》。
② 《白沙陈氏必元房谱》卷首上《天学公行略》。另参见《白沙陈氏必元房谱》卷1《忠涣公长子杞祖支齿录》载：天学，万梅之子，字逢校，号明鉴，弘治十三年（1500）生，嘉靖十五年（1536）没。
③ 《白沙陈氏必元房谱》卷首上《茂甫公行略》。另参见《白沙陈氏必元房谱》卷5上《万琥支兴苗公派下齿录》载：纹机，字茂甫，兴苗公次子，万历三十九年（1611）生，康熙二十九年（1690）没。
④ 《白沙陈氏必元房谱》卷首上《嘉言公行略》。另参见《白沙陈氏必元房谱》卷2《兴通公兄弟派下齿录》载：良嘉，字嘉言，号均选，天启七年（1627）生，康熙五十二年（1713）没。
⑤ 《上湘白沙陈氏支谱》卷首上《功熙公行状》。另参见《上湘白沙陈氏支谱》卷3《琦房式能公派下齿录》载：良佳，字功熙，顺治十六年（1659）生，乾隆二年没。
⑥ 《湖南省例成案》之《兵律关津》卷12《一切大小船只编列号次于船梢粉书州县村庄船户姓名缮给印照以凭查验》。

时仅此户首一人独力承担船差。然而，以上户首数人的个人行状未能提供更详细的信息，无法说明宗族内部择人应役的依据以及宗族安排差役的制度如何在300余年中运行不坠。幸运的是，近期发现的两通清代碑刻以及陈氏族谱中收录的《河埠公田记》等文献有助于进一步解答这些问题。①

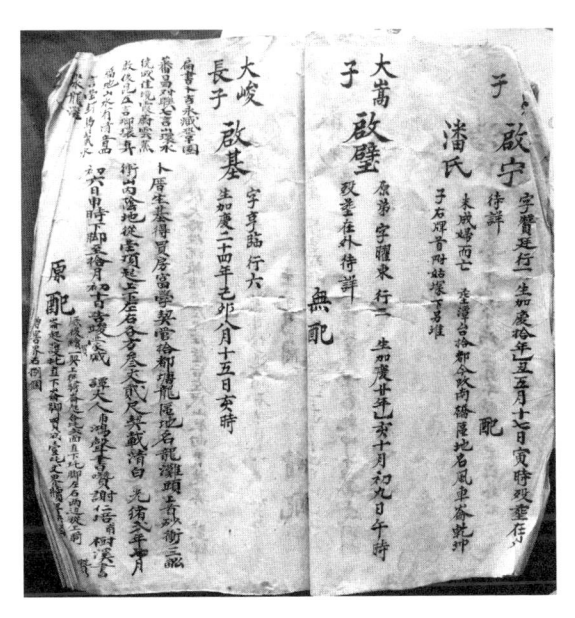

图5 湘乡白沙陈氏手抄本世系之一页（湘乡潭市镇白沙村陈华强家收藏）

---

① 乾隆五十一年《永定章程》碑和道光三十年无名碑，在2014年2月因偶然的机会重见天日。其时，前去湘乡潭市寻根祭祖的陈振翅先生在族人的引领下，于潭市对河山枣镇白沙洲村探访陈氏祠堂旧址，意外地发现石碑两通。据陈氏族人说，这两通碑原来一直竖立在陈氏祠堂前，1974年修白沙大堤时被移走弃置，后被利用搭做田间小石桥。直至陈振翅先生2014年正月初五这一日来寻根祭祖，白沙村陈氏族人才与他一起把石碑清洗出来，并整理碑文。两通石碑现存湘乡潭市镇白沙村村委会，笔者两次到访，皆未得见。特此感谢陈振翅先生提供碑刻照片和录文。笔者在其录文基础上结合照片对碑文进行核对与校正。如有错漏，文责概归笔者。

乾隆五十一年（1786）《永定章程》碑和道光三十年（1850）无名碑，与陈氏宗族为安排船差而设计的户首房役轮充制度及其演变密切相关。奇怪的是，碑文既未收录到三房所修族谱之中，亦未在三房谱牒记载中得到任何直观体现。现将乾隆五十一年《永定章程》碑全文内容抄录于下：

考稽今古事势，合久必分，分久复合，分则势弱，合则势强，理固然矣。我族自明迄清，充顶肛役，分为上、下两祖，中分广、显、爵、禄四祖。户首五年轮充，房役一年更替。凡遇差使，各房分当，历有年所。但念人丁多寡不一，家赀苦乐难均，是以乾隆二十七年，广祖户首嘉会，房役其泽、定国、再五、世耀、再位、天任、永年、声振、子科等，以前事禀张宪，请示晓谕，未果。四十七年，爵祖户首腾芳[①]等，继美举事，阖族书立合同：户首五载一换，房役三年一更，庶办公熟识老练，不致斟换生手，见肛当差，苦乐得均，免致未驾者抱空顶之嗟，寒微者累差使之叹。章程虽定，碑石未立。五十一年，禄祖户首廷书思前此之美举，定厥后之章程，鸠合族众，勒石刊碑，永垂不朽。是为序。时皇上乾隆五十一年丙午季秋谷旦十四世嗣孙大伦东载氏[②]敬譔，熏沐敬书。

阖族公立合同人腾芳、周文、元衡、华国、崇天、国

[①] 秉琦，字腾芳，父良德，祖纹茂，康熙十五年（1676）生，没失考。《白沙陈氏必元房谱》卷2《兴通公兄弟派下齿录》。
[②] 大伦，字东载，号常山，清国子监生，雍正二年（1724）生，嘉庆五年（1800）终。《白沙陈氏续修支谱》卷9《尚灿公派下齿录》。

镜、周书、望高、恒照、序一、载山、明志、东载、维周①等。我族自昔办差急公,原属一体。今因人丁繁盛,支分派别,立为上、下、广、显、爵、禄六祖。户首五年一更,六祖轮充。又,每祖设立房役一人,或一年一换,或三载一更。此先人所设之成规,办差之美举也。今则人丁多寡不一,家计贫富不等,每逢差使,丁多者,即贫亦易办公,丁寡者兼贫,十难办一。并且,分办人心不齐,合办苦乐得均。故先年户首嘉会纠集合族,公禀前张宪,请示定程,煌煌确稽。是以腾芳继兴此举,兹传周文等入祠公议。嗣后,不论人丁多寡,无分尔祖我房,总以一体办事,照船当差。庶公务不敢违悮,差费免其抗衡,苦乐均沾,轻重如一。至于户首、房役,轮流充当。户首五年一更,房役任各房遵例更换,仍照前规。但恐始从终违,忽兴忽废,是以六祖各立合同一纸,颁上给照、请示刊碑,轮交户首收执,永远勿替。今欲有凭,阖族人等眼仝书立合同一纸,交户首收执为据。阖族公议差使以定章程事,本年九月十六日公议,每年月差漕粮,每船议出制钱一百八十文,以作房役使费。若大水差使及远运军需、兵差等项,照票起数公派。至若户首,轮流充当,起差发票,原系户首责任。户首原无田土,费从何出?是以每年众议每舡出制钱二十文给与户首,当作使费。此钱着房役带收,差丁不得有违。此议众乐为和,刊勒于石,以志不朽云。

---

① 启贞,字维周,清八品顶戴,乾隆元年(1736)生,嘉庆十三年终。《白沙陈氏续修支谱》卷6《尚略公派下齿录》。

族众	殿辉	光朝①	其选	疏九	位□	湘衡
	百揆	健五	宗世	仲举	英贤	绍唐
	岐武	魁选	士登	国选	楚秀	凤翼	振清
	令岐	维先	明宗	帝弼	先升	东阳	为政
	昆山	兰芳	宜也	宗文	鸣周	胜书	经朝
	公亮	如星	日新	朝彩	东光	黄文	万安
	云山	梦元	仪山	明简	国先	小先

前届户首维周损费资钱二千文

龙飞乾隆五十一年丙午季秋谷旦户首廷书，阖族公立。

根据碑文内容可知，《永定章程》碑实际是一份宗族内部安排船役的契约。立此契约的背景，当为乾隆二十二年湖南全省清理船户和渔户，湘乡知县确立陈、邓、潘三姓充当埠头，令三埠负责稽查、编列、管理涟水上的湘乡船户。因此，陈氏宗族中担任户首的族人要求官府支持其宗族内部调整户首和房役的差使费用来源。

根据碑文，自明代以来，陈氏宗族一直以六房轮充户首和房役的方式应付官府的正项船差，即以房支为单位轮流应役。这套办法到乾隆二十七年（1762）已然运作不灵。乾隆二十七年任户首的嘉会、乾隆四十七年（1782）户首腾芳以及乾隆五十一年轮充户首的廷书等人，提出新立章程的原因与内容：首先，各房人丁家产增殖多寡不一，造成族众认为按房轮役则派役不均，要求"见舡当差，苦乐得均"，即以船为单位而不再以房支为单位安排船差。其次，频繁更换户首和房役，导致办差之人不够老练而影

---

① 大俊，字光朝，国子监生，雍正六年生，乾隆五十三年（1788）终。《白沙陈氏续修支谱》卷7《尚书公派下齿录》。

响公事，故而提出将房役从"一年更替"改为"三年一更"。乾隆四十七年，宗族内部达成一致意见，确立章程，乾隆五十一年刻立石碑，以彰显新立章程的内容。

通读碑文中的合同部分可知，乾隆五十一年，陈氏族众一改之前"各房分当"模式，公议签立"照船当差"的新章程。第一，户首和房役仍旧按房轮流充当，由各房自行择人。第二，漕粮运输以及杂役月差等项费用，皆由以船谋生的各个船户来承担，每户每年上交180文充当房役经费，船户还需向户首缴纳20文使费以便办公。如此，每个船户每年需缴纳200文制钱，户首和房役则在承当官府船差的同时，亦获得一笔开销经费。第三，如若遇到大水、船运路途遥远或兵差之类造成更大开销的情况，各船户亦得分担更多摊派。这套新的运作机制得到官方同意，陈氏族人订立章程并将其刊碑公布。笔者推测，此碑透露出一个信息，即陈氏宗族中部分族人在乾隆年间不再以船运为生，他们通过包揽埠头的权力，向从事运载的船户征收费用以谋取利益。而真正依船而生的船户则沦为宗族组织中的低下阶层，被迫向埠头缴费、承担差役，借以获得在涟水运输的资格。然而，这套章程未能持续有效地解决应役问题，船户逃役之事应与拒绝缴费的情况同样频繁发生。

残断不全的道光三十年无名碑实际也是一份合同，其中仍能辨识的部分碑文大略如下：

……碑，轮充以免争端。凭房众荣志、房久、广载、孔清、文作、汉光、清玉等……轮充，五载一届，□爵祖三房间□□□祖派分峣、晓二房，晓祖六……派分仑、旦、岳三祖，三房亦轮流承当。自乾隆四十六年正月起轮，该……裔承役，因旦祖后裔外贸，是以遵众劝议，岳祖三房后裔充当户役。五……一年正月起，旦祖二房后裔承役五载，嗣后至六十年，该仓祖大房后……房次未轮，逆流承当，恐后争端，众等是以公立合同议据，并祠竖碑，日后□六十年自岳祖三房后裔充当。迨后，仓、旦、岳三祖三房挨序递轮充当，后裔再照得，仍蹈□□，亦不得推诿异论，永垂定例。恐后无凭，立此议据，三旡一样，尾拊合同。各房收执一□并竖碑为据。

道光三十年庚戌季冬上浣谷旦岳祖后裔凭房众公立

此碑残损程度较高，上半部分碑碣早已打断散失，而存留部分仍有数处难以辨读。从残存文字看，似乎大房之下各派小房又自成一套轮流承担差役的办法。乾隆四十六年（1781）之后，陈氏宗族爵祖晓房旦祖后裔或为逃避差役而外贸不归，导致各房轮充机制运作不灵。至道光三十年，该房族众立碑定约，重新确立爵祖派下三房轮流充役的秩序。根据旦祖后裔外出贸易引发轮充机制崩溃的情况推测，乾隆五十一年阖族制定的章程，并未得到切实执行。如若船户按照章程缴纳差费，担任户首和房役之职，可以获得一定办公费用，应当不致引发外出贸易逃役与推诿争端之事。

自乾隆朝后期至道光年间，旦祖后裔外出贸易、陈名镒一家到湘潭等地经营商业[1]、族人大量不知去向[2]等现象皆表明，陈

---

[1] 陈名镒，字鸿儒，名汝楫，军功保举县丞五品，道光二十九年（1849）生。《白沙陈氏必元房谱》卷5《良璧支尚学公派下齿录》；《白沙陈氏必元房谱》卷首上《永松公行略》《永庆公述略》。

[2] 参见《白沙陈氏必元房谱》卷1至卷7各派齿录。

氏宗族成员在应役船差时仍然承受相当大的经济压力。在此种态势下，光绪年间，陈氏宗族再次向知县提出调整埠头充役的运作机制。陈氏三房族谱均收录了陈彝爵①撰写的《河埠公田记》、其向县衙呈交的《禀稿》以及随后立为定例的《章程》等相关文献，这些文献记录了晚清涟水船户陈氏宗族应役机制演变的新动向。

根据《河埠公田记》记载，光绪十四年之前，陈氏宗族内部的分房轮当机制早已运转不灵，其原因主要在于"不择其人"，致使公事办理不善、户首倾家荡产，甚至导致"以养子承乏"的情形。此前一年，湘乡县令清查河埠事务，即已发现其中弊端丛出。由此，陈彝爵与族人商议修改应役章程，决定改为雇役承办，经费由合族提供，置立公田17亩以保障埠头输充之经费，并将新订章程存县立案。②陈氏向县令上禀埠规，随即获批立案。埠规全文如下：

> 一、族内向以轮充埠头为户首，自择据户首以来，埠头专理埠事，为外户首。今酌定章程，轮充只存旧规，不办埠事，名为输埠，并无户首名目。其前设河埠房长六人，概行裁撤。

---

① 陈彝爵，派名明锟，监生，由军功保举员外郎。左文襄公以"深明韬略、沈毅有为"专折奏保，奉旨统领老湘全军，帮办浙江全省军务及督办陕甘后路粮台各差，诰授奉政大夫。《白沙陈氏续修支谱》卷首《策名录》。另可参见左宗棠：《请敕调各员赴营差委片》（同治元年正月二十九日），《左宗棠全集·奏稿一》，岳麓书社2009年版，第26—27页。湖南船户特别是湘乡船户与湘军的水师体系是否存在密切关系，是值得进一步探讨的问题。
② 参见《上湘白沙陈氏支谱》卷首上《河埠田公记》。

一、族择二人办理埠事，名为领埠，禀明更替，以便承办。日后办理得宜，不拘远近。若有不合，另择充当，俱由族议，输埠不得自行更置。

一、领埠二人，一为存票，一为发票。其上行及河岸事，归存票经理。其稽查河下事，归发票经理。各有责成，不得推诿。所有出入费用及一切事宜，在二人和衷办理，商酌行之。

一、河埠照常事件，俱系领谱（笔者注：结合上下文并据上房谱，"谱"字当为"埠"字）承当。但差事久远，有无改换章程及有非常事故，俱未可知。其由领埠办理不善，咎归领埠，不得牵累输埠。其不与领埠相涉，仍归输埠理落，不与领埠及族上相干。

一、埠头交接，向例席请族尊。兹议输房五年期满，仍照旧章，席请族尊及输埠接充人众，以凭交卸。

一、输埠接充，照例输接，不预埠事。其领埠，凭书承领字。输埠，亦凭书请领字，并载明其人输当若干年月，某年某月系何人输当。族事专属，仍存旧规。

一、办理埠事，务期公私两便，领埠在于办公，稽查总管，协同输埠、家长一体觉察，以期无旷无废。

一、所置田产，择总管二人总理钱谷，每年田租所入，除河埠经费外，其余不得动用。其有埠事，应由族议者总管，通传族众。领埠二人，每给办公费钱二十千文，春祭交半，秋祭交半，后另议恩科年分加费四千。①

---

① 《白沙陈氏必元房谱》卷首上《禀稿》。

根据陈彝爵所撰《禀稿》，光绪年间试图建立的应役新规，在一定意义上回归到乾隆五十一年制定的《永定章程》，即采用公费支付所雇之役，不论是乾隆年间的户首房役制度，还是光绪年间的领埠制度，皆为领费办公。两者的差别在于轮充人员与办差公费的来源。在人员方面，此前设立的房长、户首等六房轮充制度，至此几乎全部裁撤，埠头事务则实行择人总理。至于经费方面，乾隆年间，陈氏宗族企图向各个船户逐年征收 200 文，而光绪年间，则通过合族捐资置田以备河埠经费。改善埠头制度的主要理由，除了完善应差承役的机制，实际上还体现对宗族礼法的重视与强调。《禀稿》中所谓"雇役难借他人，承嗣许立异姓，族规不立，宗法云亡"，说明以往各房宗支轮流应役的方式，并非如文献表面所呈现的"六祖轮充"那么简单，各房族人并非全部亲身承担船差，部分族人以承嗣的异姓子孙应付差役。直至这种办法亦无法运行，族人才提出合族捐资置产、雇役应差。根据光绪年间新立规条，实行雇役之后，埠头差役诸事皆由领埠承担，埠头经费的管理权仍归宗族当权人士，房支组织乃至宗族的组织架构已然与埠头带来的差役脱钩。从晚明至晚清，涟水上船户宗族的组织建构到此亦告一段落。

陈、邓、潘三姓船户宗族自明末至民国年间长期垄断涟水河道运输与渔业资源，得益于宗族的房支组织结构及其运作方式。一方面，宗族房支的嵌套结构，适应于船户轮流安排船差，其中存在一定的流动空间，船户可以通过承祀进入宗族，亦可随时不知所踪。另一方面，船户轮充埠头船差的过程，亦即展演宗族房支的架构。船户宗族在应役承差的实践中不断更新建构。直至晚清，这种轮流承差机制结束，宗族房支结构的展演与船差的安排脱离关系，陈氏宗族开始强调"敬宗收族"的理念，宗族组织亦进入固化的阶段。

第四节　本章小结

本章提供一段明清时期湖南涟水河道运输与船户宗族的历史。实际上，自明清直至民国时期，涟水河道长期为陈氏、邓氏和潘氏三个宗族把持。乾隆二十二年，涟水上有倒划船六七千只，装载煤炭及客货，秘密走私磺矿。直至民国年间，涟水上三姓船只仍有三千之巨。邓、陈、潘三姓充当埠头，通过承担为官府转运漕粮的船差，共同垄断河道的商旅运输。三姓各自构建宗族组织，在宗族内部设立分房轮充运漕之役的机制，其后逐渐演变为募役当差的应役方式。本章对于涟水船户的微观研究，从船户本身创造的地方经济与社会组织的运作机制中，重新摹绘出河道社会中船户不同于以往认识的形象，为河道社会与内陆河运、商贸网络的关系提供从基层视角出发的面向。本章关于明清时期涟水河运与船户宗族的讨论，亦可与其他流域的木帆船航运业和船户的个案研究进行初步比较分析。具体而言，本章的结论还可补充以下三点。

其一，本章所讨论的涟水运漕船户宗族与官方运漕制度之间的长期互动关系，为了解明清州县以下基层运漕机制与实际漕务运作办法提供了实例，同时也说明，官方运漕制度为船户群体提供了组织化的制度背景，不仅从社会史视角对清代漕运研究有所补充，也从制度史视角展现了官方政策与河道社会的长期互动实态。目前，关于明清时期基层运漕的社会机制的研究，以湖北和江西的军户运漕为主,涉及漕运与卫所军户的关系、运军宗族的成立及其应付差役的机制。① 实际上,卫所运军在漕运中仍处于州县以上漕运的范围。而州县以下短途运漕的机制及其与地方社会的连接,则较少为研究者所提及。然而,州县以下运漕的存在范围,应该是相当广泛的。

其二,涟水船户建构宗族组织的历程,与其他地区船户所从属建构的社会组织形态存在较大差异。在湖南水路可通舟楫各州县,船户或由船行埠头稽查与引介客商,或从属于船帮,到清末民初,则组织船业公会。相较于涟水船户宗族的社会组织状态,湖南其他各地船户的社会经济关系较为松散。涟水船户选择以建构宗族、在宗族内部制定章程的方式来共同应对官府差役和额外负担,以房支结构和购置族产等宗族组织的方式建立船户内部的合作机制,实现了共同垄断河道运输和捕捞鱼获的权力。涟水船户的实践展演出主动灵活的应对能力,与长江上游和下游河道船户组织形成鲜明对比。②

另外,笔者认为,对于船户等水上社群的经济能力、社会组织、文化水平的认识,不可一概而论,亦需对其内部的阶层分化予以具体分析。清代中期,涟水船户宗族中出现代表宗族向官府

---

① 参见徐斌:《明清军役负担与卫军家族的成立——以鄂东地区为中心》,《华中师范大学学报(人文社会科学版)》2009 年第 2 期;朱美兰:《清代漕运与地方社会——以江西省莲花厅为中心》,南昌大学硕士学位论文,2009 年;衷海燕:《清代江西漕运军户、家族与地方社会——以庐陵麻氏为例》,《地方文化研究》2013 年第 6 期。

② 参见邱澎生:《国法与帮规:清代前期重庆城的船运纠纷解决机制》,邱澎生、陈熙远编:《明清法律运作中的权力与文化》;范金民:《清代刘家港的豆船字号——〈太仓州取缔海埠以安海商碑〉所见》,《史林》2007 年第 3 期;范金民:《清代前期上海的航业船商》,《安徽史学》2011 年第 2 期。

提出诉控的邓族举人与拥有军功头衔的陈氏族人,说明船户群体内部的阶层分化已然达到相当程度。在边缘身份、生计方式、文化水平、社会组织等考量面向之外,"阶层分化"也是认识水上社群不可或缺的视角。

第四章

晚清变局中湘潭的船行、船帮与绅商

鸦片战争以前的广州一口通商体制下,由广州经珠江、西江、桂江、湘江与长江中游的汉口勾连的南北水运通道,是中外大宗外贸商品进出口内陆地区的主要运输路线。湘潭地处湘江下游,作为这条贸易线路上的必经重镇,当地民船商业运输的市场需求量极高。五口通商之后,大量商货运输转由海路直运上海,再由上海输送长江中游汉口以至内陆地区,湘江商路上的民船运输面临市场需求的变化。①上海开港之后,长江沿岸的镇江、南京、九江及汉口于咸丰十一年开埠。其后,芜湖、宜昌、沙市、重庆等长江沿岸城市陆续开埠通商,长江中下游逐渐开放中外轮船航行。同治元年(1862),美国旗昌轮船公司开辟申汉线。光绪元年(1875),轮船招商局在汉口设立轮船公司,揭开了华中轮船航运业的帷幕。②光绪二十四年(1898),清廷颁布《内港

---

① 参见戴鞍钢:《五口通商后中国外贸重心的转移》,《史学月刊》1984年第1期;戴鞍钢:《近代上海与长江流域商路变迁》,《近代史研究》1996年第4期。
② 参见任放:《近代两湖地区的交通格局》,《史学月刊》2014年第2期。

行船章程》，正式通告"中国内港，嗣后均准特在口岸注册之华洋各项轮船，任便按照后列之章往来，专作内港贸易"[1]。翌年，岳州开埠。光绪三十年（1904），长沙正式对外开放，成为通商口岸。光绪三十一年（1905），湘潭辟为寄港地。中外轮船公司全面进入湘江下游内河港口。由是观之，自五口通商以至清末，长江中下游港口陆续开放，近代轮船运输业得以大幅拓展。在这样的时代，内河传统的民船航运业到底是怎样的境遇以及如何应对"近代性"变革力量，是本章讨论的主题。

综观已有研究，内河与沿海的民船航运业经历节奏不同的近代命运，长江中游干支流民船航运业的内部运作制度及其与社会环境、外部市场的互动关系，仍存在深入研究的空间。若想描绘晚清以降某一内河流域民船航运业的演变实况，就必须在大量零散文献的基础上，深入船民、船帮、船行等民船航运业内部人群和社会经济组织进行时空复原工作。在中外轮船航运业初步开拓至长江中游水域的19世纪中叶至20世纪初期，民船航运业是否迅速被轮船航运业取代？民船航运业演变的实质是什么？为了探讨这些问题，我们必须回到船户、船帮等民船航运业从业人员所身处的制度、社会和市场的区域实况和历史脉络中展开思考。基于以上疑问，本章首先聚焦于清末一桩湘潭民船业诉讼案件本身，梳理汉益船帮与湘潭船行之间发生行业内部纠纷的过程，并借由纠纷中揭示的各种线索，分析晚清湘潭船行制度、地方商业社会以及湘江下游航运市场等这场诉讼发生时的具体历史情境。本章尝试多方位地展现湘江下游民船航运业在晚清所经历的变动

---

[1] 王铁崖：《中外旧约章汇编》第1册，生活·读书·新知三联书店1957年版，第786页。

及其与区域社会经济结构转型之间的联动关系,并借此一窥根植于本土制度体系、商业社会、市场结构的"传统"行业,如何面对"近代"新兴行业的挑战。

第一节 汉益船帮与湘潭船行讼案过程

从光绪二十八年(1902)到光绪三十年,来自汉口的益阳船帮(亦简称为汉益船帮)与湘潭船行之间上演了一场持续三个年头的诉讼官司。[①]这场诉讼开始于光绪二十八年十月二十日,在湘潭船行充当职员的梁仁兴、高德盛、何永清、王有庆、张振泰、刘泰顺六人具文状告益阳船帮的船户萧立春、王心志、夏友元诸人。事由是,在益阳帮船户的煽惑下,湘潭陆元记、黄万顺等米粮商号的客商张元善等,不经船行中介而擅自雇佣船户运输米谷。由于这些益阳帮船户直接与客商达成运输合作关系,不向湘潭船行"投行纳用",拒绝支付中介费用,导致船行"差费支绌"而无力承担官府交付的差役。是故,湘潭船行职员们在邀请本地团绅乡保杨子卿等人与益阳船帮协商不成之后,直接向湘潭知县沈赞飏提起诉讼。当日,湘潭知县下发支持船行的批示:"批准签差,协同团保,勒令照章纳用,如违带究",并差遣衙役,"前去协同地保,勒令萧立春、王心志、夏友元照章纳用,

---

[①] 《湘潭船行成案稿》为光绪三十年汉益商号船帮刻本。《湘潭船行成案稿》封面题写"存谦泰福河帮各位老板细阅"。谦泰福河帮,推测是汉益船帮的商号。汉益船帮是这场官司的胜方,也是刊刻《湘潭船行成案稿》的一方,是故,案稿内容皆是经过汉益船帮张元善、李逢谐等人搜集、筛选、编辑和刊刻的结果。全稿以文书生成时间为序编排,收录这场诉讼官司中的部分讼词、口供、告示和官方文书等词稿内容。

如敢抗违，许即传带赴县，以凭讯究。"①由此，湘潭船行与一群拒绝投行纳用的益阳船户之间的诉讼迅速展开。据说，当时已经装米上船的益阳船帮因此未能扬帆长行。

图6 《湘潭船行成案稿》之一页（湖南图书馆藏）

二十一日，被告方代表李逢谱、萧立春等以"商民"身份上禀湘潭县，他们自称湖北籍和益阳籍驾船为业的船户，在汉口、益阳各商号领了本钱，到各商埠买米运回汉口。被告船户称，他们历年都有百余只船在易俗河市②买米，一直相安无事，直至昨

---

① 《湘潭船行成案稿》，第1—2页。
② 易俗河市，位于湘潭县以南、溯湘江上游十五至二十里的易俗河口一带，在清嘉庆、道光年间逐渐发展成为繁盛的米粮贸易重镇。光绪《湘潭县志》称，易俗河市，"湘南谷豆咸萃于此，乃至下游舟载逆挽来臻，富人建仓辄储万石，寄屯之息，岁至万金，县境最大市也"。至清末，易俗河米市有粮栈二十余家，粮仓近三百间，可储米十五万石，年销往上海、武汉、广州等城市的粮食二百余万石。参见陈瑶：《籴粜之局：清代湘潭的米谷贸易与地方社会》，第73、76页。

日，湘潭船行跑到易俗河米市来向他们索取"每米一石，抽钱五文"的费用，并宣称"若不允从，不准过湘"，才得知卷入诉讼。被告船户自认为并无违反制度的行径。但湘潭知县并不顾及益阳船帮的说辞，仍批"照章纳用，毋庸禀渎"。①

二十二日，湘潭船行职员梁仁兴等人因看过益阳船帮的禀文，再次具文湘潭知县揭发详情。梁仁兴等认为，被告萧立春、王心志等益阳船户为私揽船户，因被投诉，故纠合益阳船帮、湖北船帮一同罗织谎言。梁仁兴觉得最可恨的，是益阳船帮"词称伊等领益、汉各号资本，是该船装米，实系号货"。号货，意指益阳船帮自称所运之米粮，是汉口、益阳商号已在易俗河市购买的货物，而船帮并未自行与易俗河市商号结成合作关系。故而，在这份新的禀文中，湘潭船行提出"应讯庄客"，即讯问被船户萧立春、王心志等煽诱自雇船户的买米客商张元善等，他们实际上均是"驻郭庆升行采买谷米"的庄客粮商。这就把易俗河米市的郭氏粮行牵扯了进来。

事情数日之后出现重大翻转。十月二十六日，湘潭船行职员梁仁兴等人再次上报，此时益阳船帮的十余号船只已经结队开航，离开易俗河前往汉口了。事情的过程相当戏剧化：易俗河市郭氏粮行绅商郭花汀②，派人传唤湘潭船行梁仁兴等人，当面要求湘潭船行放行在郭氏粮行买米的客商和益阳船帮。湘潭船行人等不从，但亦无法当场阻止，只能眼睁睁看着船队离境。船行梁

---

① 《湘潭船行成案稿》，第2—3页。
② 郭花汀（？—1903），湘潭县十二都易俗河米市粮行大米商、十二都团总，于光绪十年（1884）任湘潭积谷局司事。参见《湘潭积谷局志》卷4《官司》，1926年刊本，湘潭县档案馆藏；文略、李绍元：《易俗河米市》，政协湘潭县委员会文史资料研究委员会编印：《湘潭县文史》第一辑，1985年版，第211页。

仁兴等人气急败坏的状态在禀文中极具画面感地呈现出来："孰料萧等阳则嘱绅假词搪塞，哄职不阻伊等船行，阴则恃符贿串差歇，卧票包搁，纵伊同帮完载之船十余号，结队群行，使职欲阻不得，求讯不能，行用频遭骗绝，觍极！毒极！"[1]梁仁兴等在事后立即撰文禀告湘潭知县，投诉郭花汀表面上令船户们向船行呈单请讯，实则贿赂歇家[2]串通放行。结合船帮二十日即完成装载却延宕不行、郭花汀联合歇家放行船帮的事实，可以推断，从当时湘潭县地方制度的安排上来讲，益阳船帮确实需要向湘潭船行缴纳费用，获得通行凭单，才可在下游畅行无阻，而这番手续，在易俗河市大米商郭花汀与当地歇家的安排下解决了，故而直接损害到湘潭船行的利益。此时，湘潭知县正值新旧交接，只命"勒歇交讯"。[3]

湘潭新任知县刘燨[4]到职履新后，船行职员梁仁兴等人重新将上述案件具禀，由于新知县不谙旧事，梁仁兴等所撰禀文的内容较为全面宏观，兹引录如下：

具禀职员梁仁兴、何永清、张振泰、王有庆、高德盛、刘泰顺为贸夺差悬、恳勒究全事。窃潭邑原系川、黔等省贸易两粤往来要道，故船行向有二十八家。自夷船兴，商货越

---

[1] 《湘潭船行成案稿》，第6—7页。
[2] 歇家，一般指地方上提供住宿餐饮、贸易、运输、贮存、代办、承包等服务的机构，作为一种市场经营的中介，是处于社会与政府之间的一种中间机构或半官方机构，它既肩负许多政府职能，又具有提供各类服务的民间职能。参见胡铁球：《明清歇家研究》，上海古籍出版社2015年版。
[3] 《湘潭船行成案稿》，第8页。
[4] 刘燨，字仲咸，安福进士，选芷江县，调补湘潭，茌县，谨吏役，接士绅。参见《湘潭积谷局志》卷4《官司》。

境飘海,遂致民船仅载本地土产纸、米、煤炭三大宗,其余货色虽多,全载者少。又遭经纪串通船户,诱客自揽骗用,以致船行愈趋愈下,歇业者多。现仅职等六家,屡因差费支绌禀,蒙各前宪删减陋规,示禁私揽,层案确掀。无如船户刁狡,竟成锢习,弊难指数。今夏续请禁令,乃郭绅花汀挟子柳愚贸易正裕炭行,曾被职等指控越夺。审输之嫌,藉贩商黄万顺等,皆投伊行买米,勾引益阳船户萧立春等自揽自雇。经职公伙胡文志查获取用,不耳,迫禀前辕,沐奉签差,饬令照章还用,如违,带究在案。郭尤暗主萧等,不独藐抗不遵,胆纠同邑李逢谱,串湖北商船冷元林等,恃伊两帮船多人众,敛费倡讼,饰词搪塞,希图夺截职贸。不顾职苦供差务,名色实多,岁糜巨费,兵案确稽。即今而论,仅逾十月,糜费一千四百串有奇。票确呈,数确核,尚有御香钦差待供,其费亦巨。但遭伊等串夺越截,职等衣食,行将不继,苦差奚供?欣逢福曜,疾恶如仇,若不乞恩,屏除劣绅主扛,整饬商船揽雇,势必职贸被夺,帖废差悬,贻害胡底?理汰奚容?情迫,缕恳老公祖赏准作主,勒拘萧等澈讯,究越夺,惩串骗,全帖全差,衔沾上禀。

计开(略)

光绪二十八年十一月初六日[①]

梁仁兴等人先向新任知县介绍了湘潭作为东西货运、南北商贸要道上的重镇,其水路交通运输至为关键,兴盛时代曾有船行28

---

① 《湘潭船行成案稿》,第8—10页。

家。进而分析近年来湘潭船行缩减至6家的原因：其一，外国船运兴起，商业运输路线转移到海路，是故，经湘江民船转运的商品种类减少，船行歇业者众；其二，本地强势商人不经船行中介，自雇船户运输，致使船行中介业务更少了，当下船行起诉郭花汀等商行即是这类事件；其三，船行差役沉重、税费杂多，难以为继。该文内容可谓全面展现湘潭船行在五口通商之后至20世纪初年所面临的各种经营和应役方面的困境，开启了湘潭船行起诉汉益船帮、易俗河粮行及其贩米客商的第二阶段。

十一月十一日，湘潭知县传讯益阳船户李逢谱、客商张元善以及湘潭团正杨子卿等人。李逢谱等人重申自己是从汉口领了本金，前来湘潭各埠采买米谷的益阳船户，在湘潭不存在通过湘潭船行中介的业务关系，故而无须向湘潭船行投行纳用。李逢谱等甚至反过来揭发湘潭船行把持运业行市、违例超额抽用"每千钱抽一百三十文"（即"加增一三"）[①]等情形。

与此同时，汉益船帮积极拉拢湘潭厘金局[②]司事为之说项，先将湘潭船行禀控讼词和前任湘潭知县示谕等投送给厘金局司事评阅，并邀请湘潭商绅作为中间人，在湘潭总市[③]火宫殿设席宴

[①] 李逢谱等人指出，湘潭船行"每千钱抽一百三十文"（13%）为违例取用，此数与《湖南商事习惯报告书》所载一致：湘潭县的船行，收费通例一般为运费千钱取130文。按照大清律例，船行应如其他牙行抽收三分（3%）行用。但实际上，湖南各地船行向船户和客商征收中介费用的数量和征收方式各有不同。参见湖南调查局编：《湖南商事习惯报告书》，第122、507页。
[②] 咸丰五年（1855），湖南省设厘金局，湘潭县设厘金分局，于易俗河、三门、株洲、朱亭等繁盛市集设卡局，征收厘金。参见光绪《湘潭县志》卷三《事纪》，成文出版社1970年版，第294页。
[③] 湘潭总市，一般指湘潭县城外九总平政桥沿湘江往西至十八总唐兴桥的街市码头。窑湾在十八总唐兴桥之西。参见陈瑶：《籴粜之局：清代湘潭的米谷贸易与地方社会》，第38—39页。

请厘金局司事理论此事。看在协助收取厘饷的湘潭商绅的面子上，厘金局司事于十一月十四日向湘潭县递送移文，文中所执观点与汉益船帮如出一辙。[①]然而，十天之后，厘金局司事再次移文湘潭知县，这次的立场却完全反转，全文引用湘潭船行职员梁仁兴等人的讼词，为湘潭船行背书。细读该移文内容可以发现，湘潭船行由于长期承担萍乡煤矿转运事宜而在这期间与开办萍乡煤矿的盛宣怀联络上，并将盛宣怀支持湘潭船行的批文转发给厘金局，这是厘金局司事倒戈的原因。[②]至此，湘潭船行与汉益船帮双方互不相让，势均力敌。

十一月二十六日，湘潭知县认为该案控诉双方各执一词，一时较难断结，饬令湘潭县代表商界全体的商人组织福善堂[③]绅董查明调解。[④]十二月初七日，益阳船帮李逢谱等人直接向湖南商务总局[⑤]状告湘潭船行"诈索商船"，揭示湘潭现有的六户船行，

---

① 《湘潭船行成案稿》，第17—18页。
② 同上书，第18—20页。
③ 湘潭县福善堂，亦即福善局，是道光初年成立的湘潭商人商帮团体联合组织，福善堂自创立始，包括本潭、江西、江苏、北省、江南、福建六省商帮，主要功能是"科派、置业、济众"。福善堂后被称为七帮福善堂。七帮，为晚清湘潭总市中土客商帮的总称。五口通商之后，湘潭县"商款多拨数，恒有亏折倒骗之事，事发，则经七帮理处，七帮者，闽、粤、苏、浙、湘、赣、豫七省总名词也"。清末湖南商事调查报告称，"湘潭之本帮、西帮、南帮、北帮、苏帮、广帮、建帮，有七帮之目"，"湘潭之七帮乾元宫，颇能排难解纷，故禀自处理之案，日形其少"。宣统元年，湘潭县商会成立，"实由各帮董董其事，议席即设于福善堂"。参见何宇恕纂辑：《类成堂集》卷四《记事录》，张智、张健主编《中国道观志丛刊续编》第11册，广陵书社2004年版，第387页；湘潭县地方自治筹备处编：《湘潭县调查汇刊》，1930年，湘潭县档案馆藏，第19—20、24页；湖南调查局编：《湖南商事习惯报告书》，第90页。
④ 《湘潭船行成案稿》，第21—26页。
⑤ 湖南商务总局，光绪二十九年设立，为半官方半商人性质，光绪三十二年（1906）正式组织成为完全商办的商务总会，领导权全部控制在湖南民族资本家上层手中。参见刘泱泱主编：《湖南通史（近代卷）》，湖南人民出版社2008年版，第724页。

其中五户是湘潭县衙兵书刘菊生等十余人冒顶朋充,以湘潭船行之名向湖南、湖北两省商船索取行费的背后主使人便是刘菊生。李逢谱指称,"正值讲求商务之际,刘菊生等肆行无忌,德商之船,犹敢牵控,倘此次得志,即于潭邑码头,必因之有害,民等则更为所鱼肉矣。"其中所强调的"德商之船",指的是德国驻潭商号美记所雇佣的船户廖茂春等人。鉴于此事涉及外商,湖南商务总局立即批复,要求湘潭县尽快提审两造,秉公讯断。①

在湖南商务总局的压力下,光绪二十八年十二月十五日,益阳船帮与湘潭船行两造在湘潭福善堂七帮绅商的居中调解下,甘结寝事,各具结状"仍照旧章无异"。然而,结状并未明确"旧章"为何,此具结状仍存隐患。是以,湘潭船行梁仁兴等人随即翻供,称七帮司事所转递的结状上,湘潭船行并未签押,船行仍然要求湘潭知县重申此案,并开始以郭花汀及其子湘潭窑湾正裕炭行行商郭柳愚为主要状告对象。湘潭知县直接拒绝受理。②

事情并未就此终结。光绪二十九年二月,湘潭县收到湖南商务总局、长沙府批文转发梁仁兴等人越级控告的状文,要求重新提审易俗河市郭花汀及其子郭柳愚,以及萧立春、李逢谱等益阳船户等一干涉案人员,查明实情。③于是,湘潭知县不得不重新亲自审理此案。这次审讯一直延续到四月初七日,以湘潭船行败诉结案。结案时,除颁发告示外,湘潭知县下命暂行收押五家湘潭船行,勒令船户缴回藩宪牙帖。最终,梁仁兴、王有庆、何永清、刘泰顺、张振泰等五家船行缴呈牙帖。根据牙帖章程载明,

---

① 《湘潭船行成案稿》,第27—28页。
② 同上书,第28—31页。
③ 同上书,第31—33页。

凭牙帖开设的牙行，只能在本码头从事本色货物的中介经营，梁仁兴等五家船行承诺"嗣后行户们仍照帖例，自城外入总起至窑湾止，各在本埠以本色开行，任客投行取用，不敢冒色冒埠"①。湘潭知县最后判断此案："令五家船行遵新换牙帖章程，不准冒埠冒色收用，李逢谱等如在潭邑城总写船，准船行收用，余，不准冒收，取具各结完案。"②这个最终判决宣告了湘潭船行在讼争中完败。此案之后，湘潭船行进行民船中介业务的市场空间以湘潭总市为限，不可随意前往窑湾、易俗河市以及县内其他市集向船户、船帮强行收费。在湘潭知县向长沙府和湖南商务局禀告结案详情之后，光绪三十年夏，湘潭知县总结对整个案件的判稿，将相关诉讼卷宗收齐归档完案。事后，汉益船帮为了避免湘潭船行再次兴讼，特向湘潭知县申请，将相关讼状、禀稿、各级官员批文移文、口供、告示等词稿结集，刊印《湘潭船行成案稿》。

《湘潭船行成案稿》开篇是由汉益船帮代表张元善、李逢谱共同署名的《湘潭船行讼案纪略》一文。③ 该文简要总结了这场诉讼官司的前因后果、涉及人物和大致过程，全文如下：

> 中湘萃南楚之精华，惟谷米为最盛，樯帆林立，转运无穷。我汉、益帮之船，历在易俗河各埠载运货物，不下千艘，迩来舟楫，数倍从前。壬寅（1902）秋，湘潭船行梁仁兴等，恃兵吏刘菊生之舞弄，顿生妄念，索我钱钞，以危词耸官听。梁仁兴等自鸣得意，势焰煊赫，同人不得已而诉

---

① 《湘潭船行成案稿》，第44—45页。
② 同上书，第48页。
③ 同上书，第1页。

之。维时,仆等主郭公花汀。家公为邑中耆旧,素著直声,我同人乞公一言以开船行之惑,复乞湘中七帮缙绅评论。七帮者,各省宦游及经商寓湘潭之都人士也。佥谓梁仁兴等理绌。渠乃污蔑及郭公及令嗣柳愚。仆等心殊歉仄。郭公仍不惜苦口婆心,欲息鼠牙雀角。七帮缙绅公以李君任柱衔名上词于官,事得寝。而梁仁兴等复生翻异,上控于太守。公文一下,扰攘不休,仆等自是不能不匍匐公庭矣。奈同人易散难聚,心力不齐,遂致书于各埠,选主事之人。公以冷君元林为能任使,仆等从而和之,正筹划就序。历癸卯(1903)三月,郭公谢世。噫!公以直言遭谤,幸雅量能容,其心犹拳拳勿置也。至夏初,团绅杨子卿、郭柳愚、罗而安、彭枚生、彭舜初、周席珍、黄春荢、黄仲仁、李春庭、罗庆文、郭秉乾、郭幼安、李养吾、张金生诸君大章公道,会于城。刘菊生又生诡计,暗通胥役,百端刁难。幸县主刘公清廉明察,片言折服,并将断结曲直情由详明长沙太尊、商务局宪事,乃得直。是则刘公之惠我同人者,至深远矣。我辈从兹优游江汉,得以自如,非仆等之力,乃主得其所耳。今春,见词稿散漫,汇集成帙,付之剞劂,以垂久远。爰弁数语以纪其略云尔。①

该文简要总结了这宗发生在湘江下游商业重镇湘潭的民船航运业诉讼案件的全过程,重点评述了清末湘江下游民船航运业的发展状况及其所处的社会环境,展现了以下值得深入探讨的现象。其

---

① 《湘潭船行成案稿》,第1页。

一，汉益船帮到湘潭易俗河各埠运载货物的船只历来"不下千艘"，而近来更出现"数倍从前"的繁荣景象。这与近代民船航运业"迅速衰落"的一般印象显然不同。其二，汉益船帮与湘潭船行之间的诉讼案件，竟然牵涉本地米行、七帮绅商、地方县衙，并且词讼上达湖南商务总局、长沙府等地方各级政商机构，此外，湘潭厘金分局、萍乡煤矿和盛宣怀、德国洋行驻潭商号等社会各界也卷入其中，社会牵连甚广。其三，清末汉益船帮在湘潭展现强势做派的故事，与以往认为船户、船帮社会身份和经济水平低下的观感亦不甚相符。

这些现象为深入探究湘江下游民船航运业提供了一系列的线索。这些线索首先指向船行制度，船行如何应对湘潭地方政府的税费负担和差役盘剥？其次是指向地方商业社会，船户和船帮在拒绝向船行投行纳费之后，又能从哪里找到运输业务？再者是指向晚清长江中游干支流航运业市场，在这场诉讼发生的20世纪初期，轮船航运是否已然迅速取代民船，导致船户需要改行换业？循着这些线索，下文从湘潭船行制度变革、地方商业社会结构、湘江航运业市场需求三个方面来考察19世纪中叶至20世纪初期湘江下游民船航运业中船户、船帮到底身处怎样的社会经济变局以及如何应对这样的处境。

第二节　船行的差役化与运输业务锐减

据第二章所揭，明清时期，中国内陆江河沿岸商业繁盛各埠，一般都设有在官府登记、请帖纳税的船行、船牙、埠头等民船运输业中介机构。时至清末，长江中游重镇汉口以及湖南省内商业发达的城市和码头，如长沙、湘潭、益阳等地，皆设有合法船行数家不等。凭帖营业的船行，一方面组织船户、船帮投行，另一方面寻找有客货运输需求的商行商户，居中安排和保障船户运输客货，并向船运业者和商行店铺两方收取中介费用。①船行埠头制度是官府管理船户、船行并从中征收赋税、派遣船役的办法。②

关于清末湘潭船行与地方政府之间的关系，湘潭船行职员梁仁兴等人自述称："船行贸易通流，充当差务，上衡山，下长沙，非别色牙商可比。且他色买卖，得用纳税，余无苛派。职等一色，除输帖税外，应差岁计千余串之多，费从何出？词称装米每石抽钱五文，不顾船行自乾嘉以来承当差务，较他色行用加增一三，原属弥补差费，迭案确稽。"③据此所称，延至清末，湘潭船行在缴纳行帖商税之外，还需承担沉重的官府差役，又因弥补差费之故，船行收费比其他行业的商牙"加增一三"，并且这套地方官商制度如此运作已有百余年。这套制度长期运作无碍，关键在于两方面：一方面，在水路交通为主的湘潭县，湘潭县衙正常的行政运转需要湘潭船行提供船运差役的协助；另一方面，湘潭船行获得官方政策倾斜，收费标准高于其他牙行，利润颇丰。那么，为何这套地方制度到了清末却失灵了呢？

首先，湘潭地方政府向湘潭船行加派差役杂费是冲击当地船

---

① 参见湖南调查局编：《湖南商事习惯报告书》，第121—123页。
② 参见童光政：《明律"私充牙行埠头"条的创立及其适用》，《法学研究》2004年第2期；燕红忠：《清政府对牙行的管理及其问题》，《清华大学学报（哲学社会科学版）》2012年第4期；陈瑶：《清代湖南涟水河运与船户宗族》，《中国经济史研究》2017年第4期。
③ 《湘潭船行成案稿》，第3—5页。

行制度的第一个突破口。

清代湖南的船行向藩司请帖纳税,一般来说,一帖为每年缴纳税银五钱五分,即大概550文,属于征税较低的行业。[1] 然而,缴纳帖税之外,船行常常面临地方官府各种差派船运的需索。如湘潭船行梁仁兴等人称,船行每年除了缴交县衙差费210串,还被勒捐救生堂、主敬堂等善堂经费。[2] 不仅如此,湘潭船行与其他牙行仍有不同,面对官府派征的繁杂的水路船差,他们在诉讼文书中写道:

> 窃邑属各色行帖,代客买卖,均按货价,抽用三分,实则受、卸,一律合有六分。然彼无差务之繁,无赔骗包倒之累。若船行则不然。其代客写船过载,凡船户有盗卖窃匿、潮湿损坏等弊,惟船行是问。须照买价预先赔垫,而后控请究追,是取用无多而赔累已千百倍矣。其供差,上至衡邑,下达长沙,往来络绎,岁费数千。应派船户,船户议先抽费交行,独承此用,所以有"加一三"之抽耳。倘遇有事之秋,如咸丰年间,其船行专司差事之人,有被殴伤者,有被殴毙者,层见叠出,动糜巨款,费恒不赀。兵刑有案确稽,至今思之胆裂。即属常年陆路大差,似与船行无异。不

---

[1] 清代湖南牙行税大致如是规定:"船行一帖,税银伍钱伍分;花布麻纸行一帖,税银壹两贰钱;油蜡行三帖,各纳税银壹两;豆麦一帖,税银柒钱贰分;竹木行一帖,税银玖钱贰分;靛烟铁炭行一帖,税银玖钱贰分;姜鱼行一帖,税银柒钱;黑油行一帖,税银壹两;盐行一帖,税银拾贰两;米行一帖,税银叁两;猪糖牛皮行一帖,税银肆钱捌分;土药行一帖,税银叁两。"参见光绪《会同县志》卷3《食货》,成文出版社1975年版,第182页。

[2] 参见《湘潭船行成案稿》,第20页。

知下摄司、易俗河两处渡河,船行必先多雇渡船,每预给价六百,始能伺渡无误。若价未给,任唤不前;或误些微,殴笞备至。至于差属水路,除遵照办理妥送外,尚有各种陋规,即悉照例备送。犹有额外苛索者,拂则祸且不测,置辩无由。况该下摄司及城外萃湘渡两码头平时额设差划四只,专渡日夜往来公文,每月船行费钱一十余串。种种差费,各帖所无,借非一三,用从奚出?[①]

这段湘潭船行人等的诉苦,首先阐述船行的经营压力比其他牙行大,船行在一定程度上承担对船户违法行径的保险责任。[②] 接着,主要反映了湘潭船行需应差役的一些实情。第一,湘潭船行承担衡山县至长沙府之间(即湘潭县境内湘江水路)的船运差役。第二,特殊时期产生的杂费,如咸丰战乱期间各种激增的费用,也都落到船行头上。第三,船行还需支付县城以外码头渡船差费,提供地方政府常年的渡船服务。此外,尚有诸多无法避免的陋规苛索。总之,官府需索总额巨大,如光绪二十八年,至当年十月,船行已被摊派冗费超过1400串。[③] 而船行最终的应对之道,是将上述种种差费转嫁给船户、船帮,形成对船户加抽"一三"

---

① 《湘潭船行成案稿》,第21—22页。
② 一般而言,船行等中介需要承担一定的风险,但在多大程度上具有保险的功能,则视情况而定。湘商有大宗货物运往省内外各埠者,由船行居中作保,介绍承运的船户,"以其洞悉船户之优劣,且能作完全之保证也"。但是一旦发生事故,"责任轻重,各属不同,手续亦异"。以长沙、善化、湘潭等地为例,凡是经由船行赁定船只的客商,如果遇有损害,"除将运资(俗名水脚)扣抵外,其余均归行赔认";如果是船户挟货逃逸,船行"不仅赔偿损失,并须交出船户人等惩办"。湖南调查局编:《湖南商事习惯报告书》,第122—123页。
③ 参见《湘潭船行成案稿》,第10页。

费的惯例来应付官府附加的供差。

下面具体以光绪二十九年四月初六日湘潭船行梁仁兴等人在禀文中所列的"预备船只伺候御香钦差大人陆路经过用费"为例，说明湘潭船行不堪重负的一项过河船役的内容：

一、观湘门过河，摆江舥舻船一只，除站，去钱五串六百文。

舥舻水手神福钱六百文。

大码头放来渡船四只，每只去钱二百十文，共钱八百四十文。

小东门放来渡船四只，每只去钱二百十文，共钱八百四十文。

萃湘渡放来渡船六只，每只去钱一百八十文，共钱一串零八十文。

外每渡船加水手三名，共五十名，每名去钱五十文，共钱二串六百文。

倒划八只，每只去差价规钱一百零五文，共钱八百四十文。

倒划每只加手一名，共八名，去钱四百文。

倒划每只先日放来，每只日子钱七十五文，共钱六百文。

一、下摄司过河，摆江红船一只，除站，去钱七串六百六十文。

红船水手神福钱四百文。

本埠大渡船四只，每只去钱一百十文，共钱

六百四十文。

小渡船四只，每只去钱一百二十文，共钱四百八十文。

以上每渡船加水手工钱三名，共二十四名，每名去钱五十文，共钱一串二百文。

易俗河放来渡船三只，每只去钱四百文，共钱一串二百文。

每各船加水手三名，共九名，每名去钱一百文，共钱九百文。

灵集渡放来渡船三只，每只去钱二百四十文，共钱七百二十文。

每渡船加水手三名，共九名，每名八十文，共钱七百二十文。

差划二只，各给酒钱一百四十文，共钱二百八十文。

差渡一只，给酒钱四十文。

摆江专差戴充，陋规钱四百文。

湖桥专差李荣，陋规钱四百文。

以上两处共用钱二十八串四百四十文。[1]

在这份文书中，梁仁兴等人详细列举了湘潭县对船行一次派差所需的费用，包括御香钦差大人在两处过河的船只用钱、水手工钱以及应付官差的酒钱和陋规钱，共 28,440 文。然而，这一次船行却并未照办。后据湘潭知县刘燨称："前月御香大差，经过下摄司渡，尔等仅备划船四、五只，渡船一只，并未备有肥皂官船。若非本县目见，饬亲兵赶加划船过渡，几误要公。既充船行，应办

---

[1] 《湘潭船行成案稿》，第39—41页。

差事，乃漠不关心，并于上控词尾开单，捏称每年办差需钱一千余串，试问用在何处？殊属藐抗。"①可见，船行办差，在地方官员看来是理所当然的，而湘潭船行此时却已无力承受。湘潭船行与湘潭地方政府之间百余年的合作机制即将难以为继。

在这种情势下，湘潭船行梁仁兴等人在与汉益船帮的这场诉讼中做了最后一次挣扎。他们当时再次向湘潭知县详明苦情，陈述船行此时面对的困局：除了沉重的官府差役杂费负担，船行中介业务大大缩减也是导致船行亏损而面临歇业的重要原因，其中，各籍船帮与湘潭本地商行商号建立直接揽雇承运关系的现状，对船行的经营造成严重挤压。梁仁兴等人由此提出，希望新任知县继承前任知县的路线方针，正式推出前任知县已经允准的一项新政策："指定大小各船，凡在潭属领装货物，无论全载、搭载及加载者，均着一律先赴船行公所挂号，估货议价，书契纳用。如违，照'强截客货律'治罪。"②这项政策旨在赋予湘潭船行向所有前来湘潭运载商货的船只征收费用的权力，并且，该政策并不明确"在潭属"是指湘潭总市，还是指整个湘潭县属全境所有市镇埠头，也未对不同载货方式的各类船只进行区分。湘潭船行若获准颁布这项县域制度，凭此便可向一切路过湘潭县境的船只强行收费，包括湘潭总市上游的易俗河、朱亭、渌口等大埠头的船只。也正是因为前任沈知县允准，湘潭船行迅速依此行动，最终引发与汉益船帮的争讼。然而，新任刘知县并不买账，指责船行"往易俗河、朱亭、渌口等埠，任意抽取船厘"，实为

---

① 《湘潭船行成案稿》，第44页。
② 同上书，第22页。

不法行为。① 至结案之时，湘潭县仅存的六家船行已经被新任湘潭知县抛弃。湘潭船行差役杂费加重，却未进一步得到地方官府政策上的策应，这成为湘潭船行与地方政府之间合作关系的第一道裂痕。

不幸的是，屋漏偏逢连夜雨，就在同时，湘潭船行失去官府垄断业务中的最大一宗——江西萍乡煤矿的运输业务。

19世纪末，江西萍乡煤矿开办前后，水路民船运输一直是江西煤炭运往汉阳的主要方式。江西萍乡、安源等地煤炭从产地走陆路运至萍乡县城，经渌水运至湖南醴陵县渌口镇进入湘江，萍乡的运煤船只一般在湘潭过载换船，由湘潭船行召集船户承运，输往汉阳铁厂。然而，民船运输常常出现各种弊端。例如，萍乡劣煤商人贿赂船户中途将优质煤兑换成劣质煤，或是，船户在经过渌口时，往煤炭中掺杂砂石二三成。为了查究船户作弊行为，汉阳铁厂在官办时期于湘潭设立转运局，负责查验运往汉阳铁厂的煤炭。盛宣怀在光绪二十二年（1896）接办汉阳铁厂之后，派俞铨勋任湘潭转运局委员。在俞铨勋主持湘潭转运局期间，萍乡煤商因每石煤可省钱十六文，而改由渌口过载，还将过去召集船户承运的业务由湘潭船行改为长沙长善船行，引起湘潭船行的极度不满。其后，湘潭船行刘泰顺在郭柳愚②的建议下贿赂俞铨勋，俞铨勋随即移文请湘潭县衙捉拿长善船行李安杰等。不久，萍煤转运"仍回湘潭过载，专询煤驳，齐集湘潭广泰福船

---

① 《湘潭船行成案稿》，第44—45页。
② 郭柳愚，即前文所及郭花汀之子、湘潭窑湾正裕炭行行商，亦为萍乡广泰福号代办湘潭厘卡事务，在被湘潭船行起诉之前，与湘潭船行刘泰顺早已熟识并有业务上的往来。参见曾伟:《近代萍乡煤炭资源开发中的官商关系》，《中国社会历史评论》第16卷（下），天津古籍出版社2015年版。

行过载"。① 可以说，萍煤运输的业务对于湘潭船行来说，是一桩具有官方背景和垄断性质的生意，而在此时，湘潭船行仍有能力掌握这项财源。

然而，湘潭船行转运萍煤的生意好景不长。自萍煤大量运汉开始，为了确保煤炭质量、节约运输成本、提高运输速度，轮船运输和修建铁路的方案便已在各级官、绅、商的酝酿之中。光绪二十二年，文廷式在萍乡组建以采买、运输、销售萍煤为主营业务的广泰福号时，就"拟用小轮船至湘潭拖带，取其行速，则难为弊"。时任汉阳铁厂总办的郑观应也倾向于在采买煤矿之后，"配定数船，以轮船拖带来汉，庶免中途盗买"。② 然而，当时汉阳铁厂仅在急需用煤时才临时调用专拖大冶矿石的轮船"楚富"和"楚强"来运输萍煤。光绪二十四年（1898），因雇佣民船价格昂贵，且可雇民船数量甚少，萍乡煤矿总办张赞宸计划不惜巨款，在40天内制备小驳船一百艘，每月可运输千余吨。③ 光绪二十五年（1899），萍乡矿局自办内河航运，初置"祥临"号深水拖轮，可拖重两百吨。④ 光绪三十年（1904），萍乡煤矿拥有深浅轮驳8只、钢驳船4只、大小木船20只。光绪二十三年（1907），萍乡煤矿配备钢驳达24只，木驳达165只。⑤ 萍乡煤矿自身拥有的水路运输力量形成了一定规模。修建铁路是萍乡煤

---

① 参见陈旭麓、顾廷龙、汪熙主编：《盛宣怀档案资料》第4卷《汉冶萍公司》（上），上海人民出版社2016年版，第137、163—164、166、173、206、815页。
② 陈旭麓、顾廷龙、汪熙主编：《盛宣怀档案资料》第4卷《汉冶萍公司》（上），第82、87页。
③ 陈旭麓、顾廷龙、汪熙主编：《盛宣怀档案资料》第4卷《汉冶萍公司》（中），第687、692页。
④ 萍乡矿务局志编纂委员会：《萍乡矿务局志》，内部资料，1998年版，第5页。
⑤ 同上书，第6、64页。

矿解决萍煤外运问题的另一种方案。光绪三十一年，萍潭铁路[①]修成之后，萍乡煤炭运至株洲码头，装船直运汉阳。至此，湘潭船行原本独占的萍煤转运业务，在20世纪初由于萍乡煤矿新运输系统的建立而丧失殆尽。

自五口通商以迄清末，湘潭船行自28户减少至6户，又在失去湘潭本地民船运载中介业务的同时，丧失萍煤在湘潭换船的中介生意。光绪朝末年，湘潭船行几乎完全丧失其商业功能，在湘潭县府摊派的差役杂费重压下，由商业中介演变成为湘潭县衙的差役附属机构。在湘潭船行制度逐渐失效的现实状况下，民船航运业中的船户和船帮又是如何应对不断变化的社会经济环境呢？

第三节　船帮与地方商业社会结构演变

在湘潭船行的中介经营走向终结的20世纪初期，湘江下游流域从事运输的民船船户和船帮，开始脱离船行中介的经营管理模式，从更多元与崭新的商业渠道获得运输业务，其中与地方传统商号和新兴洋行合作成为当时的一大趋势。

据第二章的分析，长江中游干支流各籍船帮，至迟于清乾隆年间大量涌现，成为长江中游民船航运业中普遍存在的社会经济组织。船帮一般以原籍港的港名、河流名或地域名来命名。湖南内河船帮难以枚举，行驶外江的湖南船籍的船帮，到嘉庆年间至

---

① 光绪二十四年（1898），盛宣怀会同湖广总督奏准，筹办萍醴铁路。经过勘估和权衡，翌年，萍乡至湖南醴陵的萍醴铁路破土动工，至光绪二十九年（1903）竣工通车。光绪三十一年（1905），醴陵至湘潭县株洲镇的铁路全路建成通车，统名为萍潭铁路。从此，安源、萍乡的煤炭可以直达株洲。参见傅金土主编《江西省铁路志》，中共中央党校出版社1994年版，第9—10页。

少有 13 个。至清末，行驶内河和外江的船帮多数合并成立大帮，各有专属的船帮会馆。大部分船帮的活动范围限于河流的某一段水域，组织方式具有自发自治特点，势力强大的船帮可能控制着地方性河道的船运。船帮组织一般以一个码头作为聚集中心，势力范围涵盖特定航行河道的沿线码头，不仅管束本帮船户在运输过程中的行为，而且有能力处理本帮船只在该段河道上的人事纠纷，应对水运过程中可能发生的各种天灾人祸。①益阳船帮便是清末活动在汉口与湘江下游市镇之间一个势力日渐壮大的新兴船帮。

益阳船帮为了在汉口码头立足，在驶往湘潭易俗河米市采买米粮的同时，更借由一系列的诉讼占据了汉口的码头空间，建立起与湘江下游市镇粮食商人的业务关系。②光绪二十七年（1901）八月，汉阳知县颁发一通《告示》，涉及益阳船帮在汉口争夺停靠船只的码头权。前文所引《湘潭船行讼案纪略》一文作者、益阳船户李逢谱，也出现在这通告示中，代表益阳船帮禀请汉阳县维护本帮码头权。李逢谱等人声称，益阳船帮船只停靠的汉口襄河口一带，"水面停船，陆地系缆，相习成风，迄无异议"，然而，"近月以来，属帮所管鲍家巷码头一带，时有一般地恶，悄将民等所窨木石碑桩肆意掘毁，不顾船民生命"。其中"地恶"，指的是清中叶开建并逐渐占据汉阳集稼嘴襄河口沿岸码头的湖南

---

① 参见湖南调查局编：《湖南商事习惯报告书》，第 121—122、507—510 页。亦可参考重庆（巴县）船帮的情形：罗传栋主编：《长江航运史（古代部分）》，第 354—355 页；邱澎生：《国法与帮规：清代前期重庆城的船运纠纷解决机制》，邱澎生、陈熙远编：《明清法律运作中的权力与文化》。
② 在清代的汉阳和汉口，湖南籍船帮争夺码头势力范围的冲突多有发生，船在占据码头后逐渐上岸居住，甚至发展出移民社区和宗教移植的现象。参见梅莉：《移民・社区・宗教——以近代汉口宝庆码头为中心》，《湖北大学学报（哲学社会科学版）》2014 年第 3 期。

五邑帮（长沙、善化、湘阴、浏阳、湘潭五县粮食商人及粮食商船）。汉阳县官方在这通告示中展现了支持益阳船帮的立场："民船停泊埠头，当得于靠岸余地窖柱木石碑桩，以资系缆，事关船民生命财产，不得任意毁损。"① 这通告示的背后，实际上演着一场码头权力角逐的戏码。令人惊奇的是，该案件延宕至光绪三十年，经湖南同乡会协议，形成一个阶段性判决结果：湖南五邑帮"将周恒顺炉坊以下全部让与安（化）益（阳）帮"。② 虽然这个由竞争急转为合作的变化具体是如何发生的，我们不得而知，但此一与湘潭船行讼案同时发生的汉口码头讼案，反映益阳船帮这股于晚清初来乍到汉口码头的新兴势力，此时成功地在汉口码头立足，并与汉口码头上的湘江下游地区粮食商人化干戈为玉帛，形成了合作关系。③ 这些湘江下游的粮食商人中，很可能就有易俗河米市的郭花汀粮行。益阳船帮在汉口码头立足的故事，为理解益阳船帮在湘潭的诉讼案提供了一个长江中游粮食贸易商品链的区域场景。

---

① 该告示内容作为1948年益阳船帮另一宗诉讼案件的历史证据呈交给湖北省高等法院，其中另有"彭佳正"疑为《湘潭船行成案稿》中出现的益阳船帮的"彭加俊"。《湖北高等法院书记室关于检送旅汉湖南安益船商同乡会与旅汉湖南五邑米业商船同业会确认码头权利案卷宗、判决书、证物等请查照办理的公函》（1948），湖北省档案馆藏，档号 LS7-2-0776(1)-005，第84页。
② 《国民政府主席武汉行辕关于请依法处理旅汉湖南五邑、安益两船帮因互争码头纠纷案的代电及武汉警备司令部的代电》（1947年7月），湖北省档案馆藏，档号 LS7-2-0776(3)-001，第8页。
③ 益阳船帮在汉口抢占码头的事例，并非长江中游船帮在清末发展壮大的孤证。光绪十四年（1888），"兴汉郧"商船船主，组织安乡、洵河、白河商号船帮集资270串，由当地船工汪永祯承包，组织80余名工匠，历时两月合力疏浚河道，保障航道畅通，后于光绪二十九年在汉口天宝巷河岸创建了商船公所。参见张博锋：《近代汉江水运变迁与区域社会研究》，第75—76页。

图 7　1880—1900 年两江交汇处汉口集家嘴商船云集商贸繁盛景象
（武汉美术馆藏，引自樊枫主编：《老武汉 新武汉：
从汉口开埠到老城新生》，第 29 页。）

其时，不止益阳船帮，衡（阳）清（泉）船帮、湘乡船帮等船籍的船户，也都与湘潭本地大商人直接联系运载业务。五口通商之后，在湘潭转运的商品运输业务中，"仅遗纸色、煤、米二大宗归民船装运"①，而这仅剩的米、煤、纸三类商品的主要经营商号，都在私雇船帮。②诉讼期间，湘潭船行职员梁仁兴等人曾经揭发，益阳船户萧立春煽动衡阳、清泉船户私揽纸、米。因此，湘潭知县传唤萧立春等所有涉案人员到县衙讯问。除了益阳船帮、湖北船帮、湘潭本地商人和庄客、讼师、原告船行及其代

---

① 《湘潭船行成案稿》，第 22—23 页。
② 同上书，第 15—16、24—25 页。

告，湘潭知县还传唤了为德国驻潭商号美记、怡泰、黄怡记等商号运载米粮的衡阳、清泉小舶船户廖茂春、梁仁作，为吉祥和等商行运载纸的湘乡船户冯元仕、蒋平章以及不知船籍的船户吴家茂、江瀛远等。[①]湘潭本地米、纸、煤炭三大土产商行及与其合作的船户、船帮几乎都牵涉其中。这份名单说明，当时湘潭县内不同船籍的船户、船帮皆不投湘潭船行，而是直接与买卖米、纸、煤炭等商家行号结成运载合作关系。甚至连新兴洋商开办的商号，也自行雇佣船户。如易俗河米市粮行职员李三盛等人认为："凡汉益商船领资来潭贸易，不与船行相涉，向无船用。"[②]可见汉益船帮的业务来源，早已转向这场诉讼后期成为被告的湘潭本地商行商号。

湘潭本地团绅杨子卿等，揭示了汉益船帮与易俗河粮行胜诉的关键，主要在于易俗河粮行自晚清开始负责收缴厘饷和善堂义捐，成为湘潭县财政的重要依赖。杨子卿提醒湘潭地方官，"商畏累他投，厘饷义捐何由旺？因细故捐正供，殊昧轻重？况郭绅花汀，齿尊望重，士绅钦佩，污蔑何安？"[③]这一说法，指明了晚清地方绅商权势的新兴及其制度背景。

湘潭县总市自明末清初商业日渐繁荣，全国各地商人商帮前来进行转运贸易，清前期成为湖南米粮生产、交易和输出的重要集散地。清中后期，湘潭县人更为积极参与米粮贸易，不少商人将粮行和米店开设在易俗河市。有些粮商不仅于易俗河市设立米店粮行，亦同时在汉口经销米粮，建立起汉口与易俗河市之间的

---

① 《湘潭船行成案稿》，第15—16页。
② 同上书，第34页。
③ 同上书，第11—12页。

米粮输送商路。被湘潭船行提起诉讼的郭花汀，便是易俗河持有行帖的最大米商，拥有易俗河市著名的正泰粮行、正泰码头和正泰粮仓。直到民国初年，郭家仍然拥有雄厚的经济实力和社会声望，在易俗河市和湘潭商界居于鳌头。①

郭家在易俗河市地方事务中影响力强大。光绪二十八年（1902），湘潭船行梁仁兴等人控告郭花汀"串通商船，每在俗行（易俗河粮行）贩米运汉（汉口），多邀党伙，结队潜驱，经潭并不停泊，投行纳用"；"纵停，上则匿于杨梅洲上，下则系于文昌阁下，莫由查获"。梁仁兴等进一步举例巡宪张某人在易俗河过渡之事，说明郭家是易俗河市的重要话事人。当时，为张巡宪办差之人前往易俗河雇船过渡，"划渡各船以无郭命，无一敢领价者，因转求郭，硬称此处不准经过"，只好"委曲致函，至再至三，郭始定价，每渡并水手共费六百，交伊发行，始得无误，嗣沿成例"。由此揭发郭花汀，"霸俗市，恣其武断，该市大小事件，非奉伊命莫行"。②

不仅如此，郭花汀作为湘潭本地商人领袖，也与湘潭县全体商人团体联合组织福善堂关系密切。福善堂在晚清湘潭县商界事务中发挥了显著的协调作用，"颇能排难解纷，故禀官处理之案，日形其少"③。在汉益船帮与湘潭船行诉讼的过程中，福善

---

① 参见陈瑶：《籴粜之局：清代湘潭的米谷贸易与地方社会》，第74—76页；文略、李绍元：《易俗河米市》，政协湘潭县委员会文史资料研究委员会编印：《湘潭县文史》第一辑，第211页；《申报》1911年9月8日第13860号第6版、1911年9月9日第13861号第13版、1911年9月10日第13862号第13版连续三日刊登湘潭郭氏四房公启，其称："湖南湘潭易俗河市郭正泰仓，系百余年祖遗，四房世守公产。"

② 《湘潭船行成案稿》，第23—25页。

③ 湖南调查局编：《湖南商事习惯报告书》，第90页。

堂由湘潭新任知县刘燨委任,进行居中讯问和调解。湘潭知县下令,"谕仰该福善堂绅董,速将两造控诉情形查考明确,秉公调处,妥议禀覆核夺";"绅董近在一方,见闻较切,是非曲直,不致稍涉偏私,亦不得意存诿卸,贻误大局,是为切要"。[①] 其后,湘潭船行进一步越级上告长沙府,提告郭花汀之时,福善堂七帮绅商与本地团保人等集体反击,揭发衙役兵书冒充船行及蒙混捐差等内幕。由此可见,郭花汀在湘潭商界地位非同一般。

更关键的是,以郭家为首的易俗河市一众粮行成为湘潭县厘金分局的重要合作对象。众所周知,厘金制度的创立,是晚清以降清廷中央与地方财政领域的新变化,与地方商业发展关系紧密。[②] 咸丰年间,湘潭县设立厘金分局,于易俗河市设立厘卡。此后,代征厘金税以及地方政府各种附加杂费的任务,落到湘潭地方商人的头上,成为地方商界与湘潭船行之间发生商业纠纷的潜在推力。在易俗河市,"厘金及各善堂义捐,此为大宗,皆归粮行代收代缴,商贩络绎,盛甲各埠"[③]。易俗河粮行配合官府厘金制度的实施,郭花汀等大粮商代为抽收厘金税,因此成为地方官府最终选择偏向郭家粮行和汉益船帮的一个重要考量。

在这场纠纷中,易俗河市粮行大商人郭花汀及其子窑湾炭行行商郭柳愚等湘潭本地绅商[④],凭借地方社会的权力网络及其与地

---

① 《湘潭船行成案稿》,第26页。
② 参见陈锋:《20世纪的晚清财政史研究》,《近代史研究》2004年第1期;廖声丰、顾良辉:《百年来厘金研究述评》,《中国社会经济史研究》2012年第4期。
③ 《湘潭船行成案稿》,第17页。
④ 关于近代绅商阶层的形成过程、身份特征、社会功能的研究很多,参见徐鼎新:《上海总商会史》,上海社会科学院出版社1991年版;马敏:《官商之间:社会剧变中的近代绅商》,天津人民出版社1995年版。

方官府的合作关系，成功地将原本中介船户和商人的船行排除在民船航运业之外。晚清湘潭地方商业社会的权力运作，几乎终结了船行的本地船运中介业务，商号行店成为船户和船帮的直接合作对象。上述这一切，都发生在长沙开埠前的关键时间点上。这也意味着，在轮船尚未大举进入湘江航运市场之时，地方市场实际上已然宣布船行制度的不合时宜。

在20世纪初期，所谓五口通商之后"海轮互运，致潭贸凋"的国内市场宏观转型，并未导致该流域"船户业衰"。对于湘江下游的船户和船帮来说，他们在与汉口、湘潭地方商业社会的协商合作中，寻找到了新的业务来源，更新了汉口与湘江下游市镇之间大宗商货转运的业务模式，并初步开发出与外国洋行的业务往来。

第四节　初来湘江下游的轮船业及遭遇

光绪二十四年，两湖善后轮船局在长沙港成立，是为湖南全省轮船航运之滥觞。[1] 光绪二十八年，中英《续议通商行船条约》订立，议定湖南省会长沙为通商口岸，翌年，英商太古轮船公司和怡和轮船公司先后开设往返湘潭和汉口之间的航线。[2] 日本亦紧随英国与清廷签订了《迪商行船续约》，在此之前，日商已创立湖南轮船公司，开拓汉口至湘潭的航线。[3] 光绪三十年，日清

---

[1] 参见《长沙开埠》，《东方杂志》第1卷第6期（1904年）；湖南省地方志编纂委员会编：《湖南省志》第10卷《交通》，第287页。
[2] 参见〔日〕東亜同文会编『支那經濟全書』第3輯，两湖总督署藏板，神田印刷所1908年印刷，第384—385页。
[3] 参见王铁崖：《中外旧约章汇编》第2册，生活·读书·新知三联书店1957年版，第101—114、181—200页；〔日〕東亜同文会编『支那經濟全書』第3輯，第385页。

汽船会社特意为湖南航线设计建造浅水轮船"沅江丸"和"湘潭丸"（吨位为935吨），开始航行于汉口与湘潭之间，丰水期每月定期航行8次，途中停泊长沙，并在新堤、宝塔州、城陵矶、岳州、芦林潭、湘阴、靖港等处停船。① 同年，长沙开放为通商口岸，英、日、德、美等国轮船陆续群集，在长沙和湘潭购买土地，修筑码头，建立洋行和堆栈。② 自此往后，中外轮船公司全面进入湘江下游内河港口，开拓商货行旅的运输业务。

然而，在轮船初入湘江下游的20世纪初期，该流域民船业仍呈现欣欣向荣的发展态势。据第一章中的统计，清乾隆年间商业鼎盛时期，湖南全省大小船只约有24,700只，湘潭、湘乡、长沙、沅江等通衢水域的倒划子平均载重量为19.5吨。③ 至19世纪中叶，湖南的木船总数达3万只，平均载重约为每船20吨，总吨位达60万吨，是湖南水上交通运输的主力。④ 根据1902年汉口日本领事馆《清国洞庭、鄱阳两湖沿岸事情》中关于湖南省的报告，当时湖南水路运输仍以民间运营的民船为主要力量。岳阳与长沙之间从事商货运输的民船有满江红、把杆船、钓钩子船、小驳船、倒扒子船、乌扛子船等各式船只。长沙城外的湘江上，帆樯林立，"船舶密集之处，以大西门外及小西门外为最盛，当时见大型民船千二百余只，紧靠而泊"。此时长沙集散的货物，

---

① 参见〔日〕日清汽船株式会社『日清汽船株式会社三十年史及追補』，第31页。
② 参见《长沙开埠》，《东方杂志》第1卷第6期（1904年）；《日商改购轮船》，《申报》1906年3月5日第9版；湖南省地方志编纂委员会编：《湖南省志》第10卷《交通》，第287页。
③ 陈瑶：《清代长江中游的木帆船与船运组织》，王振忠、〔荷〕海恩·A.M.克莱曼主编：《长江与莱茵河 II——第二届长江与莱茵河历史文化比较研讨会论文集》，中西书局2022年版，第36—37页。
④ 参见樊百川：《中国轮船航运业的兴起》，第61页；江天凤主编：《长江航运史（近代部分）》，第16页。

品种繁多,"由附近地方并由湖南各内地,经水运向下集中,又再向下游地方运输,以及,自长江洞庭湖经湘江而上,分散至各内地之物品,亦暂时在此地集散。……目下于此地集散货物中,以上游内地附近出产货物,向下游各省转运之米、麻、布、茶、纸、木材、石炭等为重,自下游输入之物品,主要有盐、砂糖、丝织品、鸦片及外国各种杂货,盐来自淮安,丝织品自南京及苏、杭州地方,经汉口而来,外国杂货总体自上海而至"[1]。另据《湖南之海关贸易》,1904年与1920年之间,湖南内河民船通过海关的数量,由最初的2只,逐年增加到718只,总吨数则从原先的64吨,增至17,929吨。[2]1904年长沙开埠时,从事湖南、湖北航运的轮船主要有9艘,其中4艘为英商轮船,共重4321吨,3艘为日商轮船,共重2200吨,余下2艘为两湖轮船公司所有,共重1201吨。[3]据以上种种现象,以及前文提及的汉益船帮在汉口码头立足的故事,足以说明在中外轮船航线开拓至汉口和湘江下游的20世纪初年,区域民船航运业界仍有新兴力量加入,呈现大好发展趋势。与轮船相比,民船仍然是承担湘江内河

---

[1] 〔日〕外务省通商局编纂『通商彙纂』第247号(1902年9月18日),第37页,转引自〔日〕松浦章:《清代内河水运史研究》,董科译,第258—259页。
[2] 《湖南之海关贸易》(湖南经济调查所1934年),曾赛丰、曹有鹏编:《湖南民国经济史料刊刊(第二册)》,湖南人民出版社2009年版,第36页。参见黄永豪:《米谷贸易与货币体制:20世纪初年湖南的经济衰颓》,第236—237页。
[3] 据黄永豪考证,当时英商的太古轮船公司和怡和轮船公司只有2艘轮船,而日商的湖南轮船公司也只有2艘轮船,与刘世超编《湖南之海关贸易》的记载略有出入。此外,根据刘泱泱的研究,当时有其他的华商参与湖南省内的内河航运。刘泱泱认为在光绪二十九年,龙璋创办开济轮船公司,购置轮船4艘,经营长沙至湘潭及长沙至汉口的航线。翌年,增购轮船2艘,增办长沙至沅江的航线。参见《湖南之海关贸易》(湖南经济调查所1934年),曾赛丰、曹有鹏编:《湖南民国经济史料刊刊(第二册)》,第38页;〔日〕東亜同文会编『支那经济全书』第3辑,第387—388页;黄永豪:《米谷贸易与货币体制:20世纪初年湖南的经济衰颓》,第236页;刘泱泱主编:《湖南通史(近代卷)》,第453页。

航运的主要力量。这是什么原因呢？

第一个原因在于河道水文状况对轮船的自然限制。虽然中外轮船公司建立起汉口与湘江流域的航线，但由于受到河道水文条件及季节性变化的影响，湘潭作为湘江流域最重要的港口，仍然难以全年通航轮船。湘江航路通航最大的难题，是河川水量多寡难以把握，且存在河水迅速涨退带来的危险。例如，长沙往湘江上游行驶的航道在每年8月后，因河水涨退不定之故，轮船上行面临一定的危险。另外，每年的11月至翌年1月，湘江水量减少，吃水1米左右的轮船便无法通航。①

第二个原因在于轮船运输相关配套设施的缺失。例如，"来集之民船众，外形长大之船数量众多，其停泊数平时达三千，各码头之设备于民船甚为方便，但于大型轮船则不甚方便"，是湘潭码头常见之景象。②事实上，轮船航线的建立，除了轮船的引进，还需要建立适合轮船靠岸的码头、雇佣愿意搬运轮船货物上岸的民船和脚夫、设立方便轮船货物堆放的洋行和堆栈，这些复杂的配套系统需要很长一段时间才能完成。然而从20世纪初湘潭码头的例子来看，当时湘江沿河码头显然尚未做好全面迎接轮船入港的准备。

第三个原因在于海关从制度上允许民船挂关旗代替轮船进行运输。由于轮船在湘江下游河道航行具有很大的困难，其后

---

① 参见《长沙关税务司呈抚宪文》（光绪三十一年十月二十日），《湖南历史资料》第1辑，湖南人民出版社1980年版，第185—188页；安井正太郎编著『湖南』东京博文馆藏版，1905年，第90页；〔日〕東亜同文会編『支那省別全誌』第10巻『湖南省』，第358页。

② 〔日〕在长沙日本領事館編『在長沙帝国領事館管轄区域内事情』，1924年，第105—106页，https://dl.ndl.go.jp/info:ndljp/pid/1017318，2023年1月28日。转引自〔日〕松浦章：《清代内河水运史研究》，董科译，第262页。

长沙海关提出通融的解决办法，容许中外商人雇用民船替代轮船运输货物。《光绪三十一年长沙口华洋贸易情形论略》提到，考虑到湘江水位涨落无常，"定特准雇用、自备等船章程，以示体恤。无论华洋商皆可照办，领执照、挂关旗、完税钞。虽系民船，与轮船无异，一经遵章而行，沿途毫无窒碍，但只可往来长沙、岳州，不得越长江一步"①。民船替代轮船运载的情况一直延续。1917年2月1日长沙《大公报》所载本地新闻道："上年冬间，天久不雨，湘河水流浅涸……致长（长沙）、湘（湘潭）小火轮数月不能直通，运输须于中间，用民船接换……滩流最急处深仅三尺数寸，最小火轮，非有深四尺数寸，不敢通航。故近日仍须用民船交接六、七里云。"②

　　第四个原因在于轮船和民船是供商人选择的运输工具，商人选择轮船抑或民船运输货物，受到相关货运政策的影响。例如，光绪三十三年（1907），各省得到清廷批准到湖南购米平粜或赈灾，由于政策上要求持有岳州关或长沙关的单照才能外运，商人皆选择以执有单照的轮船载运湖南米谷出口，从而推动了湖南轮船运输的发展。是以，湖南轮船航运之所以优胜于帆船运输，并不仅仅在于其新式技术，也得益于海关的保护，更重要的是受到禁止米谷出口措施所带来的连串政策的推动。③笔者认为，遏粜与

---

① 《光绪三十一年长沙口华洋贸易情形论略》，中国第二历史档案馆、中国海关总署办公厅编：《中国旧海关史料，（1859—1948）》第42册，京华出版社2001年版，第236页；亦参见黄永豪：《米谷贸易与货币体制：20世纪初年湖南的经济衰颓》，第238页。
② 《本省新闻·湘潭要闻》，《大公报（长沙）》1917年2月1日，第7页。
③ 转引自黄永豪：《米谷贸易与货币体制：20世纪初年湖南的经济衰颓》，第232、242页。

赈灾的政策只是一时举措，光绪三十三年的事例反而说明，商人在选择运输工具时，会根据政策的变化灵活选择最佳的应对方案。

综上所述，轮船航运全面取代传统的民船运输，是一个漫长的过程，而20世纪初期仅仅显露此一过程的开端。

1924年日本驻长沙领事馆提交的《在长沙帝国领事馆管辖区域内事情》报告，对19世纪末至20世纪初湖南内河民船航运业的现实状况作了很好的总结：

> 西历一八九八年清国政府《内河航运章程》发布以来，航行自由。于其以前，悉以民船输送旅客货物。民船之运输，就其准时迅速且同时可从事多量之搬运等方面，终究不及汽船便利。其时有为天候左右，或浸水等之危险。但其运费低廉，特别是湖南省之河川，冬季减水甚大，为接续运输，其间以民船运输为宜。或以民船，或以汽船，二者互不侵犯，广为运输之所用。湘江为湖南河川中之最大，出入湘江之民船，日日百只以上，其航行可能之区域，于丰水期达四百三十里，以湘潭、长沙、衡州等为其中心地。而于此等地方，民船所泊货物之装卸等相关设备，完备无憾。①

总之，轮船航运业得以顺利开展的前提，是一个政府制度、社会结构与市场网络皆臻于成熟的社会经济体系，它所倚赖的海关税收制度、河道码头设施以及大资本商业等等基本条件，与民船业的发展并不构成直接冲突。由于民船具有较好的河道适应能力，运

---

① 〔日〕在長沙日本領事館編『在長沙帝国領事館管轄区域内事情』，第105—106页。转引自〔日〕松浦章：《清代内河水运史研究》，董科译，第262页。

费低廉且相关码头配套系统完善,是以湘江下游流域轮船航运发展带来的运业市场分化,不仅未给民船业带来致命性打击,反而与民船在特定航道、季节或政策背景下形成合作关系。此一互补性的结构因此成为民船船户和船帮新的业务增长点。自此以至20世纪中叶,内河航运业仍然基本上由民船与轮船共同承担。①

第五节 本章小结

清末汉益船帮与湘潭船行之间的诉讼官司,作为一个时空截面,揭示了晚清长江中游支流民船航运业所面临的多维变局。简而言之,自19世纪中叶五口通商至20世纪初期长沙开埠,相较轮船等西方新技术交通工具带来的市场竞争,各级政府制度、地方商业环境、区域市场格局等多重因素的新旧杂糅嬗变,才是当时湘江下游民船航运业亟需因应的时代挑战。

船行差役化和厘金制度的落地,是晚清湘江下游民船航运业所面临的制度变革。咸同之后,杂费差役成为湘潭船行的重负,加之来自市场和官方渠道的中介业务大量流失,湘潭船行沦为地方政府的差役附属机构。船行制度的失效,成为湘江下游船户和船帮在制度层面上需要应对的新局势。同时,厘金制度作为一项新的财政和商业制度,在落实到地方商业社会的过程中,不仅给商人施加了额外的商税负担及代征厘金的差役,也加深了地方政

---

① 任放认为,直到20世纪30年代,中国近代交通运输的整体发展还处于较低水平,对市场需求和商品流通的拉动力有限,是故,过高评估轮船、铁路、公路等近代交通工具对中国早期现代化的作用,有违历史真相。参见任放《中国市镇的历史研究与方法》,商务印书馆2010年版,第190页。

府对地方绅商的依赖，潜在地推动了民船航运业业务模式的变化。此后，船差征调和厘金制度持续影响船户的生计以及地方商人对运输工具的选择，成为内河民船航运业必须长期面对的官方制度。

地方商业环境的新变化，表现在19世纪后期地方社会中绅商权势的增强以及新兴洋行和轮船公司初现内陆商业市场。一方面，湘潭福善堂七帮商界联合组织和粮行商人，在地方事务和诉讼纠纷中拥有强大的话事权，完全压制曾获地方官员撑腰的湘潭船行势力。另一方面，一如湘潭本地行商号的商业操作模式，新兴洋行商号如德国驻潭商号等，亦不经湘潭船行中介，自行雇佣船户，这种涉外的特殊情况成为湖南商务总局支持汉益船帮一方的理由。在20世纪初期的内陆市镇，此类中外商号联合向地方政府施压的零星事例，是内陆社会出现的新现象。20世纪伊始地方商业社会初现端倪的新局面，日后将逐渐影响湘江下游民船航运业的发展。

19世纪中叶以降的区域市场格局变动与轮船运输业兴起，对于地处内陆的湘江下游民船航运业的冲击，显示出迟滞而间接的区域性特点。① 五口通商之后，长江中下游逐步开放轮船航行，从理论上来说，湘江商路沿线的湘潭等商贸市镇，对民船运输的市场需求应该迅速一落千丈。然而，清末长江中游重镇汉口和湘江下游流域民船数量、载重量以及船帮势力皆有持续成长的表

---

① 长江中游航运业的近代转型过程，与长江下游和沿海区域航运业相比较，显示出不同的变化步调。参见樊百川：《中国轮船航运业的兴起》；朱荫贵：《中国近代轮船航运业研究》；邱澎生：《国法与帮规：清代前期重庆城的船运纠纷解决机制》，邱澎生、陈熙远编：《明清法律运作中的权力与文化》。近期，关于晚清以广州为中心的泛珠三角贸易的研究指出，时至清末，中式帆船因其运费较低、可行驶至非约口岸进行贸易、常关税与厘金税较低等优势，仍是华商多方面考量后的选择之一。参见侯彦伯：《晚清泛珠三角模式的贸易特色：华商、中式帆船与粤海常关的积极作用（1860—1911）》，《中国经济史研究》2021年第6期。

现，方方面面似乎都不合常理。由本章的分析可知，新型市场格局的演变和轮船运输的进入，迟至20世纪初期，仍未对中游干支流民船业造成实质性的打击。新兴交通运输技术工具对市场的分化，及其对传统民船航运业的影响力，值得持续性的关注。

第五章

民国年间长江中游民船业的初步转型

承接上章可知，19世纪中期至20世纪初期，随着长江中游干支流港口陆续开埠通商，外国洋行、中外轮船公司全面进入长江中游内河，给传统民船航运业带来第一波的冲击。此后的三十年中，20世纪初期萌生的诸多近代新兴因素，在民国年间迅速发展，民船航运业被迫面临市场需求的起伏不定。特别是进入南京国民政府时期，一方面，中外、官民轮船运输业大幅拓展，公路和铁路等新兴陆路交通运输启动建设和投入使用，进一步分割运输市场；另一方面，政府新设制度、机构和法规的创制和落实，也成为民船航运业亟需应对的"近代性"变革因素。本章将分析民船航运业受到哪些新变革的影响以及如何应对新的市场和制度环境，进而考察抗战爆发前长江中游民船航运业组织的延续性与变化的萌发。

第一节 交通运输与民船的市场新格局

前文已揭，湖北的港埠最早开放。汉口在1911年之前有11

家外国轮船公司，共计32艘轮船。汉口、宜昌、沙市等商埠建造起轮船码头。民国初年，两湖成立了11家民营轮运公司。在民国时期，以汉口为中心、汉口-长沙两级互补型轮船航运体系逐步形成。截至抗战前夕，以汉口为中心的轮船航线增加为68条，太古、怡和、日清等外国航运公司仍有较强实力。在铁路方面，近代两湖铁路运输以南北向的京汉铁路和粤汉铁路为主轴，辅以萍潭铁路等若干矿区小型铁路的建设。在公路方面，长江中游地区公路铺设进展较为落后，截至1936年10月，湖北省内公路干线及支线通车里程约4000公里。[①]铁路和公路运输在交通运输体系中发挥重要作用的时代尚未到来，水运仍是当之无愧的运输业主流方式。

图8　湘潭日清轮船公司趸船（日清汽船株式会社『日清汽船株式会社三十年史及追補』，1941年，第205页）

① 参见任放：《华中近代经济地理》，第104—107、109、114、117页。

江西的交通运输业进展节奏颇为不同。由于新式工商业渐趋发达，江西各条内河上的小轮船航运应运而兴。赣江下游及鄱阳湖沿岸航驶的小轮船，对民船运输的业务有所挤压。然而，轮船主要运输旅客和质轻价贵货物，粗重农产及轮船不通航之河流仍全赖帆船。帆船也与轮船合作，产生一种新运输组织，即帆船由轮船拖运。至20世纪30年代，水运业仍占主流。此间，江西省因追剿共产党之需，大力建设铁路和公路，进展颇速，形成与水运的竞争。1931年，江西省公路建设和南浔铁路兴筑以后，原由九江至南昌之间的航运业务大部分被陆路交通取代。其后浙赣铁路修建完成，并计划铺设赣湘线和赣闽线铁路。赣浙、赣粤、赣闽、赣湘等各条干线公路也完成修筑。由于铁路和公路路线多沿赣江、抚水、信江、瑞河等河流平行铺设，航运所受影响更为深远。在一段时期内，轮船和帆船合作，航行速度加快，载重增多，在运费低廉条件下，尚能与陆运方式并驾齐驱。[①]

湖南省在交通建设方面，除了进展缓慢的公路铺设和矿区铁路的营建，以轮船航运业发展最为迅速。本省轮船运输业商人于1915年联合组织湖南商轮公会，以统一调配入会公司的船舶，保护航商的共同利益，抵制外国航业的倾轧和地方军阀的摧残。据1925年统计，在该会统配下的小轮合计42艘，共计载重922吨。此外，还有未加入统配的船舶约50余艘。全省总计有小轮公司70家，小轮93艘，载重2420多吨。这些小轮行驶在省内湘、资、沅、澧四水及洞庭湖内，出洞庭湖入长江，上至沙市、

[①] 参见光平:《江西航运之衰落及其救济方策》，《经济旬刊》第7卷第6期，1936年；亦见江西省内河航运史编写办公室编印:《江西省内河航运史资料》，第599页。

宜昌，下至汉口，构成了以洞庭湖为中心的轮运网。① 除此之外，招商局于 1929 年定期开航湖南各地，与长期占据湘江航线的太古、日清等外资航业竞航分利。② 中外轮运公司和官营招商局的加入，大大分割传统民船业的运输市场份额。

已有研究认为，在民国年间交通运输领域发展的大背景下，长江中游的民船运输业市场发生了一些变化。一方面，中外轮船进入长江中游，造成昔日包揽水运的民船逐渐从长江干流上减退下来，成为短途水运的辅助力量，载重数十吨甚至数百吨的大型民船数量锐减。另一方面，随着商品经济的发展，城乡物资流通面广且量大，民船仍然不失为城乡之间主要的运输力量。由于两方面因素的消长互补，长江中游流域的民船业虽然总的运载能力较前降低，但民船数量大体保持在轮运业兴起前的水平。③ 这与民国年间长江中游贸易量整体提升也密切相关。

由于贸易量的上涨，运输业市场对传统民船的需求仍然很大，新型业务与民船业建立起新的合作关系。从 1901 年至 1931 年湖南海关贸易趋势指数来看，这 30 年间湖南海关的进出口货值大体呈上升趋势，贸易稳步增长，表明岳阳、长沙开埠后，湖南经济在对外贸易方面存在长足发展。④ 在传统的船行之外，粮食运销局、交通部等政府部门，以及小火轮公司、中国旅行社等企业，都需要雇佣民船运输，并直接与民船船帮签订运输合同。如交通部办理九省电话线、修建湘桂铁路的所有材料都由水

---

① 江天凤主编：《长江航运史（近代部分）》，第 254 页。
② 同上书，第 343 页。
③ 同上书，第 416 页。
④ 参见《湖南之海关贸易》（湖南经济调查所 1934 年）,曾赛丰、曹有鹏编：《湖南民国经济史料选刊（第二册）》，第 23—26 页。

路民船装运，粮食运销局也与衡属船业工会直接订定水运合约。①据1924年日本在长沙的领事馆报道，衡山一日通过民船数平均25只上下；渌口通过渌水至醴陵，瓷器运输兴盛，日达60余只；湘潭集合民船停泊数平时达3000；辐辏桃源之民船达200只；汉江交易兴盛，民船之数，合来往铜仁及凤凰之民船，二百石以下之船不下千只；岳州之交通最为频繁，民船出入之数，日及5000只。②另据1933年《湖南实业杂志》第八十号《湘省产业复兴之途径》一文所载："易俗河之米市，每届秋收之后，各县谷船咸集于此，商贾争利，帆影连云，酒市烟寮，繁华特甚"，该港运载谷米在千担以上的舸艑有32艘，数十担至数百担的民船有1565艘。另外，像较为偏僻的耒阳县，由于煤矿的开发，全县有18个商矿，年产煤铁1.9万余吨，全由木帆船水运，港籍民船达到3200多艘。③可见新旧产业的产品和大宗农产品的运输仍然有赖于民船。

在江西，轮船运输与民船运输之间建立起新的合作机制。由于轮船运输的主要业务为客运及质轻价贵的货物，米粮、煤炭等粗重大宗物品的运输以及轮船不通航的河道运输，仍然全然倚重民船。当时关于江西航运的调查报道称，在一些河道上，民船通过轮船拖运而组成合作运输，互相补足双方的短处：其一，民船速率提高，与小轮船速率相等；其二，小轮船装载量小，加以拖船装载，容量可增大数倍。在轮船与民船合作之后，船运速力加

---

① 参见粮食运销局：《湘桂粤三江民船运输调查》，第11—12页。
② 参见〔日〕在長沙日本領事館编『在長沙帝国領事館管轄区域内事情』，第106—108页。转引自〔日〕松浦章：《清代内河水运史研究》，董科译，第263—265页。
③ 湖南省地方志编纂委员会编：《湖南省志》第10卷《交通》，第351、356页。

大，载重量加多，而运费则较为低廉。①

湖北民船运输业，亦如江西、湖南的情况，相较长江下游及沿海一带的民船业，所受到的冲击稍小一些。归纳起来原因有以下五点：其一，轮船运价比民船高。轮船起步运价很高，所运货物主要是日常消费品和贵重物品，而民船运载的大多是火柴、油类、煤、铁、药材之类低值、笨重、轮船承运不合算的货物。其二，民船为中国人所有，通商口岸和未开放港埠都可自由往来。常关税率较海关税率轻，查验放行手续亦较松懈，商民多愿雇用本国民船承运货物。其三，轮船需要民船作为补充运输工具，民船可以运销到较小城镇。其四，民船可以在港湾停泊几天或几个星期等待装卸货物，而轮船的货运在短时间内就须卸载或装货，民船在时间上较为灵活便利。其五，汉口、宜昌、沙市、武穴等轮船上下客货的港口，由于能供轮船靠泊的码头很少，往来港口的轮船只能锚泊江心，因而港口的民船运输业中新出现了为轮船过驳货物的驳船业。②

民船运输业中形成了一些新型业务组织，包括水面、转运、报关及堆栈③等，提升了船运的保障机制和配套设施，有助于民船运输吸引业务资源。如报关行，其主要业务是代客办理海关手续。由于报关手续繁杂，海关关员多为外籍人员，文书均用外文，且洋员常对华商任意留难。报关行的出现，专为代办各种洋务，商人大为方便。其业务范围逐步扩大为代理货物托运、装

---

① 参见光平：《江西航运之衰落及其救济方策》，《经济旬刊》第7卷第6期，1936年；《江西年鉴》，1936年，第582页；亦见江西省内河航运史编写办公室编印：《江西省内河航运史资料》，第599、607页。
② 参见刘宏友、徐诚编：《湖北航运史》，第241页。
③ 参见粮食运销局：《湘桂粤三江民船运输调查》，第25—27页。

卸、报关、验关、代垫关税、保险费、运费、装卸费以及发售船票、收发货物、为船舶补充燃料等等。有的报关行还附设公寓、货栈，并同银行、钱庄有着密切的交往而充任借贷信用的保人和代理汇兑。[①]在九江，报关行由许多茶栈逐渐演变而成。至民国初年，九江报关业与转运业合并，称为"报关转运栈"，二业合一，商业贸易运输更为便利。商人只要将进口货物提单交给报关转运栈，就可以在议定的地点收到货物。转运业，同报关业一样，收取一定的"工力费"。工力费均有规定，如面粉每包收钱2分，水泥每担收钱4分，各种货物收费各不一样。九江报关转运业经历了一个畸形发展的过程。1921年，九江报关行增至20余家，1927年，报关转运业达百数十家，1932年降至60家，1936年更降至30家。[②]这些服务于商业运输的配套行业，一度也为民船运业提供了便利和保障。

另外，民船的新型业务也因轮船业的发展而出现。第四章中曾提及，在内河航运中建立轮船航线，不是一蹴而就的事情。一条轮船航线的建立，除了轮船本身的引进，还需要建立一整套与轮船运输相配套的基础设施：适合轮船靠岸的趸船和码头、搬运轮船货物上岸的民船和脚夫、设立方便轮船货物堆放的洋行和堆栈，这些复杂的配套设施需要很长一段时间才能配备完成。例如，20世纪初年，轮船抵达湘潭时，由于沿岸水位较浅，轮船无法直接靠岸，当地小划民船因此形成了新的业务：从轮船搬运货

[①] 参见江天凤主编：《长江航运史（近代部分）》，第256页。
[②] 参见肖廉：《九江报关转运业状况之分析》，《经济旬刊》第7卷第16期，1936年；亦见江西省内河航运史编写办公室编印：《江西省内河运史资料》，第847—848页。

物到趸船或码头上。1913年,因板划、小划与小轮船之间在拨运货物时常常产生纠纷,湘潭县知事登出告示,宣传湘潭县十三总码头运输权的来龙去脉,以及民船搬运轮船货物的规定和价目信息,告示全文如下:

> 案据城董事会总董陆君鸿翔、易俗镇董事会总董郭君人觐呈称:窃邑十三总黄龙庙码头系本邑各埠之中心地点,自小轮停泊,行旅尤为辐辏,每日往来过客何止千人,有直接由该码头起埠者,有唤渡头双划燕送至他处起岸者,目的既异,途径斯分。乃有本埠拨运货物之板划,当前清时,假当差名色,于小划所接载之行李客商,必征收其所得之半,小划不敢与较,乃倍价取诸客商。譬如,平时由该码头送至某码头起岸,给料五十文已足,由小轮所接载者,则需百文,以平分之,仍只五十文也。该板划等,近复组织一航业公所,擅欲将小划归其管辖。其气焰之凶横,较前尤甚。每日征收小划所得,平均计算,约在十千内外。夫征收税额,惟国家乃有此权,以少数无赖之私人,竟敢窃国权以自恣,当此革新时代,似不宜有此不法之行为也。潭邑为湘省上游之要冲,该埠又为潭邑最繁之地点,若一听该板划等之所为,不加取缔,于国家交通要政之谓何?是以敝董等公同商议,日后凡小轮拢岸,有唤小划运送者,任客商直接交涉,不准板划从中卡索分肥,并定一价目表,悬诸趸船,俾各客商一目了然,按地给价。小划亦不得昂价勒索,如违,准该商人扭送究办,以警凶顽。但本埠小划仍应赴水警察商船会注册,由该局会给予牌照,订之船尾,庶过客便于认识,一有

失误，亦易稽查。又板划船身长大，其上无蓬，向所拨运，多系各商号大批货物，其些须行李或货担，对于小划，此等拨运，则听人雇用，小划以价既轻微，船复便利故也。乃迩日该公所亦必抽收釐头，稍不应命，拖桨扣船，无恶不作。夫大批之货物，非小划所能容纳者，当然雇用板划，无虑小划钻夺也。至若些须之行李货担，欲强人舍短少之费用，雇笨重之板划，人亦孰能甘心？是妨害小划之营业犹微，制限商旅之自由甚巨矣。再者，该埠小轮拢岸，时有无数杂人拥挤上船，强拨行李，蛮索搬费，过客一与争行，即恃众横行，群起詈骂，彼众我寡，莫敢谁何。防范稍疏，则窃物以遁，其妨碍商旅，与板划如出一辙，应请一并出示严禁，并恳咨明警务公所，饬知水警于每日小轮停泊时，派人切实查察。如遇此等情形，即行惩办，以安商旅而便交通。为此呈请照验施行，此呈等情。据此，除批答并照会警务公所饬知所属水警每日派人梭巡，切实查察，外合亟出示，晓谕该码头划业人等一体之悉，客船泊岸，所有行李货担，只能任听客商雇用船只，该埠板划不得卡勒，并不准抽取小划所得之运费，该小划等亦不得昂价勒索，致干查究。自示之后，倘敢仍蹈前辙，一经查实，本知事常即饬派卫兵会同营警严拿惩办，决不姑宽。其各懔遵毋违。切切此示。计开各埠运送客商行李价目表。

上至蒋家码头三十文，下至各埠关圣殿三十文。仓门前四十文。万寿宫四十文。大码头五十文。朱家码头五十文。唐兴桥六十文。通济门六十文。水来寺八十文。观湘门八十文。杨梅洲渡口一百二十文。小东门一百文。水涨至本埠码头其鼓，各埠照价加钱十文；水涨至本埠码头中，各埠照价加钱二十文；水涨至本埠码头上，照价加钱三十文。拨货多少远近，价值与客面议，不得卡索。

中华民国二年四月　日①

这通告示作为历史文件，保留在20世纪40年代的诉讼档案中。地方官员发布这通告示的大背景，正是其中屡次提到的"小轮"到岸停泊和接载过程中常常会发生纠纷。在轮船到来之前，板划业通过承担清朝地方官府的运输差役而获得拨运货物的权利。轮船到来之后，小划取得搬运轮船货物的新业务，由于习惯权力的延续，小划需向板划业缴纳一半费用，故而提高对轮船收取的运费。这通告示实际上取消了板划业的垄断特权，使其成为与小划业平等竞争的运输市场主体，宣布设立由水警登记和监察板划和小划民船群体的制度，公布运输价目，整体上体现出偏向于轮运业利益的政策倾向。

以上可见，民船航运业面临整个运输业市场的复杂化发展，公路和铁路的铺设开始起步，轮船运输逐渐适应内河河道环境，在整套交通运输体系迅速转型的时期，传统民船运输业灵活应变，寻找新的合作方式和业务来源，仍然保持着在运输业中的重要地位。

第二节　民船航运业初入政府管理体制

由于清朝政府历次签订的不平等条约，长江航行权、关税

---

① 《县政府、县总工会、县划业职业公会关于除以划业陋习的指令、布告、呈、传票和县知事余示》(1940年)，湘潭县档案馆藏，湘潭县地方法院档案，档号16-1-1518，第13页。

权、航务管理权操纵于外国人之手，由海关兼理航政。直至南京国民政府成立之后，国民政府于1931年收回海关，航政管理权由海关转交交通部，交通部在上海、汉口等地设置航政局，从此建立起从属于中央政府的航政体系。清朝至民国，政府对于木帆船的管理，长期仅限于常关收取厘金。自废除厘金制度，各地民营商轮业与拖驳业稳定发展，长江中游三省民船船行、转运行亦较前景气。此时，各省航政、航业各项事务由地方航务管理机构管辖，向地方政府负责，相对独立于中央航政部门。在此背景下，南京国民政府设置一系列行政机构和法规条例，尝试将民船航运业纳入政府管辖体制之内。

在行政机构设置上，各省航政机构向无定制，兴废无常，机构名称和隶属范围也不尽统一，逐渐形成多头管理机构。如湖北省自1926年开始自办航政，始由建设厅航政处直接办理木帆船注册给照，并在汉口皇经堂、武昌下新河、虾蟆矶及宝塔洲、武穴、宜昌、沙市设置木帆船查验注册给照办事处，至1928年底又转由新设立的湖北省江防局办理。[1]长江各省水警总局湖北水警分局的职责也包括调查、管理木帆船船民及其船帮组织事宜。1933年，湖北水警分局对汉口、汉阳、武昌三镇沿江各船帮公所进行了调查，登录了旅汉湖南五邑米业商船同业公会、旅汉湖南安益会馆、旅鄂湖南湘乡会馆等18个船帮公所的名称、会所地址、会首姓名、年龄、籍贯、船帮成立时间、何处备案、泊船地点、船舶种类名称、船舶只数、船户人数、水保姓名等具体信息，并制作了《长江各省水警总局湖北分局各船帮公所会首姓名

---

[1] 刘宏友、徐诚编：《湖北航运史》，第347页。

暨各项一览表》。据该表显示,清乾隆年间以来在武汉三镇建立的这18个船帮公所中,除籍贯南漳的堰河帮尚未备案外,17个船帮皆已在政府部门登记,船帮进行备案的机构,包括水警厅、江防局、江防局水上公安局、汉口特别市政府、汉阳县、汉阳县党部、汉阳县水警厅、夏口县、夏口地方法院等9个不同行政单位、不同层级的管理机构。[①]

多头管理机构必然导致航运业施政无律,违法苛征现象严重。如湖南航运业由长沙海关、长沙航政办事处、省水上警察总队、省建设厅等多头机关管辖。其中,湖南省水警局、水警总队、水警分队负责对船户征纳船照费,以及维持治安。至1937年,湖南省水警局的分局已覆盖洞庭湖区、湘江流域、沅江流域各县市。[②]与民船船户直接接触的基层船舶登记所,"对于往来民船,任意刁难,借端敲诈,扰商害民,怨声载道……坐使船商裹足,民怨沸腾",以至国民政府不得不下令整饬,撤销所有船舶登记所。[③]湖南省财政厅设有税务局,对于本省产销物品,均需征税,类似以前的厘卡。如衡阳,于各码头立栅,派人查验民船。民船凡货物出口,预先向税务局查验所要取"查验草票",照章填注,经所验讫,持单向税务局缴税换领捐票。[④]除了省政府规定收缴的产销税、船捐,各县政府和水警分队还苛征其他捐费。1932年,省政府、民政厅、财政厅、建设厅联合发布布告,

---

① 参见《长江各省水警总局湖北分局各船帮公所会首姓名暨各项一览表》,《湖北水警季刊》1933年创刊号,第29—31页。
② 参见《湖南省水警分布图》,《统计月刊》1937年第2卷第4期。
③ 湖南省地方志编纂委员会编:《湖南省志》第10卷《交通》,第12页;黄娟:《湖南近代航运业研究》,第141—143页。
④ 粮食运销局:《湘桂粤三江民船运输调查》,第11页。

要求岳阳等各县县长革除各类船商捐费，毋得借称检查，任意苛索规费。①

江西的情况亦如出一辙。江西于1910年设立水上巡警公署，各地水警分公署开始代为征收船捐。当时征收的捐额，视民船等级及装载容量而定。民国初年，江西省水上警视厅设置航务查验局，并在南昌、抚州、河口、吴城、吉安、饶州、湖口、樟树、赣县9地设置分局。其职责是对航行于内地的民船进行登记、检查与丈量，兼征收船捐。1915年元月，江西统税征收局成立，隶属财政厅，以统筹征缴全省的船捐、米捐、茶捐、契捐、糖捐等杂税。据是年财政厅调查报告，江西约有民船5万余艘。5月，新任财政厅长濮良见船捐征收额较预算相差甚远，便将除南昌之外的各地船务查验局全部裁撤，所有查验事项拨归统税征收局兼办。11月，濮良见船捐征收仍无起色，续将船捐一项从统税征收局中划出，成立专门的船捐征收局，而在南昌、樟树、吉安、市汊、滁槎、黄江口、瑞洪、吴城、九江、涂家埠、波阳、赣县等12个港口设置船捐征收所，设专员以总其事。1930年，江西财政厅将统税征收局改称船舶旗照捐征收局。1931年5月，江西省水上公安局争取船捐调归该局征收，经省政府批准，即于局内设立船捐征收处，并在内河各卡设立了16个稽查所，专司此事。此后，船捐一直由水上公安局征收。江西的船捐，分照费、旗费、注册费三种。旗费与注册费于申请登记时缴纳一次后不必再交。照费则每年都须征缴，由船户亲自将船驶往查验地点换照纳税。江西

---

① 《训令各县县长及水警总队湘省内河行驶帆船除照章征收产销税及船捐外其他捐费一律革除检发布告仰张贴周知由（八月五日）》，《湖南财政汇刊》1932年第25期，第48页。

船捐在1928年之前，每年解收都在10万元以上。1929年之后，解收的捐额急剧下降，少则数千元，多则三五万元。[①]这些征税机构的设置与变动，反映地方行政机构对船捐的索取与争夺，也给船民带来生活和生计上的压力。

在设置多重航运业相关政府机构的同时，南京国民政府颁布一系列法规条例，规范社会组织的建立和管理。1928年7月，国民党中央执行委员会先后通过《工会组织暂行条例》和《特种工会组织条例》。1929年8月，国民政府相继公布施行《商会法》和《工商同业公会法》。1929年10月，国民政府公布《工会法》，试图加强对劳工组织的依法直接管理。1931年4月3日，国民政府行政院颁布针对性规章《民船船员工会组织规则》，号召全国各地遵照规则设立相关组织。《民船船员工会组织规则》共十三条：

第一条　民船船员工会以谋智识技能及公共福利之增进为目的。

第二条　凡以橹、棹、帆、蓬等为主要运转方法之民船，其服务之员工集合一百人以上得组织民船船员工会。

第二条　民船船员工会主管官署为所在地之省、市、县政府，最高监督机关为交通部。

第四条　在同一区域之民船船员只得组织一个民船船员工会。

第五条　民船船员工会以民船之登记管辖区域为组织区

[①] 参见江西省内河航运史编写办公室编印：《江西省内河航运史资料》，第174—175、757页。

域，在登记管辖区域未确定之地，以县、市为组织区域。

　　第六条　凡航行两个以上之县、市间之民船船员，欲加入工会时，须加入该船业主住所或居所所在县市之民船船员工会。

　　第七条　民船船员工会得于县、市各乡镇设立民船船员工会分事务所。

　　第八条　民船船员公会分事务所须有同一工会会员四十人以上始得组织。

　　第九条　民船船员工会须冠以所在县、市之名称，其所属之分事务所须冠以该乡镇之名称。

　　第十条　民船船员工会除遵照本规则外，应准用《工会法》及《工会法施行法》各条之规定。

　　第十一条　本规则施行前已成立之民船船员工会，须于本规则施行后两个月内依本规则改组之。

　　第十二条　本规则施行前在同一区域已有两个以上之民船船员工会，自本规则施行之日起两个月内须行合并。

　　第十三条　本规则自公布日施行。[①]

其中规定，凡以橹、棹、帆、篷等为主要运转方法之民船可以加入民船船员同业工会；集合一百人以上便可组织民船船员工会；民船船员工会主管官署为所在地之省市县政府，最高监督机关为交通部；在同一区域内之民船船员只得组织一个民船船员工会；民船船员工会以民船之登记管辖区域为组织区域，在登记管辖区

[①] 司法院参事处编纂：《增订国民政府司法例规》，京华印书馆1931年版，第2833页。

域未确定之地,以县、市为组织区域。这一组织规则明确了民船归属于县市政府和交通部管辖范围,并要求船员工会在船籍所在地或组织区域进行登记,严格限制了县市区域内民船船员工会的数量,但该组织规则以船籍为准,未考虑到船员的流动性。这项《民船船员工会组织规则》是我国历史上政府第一次出台针对民船航运业社会组织的具体法规,对于社会性质暧昧的长江中游流域船帮来说,是一个新的制度空间,各地民船船员工会组织零星建立起来。

《民船船员工会组织规则》颁布后不多久,湖北省、湖南省地方政府即提出民船船主可否加入船员工会为委员的问题,交通部拟具二项办法下达:(一)民船船主无公司行号之设立而自备或租借船只自行操业者得加入船员工会为会员;(二)民船船主之设有公司行号者依法得加入工商同业公会为会员或径以商店会员资格加入商会。[1]1940年,湖南省政府进一步正式修正《民船船员工会组织规则》,颁发"帆船船员工会组织规则(修正草案)",要求各县政府讨论是否有修正必要。该《帆船船员工会组织规则》全文如下:

第一条:帆船船员工会以增进知识技能促进交通事业维持并改善服务条件及生活为目的。

第二条:凡以橹棹帆蓬篙竿纤索为主要运转方法之帆船,其服务员工暨自行操业并未设立公司、行号之船主,集

---

[1] 《令武汉船帮代表事务所等(二十年十月六日):奉部令准中央训练部函送民船船主可否加入船员工会办法二项合行令仰一体遵照由》,《交通部汉口航政局局务汇刊》1932年1月,第47页。

合一百人以上得组织帆船船员工会。

第三条：帆船船员工会经主管官署之核定，以某一河流之一部或全部为组织区域。

第四条：帆船船员工会须冠以组织区域之河流名称。

第五条：在同一区域内帆船船员只得组织一个帆船船员工会。

第六条：帆船船员工会于组织区域内各市县镇得设立分会或支部于船组织小组。前页分会须有会员四十人以上时始得组织。

第七条：帆船船员只得加入该船业主居住地所属河流之工会。

第八条：帆船船员工会主管官署为各省建设厅最高监督机关为交通部。

第九条：本规则施行前已成立之民船船员工会须于本规则施行后三个月内依本规则改组之。

第十条：各地簰筏如以载客运货为目的，其服务员工得参加帆船船员工会。

第十一条：帆船船员工会除遵照本规则外，应准用工会法暨其施行法各条之规定。

第十二条：本规则自公布日施行。①

这份组织规则说明，湖南省在1931年之后仅有部分县份设立了民船船员工会。组织规则的修订部分强调，民船工会会员应为自

---

① 《准省党部抄送帆船船员工会组织规则草案仰签具意见由》(1940年5月25日)，湘潭县档案馆藏，民国湘潭县政府（建设科）档案，档号3-10，第1—2页。

行操业且并未设立公司、行号之船主,在官方登记公司、行号或者领有牌号的船商,则应当加入船商同业公会。这一规定的改变,成为民船同业团体中"工""商"分野的官方依据。民国年间设置的行政机构与法规条例,虽未全部有效地落实,却也给长江中游船民的生活和船帮的活动带来一定程度的影响。这一问题将在第六章中加以具体讨论。

第三节 民船航运业组织的延续与萌变

自 1929 年,国民政府相继颁布《工会组织暂行条例》《商会法》《工商同业公会法》等一系列法规条例,企图规范社会组织的成立和管理。其中《工商同业公会法》[1]获得长江中游地区部分船商团体的响应。例如,汉口的湖南五邑帮,由长沙、善化、湘阴、浏阳、湘潭五县粮食商人及运粮船商组建,自清中叶逐渐占据汉阳集稼嘴襄河口沿岸码头。[2]1923 年,湖南五邑帮在汉口设立旅汉五邑船商公所,在长沙也设立五邑船商公所,以"联络米业船商情感,守望相助"。迨至 1929 年,湖南旅汉五邑船商公所依据《工商同业公会法》之规定,呈请党政层峰核准,依法组建"旅汉湖南五邑粮商船商公会",并在五县分别成立米业船商公会。[3]第六章中将提到,抗战期间在湘潭县组建民船船员同业工

---

[1] 参见《工商同业公会法》(1929 年 8 月 17 日),《中华民国国民政府公报》第 30 册第 246 页,成文出版社 1971 年版,第 1—2 页。
[2] 参见《国民政府主席武汉行辕关于请依法处理旅汉湖南五邑、安益两船帮因互争码头纠纷案的代电及武汉警备司令部的代电》(1947 年 7 月),第 8 页。
[3] 《为在岳设立湖南五邑船商公会驻岳办事处谨录议案恳予核准俟示只遵由》(1948 年 2 月 26 日),岳阳市档案馆藏,岳阳县商会档案,档号 17-18,第 29 号。该资料电子档由湘潭大学谭宇桑等在岳阳市档案馆搜集并提供,特此致谢。

会并担任理事长的潘海清,便是来自五邑帮的重要人物。[1]

1931年4月,国民政府行政院颁布《民船船员工会组织规则》之后,湖南省各县民船船员工会陆续成立或改组,至少包括长沙、浏阳、平江、南县、祁阳、武冈、邵阳、零陵等县。以邵阳县民船船员工会为例,该会成立于1932年4月8日,由唐彬轩组建并任理事长,同年5月10日在交通部立案,会所地址为邵阳东关外水府庙。该会会员皆为男性,共2547人,经费由会员负担,每月收入约5万元,除了上缴总工会经费1万元外,其余充作民船船员工会的办公费用。该会的工作内容包括督促会员努力复员水上运输、筹办工人福利事业、严密机构组织以及调处船员纠纷。[2]

湖南一些县市在此组织规则出台之前已经成立所谓的"民船船员工会",零陵县就是一例。零陵县的永州帮船户声势较大,帮首唐茂林以"零陵县民船船员工会主席"的名义,可以令召一切,对于各帮船户,拥有指挥调遣之权。至1937年,零陵县民船船员工会成立已有十余年历史,并在县政府立案,会址设在大西门外河街靠近大西门码头,工会经费来源由各船户共摊。船员工会唯一的任务是防止各帮船户争执之事,绝对不过问业务范围以内之事。零陵县水警局对于船户只负征纳船照费及维持治安之责,其他均不过问。[3] 由此可知,零陵县民船船员工会,本质上是当地永州船帮为主,包括当地其他船籍的船帮在内的民船组织,亦颇为

---

[1] 参见《罗峤父等关于请令判定安益帮将坐船退回原处的状》(1947年9月6日),湖北省档案馆藏,档号LS7-2-0076(3)-004,第33—34页。
[2] 参见《人民团体总登记表(邵阳县民船船员工会)》(1945年11月19日),邵阳市档案馆藏,档号S3-03-00005-0004,第130页。该资料电子档由邵阳学院王琦于邵阳市档案馆搜集并提供,特此致谢。
[3] 参见粮食运销局:《湘桂粤三江民船运输调查》,第11—12页。

符合《民船船员工会组织规则》。直至 1939 年，湖南省内共有多少县市响应政策组建或改组民船船员工会，目前较难全面把握。

可以确定的是，对于存在多个船帮难以统协的县市区域来说，落实《民船船员工会组织规则》的难度显而易见。全面抗战爆发前，湖南省各县市的民船航运，大多仍旧倚赖各籍船帮组织，如湘潭、衡阳、常德、安仁、攸县等县便未统一设立县市统属管控下的民船船员工会组织。1938 年湖南省水上警察局的调查报告称，当时湖南湘、资、沅、澧四水和洞庭湖上活跃着 23 个船帮，包括湘水上的五邑帮（长沙、善化、湘潭、浏阳、湘阴等水域）、湘乡帮（湘乡县境及涟水流域）、宁乡帮（宁乡县境及沩水、靳江河）、萍醴帮（江西萍乡与醴陵，以渌水为主要水域）、祁永帮（永州、祁阳、道县、江华、永明）、衡州帮（衡阳、衡山）、耒常帮（耒阳、常宁、永兴）、平江帮（平江县境及汨罗河）；资水流域的宝庆帮（邵阳、洞口、武冈及资水流域）、新化帮（新化县境内及资水主支流）、安益帮（安化、益阳县境，资水尾闾及伊溪河一线）；沅水流域的辰州帮（辰溪、黔阳、芷江、晃县及沅水上游）、沅州帮（沅陵、泸溪及酉水流域）、常德帮（常德、桃源及沅水尾闾与湖区）；澧水流域的九澧帮（桑植、石门、临澧、慈利、大庸等县）；洞庭湖水域的岳州帮（岳阳、临湘辖区水域）、南华安帮（南县、华容、安乡辖区水域）、汉沅帮（汉寿、沅江辖区水域）；以及外省船帮广帮、湖北帮、四川帮（多活动于酉水流域）、苏浙皖帮（多活动于长沙、常德、益阳等埠）、贵州帮（多活动于渠水、潕水间）等。[①]

---

① 参见湖南省地方志编纂委员会编：《湖南省志》第 10 卷《交通》，第 547 页。

实际上，这项调查并未覆盖湖南各地的所有船帮，其中所谓主要行驶水域也不准确。例如，湘潭县总市至1936年仍有"十八帮埠""二十帮埠""四十八埠"之俗称。当时湘潭建有民船码头58座，[①] 各籍船帮形成了码头-船帮对应结合的帮埠格局，大致包括广西上河帮、郴州六城帮、永属-祁阳-道县-东安帮、邵阳帮、衡阳-常宁-耒阳-安仁-衡山帮、湘乡三大埠石埠-梅埠-永丰帮、安化-蓝田-桥头帮、醴陵帮、湘潭-石潭-米涢-花石帮、岳阳帮、湖北帮、北五省帮等县内外船帮。据称，这些船帮"均于清代立案，迄今区域分明，毫未紊乱"[②]。其中，湘潭县总市黄州会馆为湖北船帮的据点，宝庆府五属船舶聚集停泊在宝庆府五属码头，窑湾金凤庙内清吉堂为湘乡、安化船帮的据点，南岳行宫为衡常船户、耒阳帮等衡郡七属船帮的据点。这些船帮据点中，黄州会馆始建于清乾隆二十一年之前；南岳行宫亦募建于清代。湘潭县的帮埠格局说明，商贸较为繁盛的县市中，不同船籍的船帮数量众多，各帮势大根深，难以组建起统合县域的唯一的民船船员同业工会。

江西的情况大同小异，稍有不同的是，江西航运业的同业公会的设立是一个自上而下的过程。1929年，国民政府颁发《工商同业公会法》，交通部申令各地航业必须以轮船、民船、造船三业为一体，成立统一的公会，并限制同一区域，不得设立两个性质相同的公会。然而，江西民船业与轮船业之间隔阂很深，无法合作，轮船业、造船业和民船业先后各自组设公会。[③] 南昌市

[①] 参见湖南省地方志编纂委员会编：《湖南省志》第10卷《交通》，第310页。
[②] 《为奉令据实呈报恳予严饬本县民船船员工会遵照上令各守职责由》（1948年3月16日），湘潭县档案馆藏，湘潭县地方法院档案，档号16-13-133，第129页。
[③] 参见沈兴敬主编：《江西内河航运史》，第170页。

帆船业同业公会成立于1931年4月15日,由船行、转运等业及一部分船帮参加,共106个团体会员,遵照工商法令选举执行委员9人,并就执委中互选常务委员3人,再就常委中互选主席1人,均为义务职。另置文书、会计各一人,均为有给职。①1934年,南昌市又有民船业同业公会,由原江西各县市及外省(湘、鄂等)各船业计96个团体代表会员,共同遵章组织,奉交通部核准立案,归交通部管辖。该会大会选举之执行委员有9人,监察委员5人,由执委互选之常务委员有3人,常务互选之主席1人,主持一切会务,均为名誉职。此外视事务之繁简,得设事务员若干人佐理,酌给生活费。南昌市民船业同业公会,在表面上,虽由南昌市民船业所组成,但实际上因各县市镇皆有各船主组织的船帮参杂在内,船帮力量比公会大,而且影响力能普遍达到各县市镇。②是故,民船业即便按交通部指示设立了各种同业公会,船运事务仍以船帮为基本组织形态。据1937年的调查报告称,在江西内河,民船不下百余种,常年来往于某一处的船只,因同业同籍的关系,合组船帮,互推经理,俗称帮头,负对外一切责任,有数县一帮者,有一县数帮者。船帮即为船户旅外同乡会,在水上运输组织占重要地位。③

湖北亦是如此,船帮继续在民船航运业中扮演基础组织的功

---

① 参见家豪:《江西航业概况与改进意见》,《经济旬刊》第7卷第10、11期,1936年;亦见江西省内河航运史编写办公室编印:《江西省内河航运史资料》,第782页。
② 江西省内河航运史编写办公室编印:《江西内河航运史资料》,第738页。
③ 参见农艺部农业经济组:《江西米谷运销调查报告》,《江西省农业院专刊》1937年第4期,第89—91页;亦见江西省内河航运史编写办公室编印:《江西省内河航运史资料》,第637页。

能。民国初年，湖北省境江汉干流轮船航运业虽然发展较快，但区间短途和支流湖泊上的民船仍是重要的运输力量。如舢子船，有黄帮（黄冈、黄陂）、中帮（钟祥、天门）、孝感帮。沙市杂货驳船帮，担任中外大轮船在沙市港的过驳卸载业务。内河帮又称汉沔帮，又分沙洋帮、内河帮、拾回桥帮、三湖帮、浩子口帮、新堤帮、沔阳帮，在沙市便河一带设聚集点，常航行于沙市至沙洋。沮漳帮船，航行于沮漳河的当阳、江陵、宜都等县。府河内船户分环潭帮、安居帮、随县帮、厉山帮、淅河帮、马坪帮、府帮、下杂帮8帮。除湖北本省民船以外，湖南、四川、河南、陕西、江西等省的很多民船长年在湖北从事水运或往来于省际之间。湖南船是往来于湖北最多的外省木帆船，多数自湖南各地往来于汉口之间，有多种船型。另据1937年平汉铁路局对汉江线作的一次详细的经济调查，行驶汉江的民船共约5万艘，有河南帮、襄阳帮、谷城帮、淅川帮、老河口帮、孝感帮、黄帮、中帮、兴安帮、汉中帮、郧阳帮。①

　　武汉三镇码头特别汉阳码头上的船帮势力依旧强劲，此处稍稍展开说明。第四章中曾提到，汉口的益阳船帮与湖南五邑帮（长沙、善化、湘阴、浏阳、湘潭五县粮食商人及粮食商船）于清末争夺码头的纠纷，其阶段性结果是，时至光绪三十年，经湖南同乡会协议扦定，湖南五邑帮"将周恒顺炉坊以下全部让与安（化）益（阳）帮"。②故事并未就此结束，汉阳沿岸码头权力的斗争一直延续到民国年间。

---

① 参见刘宏友、徐诚编：《湖北航运史》，第311—317页。
② 《国民政府主席武汉行辕关于请依法处理旅汉湖南五邑、安益两船帮因互争码头纠纷案的代电及武汉警备司令部的代电》（1947年7月），第8页。

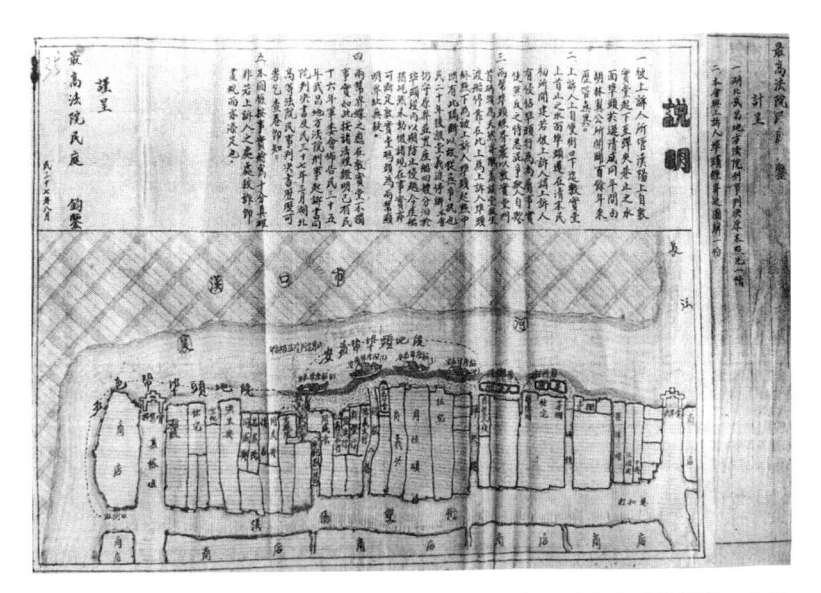

图9 旅汉湖南安益船商同乡会绘制汉阳码头使用权图（参见《旅汉湖南安益船商同乡会关于请驳回旅汉湖南五邑米业商船同业公会上诉请求的答辩状》［1948］年，湖北省档案馆藏，档号 LS7-2-0776(1)-003，第25页）

抗战胜利后，商船回到汉阳码头，湖南安化、益阳船帮（旅汉湖南安益船商同乡会）与湖南五邑帮（旅汉湖南五邑米业商船业同业公会）之间为争夺襄河口敦实堂至周恒顺、萧义兴公共墙脚一段码头停泊权，进行械斗和争讼，留下一批诉讼档案文书。此处暂不讨论战后复员时段的权属纷争，而是关注这些诉讼档案中关于抗战前汉阳民船船帮事迹的内容。1947年，湖南五邑帮理事长、湘潭籍船商罗峤父呈文称："我湖南长、善、阴、浏、潭五县粮食商人及粮食商船于前清中叶开建停船码头于汉阳集稼嘴，其界限上自双街口，下至弹夹巷，历百余年，遐迩共悉。衅因益阳帮民船在本会码头界限之弹夹巷口搭泊外溜一溜直水。光绪末年，因上坡出索，屡起争端。经湖南同乡会协议抃定，以周恒顺炉坊以下全部让与该帮。并于民国三年，契接鲍家街五号房屋为会馆，以作天然屏障。讵益阳帮得陇望蜀，联络安化帮，迭次上挤。本会复于民十五年自周恒顺墙脚以上起至双街口止，沿河边窖石柱九只，作为出索吊缆。二十四年又一度越界，经四川帮陶会长炳章、荆宜帮张会长中时、辰帮胡会长治中、麻帮柴会长宗和等调解，仍照扦定之周恒顺墙脚以下停泊。"①

据此可见，清末的汉阳集稼嘴码头之争，一直持续发酵。至民国年间，五邑帮主要有三次重要行动：其一，1914年，五邑帮买下鲍家街五号房屋充当五邑会馆。其二，1926年，五邑帮在周恒顺墙脚以上起至双街口止，沿河边窖石柱九只，作为船只的出索吊缆。其三，1935年，在四川帮会长陶炳章、荆宜帮会长张中时、辰帮会长胡治中、麻帮会长柴宗和等调解下，扦定之周恒顺墙脚为五邑帮和安益帮的码头停船界址。

这场讼争延续三十年之久，是因为涉案的另一方安益帮亦不甘示弱，并出示多项证据，争执不休。其中关于五邑帮获得四川帮、湖北荆宜帮、湖南辰帮和麻帮的支持一事，安益帮提出，虽然五邑帮获得上述各帮以及澧帮、湘乡帮、沅划帮的支持，但"同年五月二十五日，江西船帮等六团体负责人邓武云等，亦向原审具状证明，两造码头以敦实堂为界限"②，在双方讼争中，江西船帮等站在了安益帮一边。且不论这场诉讼的结果如何，由诉讼档案文书的记载可以看到，民国年间，汉阳襄河沿岸船帮林

---

① 《国民政府主席武汉行辕关于请依法处理旅汉湖南五邑、安益两船帮因互争码头纠纷案的代电及武汉警备司令部的代电》（1947年7月），第8页。
② 《湖北高等法院民事判决》（1947年），湖北省档案馆藏，档号LS7-2-0776(1)-004，第126页。

立，因码头停泊权而纠纷不断。汉阳民船业中，湖南籍的船帮居多，势力强大，占据大片襄河口码头，其他省籍船帮主要来自湖北、四川和江西。其中，部分船帮如湖南五邑帮和安益帮，从表面上来看，都依照政府法规进行了改组，五邑帮改组为旅汉湖南五邑米业商船业同业公会，安益帮改组为旅汉湖南安益船商同乡会，但实际上仍是传统船帮势力的延续。

第四节 本章小结

20世纪前三十余年中，随着长江流域腹地的对外开放，各地进出口贸易稳步增长，水陆交通运输领域发展迅速。在这样的大背景下，长江中游的民船运输业大体保持在轮运业兴起前的水平，与此同时，民船航运业整体退缩到支流港汊河道。民船成为短途水运与城乡之间主要的运输力量，由于行业内部的专业化发展趋势，时常还会获得政府部门或企业公司的新型业务。在部分河道上，民船通过轮船拖运而组成新型合作运输模式。由于民船水运的本土优势和适时应变，交通运输领域仍由民船占据较大份额。

南京国民政府成立之后，受到政府行政机构设置和法规律令的影响，长江中游三省各地船帮初现组织上的转变：或依《工商同业公会法》改组为船商公会，或据《民船船员工会组织规则》成立或改组成民船船员工会，由帮会转变为登记在案的合法同业组织。部分船帮通过向政府登记改组，由此垄断某一县市区域内同业组织的代表权。从事民船运输业的船商、船主和船员，初步意识到自身的职业性质问题，选择依据《工商同业公会法》或

《民船船员工会组织规则》重组社会团体。然而，大多数民船同业团体的组织形态此时仍是传统的船帮。[1] 概言之，至20世纪三四十年代，长江中游各地码头停泊着本县籍船帮和从外县、外省来航的船帮船只，流动松散的船帮初步尝试创建民船同业团体。

  面对商业运输市场需求与政府制度法规的变化，民船业船户、船帮灵活应对，在欣欣向荣的轮船业与陆路运输业之外，谋求生存的空间。这个传统行业与近代技术相互结合、共荣共生的过渡时代，为即将到来的残酷战争时期保存了不少传统民船的力量。抗战爆发后，整个大后方内河航运渐趋繁要，民船应时而起，再度成为运输业无可替代的主力。长江中游各地的民船同业团体，亦面临战火延烧带来的急遽更张。

---

[1] 湖南之外的湖北、江西内河以及长江上游干支流的民船运输业，亦是以船帮为主要同业团体组织形态。参见江天凤主编：《长江航运史（近代部分）》，第418—419页。1938年武汉沦陷后，湖北大部分地区被日军侵占，成为沦陷区，航运业被日伪独占，湖北木帆船航运业遭到严重破坏。参见刘宏友、徐诚主编：《湖北航运史》，第369—370页。

第六章

抗战前后长江中游民船业的最后繁荣

1937年，日本发动全面侵华战争，1938年武汉和岳阳沦陷，侵华日军不时袭击长沙、衡阳、常德等地，湖南北部成为前线战场。1939年至1942年间三次长沙会战，日军均未得逞。1944年5月，华中日军发动对长沙的第四次强攻。6月上旬，平江、浏阳、沅江、益阳、宁乡、湘阴相继失守。6月18日，长沙、湘潭、醴陵沦陷，其后衡阳、邵阳沦陷。至此，湘北重要城市全部被日军占领，直至1945年8月抗战胜利。[1]战火延烧湘北之初，轮船、铁路和公路或在炮火中遭至重创，或为避免被敌俘虏而自行摧毁，各种交通路线和运输工具破坏殆尽，前线兵力、物资给养、商品旅客的运输周转皆成问题。原本在长江中游靠水运谋生的民船船民，为避战祸，驾船撤至湖南湘潭、衡阳、邵阳等内河码

---

[1] 近来抗日战争史的最新研究成果，开始平视这场旷日持久的战争对于中国近代社会经济结构转型的客观上的正向意义，认为战争可能是促成历史进程转向的重要时刻或推动因素，应该得到客观中立的考察和研究。参见李学通、金以林、吕迅:《中国抗日战争史》第6卷《战时经济与社会》，社会科学文献出版社2019年版。

头,与当地船帮一起,成为抗战期间及战后复员时期湖南主要的运输力量。湖南各帮民船向来流动不羁,身份复杂,在其他交通运输方式失效的战乱境况下,湖南民船同业团体如何迅速有效地组织和调动船只以应对政府和军队征用,并在战后获得政府嘉许,成为值得关注的问题。借此对于抗战前后湘北民船航运业的研究,本章企图探讨的是,战时军政机关通过同业团体征调社会资源的政策实效、同业团体的因应行动及其与政府的互动机制,以及战争如何影响近代以来逐渐萎缩的传统行业及其从业人员等问题。①

关于抗战时期航运业的专题研究不多,且主要在交通史和航运史的视角下,关注抗战时期的轮船运输业②、抗战期间的川江航

---

① 近四十年来兴起的行会和近代同业公会研究,聚焦的时段从清末民初渐趋后移到20世纪三四十年代,关注的区域也从上海、苏州、天津等大城市逐步拓展空间范围。相关研究大多认为传统行会向同业公会的转变主要发生于晚清至民国初年,是近代中国资本主义发展的结果,也与政府政策导向有关,揭示了中国的同业团体与政府之间存在互用互补的关系。参见冯筱才:《中国商会史研究之回顾与反思》,《历史研究》2001年第5期;朱英:《中国行会史研究的回顾与展望》,《历史研究》2003年第2期;彭南生:《行会制度的近代命运》,人民出版社2003年版;魏文享:《近代工商同业公会研究之现状与展望》,《近代史研究》2003年第2期;朱英:《近代中国同业公会研究亟待加强》,《光明日报》2004年8月10日;马敏:《关于同业公会史研究的几个问题》,《理论月刊》2004年第4期;魏文享:《回归行业与市场:近代工商同业公会研究的新进展》,《中国经济史研究》2013年第4期;朱英、向沁:《近代同业公会的经济与政治功能:近五年来国内相关研究综述》,《中国社会经济史研究》2016年第4期。在抗战期间的统制体制下,战时国家与同业团体之间的关系有无新的特征,或者说,从传统到现代的嬗变历程中,抗战这段经历如何影响同业团体?论及这些问题的研究并不多。参见蔡勤禹:《抗战时期国民政府对工商业团体的管制》,《河北师范大学学报》1998年第3期;魏文享:《商人团体与抗战时期国统区的经济统制》,《中国经济史研究》2006年第1期;王春英:《服从与合作:抗战时期日占区统制经济下的同业公会》,《近代史研究》2013年第6期。

② 参见江天凤主编:《长江航运史(近代部分)》,第483—566页;谭刚:《抗战时期大后方的内河航运建设》,《抗日战争研究》2005年第2期;朱荫贵:《抗战时期日本对中国航运业的入侵与垄断》,《历史研究》2011年第2期;黄娟:《湖南近代航运业研究》;等等。

运业[1]、政府航运交通法规和交通部门设置[2]等议题。关于抗战时期民船运输业，江天凤等揭示了长江中游流域战时民船航运情况的复杂局面，日伪在沦陷区汉口等地强行征集民船、组编船团以开设航线，而国民政府对民船实行半军事化管理，整编各地民船工会和船帮，湘、赣等省的民船在抗战中都有相当程度的发展，但战后则迅速衰落。[3]潘前芝认为，国民政府征用的大批民船保障了抗战初期的军政运输和企业西迁等工作，但征用过程中缺乏管理，给长江航运业和船户生活带来严重的消极影响。[4]黄娟关于湖南近代航运业的整体性研究，主要以轮船航运业为考察对象和论述视角，并未涉及民船同业团体在近代的演变情况。[5]这些研究成果表明，关于抗战时期长江中游民船航运业的研究尚未挖掘民船业内部相关资料，仍具深入讨论的空间。

19世纪后期渐成夕阳行业的民船航运业，骤然成为战争前线的重要统制对象，经历了行业历史突变式的最后繁荣。相较于抗战初期即陷敌手的长江下游航运业和以陪都重庆为中心的大后方川江航运业，目前关于抗战时期长江中游的民船航运业的研究成果较少。本章以湖南湘潭、长沙、岳阳及湖北武汉等地民国民船业档案为核心史料，分析全面抗战时期处于前线的湖南民船

---

[1] 参见佴德础:《抗战时期四川内河航运鸟瞰》,《四川师范大学学报》1990年第3期；江天凤主编:《长江航运史（近代部分）》,第495—520页；张劲:《抗战时的川江航运》,《四川师范学院学报（哲学社会科学版）》1996年第1期；迟香花:《抗战时期川江的木船运输》,西南大学硕士学位论文,2008年；谭刚:《抗战时期四川的粮食运输管理》,《抗日战争研究》2012年第4期。
[2] 参见谭刚:《抗战时期国民政府的交通立法与交通管理》,《抗日战争研究》2007年第3期。
[3] 参见江天凤主编:《长江航运史（近代部分）》,第532、620—622页。
[4] 参见潘前芝:《论抗战初期国民政府的民船征用问题》,《抗日战争研究》2010年第1期。
[5] 参见黄娟:《湖南近代航运业研究》。

同业团体在全面抗战之前、战时和战后的组建与运作、合作与纠纷，以及同业团体与政府、军队、社会之间的多维互动关系，由此展现湖南民船同业团体在战火中所经历的组织转型和身份认同重塑的历程。

長江各省水警總局湖北分局各船幫公所會首姓名暨各項一覽表　警務科繪製

船幫公所名稱	萍醴公所	旅漢湖南五業公會	旅漢湖南安益會館	旅鄂湖南湘鄉會館	旅漢湖南衡州會館	堰河幫
所在地址	新碼頭	漢陽鮑家街第五號	漢陽品字街	漢陽洗馬長街	漢陽東正街	上首王正聲
會首姓名年齡貫籍	胡若愚 六〇 醴陵多	舒秉謙 五五 長沙湘陰多	張裕均 五〇 益陽多	李梅先 五三 湘鄉十九年	張淳魁 五七 衡州多	四四 南潭光年間
成立年月日	年水警廳備案	曾在漢陽縣署部轉呈中央准案並發給許可證	年水警廳備案	前清光緒十七年府備案因漢陽劃為漢口特別市政國管理	年前清光緒年間水警廳備案	前清道光年間
泊地地點	新碼頭	河街下至雙街口	彌夾巷上至五邑鄉帮上至大小名稱不一	大碼頭至彈種類不一	上至雙街下小駁	老官廟至南岸嘴
船舶種類隻數人姓名	倒扒船	黃元福	黃元福	黃元福 漢口鮑家巷沈家廟	黃元福 會首三人	老官廟上首敞子船 楊永興
備考	黃元福	會首三人	會首三人			

《湖北水警季刊》圖表　二九

图10　长江各省水警总局湖北分局各船帮公所会首姓名暨各项一览表，《湖北水警季刊》1933年创刊号，第29页。

第一节　抗战初期运输无序与需求激增

继武汉沦陷后，湖南北部地区连续经历了1939年9月至10月、1941年9月至10月、1941年12月至1942年1月三次长沙会战，成为战火绵延的前线阵地。由于日本空军的轰炸以及驻守湖南的第九战区司令长官兼湖南省省长薛岳实行"化路为田"战术，长沙以北的水陆运输路线均遭严重破坏。湖南省商业重心由长沙移至湘潭、衡阳及湘江、沅江中上游地区。湘潭客商云集，商户大增，湘潭城市人口由20万迅速激增至30余万，一度呈现战时畸形繁荣景象。外省及湘北民船纷纷撤退湘潭，成为抗战前线军队武器战备和军需民用物资运输的生命线。[①]

在紧迫的战争局势下，湖南军政当局决定对船舶实行统制政策，以保障军需运输，然而效果不佳。1937年9月，湖南省政府下设"湖南省船舶总队部"，1938年撤销，另立"湖南船舶管理总所"。由于水上秩序极为紊乱，船舶管理总所复又撤销，船舶统制归属第九战区司令长官部"水陆联运处"。水陆联运处随后亦被撤销，另组"船舶管理委员会"。此后，1940年5月再次

---

① 长沙于1933年10月正式建制为湖南省省会市。全面抗战爆发前，长沙港航业颇盛，搬运业、船舶修造业都有发展，栈行、牙行、报关行业务亦较前兴旺。战争爆发后，长沙部分商业转移至湘潭。1940年时，湘潭县城总市有碾米、染织、烟丝、制伞等小工业作坊252户，有绸布、百货、国药、南货、卷烟等行566户，有钱庄12家，猪栈72家，杂粮店33家，酒馆与旅社52家，面粉店72家，铁作店55家，药材行33家。由于战时食盐奇缺，膏盐生产更迅猛发展，港东岸自阳雀港、滴水埠、板塘铺至牛栏塘，绵延20余公里，公司林立。因公路、铁路毁坏，所有上述进出口货物基本上均赖水运。参见湖南省地方志编纂委员会编：《湖南省志》第10卷《交通》，第288、310—311页。

成立"湖南省船舶管理总所"，1943年11月又成立"军事委员会湖南省船舶总队部"。此类船舶统制机构频繁征调、横行封扣、苛征敲诈的种种作为，引起航商和船民的普遍不满，屡设屡废。[1]面对残酷的战争炮火和混乱的统制政策，湘北各地民船同业团体积极建立同业合作机制，配合军政征调，完成军差民运各方的运输需求。

1939年9月，正当第一次长沙会战打响，五邑帮船民代表杨发昌为"征调应差、抗战救国"，发起组织"长沙区民船商业同业公会"，倡导不分帮籍，"聚各帮而不废原帮"，所有军输民运，轮流承运，获得政府的肯定。不久，常德、益阳、津市、衡阳、沅陵、辰溪等地效仿成立类似组织。第一次长沙会战后，湖南湘北民船和船工遭到战火打击，或遇难，或逃亡，数量大减。湘潭、衡阳因地处沟通西南大后方的水陆交通要冲，多次遭受日军飞机的轰炸。时至1940年，湖南省仍有民船6万余艘，载重在100担以上、编列船队的民船共17,508艘。其中，湘潭本港民船计1155艘，每日进出港船只约在2750艘左右，反而高于战前近一倍。[2]可见，更多坚持留守湘北的船民聚集到湘潭。

湘潭民船航运业同业团体也行动起来。1940年5月，湘潭县政府接到湖南省建设厅新颁布的《帆船船员工会组织规则》，要求各地紧急整理民船业船员工会。具有地方性特色的《帆船船员工会组织规则》对全国性的《民船船员工会组织规则》有

---

[1] 参见湖南省地方志编纂委员会编：《湖南省志》第10卷《交通》，第620—621页；江天凤主编：《长江航运史（近代部分）》，第621页。
[2] 湖南省地方志编纂委员会编：《湖南省志》第10卷《交通》，第310、336、546、620页。

所修正，主要在于强调工会的会员应为自行操业且并未设立公司、行号之船主。① 同年 8 月，湘潭民船航运代表张石屏、刘崧、范正源②，共同呈文湘潭县县长，提议组织同业公会，其文中称：

> 窃以倭寇肆虐，侵我土地，前方兵源与给养以及商旅之运输，原恃火车与汽车之通行，自夫前年湘北战事紧张，各铁道公路，先后奉令破坏，致人力车轿，乘机高涨。一遇天雨，不独举步维艰，运输货物尤感困难。且一般奸商藉口输力昂贵，物价飞腾。匪仅影响抗战前途，且于军事党政之推行，亦多阻力。现值军事顺利，湘潭乃南方中心区【枢】纽【纽】，民船航运亟应即时设置，加之湘江内河，水浅滩多，一切军运民运多有待于帆船之输送。惟以公路铁道，修复工程浩大，需款甚巨，尤非短期内所能蒇事。若利用航船运输，定时行驶，则轻而易举，也必事半而功倍。第以过去航运船商漫无组织，各船户甚恐被拥用，受种种无辜妨害，如

① 参见《准省党部抄送帆船船员工会组织规则草案仰签具意见由》（1940 年 5 月 25 日），湘潭县档案馆藏，民国湘潭县政府（建设科）档案，档号 3-10，第 1—2 页。
② 范正源（原），1902 年生，浏阳人，1940 年参与发起组织湘潭市民船航运业同业公会，1942 年作为湘潭总市十三总洋码头谦益公司经理，领导发起组织并成立湘潭县转运商业同业公会，1947 年任长沙市民船商业同业公会第二届理事。参见《呈为谋团体福利促进战时交通拟依法组织湘潭市民船航运商业同业公会恳予察核备案由》（1940 年 8 月 11 日），湘潭县档案馆藏，民国湘潭县政府（建设科）档案，档号 3-10，第 8—10 页；《呈为组织同业公会恳派员视察并办法许可证以便筹备而利进行由》（1942 年 5 月 7 日），湘潭县档案馆藏，湘潭县地方法院档案，档号 16-1-1487，第 1—12 页；《长沙市民船商业同业公会第二届理监事名册》（1947 年 8 月 4 日），长沙市档案馆藏，长沙市商会档案，档号 24-1-248，第 10 页。

遇战事紧张，各船户视为畏途，躲避港汊，良好交通工具，等于废物，殊为可惜。石等有鉴如斯，爰集航运同人，拟依法组织湘潭市民船航运业同业公会，专司水运，谋团体之福利，内设军运、民运各组，便利战时政府征调及其他一切交通事宜。①

该申请未获允准。1941年1月，湘潭县民船业代表刘崧等，再次向湘潭县联运总站提出报告，强调上述内容，认为湘潭至常德、津市、攸县、茶陵、衡阳、邵阳各埠水路，为战时运输要道，应当爰集船业同人，"分埠产生代表，组织民船业同业公会"，请求准予组设。②这一由下而上建立合县民船同业团体的提议，仍然未获地方政府的认可。

在湘潭本籍船民之外，籍属湘乡县、安化县的船民，在1941年3月短暂息战期间，也申请在湘潭设立湘安民船驻潭处。湘乡、安化船民经涟水运输货物，往返于湘乡和湘潭之间，船只约计8千余。湘安民船同业船户代表称，自武汉陷落，湖南大敌压境，涟水船民的军运责任增加数倍，并且出现诸多强掳强征、拖欠克扣船租、扣封需索等情况，为了保障船民安全和利益、便利军事征用兼及畅通货物流动，湘乡、安化两县民船船员向湘潭县政府提出，仿照湘安民船同业驻醴（醴陵）联合办事处之组

---

① 《呈为谋团体福利促进战时交通拟依法组织湘潭市民船航运商业同业公会恳予察核备案由》（1940年8月11日），湘潭县档案馆藏，民国湘潭县政府（建设科）档案，档号3-10，第8—10页。
② 《报告（三十年一月八日于联运总站）》（1941年1月8日），湘潭县档案馆藏，民国湘潭县政府（建设科）档案，档号3-10，第13页。

织,设立湘安民船同业驻潭联合办事处。①然而,湖南省政府最终于1941年7月以"于法无据"为由,否决了这项申请。②

与此同时,军队和政府强行征用民船的事例,在当时普遍存在,甚至引发地方船民的抵抗。如1941年11月,第二次长沙会战刚刚结束,七十九军在湘潭县北昭阳乡易家湾渡河,由于易家湾渡口船只数量较少,昭阳乡人员前往上游文华镇文星埠头派征。文华镇船泊第一保保长刘春林号召聚集百余船民,抗不应征,甚至在抢夺枪支时走火,击伤本地列兵。③事发两天后,刘春林向湘潭县政府说明此事原由,其称"工等有团体组织,有保甲编定,有水警监督指挥,对于兵差遣派,无役不从,较各埠尤为繁剧",此次抵抗之举,是因昭阳乡屡次越境派征却不予给养,暴力强征民船。④可见,此时地方埠头存在民船同业团体、船户保甲以及水警机关,多重机构非但无法阻止战时军政征派引发的

---

① 湘安船民代表称:"一些不肖之徒,罔顾法令,丧尽天良,藉商运或其他军事征用之名,强行掳扣,加以苛重。我同业多无识见,深恐祸临,致每次被勒索,自数拾元至百元不等。甚有自甲段释放,至距约数丈之乙段,又被掳扣,重加勒索。一日之间,同一埠头之内,竟被勒索至数次者。更有征用机关,不但不按租金标准,适时发放,而且拖欠数月,加以克扣,迄届规定之军运时间,既不解雇及发给应得之租金,且被迫缴献数目巨大之法币,苦口求情,始获允准。再负责征集船只机关之一二不肖员兵,不按实在需要,每每加倍扣封,藉图需索,彼放此掳,狼狈为奸。"参见《为设立湘安船民同业驻潭联合办事处以利军运货运兼解自身痛苦呈恳核备乞予援助出及县府批复》(1941年3月27日),湘潭县档案馆藏,湘潭县地方法院档案,档号16-1-97,第60—61页。
② 参见《为电复旅居该县湘安船民请组织联合办事处一案于法无据应予否准仰遵照由》(1941年7月2日),湘潭县档案馆藏,民国湘潭县政府档案,档号3-1-460,第40页。
③ 参见《为文星埠头划痞刘春林既不遵令应派差船复又夺械行凶祈鉴核严惩由》(1941年11月12日),湘潭县档案馆藏,湘潭县地方法院档案,档号16-1-1519-2,第4页。
④ 《为强掳勒派请求撤职严惩而恤工艰由》(1941年11月14日),湘潭县档案馆藏,湘潭县地方法院档案,档号16-1-1519-2,第10—11页。

冲突，反而成为引发冲突的缘由。第三次长沙会战期间，湘北地区运输秩序一片混乱，民船同业团体的主动应对与军政统制政策的落实之间，尚未建立起有效的对接机制。

第三次长沙会战时期，湖南省政府与县级政府对于各种依法设立民船同业组织的申请，表现出的不支持态度，大概根源于战争状况下的管理无力。正因为如此，在军政征派依赖于暴力的形势下，民船同业团体选择积极配合和转型救国，这也是战乱初期军民运输得以实现的根本原因。根据湖南省各县粗略调查统计，至1942年，全省76县民船共存43,893艘，船民总数降至11,616人。①此后，湘北战事消停两年，不少逃难民众回乡重建家园，支援大后方的物资生产和输送。②息战期间，军需民运对于民船的需求量愈加激增，政府对民船同业团体的设立政策逐渐放宽。

第二节　抗战后期民船同业组织的建立

1942年5月，自汉口撤到湘潭的潘海清，取代张石屏、刘崧、范正源等人，成为申请组建湘潭县民船船员同业工会的筹备主任。潘海清原属汉口的湖南五邑帮船商，就其个人的职业性质来说应为商人。潘氏来到湘潭之后，以沅江籍船民的身份组建民

---

① 参见湖南省地方志编纂委员会编：《湖南省志》第10卷《交通》，第517页。
② 1942年，川湘航线开辟，以重庆为中心，东南沿长江至涪陵，入黔江，经彭水、龚滩至龙潭，入酉水，经沅江、湘江，抵达衡阳，水陆里程合计1030公里，近半路程为河道，由民船业承担运输。参见交通部统计处编：《中华民国三十三年交通部统计年报》，1946年，第171页；任放：《华中近代经济地理》，第111页。

船船员同业工会（下文亦简称为"船员工会"），经过县政府派员指导和调查，该会获准成立。①潘海清担任理事长，掌握湘潭船员工会大权，成为抗战后期湘潭民船运输业中的重要领导人物，主持展开船员工会的各项会务活动。

湘潭县民船船员同业工会的第一要务，是吸收船员入会并向会员征收入会费、常月费及其他附加税。船员工会成立半年之后，1942年12月，潘海清向湘潭县政府提出，该会应广泛征求船主入会并向船主收取常月捐，但由于民船船员流动性强，按时收取会费和常月费成为一个难题。②1943年2月，潘海清请求湘潭县政府批准派遣两名警员，配合船员工会向欠缴会费的会员催收会费，请县长"函令各乡镇公所及水陆警察随时予以协助"。对此，县长准予所请，派警协助催取会费。③此后，潘海清多次提出，在催收会费、要求船主入会或调派会员船只服务过境部队时，准由船员工会及各分事务所随时函请当地乡镇公所及水陆警察予以协助，并且在湘河口等处出示布告，劝

---

① 参见《谕知改派指导员仰趁日筹备组织成立由》（1942年5月5日），湘潭县档案馆藏，民国湘潭县政府档案，档号3-1-53，第12—13页。1943年3月8日，湘潭民船船员工会搬迁到湘潭县城内文庙办公。文庙也是湘潭县总工会的会址。《会址迁移至文庙内办公乞予备查由》（1943年3月14日），湘潭县档案馆藏，民国湘潭县政府档案，档号3-1-65，第39页。
② 参见《为电陈仍乞核准征收船员月费当否乞示只遵由》（1942年12月30日），湘潭县档案馆藏，民国湘潭县政府档案，档号3-1-65，第1页。
③ 参见《为会员抗缴会费恳准派警协助征收以维会务祈察核由》（1943年2月10日），湘潭县档案馆藏，民国湘潭县政府档案，档号3-1-65，第21页；《为会员纯系流动性质飘泊无定征收会费困难俱多恳予令饬各乡镇公所及水陆警察随时予以便利祈鉴核由》（1943年2月10日），湘潭县档案馆藏，民国湘潭县政府档案，档号3-1-65，第17页；《为谭云桂等抗缴欠费侮辱本会雇员吴春华签请迅派枪警二名下会协同前往带究由》（1943年2月15日），湘潭县档案馆藏，民国湘潭县政府档案，档号3-1-65，第25—26页。劝

导会员限期入会，按期缴纳会费。如1943年6月17日，潘海清呈请县长准予派枪兵二人，协助船员工会人员前往易俗河、马家河、白石港、朱亭、淦田、樊田一带及湘潭总市，对沿河各埠之划船、板划实行强制入会并征收会费。①潘海清的这些申请，大多当即获得县长批准。船员工会受到政府和水陆警察的协助，由此可见一斑。

　　潘海清同时着手设立业务介绍所，成立分事务所，完善船员工会的组织结构。1943年2月，潘海清呈请湘潭县政府设立船员业务介绍所。由于船工所操水运业务具有流动性质，装载各埠运输，经常因为信用问题发生枝节。有鉴于此，船员工会申请设立业务介绍所，作为中介保障客商运输稳善。②对此，县长回复意见是"经费抽提所得水力百分之五，未免过重，应斟酌实际，依法修正。"民船船员工会随即遵令将业务介绍提成费用改为3%，

---

① 参见《为遵令造具抗缴会费及延欠会费会员名册一份恳鉴核准予派警俯缴由》（1943年2月18日），湘潭县档案馆藏，民国湘潭县政府档案，档号3-1-65，第27—32页；《为会员纯系流动情质征收会费困难兹特遵令拟具办法两项祈鉴核示遵由》（1943年2月19日），湘潭县档案馆藏，民国湘潭县政府档案，档号3-1-65，第34页；《为征收会费节省公帑特拟具办法两项恳准备案施行祈鉴核示遵由》（1943年3月16日），湘潭县档案馆藏，民国湘潭县政府档案，档号3-1-65，第43页；《为会员延不入会抗缴会费特拟大字布告恳准出示晓谕由》（1943年3月28日），湘潭县档案馆藏，民国湘潭县政府档案，档号3-1-65，第57页；《为实行强制入会及征收会费恳予派枪兵协助以利进行由》（1943年6月17日），湘潭县档案馆藏，民国湘潭县政府档案，档号3-1-65，第101页；《为再恳饬派枪警一名协助征收会费以维会务由》（1943年12月12日），湘潭县档案馆藏，民国湘潭县政府档案，档号3-1-65，第115页。

② 例如，"有以装载时面言水力失耗，不依合法手续，致发生纠葛者；有以一班不肖流痞雇船，实无货运，先索手续费若干，致使船员受骗者；有以巧立名目，攒营揽运，任意盘剥船员之血膏者。"《为遵章组织业务介绍所负责代运以利货运客商连同章程可否祈示由》（1943年2月21日），湘潭县档案馆藏，民国湘潭县政府档案，档号3-1-65，第35页。

并获准设立。① 同时，民船船员工会派员分赴湘潭各埠，成立分事务所。1943年3月，船员工会呈文称，各埠按照会员人数和地域情况，先后成立易家湾、姜云、石潭三分事务所，依法选定各所主任干事一人，干事二人。② 湘潭县境内其他民船同业团体，也按组织规则改造为分事务所。③ 然而，设立分事务所事宜并非一帆风顺。1943年7月，原任水警保队长的陈石麟，在就任船员工会常务理事之后，却又煽动易俗河分事务所的船员抗不入会。④ 这类纠纷的发生，大概是由于新设船员工会的运作，触及各埠民船业旧势力的利益。湘潭县船员工会的设立，促使当地同业团体的再结构，其背后是政府和法律为之背书。

相应地，潘海清积极配合军政运输差役，主动提出组织船队应差的方法，并调整会员船户被摊派的负担过重的军差劳役。1943年3月，船员工会常务理事、易家湾分事务所主任干事李佩生报告，陈述该分事务所军差过于繁重，其称："昨日奉令渡军，蒙县府派文委员莅临指导，职星夜赶办，忍辱从事，未尝稍懈，幸无陨越。惟结【截】至现在止，共计借垫用费达七佰元。经多

---

① 参见《为遵令剔减业务介绍抽提经费并呈赍修正章程恳予察核备案由》（1943年4月2日），湘潭县档案馆藏，民国湘潭县政府档案，档号3-1-65，第61页。
② 参见《为成立易家湾姜云石潭三分事务所造具各所职员名册三份恳鉴核备案由》（1943年3月28日），湘潭县档案馆藏，民国湘潭县政府档案，档号3-1-65，第56页。
③ 参见《为该县株洲镇民船船员工会依法应与县船员工会合并组织并得改设分事务所以期兼顾仰转饬遵照办理具报由》（1943年8月21日），湘潭县档案馆藏，民国湘潭县政府档案，档号3-1-65，第113页。
④ 参见《为本会常务理事陈石麟煽动船员抗不入会并串通水警队长吴声理私擅逮捕拘差没票恳予分别拘案讯办并乞加派枪兵二名下会协助以维威信而期业务普遍推行可否祈鉴核由》（1943年7月28日），湘潭县档案馆藏，民国湘潭县政府档案，档号3-1-155，第99—119页。

方交涉，已在军部领到津贴仅每人每日发壹元，不敷甚巨。而水警员兵来所之日食，亦须招待。如是亏垫之款，无法筹偿，渡河军差，更一日加重矣。"李佩生提出两项办法，应对该分事务所军差过重的状况：其一，"嗣后如有大批军队过境，急需多数船只渡河，或渡运驴马炮，特则请转呈县府，先行令饬钧会在潭调派，以资协助"；其二，"渡运过多，津贴微少，应请转呈县府令饬当地昭阳乡、黄龙乡两乡公所酌予补救，以均负担"。[①] 意即应将军差归由船员工会统一调配，平均分摊军差压力。承接李佩生所提意见，1943年5月，潘海清主动向湘潭县长提出组织湘潭县民船大队来专门担负军差，"接受上级之指挥监督，随时调度船只，轮派差运，一面减轻船民痛苦，一面应付战时运输"[②]。此类主张，体现了船员工会自愿配合政府和军队运输需求的态度。这种调和民船同业团体与政府关系的行动，成功换取了政府机关对于船员工会征收会费和浮费的公权力支持。

不可否认的是，民船船员工会也相当主动有效地处理会员事务，调解会员与商业市场、外地民船同业团体以及公权力机构之间的各类纠纷，建立起一套应对战时乱局和军政运差的机制。这套机制至少包括以下三个方面：其一，重建运输市场秩序。船员工会不仅出面处理工会会员滥用小斛引起的纠纷，令会员集资购买和应用标准的新制市斛[③]，也切实在会员与本地商行的纷争中

---

① 《为易家湾渡运军差繁重恳予救济以资长期应付由》（1943年3月21日），湘潭县档案馆藏，民国湘潭县政府档案，档号3-1-65，第45页。
② 《为拟组织湘潭县民船大队担负差运可否乞鉴核示遵由》（1943年5月27日），湘潭县档案馆藏，民国湘潭县政府档案，档号3-1-65，第87页。
③ 参见《为会员在大步桥贩买糠粹糟谷等物被外埠煽惑滥用小斛特召集资购用新制市斛加盖本会字样以昭慎重而杜流弊乞准备查由》（1943年3月28日），湘潭县档案馆藏，民国湘潭县政府档案，档号3-1-65，第55页。

维护会员的权益①。其二，处理会员在外运载时与外地民船同业团体的纠纷。如1942年12月，会员船只行驶涟水时，被湘乡县船业公会设卡勒收捐税②，经潘海清呈文上诉后，湘潭县政府行文湘乡县政府，饬令湘乡县民船商业同业公会停止征收湘潭县船员工会会员捐税。③其三，保护会员船只不被过境军队、水警等公权力机构强行扣留。例如，会员船只前往茶陵、湘潭、长沙等地装载石灰，运往滨湖各县农村的过程中，沿途时常被过境部队封作差用。针对此事，潘海清请求县政府考虑"军需民食，重于一切"的时局，"恳予转请第九战区司令长官部暨湖南省政府，令饬各部队、水陆警察随时予以保护运灰空船，并恳颁发证明，以资识别而利灰运农村"④。对此，湘潭县指令将运石灰的船户造具名册上报待查。又如会员赵荣华为湘潭水警分队羁押后，潘海清恳请县政府准予转函湖南省水警总队藉资证明，并请释放。⑤此类事例反映了船员工会对

---

① 例如，船户从湘江下游贩运渣涌（农村喂猪饲料）返回湘潭本埠大步桥河边对船出售，被合利猪食粮行等人勒索佣金，潘海清将情况上报，获得湘潭县总工会支持，请求县政府取缔。《为据情转呈乞予饬队缉拏严究由》（1942年12月30日），湘潭县档案馆藏，民国湘潭县政府档案，档号3-1-65，第5页；《为合利猪食粮行拦河强迫征收行佣据情转请鉴核立予取销依法究办由》（1943年3月11日），湘潭县档案馆藏，民国湘潭县政府档案，档号3-1-65，第48页；《据民船工会呈以合利猪食粮行拦河登记强收船民佣金转恳严令制止取销该行名义并依法究办以恤艰困由》（1943年3月15日），湘潭县档案馆藏，民国湘潭县政府档案，档号3-1-65，第40—41页；《为据会员赵福牛等呈明假名敲诈郭投佣金恳予法究诣回原款等情□请究办由》（1943年3月19日），湘潭县档案馆藏，民国湘潭县政府档案，档号3-1-65，第50页。

② 参见《为呈请鉴核准咨湘乡县政府迅令制止征捐由》（1942年12月20日），湘潭县档案馆藏，民国湘潭县政府档案，档号3-1-65，第7页。

③ 参见《为转令本县民船商业同业公会停止征收船员工会会员会费咨查照由》（1943年1月16日），湘潭县档案馆藏，民国湘潭县政府档案，档号3-1-65，第15页。

④ 《为恳转请层峰通令保护运灰空船以利滨湖农村肥料当否乞示遵由》（1943年2月10日），湘潭县档案馆藏，民国湘潭县政府档案，档号3-1-65，第19页。

⑤ 参见《为请查照前案转函湖南省水警总队藉资证明而昭虚实祈示遵由》（1943年3月2日），湘潭县档案馆藏，民国湘潭县政府档案，档号3-1-65，第36页。

会员的保护，以及船员工会与地方政府之间顺畅的沟通管道。

然而，湘潭县民船船员工会的巨额收入及相关财务问题，引起湘潭县总工会①的注意和质疑，成为理事长潘海清敛财肥私的污点。1943年7月，总工会理事长刘秉林要求审核船员工会的收支簿据，理由是船员工会假会敛财，违法征费。据刘秉林称，船员工会除了征收入会费、常月费之外，还以筹备费、特别费、文化劳军款、五一节经费等种种名义收取各项费款甚巨，其中，单以文化劳军款及五一节经费二宗而论，征收数目约近万元。而船员工会应向县政府缴交的文化劳军款及应向总工会缴纳的常月费，却都拖延未缴。②抗战胜利后，民船船员代表王飞亭等五十六人，联名举报理事长潘海清借会敛财，揭发其瓜分会费的前因后果：

> 窃民等以驾驶帆船为业，直属本县民船船员工会会员管辖，本会已于民二九年组织，由本县四十八埠代表成立，当依法投票选举，当选潘海清为该会理事长，自选定后，对于会务，尚极为热心踊跃。至民卅三年，该会为扩充经费，沿河设立关卡，设事务所计三处，石潭、姜畲、湘河口，每处

---

① 湘潭县总工会成立于1939年3月，由中国国民党湘潭县党部指派王丽棠等7人筹备成立，王丽棠任主任，其后刘秉林、盛遐龄、赵桂馥担任理事长。据称，县总工会名为"增进工人智能，发达生产，改善劳动条件及生活"，实由国民党和封建把头操纵，未能代表工人利益。但广大工人和一些职业工会，常摆脱国民党的控制，展开经济斗争和政治斗争。参见湘潭县地方志编纂委员会编：《湘潭县志》，湖南出版社1995年版，第185页。

② 参见《为民船工会违法征费浮支滥用恳予依法究办并乞令饬从速改切实整理以肃纪纲而维会务由》（1943年7月24日），湘潭县档案馆藏，民国湘潭县政府档案，档号3-1-65，第107页。

设主任一人，拦河坐收往来船只常月经费，同时本会组织业务介绍所，但主任一职，由理事长兼任之，系介绍本会会员运输生意，才稍发展，不料民三三年六月间，湘北战事突起，本县相继沦陷，已达年余，当会务亦告停顿。迨至上年八月间，河山光复，奉令复员，本会即待恢复成立，此时潘理事长，渎职权衡，不召开复员会议，滥派员工，依以关卡势勒收常月经费，按每船每月以法洋伍百元征收，但本县帆船计算，属民船工会管辖者，船只达三千余艘，而所收入庞大常月款项，亦未造具预算表册，呈请政府备案核准，及详细开支账目可审，然所收入之经费，纯系船户血膏，惟我等会员，敢怒不敢言，任伊蹂躏，浮收滥用，鱼肉船民，藉会敛财，徒饱私橐，似此情形，殊堪痛恨，对会务以祇图挂牌为名，一意孤行独断，值此宪政民主实施之际，竟敢藐法贪污！次者，该理事长于上年光复后，又假藉本会名称，于石潭埠，组织湘衡转运所，凡船户所载运之货物，以水力计算，抽收百分之三十，外加收手续费法洋壹仟元，自去岁截至目前，计收三千余万元。前成立时，建议所获之款，皆作本会基金，讵该理事长，利用一班爪牙，将此巨款，作六股瓜分。愚懦之民等不敢抗衡，该潘海清既身充本会理事长，尚不能与会员解除痛苦，反剥削民财，藉公肥私，有时加以恐吓，凡我船户亦无抗议之能，为此联名申诉。①

---

① 《据民船船员代表王飞亭等呈诉该会理事长潘海清藉会敛财等情转请核夺示遵由》（1946年8月19日），湘潭县档案馆藏，民国湘潭县政府（社会科）档案，档号3-6-25，第13—17页。

由此可见，战后此事详情得以曝光。而潘海清已然离开湘潭，回到汉阳；参与到五邑帮与安益船帮的地盘纠纷中去了。[①] 此事也从侧面反映船员工会并非总工会的下级机构，总工会实际上很难控制船员工会的行动。

抗战后期湘潭民船船员工会组建的过程，包括建立船员工会内部组织结构、权力体系及其与地方政府、警察机构、乡镇公所、县总工会等外部关系，潘海清在其中展现了超强的活动能力。潘海清利用政府和法律的支持，强行扩增船员工会会员，编派各种费项名义压榨船民，同时也在战时船民生计与军政机构暴力征派之间，协调出一套平衡机制和沟通机制。

在湘潭民船船员同业工会之外，战前来航湘潭从事运输贸易的外地船籍船帮，如衡阳、清泉帮和耒阳帮等，在战争期间留守湘潭，经当地政府允许登记入册，以保甲组织或同乡会等形式，开展会务活动，活跃于军民运输事务之中。

衡阳、清泉帮船户，原在湘潭县总市南岳行宫右侧同福堂内，组建旅潭衡阳同乡会。1942年4月，湖南省军管区司令部下令，船民无论进行军运或民运，均需持身份证，是以船民应向登记船籍的乡镇保队部请领身份证，并编入水上保甲体系。留驻湘潭的衡清船帮，"停泊湘潭旧十五总衡清码头（即壶山镇一保管辖地），分上、中、下、正四帮，均衡阳、清泉船只。惟上帮清泉占十分之九，专行柳州、广西来潭驳京汉所运各货者；正、中两帮统行沅、益、常、宜、湖北藕池、沙头、观聚、玉口各地；下帮则往湖北应城、襄阳、樊城、公安各埠。"由于难以回到原

---

① 参见《罗崎父等关于请令判定安益帮将坐船退回原处的状》（1947年9月6日），第33—34页。

籍领取身份证,衡清船民申请在湘潭县领取身份证,并自编驻潭保甲,由船帮代表担任保甲长。令人意外的是,衡清船帮的这项申请获得允准,但不得并入湘潭县的普通户户籍册内,而是单独编列"湖南省衡阳民船第一保保甲长花名册"和"湖南省衡阳民船第一保船民身份证册"。由此,衡清船帮成功解决持证运输的资格问题,得以延续原有的商运格局,应对战时运输的需求。[1]

耒阳船商则以湘潭县总市南岳行宫左侧的环秀堂为据点。1940年3月,耒阳船商以环秀堂为名号召集会议,改选理事长,改定章程。该堂章程称其目的在于"图谋耒阳船商之联络而拥护抗战,并发展船商利益",并强调"接受党政机关"管理、"宣传抗战意义",并于其可能范围内,"协助抗战事宜"。[2] 1942年6月,环秀堂发起改组为湘潭县耒阳同乡会,会员239名,会员入会金及缴纳常年费每人每年20元。[3] 耒阳同乡会一方面维护同乡船民的利益[4],另一方面,也因向本帮船民强行收费而遭到起诉[5]。

---

[1] 参见《为具呈衡清船民傅连生等编组保甲恳予依令给发身份证以资利便由》(1942年5月26日),湘潭县档案馆藏,民国湘潭县政府档案,档号3-1-14,第36—38页。该资料由长沙理工大学叶再兴在湘潭县档案馆搜集并提供,特此致谢。

[2] 参见《呈为修改耒阳旅潭环秀堂简章恳请备案并恳准予另刊耒阳旅潭环秀堂图记由》(1940年5月15日),湘潭县档案馆藏,湘潭县地方法院档案,档号16 1 1514,第13—16页。

[3] 参见《指导人民团体组织总报告表(湘潭县耒阳同乡会)》(1942年9月10日),湘潭县档案馆藏,湘潭县地方法院档案,档号16-1-1514,第57页。

[4] 参见《为船民廖加祥被骗恳请提究勒限清偿维护小本贩运以恤商艰由》(1943年7月25日),湘潭县档案馆藏,湘潭县地方法院档案,档号16-1-1514,第64—65页。

[5] 参见《为郑炳炎违犯会章肆意勒索破坏人民团体非法拘押船民恳请将该郑炳炎缉捕法办以维法纪而惩强霸由》(1944年4月9日),湘潭县档案馆藏,湘潭县地方法院档案,档号16-1-1514,第5—7页。

1944年5月，日本侵略军发起第四次长沙会战，湘北等地相继沦陷，不少轮船、盐舸、驳船、趸船或自动凿沉、或奉令毁沉、或被敌击沉，湘水主航道长沙至零陵一线，几乎片帆无存。①在国难当头的情况下，航商、船户同仇敌忾，"举凡军队、军品之运输，伤员、义民之抢救，战区难民之疏散，军需民用之接济，靡不在枪林弹雨之中，枪炮交袭之下，悉力以赴"。据官方统计，8年全面抗战时期，湖南载重数千担的艑舸悉数毁绝；载重200担以上不足千担的中小型民船损毁24,800余艘；死难船民船工3万余人；贡献卓著，牺牲巨大。各地民船业同业团体名存实亡，直至抗战胜利之后才得以恢复。战后，国民政府交通部长江区航政局大加称颂湖南民船航运业，"在军机紧急之时，在敌机严重威胁之下，民船船工罔顾性命，抢运军需粮秣、武器弹药，补充兵力，护送伤员，冒险往还，努力服务，至堪称道，诚属难能而可贵。"②

总的来说，全面抗战期间，数次长沙会战成功迁延日军主力于湖南长达五年之久，湘北地区成为稳固我国西南大后方安全、支持全国长期抗战的重要基地和交通运输通道。获得此番重大成就的原因之一，即在于前线军政机关与民船同业团体之间建立了有效运行的互动机制。民船同业团体相继成立，因应统制政策、军政征调、地方战局的变动，一方面积极登记船员信息、转变团体身份，藉以获取合法的运载资格；另一方面，依法调整组织结构，勉力解决与军政机关、水陆警察、埠头保甲、外地机构之间

---

① 参见湖南省地方志编纂委员会编：《湖南省志》第10卷《交通》，第57、546页。
② 同上书，第12—13、509页。

的纠纷冲突,为湖南乃至大西南的物资军队调配和军需民用流动,提供运输服务。与此同时,地方军政机关也灵活变通统制政策和法令条规,积极支持民船同业团体的组建与运行,逐渐形成较为有效的战时水运机制。经历战争之后,原本行迹游移、难以羁束的船民和船帮,全面进入行政体制的管控之内,成为拥有身份证和团体登记认证的合法社会群体。

第三节 战后复员民船船主的身份认同

抗战胜利后,全国各地复员运输需求量激增,然而由于抗战期间损失惨重,战后亦未获得政府具体的抚恤和扶助,湖南水陆交通恢复缓慢。1945年11月,湖南省内各地民船同业团体联合向省政府呈报当前复员的窘境,称:

> 自南京陷敌,封锁马当,湘省民船由武汉运输军用物资及封锁材料,日常千余艘,其中被敌机狂炸、机枪狂扫、炮弹狂轰而毁沉者,数以百计;马当失守,田家镇复奉令封锁,遭受与马当同一损害者又数百艘;及至敌寇迫近武汉,关于军粮器材撤退、政府搬迁、难民疏散等等,为水上轮船与铁路货车所不及,无不赖民船装运;敌人残暴,到处肆虐,江河港湾被摧毁者触目皆是;迨后,敌陷岳阳,水上交通断塞,我省无法回籍之船只,沦于敌伪之手数以万计;二十九年组织运输滨湖粮食,接着又逢几次湘北会战,白刃冲锋之前,枪林弹雨之下,努力抢运军需民用,协助省府机关、学校他迁,或疏散难民,无不勉力以赴;三十三年,长

（沙）衡（阳）陷敌，幸存民船恐资敌用，皆自动凿沉于水底。兹今国土重光，复员紧迫，调查所得湘、资、沅、澧四水完善之船不足十分之一，待修之船约十分之九；完全损失之船达战前十分之五以上，失业船民在十万人以上，船只汲汲需修，船民嗷嗷待哺，恳请顾念惨情，眷恤窘境，拨款救济，允准贷款修缮船只，以苏民困而利复航兴业。[1]

然而，所有向政府求助的报告，如石沉大海。更严重的是，内战爆发后，湖南各地方政府"沿河设卡征费，科目繁多"，时常"扣船备用军差"。船民船工称其生活境况中存在"四怕四愁"：怕抓（壮丁）、怕差（当差）、怕扣（船）、怕调（征调）；愁票子化水，愁丘八（兵）不讲理，愁行市不起，愁修船折米。[2] 由于复员运输紧张，湖南各地民船业同业团体迅速恢复或新建起来。如长沙市民船商业同业公会于1945年10月发起成立。[3] 1945年11月，邵阳县民船船员工会恢复会务。[4] 湘潭县民船船员同业工会在沦陷后停止会务，战后重组复兴，在承担复员运输差役的同时，却遭遇了与县内战后新建的船舶商业同业公会、宝庆五属船帮之间难以统协的问题。此类民船同业团体之间的纠纷，为我们提供了丰富的素材，有助于进一步考察战后政府征调政策对同

---

[1] 参见湖南省地方志编纂委员会编：《湖南省志》第10卷《交通》，第519—520页。
[2] 同上。
[3] 《为据遵照中央法令组织长沙市民船商业同业公会并照章注册呈请转呈核准由》（1945年10月3日），长沙市档案馆藏，长沙市商会档案，档号24-1-248，第1—2页。
[4] 参见《人民团体总登记表（邵阳县民船船员工会）》（1945年11月19日），第130页。

业团体彼此关系和船民职业身份认同的影响。

1945年12月，湘潭船商代表范正源等牵头，联名向湘潭县政府呈请建立湘潭船商同业公会。船商们称，"自日寇投降，失地光复，各民众团体皆奉令复员，民船船员工会亦依法组织。查船员工会系船工一部分组织，与船商毫无关系。我船商因过去受战祸牵连，组织均未健全，故未成立。值此抗战胜利，建国开始，我船商为建国运输工具，若不赶紧组织，则各帮停舶及行驶本埠之船只，漫无统系。且共党正在捣乱，凡我船商，大多数知识浅薄，易受扇惑。诚能依法组织，直受党政指导，则数万船民，尽为国用，不致鼓动。"①由此暗示船员工会或受共党影响的呈文，揭开湘潭船商同业公会筹建的序幕。

1946年3月，由王澄江②等湘潭衡阳同乡会、湖北同乡会、湘乡船民代表、永州同乡会、安化船民代表人士，再次联名具呈湘潭县政府和湘潭县商会，发起组织湘潭县船舶业商业同业公会，其呈文主要内容如下：

窃民等操舟为业，赖以生存，溯至抗敌军兴，交通梗阻，船舶生涯从兹冷落，以致船业帮规漫无组织，由是江河混乱，波折倍增，外忧内患，八载于兹。幸今倭寇投降，国土光复，船民复业，尚可营生。只缘大劫方苏，一切犹宜整

---

① 《呈为组织湘潭县各帮船商业同业公会准予备案事》(1945年12月19日)，湘潭县档案馆藏，湘潭县地方法院档案，档号16-13-133，第18页。
② 王澄江，1902年生，衡阳船商，曾受六年私塾教育，国民党员，住址为湘潭县自治街同福堂，即南岳行宫。除王澄江外，常务理事王吉堂、理事文建也是国民党员。《湘潭县船舶商业同业公会第一届理监事职员略历名册》(1946年6月)，湘潭县档案馆藏，湘潭县地方法院档案，档号16-13-133，第25页。

理，政府既无办法，人民何有规模。若船业之组织有碍而船民之痛苦无穷，或运输之牌轮不均，争执时生；或公差之配赋不匀，纠纷日起。而且苛捐杂税，接踵盈门，日派月征，不计其数。船民痛苦，竹难罄宣，可怜劫后灾黎真原未复，水深火热，久盼来苏。际兹天日已明，寇敌已灭，人民本身之痛苦应谋解除方法，政府实施宪政，亦应予以保障。①

获得批准之后，湘潭县船舶商业同业公会（下文亦简称为船商公会）正式成立，会址设于兴隆街黄州会馆（即湖北会馆）。1946年7月，王澄江作为理事长，向县政府提交了《指导人民团体组织总报告表》《湘潭县船舶业同业公会会员花名册》《湘潭县船舶商业同业公会第一届理监事职员略历名册》《湘潭县船舶商业同业公会章程》等材料。根据这些材料可知，湘潭县船舶商业同业公会发起人21人（含团体代表），出席成立大会的会员代表86人；个人会员972人，团体数为20帮埠；筹备员为理事长王澄江（现任衡阳同乡会理事）、常务理事王吉萱（现任湖北同乡会理事长）、常务理事宋天沛（湘乡三埠组船民代表）、理事文建（现任永州同乡会理事）、理事傅孝生（安化蓝桥埠船民代表）、理事段桂荣（湘乡永丰埠船民代表）、理事徐保和（湘乡石埠船民代表）等人。② 可见，该船商公会以外地船籍船帮为基本盘，各籍船帮船员以个人名义入会，另有船帮作为团体单位入会。

---

① 《为发起组织湘潭县船舶业商业同业公会恳请派员指导筹备并恳颁发许可证以便进行由》（1946年3月21日），湘潭县档案馆藏，湘潭县地方法院档案，档号16-13-133，第3—11页。
② 参见《指导人民团体组织总报告表（湘潭县船舶商业同业公会）》（1946年10月12日），湘潭县档案馆藏，湘潭县地方法院档案，档号16-13-133，第97页。

船舶商业同业公会设立之后，在湘潭总市和湘潭境内其他埠头设立办事处，与战后恢复的民船船员同业工会办事处竞争船主入会，强制收取船主会费①，故而引发多起纠纷。1946 年 11 月，湘潭县民船船员工会第二任理事长李佩生请求湘潭县政府制止船商公会的会务活动。李佩生的报告称："河山光复后，突有船舶商业同业公会名义组织，并派员沿河一带，不分帮别，凡停泊本市帆船，一律滥收登记暨常月经费。且随时派有武装警士协助征收，每船以二三千元不等，如抗捐者，即于假借扣差。"李佩生指出，湘潭县船工不分劳资，民船业并无资本家，也无购置多量船只、经营运输商业的情况，是故，以管制资方为名义成立的船舶商业同业公会，实为累赘，因此请求解散该船商公会。② 不

---

① 船舶商业同业公会在成立之时提交的《湘潭县船舶商业同业公会章程》第六章《经费及会计》，规定了该会的收费标准："第卅六条：本会经费分入会费及月费两种。第卅七条：会员入会费每人国币壹仟元，入会时一次缴纳之。第卅八条：会员月费比例其船只大小分甲乙丙丁四种征收之。(甲) 伍百市担以上为甲级征收常月费国币壹仟弍百元整。(乙) 叁百市担以上为乙级征收常月费国币玖百元整。(丙) 叁百市担以下为丙级征收常月费国币陆百元整。(丁) 壹百市担以内为丁级征收常月费国币叁百元整。左列四款按期征收之会员退会时概不退还。第卅九条：本会会费之预算决算于每年年度终了一个月以内编制报告书提交会员大会通过呈报主管官署并刊布之。"参见《湘潭县船舶商业同业公会章程》(1946 年 7 月)，湘潭县档案馆藏，湘潭县地方法院档案，档号 16-13-133，第 93 页。船舶商业同业公会更于 1947 年 2 月要求提高会员常月费，"按三十七条第二十八条之规定，入会费原定国币壹仟圆，按数增加一倍，惟在入会时一次缴纳之常月费按船只大小所分之甲乙丙丁四等，每等增加一倍"。参见《为物价高涨收入有限恳请更章增加经费以维会务兹特补具议决案请予鉴核由》(1947 年 2 月 20 日)，湘潭县档案馆藏，湘潭县地方法院档案，档号 16-13-133，第 104—105 页。1947 年 9 月，物价狂涨，船舶商业同业公会再次申请月捐增加一倍半，获准。参见《以维会务请决案》(1947 年 11 月 2 日)，湘潭县档案馆藏，湘潭县地方法院档案，档号 16-13-133，第 115 页。
② 参见《据民船船业工会报请制止船业滥收会费一案函请查照核办由》(1946 年 11 月 2 日)，湘潭县档案馆藏，湘潭县地方法院档案，档号 16-13-133，第 98 页。

久,船商公会对此进行详细回复,表明该会经过合法手续成立,所收登记及常月费亦均遵守章程规定,反问船员工会道:"查湘潭全县船只,究竟均系独营,抑系伙营?该会既不分劳资阶级,成立之时,何必以湘潭县民船船员工会名之,而不以民船工会名之?"[①] 了解双方诉求之后,湘潭县长指令商会与总工会"妥为调处"。然而商会与总工会并未成功调解,此后,双方争执不休。

1947年10月,湘潭县委派指导员萧鸣查明湘潭县民船船员同业工会控告船舶商业公会巧立名目、滥收捐款一案。萧鸣的调查报告全文如下:

一、民船工会以操持架船事业之船户、船工为会员,船舶业工会以每一船船主为会员,时以双方征收会费,船主负担发生困难,此其引起纠纷原因之一。

二、船舶业公会以准县商会派定修建商会会址,修建费弍百万元,该会经理监事会议决议,凡未领有会员证之民船,重新颁发注册证,每证征收工本费弍仟元,未经呈报备案,且会员证注册证前后又不一致,恐生流弊,有无注册证之规定,应请切实规定或取缔者。

三、民船工会成立于二十七年,船舶公会成立于三十五年。依《民船工会章程》第三章第五条规定"凡在本区域内以橹棹帆蓬为主要运输方法,其服务之员工年满十六岁之男女,均应为本会会员"。依《船舶业公会章程》第三章第六条之规定"凡在本区域内经营船舶商业者应为本会会员"。依该两会章程,遵照钧府三十五年四月廿四日以潭九社字第

[①] 《呈覆船舶业公会收费情形请鉴核由》(1946年11月26日),湘潭县档案馆藏,湘潭县地方法院档案,档号16-13-133,第100页。

一八五九号代电，奉转省府、长府社修一字第一○一四号训令上半段指示"查职业会员非兼营两类以上商业者，自以加入一会为限"之规定，已加入民船工会之船主（船主亦操持架船事业）是否仍应加入船舶公会为会员，颇兹疑窦。

四、依《船舶业公会章程》第三章第十四条规定"凡停泊本区域之船舶，不依法加入本会或不缴纳会费或违犯章程及决议案者，经理事会之议决，予以警告"云云。目前船舶公会以他县已加入会之会员均视为该会会员，征收会费，虽未发生纠纷，而遵照经查所呈第三项省令下半段指示"民船行驶他县，当地民船同业公会勒令入会并强制征收会费各节，显系借端诈索，亟应严予查禁"之规定，船舶公会未据遵办。

五、查交通部转颁《民船商业同业公会章程》第三章第六条所载"凡在本区域内经营民船商业之公司行号，均应为本会会员，未设公司行号之民船，曾经正式官厅登记者，亦得以其牌名参加为本会会员"。查本县似无经营民船商业之公司行号，凡未曾正式向官厅登记之民船，可否以其姓名或牌名参加船舶公会为会员，而民船工会所持本县无经营民船商业之公司行号呈请解散船舶公会之理由，应请上令解释。

综上五项，船舶公会是否即民船商业同业公会之变象，因此本县经营民船商业之公司行号绝少，依民船工会成立登记会员期间，以经查所呈第三项情形，船舶公会因此亦少，据船舶公会平时公差义务特多，管理似专责成，又宜设一管理船舶机构以资管理，奉令前因，理合将遵查情形报请鉴核。谨呈县长李。①

---

① 《为遵令查复民船工会呈以船舶业公会巧立名义滥收款项一案乞鉴核由》（1947年10月11日），湘潭县档案馆藏，湘潭县地方法院档案，档号16-13-133，第112—113页。

据萧鸣的调查报告，船员工会和船商公会因争夺船主为会员而引起纠纷，而已加入船员工会的船主（船主亦操持架船事业的个人）是否应再加入船商公会为会员，"颇兹疑窦"。此外，船商公会成立的合理性存在两个方面的疑问。其一，船商公会吸收湘潭之外其他县籍的船主入会并征收会费，违背湖南省明文提到的"民船行驶他县，当地民船同业公会勒令入会并强制征收会费各节，显系借端诈索，亟应严予查禁"的禁令。其二，湘潭县并无经营民船商业之公司、行号，民船船主可否以其姓名或牌名（即以个人名义）参加船商公会，亦需予以解释。萧鸣最后提出，船商公会"平时公差义务特多，管理似专责成，又宜设一管理船舶机构，以资管理。"萧鸣的调查报告说明，船商公会之所以能成立，是因其在行政机构无法对民船进行直接有效管理的现实下，能够满足地方政府征用民船服务公差的急迫需求。是故，船商公会虽多次被船员工会请求取缔，却一直延续至1948年年底。[①]

1948年4月，湘潭县民船船员工会因冲突频繁，再次申请取缔船商公会，并从新的角度阐发以往的观点，主要内容有三：其一，船商公会可以吸收曾经正式向官厅登记的民船船主为会员，是根据全国性的规定，不过，此一规定实际上发源于上海等长江下游大都市，这些城市的航运业主体以大资本船商为主。上海船商以一个牌号管理多艘船只，专门以承运货物为业。凭借这种模式注册公司、牌号的大船商，当然应组建船舶商业同业公

[①] 参见《为请求依法解散湘潭县船舶商业同业公会以保业权而符法令由》（1947年10月17日），湘潭县档案馆藏，湘潭县地方法院档案，档号16-13-133，第119—120页；《为奉令据呈报恳予严饬本县民船船员工会遵照上令各守职责由》（1948年3月16日），湘潭县档案馆藏，湘潭县地方法院档案，档号16-13-133，第129—130页。

会。然而，长江中上游河道窄狭，商埠蕞小，货物转运主要透过随时雇用民船船主的方式。长江中上游民船船主中绝无订立牌号的船商，是以本地船主应当加入船员工会。其二，船商公会的章程是以湘潭总市沿河原有十八帮埠组织的民船为主，未设船籍的区域界线，大多数原始会员为外地船籍的船主，于法不合。其三，船商公会理事长王澄江等人，实际上均非从事民船运输的船商，而是以趸船为业。湘潭县总市沿河一带仅有趸船三只，并无牌名行号，亦无组织公会的可能。王澄江等人组织船商公会，纯粹是以敛财为目的。① 经过民船船员工会理事长李佩生十余次要求解散船商公会的努力，两者的纠纷由湘潭县政府上诉到湖南省政府。至1948年10月，船舶商业同业公会理事长王澄江正式奉令改组该会，这场纠纷才告一段落。②

　　战后复员时期，湘潭县民船业同业团体纷争不仅仅发生在湘潭县船舶商业同业公会与民船船员同业工会之间，在船商公会企图纳入湘潭总市原十八帮埠船户的同时，宝庆五属（新化、邵阳、武冈、新宁、城步）船帮的船民独立发起成立船民事务所的申请，也引发了纠纷。宝庆五属船民自称原占湘潭县跤趾口一带码头，经历战乱而码头"主权丧失"，船只抵埠时，因无法调度而时常发生斗殴动武。他们呼吁，为了加紧团结，主张重新组织船民事务所，要求赎回原有水埠。湘潭县长回复道，县内已组设民船船员同业工会及船舶商业同业公会，所请组织宝庆五属船

---

① 参见《为本县船舶商业同业公会非法组织冲突频繁各情续恳迅予撤销以符法令由》（1948年4月16日），湘潭县档案馆藏，湘潭县地方法院档案，档号16-13-133，第132—134页。
② 参见《为奉令撤销名义并将图记截角缴销以符法令由》（1948年10月23日），湘潭县档案馆藏，湘潭县地方法院档案，档号16-13-133，第161—162页。

民事务所,"于法无据,未便照准"。[①]宝庆五属船民改头换面的想法,反映了当时湘潭县部分外地船籍的船民,既不愿意加入以湖北、衡阳、湘乡、永州等外地船帮为基本会员的船舶商业同业公会,也无意加入以湘潭本地船主为会员主体的民船船员同业工会,而是意冀保持旧时船帮的组织架构。

战后复员运输工作紧张的时局之下,湘潭民船航运业内部各籍船帮势力之间,以及行业内各主体与湘潭县商会、总工会、地方政府之间,基于互相的合作需求,保持着动态的博弈关系,从而维系着复员水运工作的运行。以本地船户为主体会员的船员工会、以外地船籍船户为基础会员的船商公会以及宝庆五属船帮之间无法协整合作的事实,正反映地方政府无力直接管理和征派民船的状况,然而面对庞大运输需求的客观存在,地方政府也不得不放任多个民船同业团体的自主行动和互不相容。1931年颁布的全国性《民船船员工会组织规则》和1940年湖南地方政府修订的《帆船船员工会组织规则》,在政府治理能力有限的现实面前,变成民船业同业团体之间竞争缠斗的法规工具。

值得一提的是,湘潭民船船员同业工会与船舶商业同业公会的会员之争,直指船主的职业身份性质到底是船商还是船工这一问题。最终根据湖南省政府的依法判定,船主应当以个人名义加入船员工会,而船商公会应以公司、行号或经官厅登记发给牌号之船商为会员。这一判定,为历来被视为江湖匪盗、漂泊不羁的

[①] 参见《为筹备成立宝庆五属船民事务所恳予备案由》(1947年10月13日),湘潭县档案馆藏,湘潭县地方法院档案,档号16-1-1803-1,第121—123页;《为呈转宝庆五属码头请准恢复指令只遵由》(1947年10月20日),湘潭县档案馆藏,湘潭县地方法院档案,档号16-13-133,第117—118页。

船民群体[1]重新编订了身份基调,致使大多数船主以工人的身份进入新政权的各种社会改造运动中。[2]

第四节 本章小结

相较于抗战之前,全面抗战时期和战后复员时期是促成战争

---

[1] 抗战前后,涉及湖南民船船户盗窃的案件不在少数,由于大多雇船主认为船户偷窃者多,其中不乏因这种刻板印象而错误预判船户盗窃的案例。参见《湘潭人船户吴德贵、张忠义、贺春吉等窃盗案》(1939年12月25日),湘潭县档案馆藏,湘潭县地方法院档案,档号16-8-7719,第2—3页;《湘潭盐务局函请追缴船户张忠义亏欠盐斤拘案函呈》(1939年10月19日),湘潭县档案馆藏,湘潭县地方法院档案,档号16-8-5255,第2页;《武昌人向求明(驾船业)侵占案》(1940年3月27日),湘潭县档案馆藏,湘潭县地方法院档案,档号16-8-9355,第2—3页;《湘阴人胡茂初(驾船)、郭美华、长沙人李燮卿侵占及脱逃案》(1940年9月27日),湘潭县档案馆藏,湘潭县地方法院档案,档号16-8-10944,第4—5页;《盐务分局函送掺和船户左梓江》(1943年),湘潭县档案馆藏,湘潭县地方法院档案,档号16-8-5261;《四川人架船周汉卿等盗窃案》(1948年),湘潭县档案馆藏,湘潭县地方法院档案,档号16-8-7887。

[2] 进入20世纪50年代,中华人民共和国新政权在部分水域开展民船民主改革运动,水上社会改造运动打击和肃清了民船航运业中大批被认定为"封建把头"、"会道门"或"帮派"等反动分子,初步建立起水上基层组织和专门管理机构。参见田蕊《"水上"的故事:1950年代的上海市水上区》,《史林》2015年第2期;刘诗古《从"化外之民"到"水上编户":20世纪50年代初鄱阳湖区的"民船民主改革"运动》,《史林》2018年第5期;黄向春《身份、秩序与国家——20世纪50年代闽江下游地区的"水上人"与国家建构》,《开放时代》2019年第6期;任云仙《1952—1953年江西省水上民主改革研究》,《当代中国史研究》2019年第6期;黎心竹《水域政区化:新中国水上民主改革的历史透视(1950—1955年)》,《当代中国史研究》2019年第6期;郭玮《1949—1958年卫运河船民融入集体的历史进程》,《当代中国史研究》2020年第2期。20世纪50年代之后,各地组织民船成立运输社,后来改造为船运公司,属于集体企业,大部分船民由此成为非农户口,退休后享受集体企业职工退休待遇。如白沙村陈氏宗族大多数有驾船技术的族人加入湘乡的运输社,后又进入湘乡运输公司。参见湖南省地方志编纂委员会编《湖南省志》第10卷《交通》,第520—521、553页;湘潭县地方志编纂委员会编《湘潭县志》,第508页;2020年7月7日与湘乡潭市镇白沙村前任村长陈定华微信访谈记录。

前线民船同业团体和船员身份转变的关键时段。在战争前线，国民政府面对的是动荡不安的社会人群和工商同业团体，如何控制和利用社会资源，成为持久抗战的重要问题。抗战后期，前线军政机关变通统制政策，尽力登记和掌握湖南民船同业团体和船员个体，与船员工会等民船同业团体建立起上下畅通的直接沟通机制，由此落实征派船只的政策。战后行业内代表权的争执，根本原因在于政府利用多种民船同业团体应差，以求迅速重建社会管理秩序和经济运行秩序。借由民船船主运用新的理念、政府法规和职业身份来处理行业纠纷，国民政府在战前和战时颁布的民船业相关法规，也在复员时期真正得到普遍落实。战争和战后的时局状况，促成了同业团体的急遽转变。

从同业团体的历史来说，非常时期的民船同业团体表现出非同寻常的韧性与能力。综观湖南民船同业团体的发展历史，向来不如长江上游和长江下游民船同业团体具有组织性，也比不上其他工商业同业团体富有、先进。[1]但在战争前线，民船同业团体在政府经济统制政策失效的状况下迅速成长，发挥自治组织能力，积极应对军政征派需求，维护水运秩序，保护船民利益，逐渐与政府、军队建构起一套行之有效的机制，并成为军政机关与流动船民之间的合法中间人。战后复员阶段，民船同业团体之间的利益纠纷，以及纠纷中引入的"共党"指摘和法规解释，呈现出日常状态下基层政经斗争的一面。在获得政府赋权之后，民船

---

[1] 参见邱澎生：《国法与帮规：清代前期重庆城的船运纠纷解决机制》，邱澎生、陈熙远编：《明清法律运作中的权力与文化》；范金民：《清代刘家港的豆船字号——〈太仓州取缔海埠以安海商碑〉所见》，《史林》2007年第3期；范金民：《清代前期上海的航业商》，《安徽史学》2011年第2期；〔日〕松浦章『清代上海沙船航運業史の研究』，関西大学出版部2004年版。

同业团体组织者又暴露出盘剥船民以攫取利益的船帮把头底色。近代同业团体的复杂面貌,由湖南民船同业团体及其组织者表现得淋漓尽致。

从船民的视角来看,抗日战争时期是船民社会身份重新确立的决定性时机。船民为了运营谋生,历来皆需借助某种船运中介,不论是加入某籍船帮,或是被纳入某一民船同业团体,从来不曾逃离行业组织、市场机制或行政体制的结构之网,但凭其天生的流动性,一直保持较大的自主空间,却因此被污名化为"江湖匪盗"。船主作为选择在战争前线谋求生存的底层民众,在国难当前的紧要关头,为军民运输和后方稳定承担起交通运输的工作,获得了政府的认可。经历战时军差民运和战后复员运输中的身份合法化和组织体系化,以往被认为是江湖帮会、流动不羁的船民群体,转变成为支援抗战、协助复员的船运工人和同业工会成员,实现了职业身份和阶级身份的重新定调。

下 编
江湖流声：长江中游船民们的声音

图 11　必清公神像（湖南湘乡潭市镇白沙村陈华强家供奉）

第七章

工资与伙食：船民账簿中的日常生活

湖南省湘潭县航运公司于2006年破产后将全部档案卷宗移交湘潭县档案馆，其中包括9册1934年至1953年间湘潭船民的线装本手抄账簿，档案馆编写案卷时根据账簿来源和账簿封面题名，定名为"湘潭县木帆社"（7册）和"湘潭县航运公司"（2册）[1]。这9册船民账簿皆为原始账本，推测书写者都是自己拥有

---

[1] "湘潭县木帆社"（7册）包括《无名氏船户1934江河总簿》（页侧边写记"甲戌廿三年江河"）、《无名氏船户1937年出入数簿》（封面记有"戊子年""丙戌年"）、《已逸名船户1946年记工簿》、《贺鸿发1948年出入工数簿》（封面题"出入工数""贺鸿发""戊子年"）、《贺鸿发1950年出入工数簿》（封面题"出入工数""贺鸿友""庚寅三十九年"）、《贺鸿发1950年河江总簿》（封面题"河江总录"）、《贺谷生1952年出入工数簿》（封面题"出入工数""公元一九五二年寅辰""贺谷立"）。"湘潭县航运公司"（2册）包括《湘潭易俗镇造船厂工会1953年出入数簿》（封面题"出入数""五三年癸巳""一组"并盖有"湖南省湘潭造船业委员会"印章）和《湘潭易俗镇造船厂工会1953年伙食簿》（封面题"火食簿""湘潭易俗镇造船工会""公元一九五三年"）。其中，《无名氏船户1937年出入数簿》封面记"戊子年"为1948年、"丙戌年"为1946年，而该册中"九月十弍日"一页显示当时已经使用金圆，金圆券为1948年8月19日发行，另外，与《贺鸿发1948年出入工数簿》进行人名对照，可以断定该册并非如档案封面所写的是1937年的出入数簿，而是1948年的记录，为避免混乱，本书引用时一律写为"《无名氏船户1937年出入数簿》（1948）"。

船只的船主或船厂主,如其一为"易俗河小河口的贺鸿发船厂"。这9册账簿经整理共有74,000余字,以汉字、苏州码记录,辅以过、过数、人、〇、Θ、△等常见的记账符号①,主要记录收入和支出流水账,雇工人名、工数、工资和收付账目,伙食花费和其他消费开销,还包括数份雇工契、修钉船只和造订新龙船契据的内容,另有落款时间为1953年、1954年、1957年的零散单据数纸夹杂其间。概括起来,这9册账簿的内容涉及船主和船工的日常经济生活和社会关系等信息。

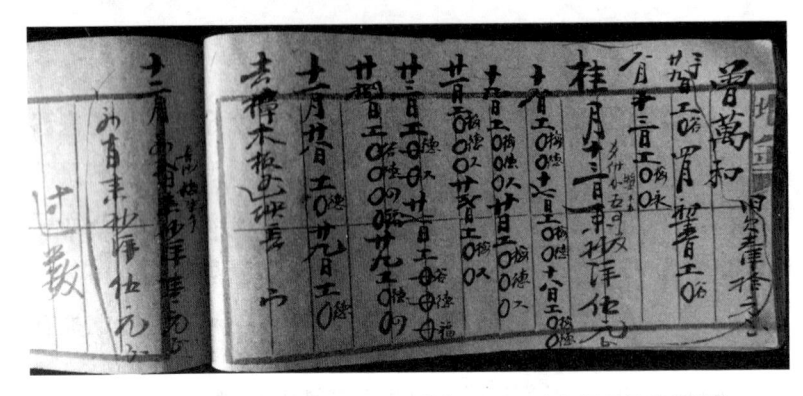

图12 《无名氏船户1934江河总簿》之一页(湘潭县档案馆藏)

民间发现的账簿资料,特别是具有较高史料质量或特色的账簿资料可遇不可求。民间商业账簿保留了当时商业活动中生动具

(接上页)据湘潭县档案馆馆长谭静江先生称,湘潭县木帆社是1956年左右公私合营成立时的名称,后来也称帆运社、航运公司、湘潭轮船运输公司等名称,2006年湘潭轮船运输公司企业破产,档案全部移交该档案馆,那几册船民账本是夹杂在零散文件中来的,大约是公私合营或者阶级斗争时收上来的,具体不太清楚。

① 这些符号的含义与徽州文书中出现的相同符号的含义类似。参考方孝坤:《徽州文书俗字研究》,人民出版社2012年版;蒋勤、曹树基:《清代石仓农家账簿中数字的释读》,《社会科学辑刊》2016年第5期。

体的经济信息、工商业经营活动中的各种商业制度与机制以及更为可靠的经济数据。①农家的账簿则反映普通民众的生计模式和生活水平,邵鸿、黄志繁、王振忠、刘永华、蒋勤等学者先后利用农家账簿进行日常生活史和社会经济史研究,直观地展现账簿主人及其生活时空的具体样貌。②与这些学者研究的账簿比较而言,湘潭船民的账簿虽然数量较少、内容较简单,却是这类账簿初次出现在研究者的视野中。这批账簿具有三个方面的鲜明特别之处:一是记录者为不同于商人和农户的职业船民,二是涉及地区为远离沿海沿江大中城市的长江中游湖南地区,三是记录时代为抗日战争至中华人民共和国建立初期这一特殊时期,所以这批账簿本身具有显见的史料价值,其中透露的信息也很值得详加考

① 参见袁为鹏:《商业账簿史料对社会经济史研究的意义》,《中国社会科学报》,2015年1月28日;马木池编:《北海贞泰号1893—1935年结簿》,香港科技大学华南研究中心2003年版;袁为鹏、马德斌:《商业账簿与经济史研究——以统泰升号商业账簿为中心(1798—1850)》,《中国经济史研究》2010年第2期;彭凯翔:《近代北京货币行用与价格变化管窥——兼读火神会账本(1835—1926)》,《中国经济史研究》2010年第3期;刘秋根、杨帆:《清代前期账局、放账铺研究——以五种账局、放账铺清单的解读为中心》,《安徽史学》2015年第1期;李锦彰:《晋商老账》,中华书局2012年版;朱德兰:《长崎华商——泰昌号、泰益号贸易史(1842—1940)》,厦门大学出版社2016年版。
② 参见邵鸿、黄志繁:《19世纪40年代徽州小农家庭的生产与生活——介绍一份小农家庭生产活动日记簿》,《华南研究资料中心通讯》第27期,2002年4月;黄志繁、邵鸿:《晚清至民国徽州小农的生产与生活——对5本婺源县排日账的分析》,《近代史研究》2008年第2期;王振忠:《明清以来的徽州日记及其学术价值》,国家图书馆古籍馆编:《第二届地方文献国际学术研讨会论文集》,中国国家图书馆出版社2009年版;王振忠:《排日账所见清末徽州农村的日常生活——以婺源〈龙源欧阳起瑛家用账簿〉抄本为中心》,《中国社会历史评论》第13卷,天津古籍出版社2012年版;刘永华:《从"排日账"看晚清徽州乡民的活动空间》,《历史研究》2014年第5期;刘永华:《小农家庭、土地开发与国际茶市(1838—1901)——晚清徽州婺源程家的个案分析》,《近代史研究》2015年第4期;蒋勤、高宇洲:《清代石仓的地方市场与猪的养殖、流通与消费》,《中国经济史研究》2019年第3期。

究。本章即以这批船民账簿为中心，对账簿中记录的货币和物价数据、船民工资等信息进行统计分析，并辑录、分析账簿中记录的各种罕见契据，在此基础上，展现这一时期湘潭船民的生计状态、经济生活与社会关系。

第一节 20世纪中叶湘潭的民船航运业

1929年，湖南全省地方自治筹备处湘潭县调查办公处发起和执行户口调查，调查结果汇集刊印在《湘潭县调查汇刊》中。这次调查制定的户口调查表共有四种，包括普通户口、船户户口、寺庙户口、公共处所户口，调查内容包括壮丁学童、蓄辫缠足、是否国民党员、宗教信仰、身体状况、形迹行为、居住方式等方面。调查结果显示，湘潭船户总共792户，男2960人，女831人，其中特别说明2630名男性和95名女性船户属于有职业的人员。① 需要注意的是，外出运输和外地船只皆不在此统计范围内，当时实际在湘潭各码头从事商贸运输活动的船民应当在此数据的数倍以上。

根据第五章和第六章的内容，我们了解到，长江中游民船航运业在20世纪30至50年代经历了不少风浪和起伏。抗日战争时期，湘北数度会战，民船船工被征派抢运军需物资、护送军队伤员，民船毁伤惨重。抗战胜利后，全国复员紧迫，民船运输迅速复苏，湘潭的民船航运业显现短暂的繁荣。国共内战时期，湘江及其支流沿河设卡征费，科目繁多，由于政府时常下令"扫船

---

① 参见湘潭县地方自治筹备处编：《湘潭县调查汇刊》，第7页。

第七章　工资与伙食：船民账簿中的日常生活　223

备用军差"，船民还需继续提防被抓壮丁。据湖南省水警局调查，境内帮派复活，除"青帮""红帮"外，有黔帮、广帮、江帮、湘乡帮、十八罗汉帮、三十六友、关刀会等诸多帮派，压榨船民。运输商行与帮会组织勾结，剥削船民，凡本埠船只，都要到商行登记，船民运货，必经商行办理手续，提取运费总额的8%至15%作为商行报酬，否则扣押罚款。据1948年的统计，湘潭县境内民船共3663艘，载重能力仅剩29,895吨，破败停航比比皆是，民船业处于衰颓状态，湘潭商业市场萧条。[①] 从民国时期湘潭县政府档案、商会档案和民船业相关档案的内容来看，湘潭民船航运业的从业船商、船主和船工的社会经济结构继承传统时代的船帮组织结构，在抗日战争前后陆续申请成立湘潭民船航运商业同业公会、湘潭县民船船员工会、湘潭造船业同业公会、湘潭造船业职业工会、湘潭县划业职业工会等等十余种民船业同业团体，档案中呈现的劳资纠纷、帮派斗争相当复杂。

1951年1月1日，湘潭县民船工会成立，下设石潭、易俗河、姜畲、南北塘、云湖桥、株洲、三门、朱亭八个支会。同年10月，湖南省民船联运社成立湘潭支社，管理民间运输业务，取缔非法中间剥削，保障船民合法权益。[②] 新成立的民船联运社，执行统一货源、统一调度、统一运价的"三统政策"，船民抵港，向联运社报道，登记船民姓名、船型、载重吨位、行驶航线、停泊码头，由运务人员挂上调配牌，按先后依次候调，如货源批量大，组织若干民船编成船队或小组，受载后，以队启航，航行中

---

① 参见湘潭市交通志编纂委员会编：《湘潭市交通志（1980—2002）》，湖南人民出版社2006年版，第328—329页。
② 参见湘潭县地方志编纂委员会编：《湘潭县志》，第508页。

互相帮助，保质保量，以策安全。运费由联运社统收，分船结算，一次付款。联运社的成立，使水上运输管理得到加强，民船数量与运量大增，运输生产迅速增长。[1]1952年，湘潭支社易名湘潭分社，次年又易名为湖南省内河航运管理局湘潭中心站，下设七个民运站，五个办事处，负责组织货源，调配运力，结算运杂费等。[2]可见，中华人民共和国建立初期，湘潭民船运输业经历了一个复杂的重新组织、加强管理的过程。

1953年初，湘潭市、湘潭县、湘乡县均成立水上民主改革工作委员会，开展水上民船民主改革运动。湘潭市、县有各种民船3328艘，船主、船民6885人，湘乡县有民船774艘，船民船工2956人，参加民主改革运动，进行水上"镇反"，清除水上恶霸，取缔"把头""行帮"，烧毁契约执照，退还各种押金，建立民船工作委员会和水上治安委员会。1956年，在合作化和社会主义改造高潮中，根据湖南省人民委员会《关于加速民船社会主义改造工作的规划意见》，是年1月26日，湘潭专属民船改造办公室成立。湘潭市、县及湘乡县进行民船社会主义改造，积极筹划民船运输合作社，广泛宣传，发动船民自愿申请，组织批准入社。以县为单位组建的高级民船运输合作社，经济性质为社会主义集体所有制，3月到6月，湘潭市、湘潭县、湘乡县三家民船运输合作社先后诞生，入社船只2488艘26,598吨，社员总数4725人。船民入社的船只工具，经民主评定，折价入股，分期还本付息，社员收入实行按劳分配。至此，民船的生产运输，结束

---

[1] 参见湘潭市交通志编纂委员会编：《湘潭市交通志（1980—2002）》，第329—330页。

[2] 参见湘潭县地方志编纂委员会编：《湘潭县志》，第508—509页。

私有制,走上集体化的道路。① 本章整理与分析的9册船民账簿,以"湘潭县木帆社"为案卷封面题名的7册应该为1953年民船运输合作社成立过程中搜集到的船民私人早期账簿,而以"湘潭县航运公司"题名案卷封面的2册易俗镇造船厂工会账簿大概在民船运输合作社成立后搜集得来。

第二节 船民账簿中的货币与物价信息

20世纪30年代至50年代是中国币制建立的时期,也是货币使用混乱和通货膨胀严重的时代,船民在账簿中记录的第一手的货币使用信息,对于了解地方货币流通和全国币制尤为珍贵。清末至民国年间,湘潭县流通银元,亦称光洋、银洋,据1934年湖南经济调查统计:湘省银元数额777.73万元,其中湘潭35.6万元,占全省银币总量的4.6%。1935年11月,国民政府实行法币制度,禁止银元流通,但湘潭县内商民仍多以银元交易。抗日战争爆发后更是如此,湘潭作为湘北和西南数省之间重要的交通枢纽及物资集散地,金属货币愈益集中,成为西南数省及武汉商人议买银元的场所。当时,武汉、长沙、广州等地的银元价格也受湘潭行情左右。各埠收买银币的钱商,纷纷来湘潭采购银元。1946年,银洋每元换法币由1400—1500元涨至2200—2300元。1947年5月,银元价格再度暴涨。1948年8月19日,国民政府以金圆券取代法币,但不久后,金圆券贬值厉害,政府无法控制。乡间交易全用银币,商品买卖、工资发放一律以银元

---

① 参见湘潭市交通志编纂委员会编:《湘潭市交通志(1980—2002)》,第330—331页。

计算。时人称湘潭为"白银世界"。直至1949年后一段时间,银元才被人民币取代,在湘潭市场上逐渐消失。①

1995年版《湘潭县志》为我们提供了一组物价与通货膨胀的信息:1937年抗日战争爆发,物价开始上涨。以大米(中等米)为例,1936年1月,每石(74公斤)法币6.4元,1940年7月上涨到13元。抗战结束后,民国政府滥发纸币,物价飞涨。1947年4月3日,一石大米价涨到6.7万元,1948年8月19日暴涨到2900万元,比1936年1月上涨453万多倍。1948年8月,县内开始流通金圆券,当时核定每石中等大米价18.5元,到1949年1月10日即涨到580元,到5月涨到每石2100万元,比1948年8月上涨113.5万倍。中华人民共和国建立后,湘潭县人民政府将大批物资投放市场,同时降低布价,提高粮食收购价,打击投机倒把,市场物价很快稳定。②

1946年湘潭船民在记账时,就已经注意到法洋与光洋之间的比价,之后随着通货膨胀、物价上涨现象显著化,各船民在记录工资、物价等收支明细项目时常常同时记下两种货币的数目。这批账簿中留下了140多条1946年至1950年货币比价的记录,包括1946年至1948年法洋与光洋比价(表13)、1948年金圆(券)与光洋比价(表14)、1950年旧人民币与光洋比价的数据(表15)。

表13　1946年至1948年法洋与光洋比价

(单位:元)

时间(农历)	法洋:光洋	比价	时间(农历)	法洋:光洋	比价
1946年1月19日	1000:1	1000	1946年7月24日	14,500:10	1450
1946年1月19日	900:1	900	1946年7月26日	14,500:10	1450

① 参见湘潭县地方志编纂委员会编:《湘潭县志》,第600—601页。
② 同上书,第633页。

续表

时间（农历）	法洋：光洋	比价	时间（农历）	法洋：光洋	比价
1946年1月19日	40,000：40	1000	1946年7月27日	32,900：22	1495
1946年1月28日	2000：2	1000	1946年7月29日	1780：1.2	1483
1946年2月2日	34,000：34	1000	1946年8月5日	14,500：10	1450
1946年2月2日	5500：5.5	1000	1946年8月11日	14,500：10	1450
1946年2月11日	10,000：10	1000	1946年8月18日	15,500：10	1550
1946年2月17日	2000：2	1000	1946年8月21日	7600：5	1520
1946年2月20日	27,000：27	1000	1946年8月21日	3040：2	1520
1946年2月20日	2000：2	1000	1946年8月23日	18,240：12	1520
1946年2月21日	5000：5	1000	1946年8月24日	1500：1	1500
1946年2月27日	5000：5	1000	1946年8月24日	9000：5	1800
1946年2月28日	2000：2	1000	1946年8月24日	4500：3	1500
1946年2月29日	3500：3.5	1000	1946年8月24日	7500：5	1500
1946年2月29日	4000：4	1000	1946年8月25日	15,300：10.2	1500
1946年3月11日	10,000：10	1000	1946年8月29日	40,500：27	1500
1946年3月14日	25,000：25	1000	1946年9月1日	98,500：65	1515
1946年3月14日	10,500：10	1050	1946年9月2日	45,600：30	1520
1946年3月15日	2500：2	1250	1946年9月6日	20,000：13	1538
1946年3月16日	3100：3	1033	1946年9月9日	10,900：7	1557
1946年3月16日	1000：1	1000	1946年9月15日	164,000：60	2733
1946年3月21日	3600：3	1200	1946年9月15日	190,000：100	1900
1946年3月25日	1250：1	1250	1946年9月15日	330,000：174	1896
1946年4月2日	1500：1.3	1154	1946年9月22日	4400：2.5	1760
1946年4月2日	10,000：8	1250	1946年9月23日	10,800：6	1800
1946年4月3日	1000：0.8	1250	1946年9月23日	6000：3.15	1905
1946年4月3日	500：0.45	1111	1946年9月28日	250,000：137	1825
1946年4月4日	4000：3.6	1111	1946年9月29日	4000：4	1000
1946年4月4日	3000：2.7	1111	1946年10月14日	1800：1.5	1200
1946年4月8日	3750：3	1250	1946年10月15日	30,000：13	2308
1946年4月13日	13,000：10	1300	1946年10月16日	17,700：8	2212
1946年4月16日	7000：5	1400	1946年10月16日	17,700：8	2212

续表

时间（农历）	法洋：光洋	比价	时间（农历）	法洋：光洋	比价
1946年4月22日	13,400：10	1340	1946年10月19日	13,600：6	2267
1946年4月22日	1200：1	1200	1946年10月27日	6800：6	1133
1946年4月23日	6500：5	1300	1946年10月29日	22,600：11.75	1923
1946年4月26日	3900：3	1300	1946年11月3日	60,000：26.6	2256
1946年4月28日	13,000：10	1300	1946年12月7日	4000：1.5	2667
1946年5月3日	6500：5	1300	1946年12月10日	13,500：5	2700
1946年5月13日	3000：2.5	1200	1946年12月14日	112,000：38	2947
1946年5月14日	3400：2.5	1360	1946年12月30日	7000：2	3500
1946年5月17日	1000：0.8	1250	1948年2月9日	2,500,000：10	250,000
1946年5月28日	14,000：10	1400	1948年3月1日	3,000,000：10	300,000
1946年6月27日	67,300：50.8	1325	1948年3月25日	450,000：0.98	459,184
1946年7月2日	2600：2	1300	1948年4月16日	670,000：6	111,667
1946年7月3日	1950：1.5	1300	1948年5月2日	660,000：1	660,000
1946年7月8日	18,,000：13.8	1304	1948年5月4日	700,000：1	700,000
1946年7月19日	13,500：10	1350	1948年6月6日	3,600,000：2	1,800,000

根据《已逸名船户1946年记工簿》《贺鸿发1948年出入工数簿》制作。

表14　1948年金圆券与光洋比价

（单位：元）

时间（农历）	金圆券：光洋	比价
1948年8月24日	3：1.5	2
1948年9月12日	29.5：17.7	1.67
1948年9月12日	125：50	2.5
1948年9月22日	85：24	3.54
1948年9月22日	3：0.5	6
1948年10月17日	12：0.8	15
1948年11月9日	24：1	24
1948年11月21日	10：0.3	33
1948年12月20日	80：1.125	71
1948年12月26日	55：0.3	183
1948年12月30日	120：0.3	400

根据《贺鸿发1948年出入工数簿》制作。

表15　1950年旧人民币与光洋比价

（单位：元）

时间（农历）	人民币：光洋	比价	时间（农历）	人民币：光洋	比价
1950年2月7日	28,000：2	14,000	1950年9月11日	60,000：4	15,000
1950年3月3日	15,000：1	15,000	1950年9月14日	11,800：0.776	15,206
1950年3月5日	30,000：2	15,000	1950年9月14日	9750：0.65	15,000
1950年5月4日	12,000：1	12,000	1950年9月23日	560,000：34	16,500
1950年5月4日	15,000：1	15,000	1950年10月14日	85,000：5	17,000
1950年5月4日	10,500：1	10,500	1950年10月14日	85,000：5	17,000
1950年5月6日	23,000：2	11,500	1950年10月27日	14,400：0.88	16,364
1950年5月7日	28,000：2	14,000	1950年10月28日	50,000：3	16,667
1950年5月30日	13,000：1	13,000	1950年10月29日	50,000：3	16,667
1950年5月30日	13,000：1	13,000	1950年11月21日	270,000：15	18,000
1950年5月30日	13,000：1	13,000	1950年11月29日	85,000：5	17,000
1950年6月15日	10,000：0.77	12,987	1950年12月6日	17,000：1	17,000
1950年6月20日	13,000：1	13,000	1950年12月6日	51,000：3	17,000
1950年6月20日	6500：0.5	13,000	1950年12月22日	34,000：2.1	16,190
1950年7月3日	6200：0.5	12,400	1950年12月28日	28,700：1.8	15,944
1950年7月3日	6200：0.5	12,400	1950年12月29日	16,200：1	16,200
1950年7月16日	13,500：1	13,500	1950年12月29日	16,000：1	16,000
1950年7月23日	10,000：0.7	14,286	1950年12月29日	160,000：10	16,000
1950年8月9日	14,000：1	14,000	1950年12月30日	16,000：1	16,000
1950年8月9日	14,000：1	14,000	1950年12月30日	160,000：10	16,000

根据《贺鸿发1950年出入工数簿》《贺鸿发1950年河江总簿》制作。

由表13、表14、表15的内容可见，法洋在1946年初与光洋的比价为900：1、1000：1，1946年内逐渐贬值，至1946年10月15日贬值为2308：1，到1946年底贬值到3500：1，到1948年年初2月，法洋已经大幅贬值到250,000：1，之后贬值幅度已无法控制。1948年8月19日，政府以金圆券代替法币。1948年8月24日，船民账簿记录中出现金圆与光洋比价为3：1.5，随后，金圆也迅速贬值,至该年年底的4个月内,金圆贬值200倍。中华人民共和国成立后,政府发行人民币。1949年8月湘潭和平政权过渡,湘潭县成立中国人民银行支行,统一货币。湘潭军事管制委员会发布命令,禁止银元流通,统一使用人民币。[1]1950年,船民账簿中写成"券洋""人币洋""人巾洋""人民洋"的货币应该都是人民币,从1950年一整年的情况来看,人民币与光洋的比价相对稳定(参见表15)。然而船民在计算工资时,在交易货物时,还是常常选择光洋作为支付货币,到1951年初仍然有使用光洋的零星记录。在经历了1948年之后法币和金圆券的疯狂贬值和通货膨胀后,船民在日常经济生活中的货币选择表现为更为信任光洋。这种态度到1953年已经明显转变,人民币成为工资结算和商业活动的唯一货币,之前货币体系极其混乱的局面终于结束。

在货币信息之外,账簿中记录的物价信息,反映了船民日常生活中的消费结构,包括船民的食物结构、生活物资、生产资料以及其他花费。经过整理与统计可见,9册账簿中包含采买货物、伙食物资、生活花费、税费支出的大量信息,其中记录下物价信息共有600多条,主要项目有米(米、谷、粹米等)、黄豆、盐(子盐、精盐)、糠、生猪、猪肉、石灰、桐油、油(板油、茶油、花油等)、蔴巾、蔴绒、木材(杉木、樟木、楠竹、板子等)、糟谷、鱼、油灰、钉子,除此之外,不超过3条价格记录的项目有茶叶、法饼、酒、烟、麦弯、豆豉、菜油、面、虾、南

---

[1] 参见湘潭县地方志编纂委员会编:《湘潭县志》,第600、602页。此时使用的人民币为第一套人民币,即旧人民币。1955年3月1日中国人民银行发行第二套人民币,即新人民币。以1元新币等于10,000元旧币折算,故旧人民币币值较小,以下表格数据不再重复说明。

粉、糖、鸭、萝卜、蛋豆、班椒、猪头、冬瓜、油豆腐、豆芽菜、白菜、白薯、葱等食物，柴、洋油、水斗、棉枯、笔、衣刷刷把、铁货、篾席、扫把、布、袜子、鞋子（套鞋、草鞋、木屐）、菜篮、茶壶、锅子、伞、棉花、香、纸、筷子等生活用品，秀油、桨、舵等生产物资，还有照相、送信、读书等花费，记录相对零星。这些物价记录说明，船民以粮食为主要食物，每年消费猪肉不超过4次（参见表16），每年消费鱼肉不超过3次（参见表17），其他菜肴、副食品等则极少消费。

表16　湘潭猪肉价格（1946—1953）

时间（农历）	数量（斤）	价格（元）	单价（元）
1946年7月7日	3	法洋2280	760
1946年7月29日	3.4	法洋3640	1070.59
1948年12月10日	5	光洋1	0.2
1948年12月20日	4.5	光洋1	0.22
1948年12月20日	4.5	光洋1	0.22
1948年12月30日	4	光洋1	0.25
1950年2月23日	3.2	光洋1	0.31
1952年12月29日	8.4	人民币11,000	1309.52
1953年3月15日	1.4	人民币5500	3928.57
1953年9月14日	1	人民币5600	5600
1953年9月17日	1.2	人民币6000	5000

根据《已逸名船户1946年记工簿》《贺鸿发1948年出入工数簿》《贺鸿发1950年出入工数簿》《贺鸿发1950年河江总簿》《贺谷生1952年出入工数簿》《湘潭易俗镇造船厂工会1953年出入数簿》及《湘潭易俗镇造船厂工会1953年伙食簿》制作。

表17　湘潭鱼价格（1946—1953）

时间（农历）	数量（斤）	价格（元）	单价（元）
1946年2月29日	3.5	法洋1200	342.86
1948年11月9日	4	金圆15	3.75

续表

时间（农历）	数量（斤）	价格（元）	单价（元）
1948 年 11 月 13 日	15	光洋 2.5	0.17
1953 年 3 月 15 日	1	人民币 2500	2500
1953 年 9 月 13 日	1.2	人民币 3000	2500
1953 年 9 月 14 日	1.3	人民币 4300	3307.69

根据《已逸名船户 1946 年记工簿》《贺鸿发 1948 年出入工数簿》《湘潭易俗镇造船厂工会 1953 年出入数簿》及《湘潭易俗镇造船厂工会 1953 年伙食簿》制作。

另外，湘潭船民账簿中记录下几次造新船或造龙舟的费用。1946 年，方松茂新造大小四十石米的划子一只，收价光洋 240 元，另收材料费光洋 70 元。[①]1953 年，湘潭县下摄司怀古堂造订新龙船一只，易俗镇造船厂收费人民币 64 万元，造船厂工会捐献 21 万元，实收 43 万元。[②]

根据账簿记录的物资的价格数据，湘潭的米、黄豆、盐、糠、生猪、猪肉、石灰和桐油等各类货物物价在 20 世纪 40 年代至 50 年代初的变化并不呈现同步升降的态势，其中的共同点是存在一个 1946 年的高点。

---

① 《已逸名船户 1946 年记工簿》：
方松茂，六月十六日，包新划子壹只，大小四十石米为要，三面议定价光洋式佰肆拾元正，当交信光洋壹元正，又来材料光洋陆拾元正，又来钉口光洋拾元正。凭中人金桂和、张科生等。
② 《湘潭易俗镇造船厂工会 1953 年伙食簿》：
公元一九五三年古四月初十日
兹有本县下摄司怀古堂造订新龙船壹只，双方当面议定，包点工造好，除食用，人巾陆拾肆万元正，我会捐献人巾式拾壹万元正，实系人巾肆拾叁万，双方无得反悔异言，今恐不凭，特书此簿为据。
计批，做好告竣时，壹律兑清。
当交定人巾五万元正。
我会负责人周运元
凭证人 冯炳林、冯德元、徐国安、周盛炳、楚炳生、刘桂林
王春生代立【盖"楚炳生章"三枚。——作者注】

第三节　船民账簿中的船民工资及变化

历史时期船民工作模式与收入一直是个谜,其根本原因,一方面在于船民的工作由于水路环境、水程长短、季节气候等因素的影响,具有极强的变动性,其收入非常不稳定;另一方面是相关文字记载极其罕见。一般来说,船商、船工个体或船行、船帮,皆需加入或组织船队,才能进行中长途客货运输,雇用船工或租雇船只的费用、各个工种的工资、每年工作日数等情况,都很难获知。我们目前仅能从船民碑刻和档案中零星发现一些船民工价的相关资料,无法掌握船民的年收入,但结合这些资料和新发现的船民账簿,我们大概能够了解民船运输的收费方式和船工收入。

清末编印的《湖南商事习惯报告书》记录了清代湖南大部分地区船行和船帮向船户收取的中介费用、民船纳钞供差的费用、民船装载客货的收费情况,其中赁船的资费,根据运载货物类别、重量、上水下水、水程远近等情况,客商与船户就具体航程对运资商议适当定价。例如湘潭船户,运货至汉口,每石约一百四十文;至长沙,每石约四五十文;至郴州,每石约五六百文;至衡州,每石约一百七八十文。而船户自湘潭搭客至汉口,每名约六七百文;至长沙,每名约百余文;至郴州,每名约贰串文;至衡州,每名约三四百文。[①]宣统元年三月二十日,浏阳合邑船总公议广告《船户条规》,其中规定"船户请帮雇工者,必须当面言定力资,以免后日争论",并且强调"中途加请接送帮

---

① 参见湖南调查局编:《湖南商事习惯报告书》,第121—126页。

工者，自某地界起公同妥议工资，开列于后，如违，一经查出，公同处罚"，帮工者"务宜驾船到岸，空货交卸，当面算账，毋得刁难。倘有长支钱文，比即找清。如有不清者，公同处罚。"并且明码标价帮工力资：

（一）议枨市至县给钱五百文。何家湾给钱六百文。

（二）议普迹至县给钱七百文。镇头市给钱八百文。

（三）议金塘至县给钱壹串文。渡头市给钱壹串二百文。

（四）议榔梨至县给钱一串三百文。长沙给钱一串四百文。

（五）议由县一直往外河，必自当面议定。支钱四串文为度。

（六）议小河赴省必自当面议定，支钱贰串文为度。毋得格外多支。①

在这通清末的碑文中，浏阳船总详细制定雇请帮工的方式和帮工的力资，帮工力资以行船水程为依据议定，水程长者工资高，以铜钱结算，船户与帮工之间的雇佣合同应当面确立。碑文亦反映船工的活动范围不限于浏阳县，也不局限于省府长沙。

民船船户、船工的收入和力资相关的资料很少，直至20世纪三四十年代各地建立拖轮公司、轮船公司、民船拨运公司等，地方档案中才留下零星信息。1940年，湖南省茶陵县致远民船转运股份有限公司成立，通过租雇民船和划子来承接商货运输和人货过渡。该公司的营业概算书对其收入和支出进行预算如下：

---

① 参见湖南调查局编：《湖南商事习惯报告书》，第505—506页。

收入门：租雇民船一百艘，承揽商运，每艘每月平均载货五十石，往返二十天，每石运货国币二元五角，每艘月入一百二十五元，合计月入一万二千五百元。租雇划船十艘，载运旅客，每艘每月平均载运旅客十位，水程往返二十天，每位旅费国币八元，每艘月入八十元，合计月入八百元。

支出门：一、民船租金四万八千元，二、篙师工资四万二千元，三、舵工工资三万六千元。本公司租雇民船一百艘，每艘租金月支四十元，每艘篙师一名，月支工食三十五元，舵工一名，月支工食叁拾元。四、划船租金三千六百元，五、划夫工资四千二百元。本公司租雇划船十艘，每艘租金月支三十元，划夫一名，月支工食三十五元。①

由此可见，此时茶陵县民船充当运输船和划船的租金略有不同，民船船主月收租金国币40元，篙师月工资国币35元，舵工月工资国币30元；划船船主月收租金国币30元，划夫月工资国币35元。此处的国币应为光洋，以篙师和舵工的月工资平均计算，日工价为光洋1元左右。

湘潭船民账簿记录的工价都是船主雇用船工的日工价，从船主记录的伙食册以及船工以船为家的工作方式推测，日工价之外船工的食宿由船主提供。1934年至1950年船民工资基本都是使用光洋结算。1950年工资支付开始出现人民币。1952年工资结算基本全部使用人民币，其中一个数据显示工资支付是使用米谷。1953年的记录都以人民币结算工资。从工资结算的货币形

---

① 《湖南省轮航管理处船舶总队部全宗》(1940)，湖南省档案馆，档号86-1-47。

式来看，船工对光洋的认可度较高，账簿资料中的工资支付和各项收支中使用法币和金圆券的情况也有，但特别写明工价时并不以金圆券和法洋为计价单位。

表18　1934年船工日工价

时间（农历）	工价（光洋元）	时间（农历）	工价（光洋元）
1934年2月9日	0.38	1934年8月9日	0.4
1934年3月5日	0.44	1934年8月12日	0.4
1934年3月	0.42	1934年8月25日	0.38
1934年4月1日	0.4	1934年8月29日	0.44
1934年4月10日	0.4	1934年9月21日	0.46
1934年4月12日	0.4	1934年9月23日	0.34
1934年4月14日	0.4	1934年9月	0.33
1934年6月5日	0.3825	1934年10月24日	0.4
1934年6月14日	0.44	1934年11月25日	0.4
1934年6月28日	0.6	1934年11月26日	0.44
1934年7月8日	0.4	1934年11月	0.4
1934年7月22日	0.45	1934年12月4日	0.33
1934年7月29日	0.46	1934年12月20日	0.4
1934年8月3日	0.44	1934年12月26日	0.44
1934年8月3日	0.4		

根据《无名氏船户1934江河总簿》和《无名氏船户1937年出入数簿》（1948）制作。

表19　1946年船工日工价

时间（农历）	工价（光洋元）
1946年3月16日	2
1946年3月23日	12
1946年4月27日	1
1946年5月27日	2.6
1946年6月20日	1.8
1946年8月4日	1.5
1946年8月11日	2
1946年8月11日	1.6

续表

时间（农历）	工价（光洋元）
1946年9月16日	1.5
1946年10月7日	2.4
1946年10月7日	2
1946年12月26日	2.4

根据《已逸名船户1946年记工簿》制作。

表20　1948年船工日工价

时间（农历）	工价（光洋元）
1948年10月17日	0.7
1948年8月7日	0.5
1948年10月11日	0.7
1948年12月23日	0.3
1948年11月21日	0.65
1948年11月21日	0.3
1948年10月5日	0.65
1948年10月5日	0.32
1948年9月20日	0.7
1948年9月20日	0.7
1948年9月20日	0.7
1948年2月13日	0.5
1948年6月12日	0.4
1948年6月12日	0.23

根据《贺鸿发1948年出入工数簿》制作。

表21　1950年船工日工价

时间（农历）	工价（光洋元）
1950年7月8日	0.5
1950年9月14日	0.5［7500人民币］
1950年12月16日	0.25
1950年12月16日	0.2
1950年12月22日	0.25

根据《贺鸿发1950年出入工数簿》《贺鸿发1950年河江总簿》制作。注：1950年9

月 14 日船工工价人民币 7500 元，时人民币与光洋比价为 15,000，人民币 7500 元相当于光洋 0.5 元。

表 22　1952 年船工日工价

时间（农历）	工价（人民币元）
1952 年 5 月 27 日	6666.67
1952 年 5 月 27 日	6000
1952 年 5 月 27 日	7272
1952 年 7 月 20 日	11,180
1952 年 11 月 26 日	8486
1952 年 11 月 27 日	10,000
1952 年 12 月 30 日	12,600
1952 年 12 月 30 日	12,642
1952 年 12 月 30 日	12,583
1952 年 12 月 30 日	12,600
1952 年 12 月 30 日	12,600
1952 年 12 月 30 日	12,600
1952 年 12 月 30 日	12,600
1952 年 12 月 30 日	12,600
1952 年 12 月 30 日	12,600
1952 年 12 月 30 日	12,600
1952 年 12 月 30 日	12,593

根据《贺谷生 1952 年出入工数簿》制作。注：1952 年 7 月 20 日船户工价记为谷 21.5 斤，时谷 520 元 / 斤，相当于旧人民币 11,180 元。

表 23　1953 年船工日工价

时间（农历）	工价（人民币元）
1953 年 2 月 23 日	4857
1953 年 6 月 24 日	12,500
1953 年 7 月 2 日	13,000

根据《湘潭易俗镇造船厂工会 1953 年出入数簿及伙食簿》制作。

1934 年至 1950 年间，湘潭船工的工价在 1946 年有一个上涨的过程，到 1948 年已经回落，1950 年日工资均价跌落到比 1934 年更低。1934 年船工一个工（也就是一日）的平均工价为光洋 0.41

元，最高工价为光洋 0.6 元，最低为光洋 0.33 元。（参见表 18）1946 年船工一个工的平均工价为光洋 1.73 元，最高工价为光洋 2.6 元，最低为光洋 1 元。①（参见表 19）根据第六章的分析，1946 年船工工价大幅提高的原因可能是抗日战争胜利之后，人员物资运输量较大，对船运需求增加，而大量木船在战时损毁，所以船民工价水涨船高。之后工价有所回落。1948 年船工一个工的平均工价为光洋 0.53 元，最高工价为光洋 0.7 元，最低为光洋 0.23 元。（参见表 20）1950 年船工一个工的平均工价为光洋 0.34 元，最高工价为光洋 0.5 元，最低为光洋 0.2 元。其中一个数据显示工资支付使用人民币，以当时货币比价计算，相当于光洋 0.5 元。（参见表 21）1952 年船工一个工的平均工价为人民币 11,071.92 元，最高工价为人民币 12,642 元，最低为人民币 6000 元。（参见表 22）1953 年船工一个工的平均工价为人民币 11,589.25 元，最高工价为人民币 16,000 元，最低为人民币 4857 元。（参见表 23）可见中华人民共和国成立初期，船工工资整体上较为平稳，但也有个别工价很低的情况，低工价背后的原因不得而知。

除了记工簿上关于工资的记录，《已逸名船户 1946 年记工簿》和《贺鸿发 1950 年出入工数簿》、《贺鸿发 1950 年河江总簿》留下了数条船民行船、包船、修船的工资契据，先将船工契约抄录如下：

（一）

今落定，姑乙支光洋十六元，刘福清长年壹载，自五月

---

① 工价光洋 12 元仅出现一次，属于突兀性高价，可能是 1.2 元的误写，故计算时除去这一突兀数据。

初六日起至本年底日正，凭证人李安邦、王春生、周洪盛、王炳高等四人当面议定工资光洋式佰捌拾肆元捌角正。当日支光洋式拾元正，其余陆续交兑。恐口无凭，立此为据。民国三十五年五月廿四日。①

（二）

今落定，二月廿八日，贺蕊梅长年壹载，到三月初一日起至本年年底止，当日凭证人王德明、罗应祥等三面议定工资光洋叁佰元正，期八月中兑式佰元正，又九月底兑壹佰元正，三月十一日支光洋拾陆元正。罗洪昌代笔。②

（三）

今落定，刘国华常年壹载，五月廿四日起至本年年底止，当日凭证人刘云发、罗洪昌等三面议定工资光洋壹佰玖拾元正。③

（四）

今落定，刘国华长年一载，本年三面议定光洋叁佰式十四元○八角。凭证人罗运祥、贺雨梅、刘福清、赵德云。④

从1946年船民工资契约来看，船民出工之前，与船主以文字契约形式确立雇用关系、雇用时段和工价，雇工可以预支部分工

① 《已逸名船户1946年记工簿》。
② 同上。
③ 同上。
④ 同上。

资，并且在雇用期间可以随时支取部分工资，雇用契约的中间凭证人约2至4人，都是当地船民，且常常出现在其他船民账簿中，互相之间具有合作和信任关系。雇工合同记录在船主的账簿中，雇工是否另持契据不得而知。契（一）刘福清按日计算工价为光洋（284.8元/231天=）1.23元，契（二）贺蕊梅按日计算工价为光洋（300元/295天=）1.02元，契（三）刘国华按日计算工价为光洋（190元/213天=）0.89元，契（四）应为刘国华1947年整年的契约，按日计算工价为光洋（324.8元/384天=）0.85元。若与前述1946年平均工价比较，这组数据偏低，但整体上仍比1934年的工价有大幅提高，与1940年茶陵县致远民船转运股份有限公司给篙师和舵工开出的工价接近。

除日工价信息之外，1950年，船户贺鸿发亦记录下包船费用和修整旧船的工钱伙食费，其内容如下：

（五）

刘世华老板，今包到贺鸿发名下柈蓬船壹只，大小柒拾石左右，每石米弍元叁角四分正，加大米石壹拾捌石算结。当收定光洋弍元正。初七日来光洋弍拾叁元正。又来谷叁拾弍石，价3元3，扣光洋105.6元。又来株木弍点，扣光洋20.4元。又来蔴绒洋一元6角。十一月十一日来光洋拾伍元正。十九日来光洋四元正。十二月初一日来光洋玖元正。十二月廿日面结算明。收付两抵下该光洋弍拾伍元四角正。议定现凭五元四角正。三月初四日收洋5元。批明票约弍拾元正，限期来年叁月中兑。①

---

① 《贺洪发1950年出入工数簿》。本书引文中阿拉伯数字由苏州码转写，后文同。

（六）

周汉廷，三月十一日包修整旧划船壹只，包工火食叁拾伍个，每工米陆升正。凭中人石汉池、赵德云、刘清和。当日交米伍斗。廿四日来人民洋伍万元。四月初十日来米伍斗。五月初四来人币叁万肆仟伍佰元。桂月廿五日面结算明共火食工资米弍石壹斗。除收下欠人币洋弍万陆仟伍佰元。①

根据契约（五）可见，船主贺鸿发名下船只的运载量为 70 石（相当于 4.2 吨）左右，贺鸿发除了自行组织船运外，也把船包租给其他船户或商人，赚取租金。据契约（五），贺鸿发的船只出租从事米粮运输，收取光洋 163.6（70×2.34）元的租金，外加米 18 石（1950 年米价均价为光洋 7.11 元/石，18 石相当于 128 元，见表 24），应共收租金 291.6 元，若以六个月计租，平均每月 48.6 元，比 1940 年茶陵县致远民船转运股份有限公司给每艘运船租金月支 40 元稍高。而根据契约（六），当时修理一只旧船，大概费用包括工资和伙食两部分，工资为人民币 111,000 元，伙食为 210（6×35）升米。

与现已公布的同时段其他地区其他行业的工资数据相比，湘潭船民的工价显然不能与企业机关单位职员②、教师③的工资相提并论，但并不比农业、手工业等职业从业者的工资低。黄冕堂编著的《中国历代物价问题考述》中，根据 1934 年出版的《试办

---

① 《贺鸿发 1950 年河江总簿》。
② 参见蔡正雅、陈达：《上海解放前后工资问题史料（上、下）》，《档案与史学》2003 年第 3、4 期。
③ 参见李彦荣：《民国时期上海教师的薪水及其生活状况》，《民国档案》2003 年第 1 期。

句容县人口农业总调查报告》，列出 1933 年全国各地男性农业长工、月工、日工工价，其中 94 个全国各地男性农业日工工价数据的平均值为 0.33 元[1]，1934 年湘潭船工日工价为光洋 0.41 元，可见，湘潭船工日工价高出全国多数农业从业者日工价。另外，该书根据 1935 年出版的《中国经济年鉴（续编）》第十七章《劳工》制作《民国二十四年全国各手工业工人月工工价表》，56 个各类手工业工人月工价数据的平均值为 12.32 元[2]，而湘潭船民当年月工价为 12.3 元，可见湘潭船工工价与大多数手工业者的工价旗鼓相当。据巫宝三的资料调查，1933 年时，农村农场农工工资费用为 83 元，制造业成年工人平均每年工资为 178 元，而平均每船夫年收入数（包括薪资、膳食及津贴）约在 120 元左右[3]。由于船民工作不稳定性较高，不应以日工价推导年收入，所以，工价的绝对值并不能完全说明收入高低和生活水平等问题。

我们还需注意船民的工资收入在湘潭当地的购买力。由于前揭船民工价主要体现的是受船主雇佣为生的船工的日工资（伙食另包），下面以 1934 年至 1953 年的米价、1946 年至 1953 年的猪肉价格为参照，以米 1 石大约等于 120 斤计，对船民工资的实际购买力稍作估算：

表 24　1934 年至 1953 年船工工资的实际购买力

年份	日工价（元）	米价（元/石）	日工价购买力（米：斤）	猪肉价（元/斤）	日工价购买力（猪肉：斤）
1934	0.41 光洋	7.68 光洋	6.41	—	—

---

[1] 参见黄冕堂编著：《中国历代物价问题考述》，齐鲁书社 2007 年版，第 193—197 页。
[2] 同上书，第 203—205 页。
[3] 参见巫宝三：《中国国民所得（一九三三年）》，第 73、108、123 页。

续表

年份	日工价（元）	米价（元/石）	日工价购买力（米：斤）	猪肉价（元/斤）	日工价购买力（猪肉：斤）
1946	2.73 光洋	21.38 光洋	15.32	0.65 光洋	4.2
1948	0.53 光洋	7.96 光洋	7.99	0.22 光洋	2.41
1950	0.34 光洋	7.11 光洋	5.74	0.31 光洋	1.1
1952	11,071.92 人民币	161,051.54 人民币	8.25	1310 人民币	8.45
1953	11,589.25 人民币	153,714.29 人民币	9.05	4843 人民币	2.39

根据《无名氏船户1934江河总簿和1937年出入数簿》《已逸名船户1946年记工簿》《贺鸿发1948年出入工数簿》《贺鸿发1950年出入工数簿》《贺鸿发1950年河江总簿》《贺谷生1952年出入工数簿》《湘潭易俗镇造船厂工会1953年出入数簿》及《湘潭易俗镇造船厂工会1953年伙食簿》制作。

根据以上数据，1946年船工工价上涨确实为船工带来购买力的提高，工价涨幅高于物价涨幅，而到1948年收入又迅速回落，中华人民共和国建国初期大概保持在1948年的购买力水平。相较之下，1925年合江县的木、石、泥、篾工、丝工、职工、店佣、力役等职业中收入最高的店佣和力役，每日工资仅够买米1斤多不到2斤。[①]1934年上海纺织工人的月工资可买米1.19石，相当于142.8斤，平均日工资相当于可买米7.93斤。[②]1934年湘潭船民的工价购买力比合江县工人高出很多，但比上海纺织工人稍低。然而，考虑到船民的长期收入具有不稳定性，日工资均价数额的高低无法与船民的生活质量直接挂钩。

---

① 参见全汉昇、王业键：《近代四川合江县物价与工资的变动趋势》，《"中央"研究院历史语言研究所集刊》第34本上册，1962年。

② 参见王玉茹：《近代中国价格结构研究》，陕西人民出版社1997年版，第161页。

第四节　船民账簿中日常社会经济生活

以上货币换算、物价、工价等数据信息，一部分以流水账形式按时间顺序记录，一部分则附着于以人名为系的内容中。湘潭船民账簿中留下数以百计的零散的人名，以及零星的地名和机构名的信息，反映了船民社会经济生活的重要面向。

船工这种以雇佣工人的形式谋生且长期依赖团队合作的生计模式，决定了船民群体具有天然的商业性与社会性。从湘潭船民账簿记录下的人名来看，每名船主来往的其他船户船工不下数十百名，主要是工资、财物往来的经济关系，也存在少数反映社会关系的人情来往。船民账簿中出现的往来人员姓名及其记工、收付财物的情况，直观地揭露账簿主人（亦即船主）雇用其他船民，或被其他船主雇用、租借船只进行商货运输，或直接参与一些货物的贸易中。根据1930年代的地方史地资料，当地水运从业人员包括以下几种：一是船商船主，拥有船只，雇工行船；二是自己参加大部分劳动的船主，也雇佣部分船工，有较雄厚的资金，自营自运；三是贫苦的船民，二至三人或四至五人合伙购置一只船，资金短缺，靠承运货物，取得运费，以维持生活；四是农村的副业船户，农忙时载运自己的农肥等物资，农闲时装运自己出产的农副产品至外地推销；五是既无船只又无资金的船工。[①]湘潭船民账簿显示，账簿主人大概都属于第一种和第二种，账簿中出现的往来人员姓名则主要属于第三种和第五种。

---

① 参见谭日峰：《湘乡史地常识》，第30页。

账簿内容显示，这几个湘潭船主的航运活动范围包括过山码头（在易俗河镇）、汉口、下摄司、湘潭、河口、长沙、岳州、九总（在湘潭）、靖港、正大码头、大码头（在湘潭）、正泰码头（在易俗河镇），其中离湘潭最远的地点为汉口。总体而言，船主主要活动地点以湘江下游沿岸市镇（下摄司、湘潭、长沙、靖港、岳州）、湘江支流涓水注入湘江的易俗河镇（过山码头、正泰码头）和湘江支流涟水注入湘江的河口镇为中心。

在民国档案中也能找到这批船民的零星记录。1946年12月，湘潭县政府为救济收复区失业船员、加强运输效能，组织民船运输合作社，在湘江流域各县共同组织湘江民船运输合作社一社至四社。①其中，湘潭县易俗河埠、涓江埠的船民姓名可以与账簿中的部分人名对应上，说明这批账簿的主人可能都是易俗河埠的船民。关于这批船民的基本信息，可以参见表25，其中，符桂馥、黄海涛、熊桂清（卿）、符敬溪、李亮庭（廷）、李少安、刘万盛、胡立盛、王顺和、郭洪盛（圣）、曾万和、刘荣发、张洪发、胡长生、汤炳云等人名曾出现在账簿中。

表25 湘潭县甄选民船运输合作社易俗河埠、涓江埠社员名册

姓名	籍贯	年龄	家庭状况	失业原因	住址	通讯处
符桂馥	湘潭	34	父母尚存共三人，赤贫	于二十八年在宜昌被敌机炸毁	颜家洲颜家老屋	易俗河邮转
周俊益	湘潭	45	赤贫，父母存共七人	于衡阳被我机焚毁	易俗河大鑫裕	易俗河邮转

---

① 参见《抄发救济运用民船运输合作救济收复区失业船员办法等件电仰遵办具报由》（1946年12月9日），湘潭县档案馆藏，民国湘潭县政府档案，档号3-1-262，第1—2页。

第七章　工资与伙食：船民账簿中的日常生活　247

续表

姓名	籍贯	年龄	家庭状况	失业原因	住址	通讯处
郭洪发	湘潭	50？45？	父母殁共七人，赤贫	于湘阴被敌折毁	易俗河福和祥	易俗河邮转
黄海涛	湘潭	46？45？	父母殁共三人，赤贫	于衡阳被我机焚毁，衡山失业	万庆药号，祁阳？	易俗河邮转
熊桂清	湘潭	50？45？	父母殁共三人，赤贫	于衡阳被我机焚毁，耒阳失业	民船公会，湘河口船员工会	易俗河邮转
李荣敬	湘潭	53	父母殁共三人	于马垱敌机炸毁	薄荷塘	易俗河福和祥
唐万泰	湘潭	60	父母俱殁	于衡阳被我机焚毁，妻亡船没	锦石	易俗河杨家湾杨治安
符敬溪	湘潭	33？32？	父母存共七人，赤贫	于衡阳被我机焚毁	易俗河	罗大生
尹桂生	湘潭	50	父母俱殁	于衡阳被我机焚毁	易俗河	万庆药号
李亮庭	湘潭	48	父殁母存共五人	于衡阳被我机焚毁	易俗河	福鑫裕
李少安	湘潭	50	赤贫	被陷湘弃业	易俗河	船舶保
王桂秋	湘潭	30	颇裕	被盟机炸毁	易俗河	船舶保
刘万盛	湘潭	50	赤贫	被敌寇折毁	古塘桥	易俗河下渡口
余完盛	湘潭	50	赤贫	被盟机击殁，子亡	易俗河	易俗河船舶保
周子华	湘潭	30	赤贫	被敌击沉	沙荫桥	易俗河大鑫裕
胡连生	湘潭	60	赤贫	—	易俗河	福和祥
胡立盛	湘潭	50	赤贫	—	易俗河	福和祥
王顺和	湘潭	40	赤贫	于株洲炸坏	易俗河	福和祥
郭洪盛	湘潭	50	赤贫	于湘阴被敌寇折毁	易俗河	福和祥

续表

姓名	籍贯	年龄	家庭状况	失业原因	住址	通讯处
曾德和	湘潭	40	赤贫	易俗河我军浮桥桥被折	易俗河	罗大生
曾万和	湘潭	60	赤贫	易俗河我军浮桥桥被折	易俗河	罗大生
刘荣发	湘潭	50	赤贫	?	易俗河	罗大生
张洪发	湘潭	50	赤贫	衡山失业	易俗河	—
尹桂和	湘潭	45	赤贫	于衡阳被寇机炸沉	易俗河	万庆药号
李友才	湘潭	40	赤贫	于衡阳被寇机炸沉	易俗河	万庆药号
严金涛	湘潭	50	赤贫	于衡阳被寇机炸沉	易俗河	万庆药号
徐长生	湘潭	50	赤贫	汉口被机炸沉	易俗河	万庆药号
周福大	湘潭	50	赤贫	耒阳炸沉	易俗河	万庆药号
李敬云	湘潭	50	赤贫	马垱我军塞江	杨溪埠	福和祥
杨广盛	湘潭	60	赤贫	马垱我军塞江	易俗河	福和祥
周晋绅	湘潭	30	赤贫	衡阳浮桥失	沙荫桥	易俗河李正发
胡长生	湘潭	40	赤贫	衡阳浮桥失	易俗河	福和祥
王炳发	湘潭	30	赤贫	衡阳浮桥失	易俗河	福和祥
杨壬秋	湘潭	50	赤贫	衡阳浮桥失	湘潭	十六总中亚香烟号
汤炳云	湘潭	40	赤贫	衡阳浮桥失	易俗河	新街口
张清和	湘潭	50	赤贫	衡阳浮桥失	古塘桥	刘家祠堂
刘润初	湘潭	30	赤贫	衡阳浮桥失	古塘桥	刘家坪
李庆发	湘潭	35	赤贫	衡阳浮桥失	杨溪埠	—
文清德	湘潭	53	—	—	易俗乡	—
文清福	湘潭	57	—	—	—	—

根据《湘潭县甄选民船运输合作社易俗河埠社员名册》和《湘潭县甄选民船运输合作社

易俗河涓江埠社员名册》两表制作。参见《县政府及有关单位关于甄选船员组建湘江民船运输社第一、二社和花石乡（保）合作社选举成立，请贷追债问题的文件材料、办法、名册、会议录》（1946年），湘潭县档案馆藏，民国湘潭县政府档案，档号3-1-262，第63、67—68页。表中标注下划线的人名曾出现在账簿中。

其中，李少安在《已逸名船户1946年记工簿》中有两条记录："（十一月初八日）付李少安人情光洋弌元正"，"（十一月廿九日）付李少安光洋7元"；在《贺鸿发1950年出入工数簿》中有两条记录"（九月初七日）付李少安光洋一元正"，"（九月十六日）付李少安光洋壹元正"。李少安曾于1946年担任湘潭县易俗镇船舶保长，他在1946年3月22日报告称"窃本埠民船于沦陷时损坏极多，光复后恢复营业者为数甚少，以致军差民运，供应维艰，为维持水上交通计，除应差船只由本保负责派遣外，特配备商运船二艘择定船民熊洪发、林桂秋、罗洪昌等专负本市各商店涓湘间货运之责，以便管制，恳请发给货运护照，派警随船护运，以昭性重。其警士薪食由商船担负并恳转呈备案并函知水上警察予以协助，以维商业"等情。该报告由易俗镇公所镇长郭人湘转呈湘潭县县长，郭人湘称："据此查所称各节似属可行。除指复给予临时护照并派警士陈保生携带三八式步枪壹枝（号码17716号）子弹四十五发，随船护运外，理合报请钧府鉴核备案，恳予颁发正式护照并转饬水上警察队予以协助，俾维商业，至为公便。"这项请求获得县长的批准。①

私人账簿与政府档案相印证的人名条目，说明这些船民为湘

---

① 参见《为据船舶保报请发给护照派警维护涓湘间商运一案恳请鉴核备案并给发正式护照转饬水上警察予以协助由》（1946年），湘潭县档案馆藏，民国湘潭县政府档案，档号16-1-1161-1，第93—94页。

潭港籍，虽然工作具有流动性，但常年以湘潭为母港，即便经历战火摧残，仍然留守湘潭，在湘江下游河段运输为业。其中除一人颇为富裕外，绝大多数船民处于赤贫状态，并在战争中受到严重冲击。

另外，账簿中涉及的机构包括地税、公路局、轮渡所、渡口和收取常月费或月费的民船同业组织，说明大部分船民与政府机构和民间同业团体存在社会经济关系。根据已逸名船户、贺鸿发、贺谷生的账簿记录，已逸名船户在1946年5月22日登记有"付常月费光洋一元正"，船户贺鸿发于1950年年底在赵安生名下记录"驳月费5角"，船户贺谷生在1952年8月25日一条下记"四月起，九月止，付月费洋捌仟八佰元"，后又留下5月27日"月费3千"、11月27日"月费洋3千"。结合第六章的讨论，常月费、月费，指的是船户上缴给同业工会的会费，这几条记录说明已逸名船主、贺鸿发、贺谷生都加入了民船同业工会。根据第六章的分析，抗战结束之后，湘潭县存在船舶商业同业公会和民船船员同业工会两个民船同业组织，争相强行拉拢各埠船主入会，强制船主缴纳入会费和常月会费。湘潭县船舶商业同业公会提出"凡在本区域内经营船舶商业者应为本会会员"，提交章程第六章"经费及会计"第卅六、卅七、卅八条规定："本会经费分入会费及月费两种。会员入会费每人国币壹仟元，入会时一次缴纳之。会员月费比例其船只大小分甲、乙、丙、丁四种征收之。（甲）伍百市担以上为甲级，征收常月费国币壹仟弍百元整。（乙）叁百市担以上为乙级，征收常月费国币玖百元整。（丙）叁百市担以下为丙级，征收常月费国币陆百元整。（丁）壹百市担以内为丁级，征收常月费国币叁百元整。"[①] 隔年，又要求入会费和常月费按数各等均提高一倍。[②] 民船船员工会与船舶商业同业公会同样，向船主索要月费，给船民带来较大经济负担。从船民账簿的记录来看，一些船主确实向这些民船同业团体上交了会费，并且这种制度一直延续到1952年，仍然在影响船户的生活。

第五节 本章小结

民间账簿资料是研究中国社会经济史的珍贵的第一手史料，可以用来讨论何种问题，归根结底是由账簿的内容面向及其丰富程度、系统程度决定。本章处理的这批湘潭船民账簿，在体量和内容方面完全比不上统泰升号等商业账簿，也不可与已有扎实深入研究的徽州排日账相提并论，但其在记账人、区域、时代方面具有特别之处，内容虽少但涉及项目还算集中。湘潭船民账簿记录的内容反映，船民在日常经济生活中的货币选择表现为更为信任光洋，到1953年才完全转变为以人民币作为工资结算和商业活动的唯一货币；船民人多家庭状况为赤贫，日常消费相当拮据，以粮食为主要食物，消费猪肉、鱼肉和其他菜肴、副食品的机会极少，但也有零星的文化生活，在照相、送信、读书等方面有所开销；1934年至1950年间，湘潭船工的工价有一个上涨又回落的变化过程，1950年日工资均价跌落到比1934年更低的水平。

---

① 《湘潭县船舶商业同业公会章程》(1946年7月)，湘潭县档案馆藏，湘潭县地方法院档案，档号16-13-133，第93页。
② 参见《为物价高涨收入有限恳请更章增加经费以维会务兹特补具议决案请予鉴核由》(1947年2月19日)，湘潭县地方法院档案，档号16-13-133，第105页。

在货币比价、物价、工资等信息之外，这批账簿还可以用于重构船民群体的社会经济关系网络，作为流动人群的社会结构模式，与定居人群进行比较研究，有助于具体而微地了解历史时期普通民众日常经济生活的体系化面貌。船民账簿中涉及各种基层政府机关、事业机构和同业组织，说明大部分船民生活在政府机构和民间团体紧密的社会经济管控之中。这批难得一见的船民账簿资料为我们提供了许多数据，这些数据背后的行为逻辑具有重要意义，帮助我们想象船民的日常生活，复原他们的衣食住行，了解他们如何应对日常生活以及战乱时期的社会经济困境。

第八章

水神与山神：涟水船户宗族建构话语

笔者在第三章中考察了湖南湘乡涟水河道上以运输为主业的船户的历史。自明代后期直至民国年间，涟水河道长期为陈氏、邓氏和潘氏三个宗族把持。三姓充当埠头，负责管理各埠船户，为官府转运漕粮，并合力共同垄断河道的商旅运输和捕鱼权。清乾隆年间，湖南商贸繁荣之时，涟水上有六七千只倒划船，装载煤矿及客货，秘密走私硫磺。其中陈氏，因其宗祠建于白沙洲，大多数族人也居住于此，在湘乡当地被称为白沙（洲）陈氏。2018年，白沙陈氏启动了修谱活动，至2020年6月的统计，陈氏宗族的男性人口达6000余人。透过水神与山神祖先两种陈氏宗族建构中的话语，本章试图讨论，作为一个以流动性极高的船民为族人的陈氏宗族，如何长期凝聚为一个宗族。

第一节 水神祖先必清公与唱太公仪式

笔者在翻阅《白沙陈氏必元房谱》等几部白沙陈氏房谱时，

发现这些族谱都收录有一篇必清公的行状。必清公为陈氏迁湘三世祖，其溺水身亡成为水神的生平引起笔者的兴趣。《白沙陈氏必元房谱》中的《必清公行状》全文内容如下：

> 必清公，讳醇白，应寿公第二子也。幼遇异人，授以道术，善驱逐精邪，常往来七都山田湾同埠等处。明景泰二年五月二十一夜，成江出蛟，平地水涌数尺，公溺于恩子口。母龙氏终日哭泣，死之第七日示梦云："吾母无庸哀号，男以归水府正神矣，有梅四、李三为将，护卫男身。若思觅男，可铺稿荐于潭市潭湾河边，男随相见。"比醒，具告家人，次早如梦所托之言，公果浮出，面色如生。由恩子口至潭市沂流三十里，吁！非公之神通广大，何以若是！公早岁为盐船舵长，谢世已三年。一日，洞庭波涛大作，船沉无数，公有故人船脱去舵柄出没波际，别船见公坐艄，耀武扬威，船获无恙，晚间泊岸，相与谓曰：如某船陈某，好舵长也。因为具述所见，其人忆公先年曾为舵长，归久未面，骇甚，及至中湘，方知已去世，心益异之。后载总督某往广西，经洞庭，见波浪甚险，述公曾在渠船显灵一事。请焚香礼公，移时浪静风恬。总督后奏明朝仁宗皇帝，封为靖江王。本朝顺治十八年七月初八日，公体族元生云须刊像，族人因刊公像，奉祀至今。大江盐舵亦无不绘公之遗像者。①

---

① 有趣的是，各房族谱的记载存在些微不同之处。在上文引用的下房谱中，必清公殁于景泰二年（1451），不可能获得明仁宗（1378—1425）的敕封；而在中房谱中，"明仁宗"修改为"明英宗"，不巧的是，明英宗于1449年身陷"土木之变"，被俘一年后放归，继而被软禁七年，似乎只可能在天顺年间（1457—1464）敕封必清公了。可见族谱编纂者对于纪年和大历史并不熟悉。《白沙陈氏必元房谱》卷首上《必清公行状》。

白沙陈氏族人大多是在涟水从事水运的船户，必清公被认为是这个宗族中唯一一位成为水神的先祖。这篇行状中提及的地点全部分布在涟水、湘江及洞庭湖等湖南湘江水系沿岸。行状主要讲述了必清公溺水成神的过程及其显灵故事、被朝廷敕封和被族人、江河船户供奉的传说。各房族谱关于必清公神话故事的内容大同小异。上房谱版本的区别是，在以上引文文末增补"公立庙湖北蒲溪口，上下舟楫诚敬"一句，展现了必清公信仰与长江中游水域中水神信仰之间的互相影响。①

在诸多版本的白沙陈氏族谱的齿录中，关于必清公的记载大多如此叙述："醇白，字必清，一名道清，晚通仙术，敕封靖江王。明永乐十三年乙未八月初十日寅时生，景泰二年辛未五月二十一日吉时没，葬潭台十都大坪区易氏祠前。"②此外便无其他。这些族谱文献中记载的信息，包括通仙术、敕封靖江王以及必清公生卒年月日和葬处，一直流传和保存在白沙陈氏族人的日常生活和家族仪式中，至今依然鲜活地深藏融合在陈氏族人的文化基因里。

白沙陈氏族人生活在湖南省湘乡涟水沿岸的白沙洲等村镇，另外有一房支较为特殊，他们聚居在靠近山区的娄底市小碧乡双联窑上村，笔者多次到访白沙洲和小碧窑上。大多陈氏族人家里厅屋都摆设有神龛，一些家庭神龛上供奉着陈君道清公神位或陈

---

① 笔者于2017年8月参加"中国内陆地区的水域与土地"田野工作坊，在武汉大学历史文化学院徐斌教授的带领下参观了嘉鱼县陆溪（口）镇靖江王庙，嘉鱼县旧称蒲圻县，该庙称建于唐代，奉祀东吴名将丁奉将军，到宋代改称为"靖江王庙"，是否即为陈氏族谱中提到的"湖北蒲溪口"之靖江王庙，尚待考证。不过，由于长江中游洞庭湖区靖江王庙不只此一处，也有可能是白沙陈氏宗族的船户在湖北看到靖江王庙，将这一信息补录入族谱。
② 《白沙陈氏必元房谱》卷1《迁湘祖德禄公派下齿录》。

君道清神像，有的家庭神龛上还供奉其他与陈君道清公一样"身具法术"①的祖先神像。据时年80岁的陈氏族人陈新开说，陈道清就是白沙陈氏族谱上写的三世祖"必清公"，必清公有法术咒语，可以在山里放排行船，被朝廷敕封为靖江王。②每年农历八月初十日是陈君道清太祖生日，白沙陈氏宗族的子孙会在家中举办唱太公仪式，庆贺陈道清公生辰。

图13 唱太公仪式神案（湖南娄底市白沙陈氏宗族陈志泽提供）

现居于窑上村的白沙陈氏族人为上房后代望房的一支，是十世祖纹祯公的后代。窑上陈氏族人陈志泽，于2017年农历八

---

① 在内河行船的船户常被认为有法术，能够帮助他们在水上平安顺利地行船，湖南当地称其"神打点打"。类似的传说故事，笔者在湘江流域的湘潭、湘乡等各个码头都曾听说。
② 据2017年8月12日笔者于湖南湘乡市潭市镇白沙洲村陈新开老先生家访谈。据陈老先生自述，他1938年出生于湘乡县潭市镇白沙村，在白沙陈氏祠堂读过几年书，20世纪50年代开始从事船运业，会唱水路歌，曾在孙子的帮助下整理一篇水路歌的文字版打印稿，讲述从涟水上游行船至湘江，再进入长江到上海的全程。

月初九日至初十日请新化县师公在自己家中举行唱太公仪式。唱太公仪式主要在陈志泽家的厅屋里进行。仪式开始之前，陈氏族人将本家供奉的神像请到陈志泽家厅屋的神台上。神台上供奉着十余尊木雕神像。据陈志泽说，其中有陈道清、陈良中、陈法虎等。他说，"道清太祖是个船官长，法力相当大，我们小碧陈姓有事就请示他。陈良中、陈法虎是窑上法力大的人，是上团山打猎，我们是打猎的华字辈，也是潭市陈家族。"①

陈志泽的表述引人深思，窑上陈氏房支既拜祭窑上法力强大的陈良中、陈法虎，也是潭市陈族的后代，拜祭水神必清公。问题是，窑上陈氏族人，怎么会既是供奉水神祖先必清公的涟水船户陈氏的一支，又是深居山地小碧乡、先祖以打猎为生的山区人群呢？窑上陈氏房支自称纹祯公后裔。据族谱记载，纹祯，兴晁公次子，明崇祯九年（1636）生，清康熙五十八年（1719）殁，寿八十四岁，葬三十七都七区王家冲石灰冲。纹祯公由十都潭市崇庆寺葛山屋场初迁三十九都心田骡巳冲，次迁三十八都石龙区挖耕垅，三迁今居王家冲窑上。纹祯公其父兴晁公，明万历十九年（1591）生，崇祯十四年（1641）殁，年五十九岁，葬今十都潭市油蔴坳，公由望山湾迁今十都崇庆寺葛山屋场。纹祯公之子良旺、良用、良忠，孙秉树、秉珍、秉黄等基本落业三十七都王家冲。②至今三百余年，纹祯公后裔已在小碧乡周围十余里之内传承十多代子孙。那么，在纹祯公时代，也就是清前期，这个宗

---

① "团山"是指"上中下三洞梅山"，"是打猎的梅山教"，即新化梅山信仰。据2018年9月4日、2020年5月13日笔者与陈志泽微信访谈。亦可参见吕永昇、李新吾编著：《"家主"与"地主"：湘中乡村的道教仪式与科仪》，香港科技大学华南研究中心2015年版。
② 《上湘白沙陈氏支谱》卷7《德禄祖五代孙望公派下齿录》。

族的各房族人到底经历了什么？为了解答这些问题，笔者尽力搜集地方文史资料、方志、《湖南省例成案》以及白沙陈氏各房诸修房谱[①]等，结合田野考察的口述资料，下文将综合分析清前期湘中的山区矿产开发和外运及其背后的经济利益、政府政策等因素如何影响白沙陈氏宗族的建构过程，探讨白沙陈氏宗族的建构又如何契合自然资源开发的历史进程。

第二节　清前期湖南磺矿的探勘与开采

在湘乡地方志上找到窑上这个村子比较困难，由于窑上村现属小碧乡，笔者在同治十三年（1874）刊刻的《湘乡县志》中查找小碧及族谱中提到的三十九都、三十八都和三十七都王家冲等地名，最终找到三十七都小碧桥及相关地图。小碧桥，位于白沙洲村所在的潭（头）市沿涟水往上游的娄底市之北，靠近山区，清代属于湘乡县丰乐三十七都。（参见图14）由此可以判断，陈氏宗族族谱所载纹祯公迁徙的地点和过程很大程度上并非虚构。

小碧窑上村所属的湘乡县三十七都，以及纹祯公初迁的三十九都、次迁的三十八都，很少出现在官方文献中，目前笔者

[①] 目前笔者已发现白沙陈氏宗族族谱共6种，皆是刊印房谱或手抄本世系。其中编纂时间最早的，是陈氏十五派嗣孙启基（字亨临，行六）纂录的世系，手抄本，湖南省湘乡市潭市镇白沙村陈华强家收藏（参见本书图5）。其次是刊印于1864年的湘乡《上湘陈氏家谱》（广房谱江字号），星聚堂刊本，湖南省湘乡市潭市镇白沙村陈氏家族收藏。第三种是1909年刊印的湘乡《白沙陈氏必元房谱》。第四种是1914年刊印的湘乡《上湘白沙陈氏支谱》（上房谱）。第五种是1925年刊印的湘乡《白沙陈氏续修支谱》（爵房谱），树德堂刊本，上海图书馆家谱阅览室藏洲字号一套，犹他家谱学会称字号一套，残本不全，另有湘乡县陈华藏本，亦残缺不全。第六种是2004年刊印的《窑上陈氏支谱》（上房望房纹祯公支谱），湖南省娄底市娄星区小碧乡陈氏宗族收藏。

仅在《湖南省例成案》中发现一条史料，且十分关键。据《湖南省例成案》记载，乾隆三十五年，湘乡县知县贾世模亲自巡查产磺山场，逐一堵塞封禁，并向上级报告其调查结果，这份详细的调查报告保存了下来。其称，湘乡县"一线溪河，但上通安化县产磺各山场，及卑县二十一都、二十六都、三十三都、三十四都、三十五都、二十五都、十八都、三十七都、三十八都、三十九都、四十一都、四十二都、四十四都，在在重山叠岭，出产煤炭，应听民间开采，以资炊爨。窃恐产煤矿内间或夹有磺砂，稍察未周，即有奸民在于深山穷谷、人迹罕到之中私炼私煎，且恐奸民乃见陆路要隘等处尚有兵役巡查，难以透漏，而见水路并无总卡丁役盘诘，即由煤炭、米谷等船偷带，亦未可定"。[①]湘乡知县的这份报告是在他亲自勘察产矿山区的实地调查经验的基础上写成，内容十分翔实。其中暴露出三个重要信息：第一，包括三十七都、三十八都、三十九都在内的湘乡县和安化县山区出产煤矿和硫磺，历来任由民间开采；第二，乾隆年间，政府封禁磺矿，但两县煤矿中夹杂磺矿，民众仍旧私自炼磺并走私磺矿；第三，走私磺矿主要通过水路，由运销煤炭、米粮的船户私自偷运，即经由涟水外运。

据已有研究，湘乡、安化两县是清代湖南出产煤炭最多的地区，也最早开发硫磺矿场。两县煤矿的特点是夹产硫磺，采煤者往往将硫磺矿"私煎转卖"以图利。为了严禁硫磺的私采私卖，乾隆朝以前，两县的煤矿一直处于封禁政策之下。据巡抚高其倬

---

① 《湖南省例成案》之《兵律关津》卷11《湘乡安化二县封禁磺矿将河下总卡撤除无凭稽查恐奸民藉挖煤名色潜匿深山私煎磺斤由煤炭米谷船私运出境请总卡免其撤除仍饬该县选差丁役严行查察》。

奏,乾隆初年,民间开采煤炭的呼声日高,至乾隆二年,两县煤矿经官方准许开采,伴生的硫磺矿由官府查收管理。①白沙陈氏的纹祯公正是在封禁时期由十都进入矿区三十八都、三十九都,及至最终落业三十七都,族谱中所谓"挖耕垅",以及最后定居的"窑上"村名,似乎都与采矿有关。②纹祯公子孙继续居住在窑上,应亦以采矿为生,这可能是他们拜祭上团山打猎的祖先的原因,因为采矿活动主要是在山区进行,需要身具法术的山区神明的保护。由此可见,白沙陈氏纹祯公一支在清前期前往磺矿最为集中的矿区并世代定居,很有可能是成了山区的矿工,以采矿为生。

同治《湘乡县志》梳理了清代湘乡县内矿厂相关政策的变化。乾隆二年(1737),湖南巡抚题准"长沙府之湘乡县出产硫磺,所有炼出磺斤,二八抽税,余磺给价收买,存贮官库,以备本省各营及邻省赴买之用。其例,定湘乡磺价每百斤脚银四两三钱一分七厘五毫,归还成本,年终咨部核销。各营配造火药,每年需磺七千余斤,每百斤照定价银解司,饬局给发"。乾隆十六年,巡抚题准"积磺已多,将磺矿暂行封禁"。乾隆五十二年(1787),"题准将磺矿暂开,旋复封禁"。③乾隆年间长期实行封禁磺矿,其后则出台时禁时复的矿产管制政令。嘉庆八年(1803)复行开采磺矿,九年(1804)封禁,十年(1805)续开部分磺矿,十三年(1808)封禁;道光二年(1822)开采,三

---

① 参见中国人民大学清史研究所等编:《清代的矿业》,第464—467页;林荣琴:《清代湖南的矿业:分布·变迁·地方社会》,第89—90页。
② 煤矿之峒往往名之为"窑"。参见温春来:《清代矿业中的"子厂"》,《学术研究》2017年第4期。
③ 同治《湘乡县志》卷5上《兵防志一》,第189页。

年（1823）封禁，十七年（1837）复开，十八年（1838）封禁，二十七年（1847）部分复开，随后封禁；咸丰八年（1858）部分复开，其后又封禁。[①]其中，最重要的时间节点是乾隆二年的开禁采磺。这次开禁，官方确立了湘乡县产出的磺矿，以交税和价买的方式全部收归官库。事实上，民间私自炼磺的活动在官方时开时禁的政策反复下，获得了一定的空间。

对于湘乡、安化两县的煤磺矿区，湖南各级官员发现"煤炭船户夹带私磺，多在产磺之处"，于是通过亲自勘察、派拨巡役稽查和立册清查山主、窑头等方式管理，试图杜绝私自制磺。乾隆二十六年（1761），湖南驿盐长宝道亲勘矿区，了解矿区的具体情形："安化窑孔联络不繁，防闲尚易，湘乡窑孔甚多，错落数十余里，稽查最难，而山径旁杂，水便舟楫，则两地之情形略同，且工丁聚集，良歹易淆。"[②]窑孔即煤窑，煤窑即私产硫磺之处。私炉煎磺，"日则磺气四达，夜则火光冲耀"，极其容易被巡役发现。其后，湘厂委员湘乡县县丞沈之浦、安化委员娄底巡检江廷揆被驿盐长宝道派往清查窑孔，下令"凡有开出磺砂，一概收贮官厂，无许丝毫透漏，俾山主、窑头无从藉公营私，而私煎可杜"。湘乡县窑孔繁多，各地相距较远，湘乡知县详请，"分设三厂，添拨巡役六名，现在湘、安各厂收贮，巡缉俱属得宜，可冀私煎之源塞而私贩自绝"。除此之外，要求两县知县和委员查取矿区山主、窑头、锄挑等人的姓名、年貌、籍贯，登记册籍，

---

① 同治《湘乡县志》卷5上《兵防志一》，第189—190页。亦可参见中国人民大学清史研究所等编：《清代的矿业》，第464—467页；林荣琴：《清代湖南的矿业：分布·变迁·地方社会》，第86—90、100—101页。
② 《湖南省例成案》之《兵律关津》卷8《湘安二县产煤山场设卡稽查夹带磺砂差役拿获照数之多寡分别奖赏》。

若有藏奸私煎之形迹,"散夫有犯,责成山主窑头,山主窑头有犯,责成委员,委员疏纵,责成湘、安二令",层层把关。[①]这次稽查的报告,直接反映乾隆年间湘乡和安化两县矿场的数量和矿工的情况:"湘乡原报煤窑九十八孔,水淹石阻,停开三十八孔,已取造另册备案。今册报现开六十孔,共山主二十一名,窑头六十名,锄挑等夫共四百三十三名。安化现开窑孔七处,山主七名,窑头七名,锄挑等夫七十七名。俱系各该县土住农民,并无招聚异籍工丁情弊,且核每孔人夫多不过十一二名,稽查尚易。"[②]由此可见,湘乡县山区矿场的窑孔数量和矿工人数比安化县多,参与开矿的山主、窑头、锄挑人夫皆为湘乡县本地农民,这些最早进入矿区的矿工中间,很可能就有白沙陈氏纹祯公及其后裔。

第三节　船户矿工走私磺矿与官方稽查

上文所揭,纹祯公及其后裔在湘乡县三十七都开采煤磺矿,不免参与走私磺矿;煤磺矿外运主要通过水路,私贩的磺矿则由运销煤炭、米粮的船户经由涟水偷运出去。涟水是湘江的支流,总计约长225公里,总体水势平坦,为湘乡与湘潭联络的重要河流,沿岸经过杨家滩、富田、娄底、谷水、羊古、杏子铺、侧水、十里石、潭市、湘乡县治、石潭、姜畲、沿湘河店、湘河口等处

---

① 《湖南省例成案》之《兵律关津》卷8《湘安二县产煤山场设卡稽查夹带磺砂差役拿获照数之多寡分别奖赏》。

② 同上。

到达湘潭,通行民船,货运以煤及杂货最多。[①] 涟水河道时宽时窄,一些地方滩险水急,需要多年经验的船工指导才能安全行船运货。

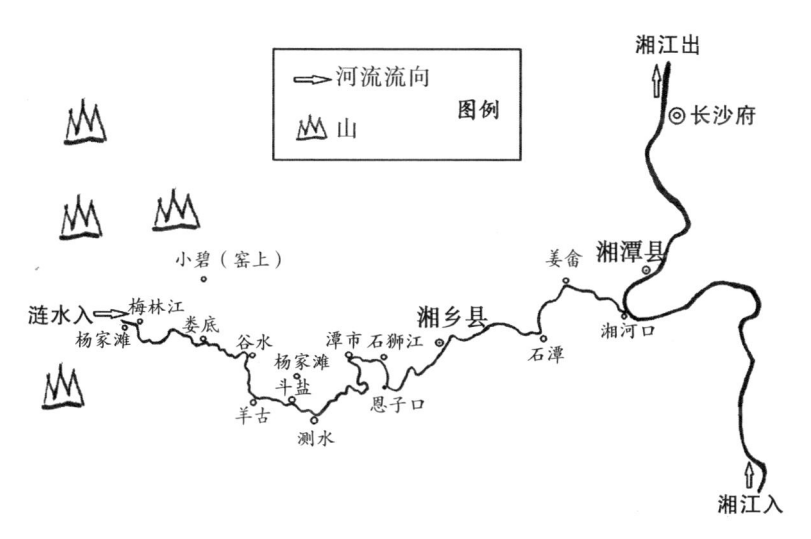

图 14　涟水示意图(根据百度地图与同治《湘乡县志》卷 1《地理》绘制)

清前期,涟水船运的主要货物是湘乡、安化二县出产的煤矿和米谷。乾隆年间反复无常的弛放、封禁煤磺开采的政令,促使磺矿成为涟水船运偷漏和私贩的高利润产品,民间采煤者往往同时私煎偷卖硫磺以获利。根据乾隆三年(1738)五月初七日湖南布政司张璨的详文内容,湘乡、安化煤船出境,私贩磺矿,磺矿"贩至汉口,价获数倍",是以,民众想方设法夹带偷运。其时,长沙县令详称,"若煤炭船只夹带硫磺于内,从湘乡由湘潭,日则顺水直下,夜晚湾泊亦在沙滩无人烟之处,至黎明彼即开

[①] 参见《中国实业志·湖南》第 10 编《交通》第 4 章《水道》,第三六(癸)页。

船，且此等煤船，每日装运络绎不绝，保无夹带其间？又不便差役拦截搜扰，若按照失察之例参处，在宪台亦不胜其繁矣。"可见，地方官员虽明知私运，却难以稽查与惩处。湘潭知县发现该地多有上游土产硫磺夹带经过，走私的办法可谓花样百出："从前夹带之法，或混入货包，或装入酒坛，或船造夹底，或打通楠竹、装入扎排。而最奸者，将磺封钉棺内，贩徒披麻著白，扮作孝子。或以妇女盛饰坐船，作士宦家眷过往形状，将磺暗收衣厢之内。此等若非先踩确线，官役亦不敢混拿。"① 从如此之多的夹带招数亦可窥见湘乡船户想尽一切办法走私磺矿，这与磺矿在汉口等大商埠价值不菲紧密相关，也是磺矿开采旋开旋禁政策导致的结果。

乾隆年间，巡抚数次饬令相关府州县提出缉拿私贩私磺的办法。其中一种是在运输路线上设卡差役稽查堵缉。如湘潭县与湘乡接壤之湘河口、下摄司、张公石之水路三处，又陆路与湘乡接壤之瀛湖桥、石羊铺、卑陀市三处；宁乡县与安化接壤之垅田、横冲、三田湾、司徒岭四处，水路与安化接壤之锦德观一处，与湘乡接壤之石螺山一处，再陆路与安、湘交错之烟坡冲一处；益阳县陆路与安化接壤之马家塘，水路与安化接壤之寺里河；邵阳县陆路与湘乡接壤之界岭、新宁、临湘、太平、三溪、大坡、尖山等处；新化县陆路与安化接壤之花桥、黄柏界二处；湘乡县与湘潭、宁乡、邵阳、安化水陆接壤之处，陆路与衡山接壤之香花坪、双江口，与衡阳接壤之八垱田、永伏桥；再有各厂运煤下河

---

① 《湖南省例成案》之《兵律关津》卷10《禁止私贩私磺条规》。

之杨家滩、高车二处及县城望春门河下。①地方官员认为这些地点都应设卡差役,协同保甲互相稽查巡缉。

另一种稽查之法便是强调由从事河道运输的船户入手,责令地方官设立塘卡塘兵,派遣县役,督促船总和埠头使用照票和循环册等制度管束船户。②乾隆二十六年,地方官员就提到应该严密稽查涟水运输煤炭的船只,"查湘、安二县河道窄狭,大船难以驾驭,止可小船往来,装煤不多,若夹带磺斤,非桶盛则篓贮,甚易败露。当挑煤下船,厂员及该县严督巡役,勤谨查察,到卡时,役保亦即认真诘明,无则放行,不许藉端留难。若有盘获及贿放情弊,赏罚俱照前议。并饬煤炭到行,有来自湘、安者,令行户一体察明有无磺斤,如敢狗隐,查出一并重究,如此则煤船不至夹带矣。"③这些严查重究的办法出台,反而说明当时煤船夹带磺矿、贿赂巡役保甲放行的情况较为普遍。乾隆三十五年(1770),湘乡知县贾世模称,湘乡县出产煤矿的各个山场,即有奸民私炼私煎,而见水路并无总卡丁役盘诘,即将磺矿交由运输煤炭、米谷的船只偷带。④从各级地方官员的调查和报告来看,涟水船户很可能长期扮演当地煤炭和硫磺搬运的主力军,不仅承包官办矿产的运输,而且从事私贩偷运。白沙陈氏宗族是这

---

① 参见《湖南省例成案》之《兵律关津》卷8《湘安二县产煤山场设卡稽查夹带磺砂差役拿获照数之多寡分别奖赏》。
② 参见《湖南省例成案》之《兵律关津》卷10《禁止私贩私磺条规》。
③ 《湖南省例成案》之《兵律关津》卷8《湘安二县产煤山场设卡稽查夹带磺砂差役拿获照数之多寡分别奖赏》。
④ 《湖南省例成案》之《兵律关津》卷11《湘乡安化二县封禁磺矿将河下总卡撤除无凭稽查恐奸民藉挖煤名色潜匿深山私煎磺斤由煤炭米谷船私运出境请总卡免其撤除仍饬该县选差丁役严行查察》。

个从事涟水河运的船户群体中的主要成员。

第四节　陈氏宗族的建构与族谱的编纂

白沙陈氏宗族祭祀必清公这位水神祖先，是由于族人大多为从事涟水河运的船户。据白沙陈氏族谱的记载，白沙陈氏一派祖德禄公，明永乐年间由吴西太和邑迁湘，落籍于湘乡县三十二上都斗盐猿猴冲，殁葬于此。二世祖孝弥，明洪武十六年（1383）生，正统十三年（1448）殁，附葬父母冢。第三世，醇意生于永乐十二年（1414），殁于成化二十二年（1486），葬益阳；醇白，永乐十三年（1415）生，景泰二年（1451）殁，葬潭台十都大坪区易氏祠前，即必清公；醇达，生于宣德二年（1427），殁于弘治十二年（1499），葬十都大坪区马头山；醇交，生殁葬失考；醇旦，生于宣德七年（1432），殁于弘治六年（1493），葬于益阳八里桃花港；醇蓉，生殁葬失考。德禄公下第二代和第三代的殁葬地点相距甚远，有的葬在潭市，有的葬在益阳，这与陈氏在明代前期居迁不定相关。迁潭三世祖下房必元公、上房必诚公和中房必通公在明代中叶承领湘乡船差为主要营生，之后才基本稳定地在湘乡安居发展。①

第三章已揭，陈氏宗族最早进入官方记载是乾隆二十二年（1757）。该年八月，湖南署理布政使暨按察使夔舒上奏，议请全省水次各府州县上奏船户和渔户情况。湘江流域长沙府、衡州府和永州府各州县都上奏详文。其中，时任湘乡县知县柳秉谦的详

---

①　参见《白沙陈氏续修支谱》卷2《必通公行略》。

文提及的"陈王七"、"陈埠",指代的就是陈氏宗族。实际上,这次清查的结果,是官方承认涟水船运由邓、陈、潘三姓船户垄断,三姓埠头承担官府漕粮运输及其他人员物资的运输工作,换取垄断涟水水运的权力。

陈氏宗族的部分族人直至中华人民共和国成立后,仍从事船运工作。前文提到的白沙洲村陈新开老先生就是一位老船工,他向笔者提供了陈氏船户代代相传的涟水水路歌的文字版(参见第九章),其中最前面的一段是唱从涟水上游一直行船到潭市的水路路程。① 这段水路歌所提到的小地名,依序分布于涟水沿岸。其中娄底市是湘乡县三十七都、三十八都、三十九都连接到涟水河的地点,换言之,纹祯公及其后裔在湘乡县矿区开发的煤磺矿,先由小河运到娄底,再由娄底走涟水运输到湘江,顺水输出湖南。这条水路是白沙陈氏船户族人历来熟悉的运道。

陈氏宗族的宗族活动较为活跃的时期,正是清前期。康熙四十六年(1707),陈氏家族置买白沙洲祠堂地基。乾隆元年(1736),户首黄中奉主入祠致祭。乾隆十七年(1752),祠堂寝室遭水圮倾,日升等人修葺一新。乾隆三十二年(1767),渭裔、东奏、孔友、华国、湘衡、添任等置田,并以其余资建前牌坊。其后,宗祠的捐资续修和维护以及在祠堂中祭拜祖先的活动,一直持续进行。到同治十三年(1874),曾经参加湘军的陈彝爵为捐置祭田撰序,记录此时族众捐资置田,制器物,添造和补葺斋厨、账房、廊舍、戏台等。②

---

① 2017年8月12日由湖南湘乡市潭市镇白沙洲村陈新开老先生提供。
② 参见《白沙陈氏必元房谱》卷首上《祠堂祭田序》。

白沙陈氏族谱的编修，也由乾隆年间发轫。乾隆二十七（1762）年，陈氏族中有似玉公尚璨①为墨谱之录。上房谱中收录的最早的谱序是一篇题为《旧谱序》的文章，此文署名十三派嗣孙尚璨，为爵房后裔，该谱序落款时间为"乾隆二十六年壬午孟春月"（壬午年为次年，也就是乾隆二十七年。——作者注）。中房爵房谱中亦收录此文。尚璨的这篇谱序中，与陈族本身历史相关的内容仅有一句"迄明初，我始祖德禄公自吴省太和郡来湘，卜居旧三十二上都，历再传，遭明季兵灾播迁靡常，一居益阳桃花港，一居是邑潭市白沙洲，于今二十余代"②，其余都是空洞之词。这句话虽内容较为疏漏，但应是乾隆年间留下的最早的宗族源流文字记录。

可见，正是白沙陈氏创建祠堂、设立祠堂祭祖仪式、编修墨谱的康熙末年至乾隆初年，纹祯公一支离开十都潭市，前往矿区。实际上，纹祯的先辈也并非长期居住于潭市。前文已揭，纹祯之父兴晃公（第九派），崇祯十四年（1641）殁葬十都潭市油麻坳，但他是由望山湾迁居十都崇庆寺葛山屋场。③纹祯之祖式较（第八派），明嘉靖四十年（1561）生，清顺治二年（1645）殁，寿八十五岁，葬今十都油麻坳。纹祯之曾祖芙恩（第七派），明嘉靖十九年（1540）生，万历二十一年（1593）殁，年五十四岁，葬失考。④再往上辈追溯，六世祖万晃公、五世祖望葬处亦

---

① 尚璨，字似玉，号璞斋，清康熙四十年（1701）生，乾隆二十九年（1764）终。《白沙陈氏续修支谱》卷五《文元公派下齿录》。
② 《上湘白沙陈氏支谱》卷首上《旧谱序》。
③ 参见《上湘白沙陈氏支谱》卷7《德禄祖五代孙望公派下齿录》。
④ 同上。

失考。①笔者认为，可能是纹祯公祖父式较一代来到十都潭市，加入白沙陈氏宗族，世系连接到忠让一房，是故，纹祯之祖式较也可能是上岸居住的第一代船民。

事实上，白沙陈氏宗族一直是一个开放性的宗族，不少族人因为外出不知归葬之处，还有一些族人是以养子的身份加入到宗族中来。族谱凡例中规定，"抚他族异侄及随母子者，例垂别谱，是编概入正录。惟于承抚父母下书子某，不书生子，表上书某子，不书长次字样。此亦不别而别之义。"②白沙村陈华强家收藏的十五派嗣孙启基纂录的手抄本世系即如此记录，如图5所示，记录为"子"的启宁、启璧殁葬在外，很可能是养子，记录为"长子"的启基则为亲生子。③

族谱的其他部分，也对这种养子写入族谱的现象有所暴露。第三章所揭陈彝爵撰写的《河埠公田记》，即透露陈氏族人历来以养子承当船籍之役，导致外人入族，"族既苦于籍之为累，则以养子承乏，祝祭于祊，与宗支无异，岁月已久，莫可穷诘"；"雇役难借他人，承嗣许立异姓，族规不立，宗法云亡"，陈彝爵提出为敬宗收族计，废除养子入谱的族规。④然而，最近白沙陈氏宗族的修谱公告中，修谱理事会仍然公布称"上门女婿、养子、继子等白沙陈氏人员一律登录入谱"⑤，可见这种文化基因的

---

① 参见《上湘白沙陈氏支谱》卷7《德禄祖五代孙望公派下齿录》；《上湘白沙陈氏支谱》卷1《德禄公派衍五代齿录》。
② 《上湘陈氏家谱》卷首上《凡例》，1864年，星聚堂刊本，湘乡潭市镇白沙村陈氏家族收藏。
③ 十五派嗣孙启基（字亨临，行六）纂录的手抄本世系，未知年份，湘乡潭市镇白沙村陈华强家收藏。
④ 《白沙陈氏必元房谱》卷首上《河埠公田记》。
⑤ 湘乡潭市白沙陈祠族谱续修理事会：《会议纪要通报》，2018年6月9日微信记录。

传承相当根深蒂固。[1]

传统时代，陈氏宗族允许养子登记入谱的原因大概是为实现和维持对涟水水资源和河道运输的垄断权力。当地有说法称，陈氏宗族的人丁数量不足以完全控制涟水河道，他们采取的办法是增加人口和分段管理。为此，外姓、流浪者和孤儿都可以改为陈姓，入族上谱，当地人称其为"虾公子夹野子"。[2]白沙陈氏宗族的这种建构机制，使得纹祯祖父式较一代在清初加入陈氏宗族成为可能，也是其契合当地煤磺资源开发需求的社会策略。

第五节 本章小结

回到本章最初所提的问题：窑上陈氏族人，为何既是供奉水神祖先必清公的涟水船户陈氏的一支，又是深居山地小碧乡、先祖以打猎为生的山区人群？纹祯公所处的清前期，族人到底经历了什么？综合以上分析，可以得出一些初步结论。笔者认为，纹祯公一支是清初从纹祯的祖父式较一代整合到白沙陈氏宗族，接受必清公水神信仰，到纹祯迁居矿区时，将必清公信仰带到山区，由于纹祯及其后裔在矿区开采煤磺，便祭祀在山区有法力的神明，所以才形成现在看到的形式独特的唱太公仪式——在必清公诞辰仪式上同时祭祀水神必清公和山神陈良中、陈法虎。矿工

---

[1] 养子、赘婿现象在水上社会较为普遍。赵世瑜综合讨论水上人社会中的赘婿现象，从合伙制关系形成的角度分析水上人如何上岸的问题。参见赵世瑜：《东山赘婿：元明时期江南的合伙制社会与明清宗族》，《北京大学学报（哲学社会科学版）》2021年第5期。
[2] 参见陈国球：《涟水陈埠"霸捕"史话》，湘乡县潭市镇潮音文学社编印：《潮音》2016年第11期。

和船户在陈氏宗族建构过程中整合到一个社会组织中，一方面，纹祯公及其后裔从事开采煤磺矿的工作；另一方面，白沙陈氏的船户族人则负责将煤磺矿产运输出去。这一社会运作机制形成的关键时间节点是康熙末年到乾隆初年，生动地反映出地方社会因应当地自然资源开发、朝廷政策和市场需求的行动能力。

靠山挖矿的矿工与倚水运输的船户，由于身处社会底层又缺乏文字书写传统，历来为世人忽视，或以农耕社群的视角打量比较，研究成果较少。以水上人群为例，早期调查和研究水上人偏重追溯其族属。近年来关于华南沿海的疍民、浙江的九姓渔户、长江中游河湖渔民的研究，一方面，侧重探讨官方控制和管理渔户的制度及其运作实况；另一方面，一些学者力图摆脱岸上视角之成见，通过实地考察和深度访谈，搜集渔民自身书写的文字，观察渔民的生计方式、社会组织、仪式传统等诸方面，以此为基础站在渔民的角度记录和讨论水上人的生活模式。[1]更具理论启发的讨论则将"水上人""渔民""疍民"理解为族群标签，认为这些承载着社会价值观的身份符号是地方人士制造并在复杂的地方政治和经济资源竞争中使用的文化工具。[2]本章的个案研究，

---

[1] 参见萧凤霞、刘志伟：《宗族、市场、盗寇与蛋民——明以后珠江三角洲的族群与社会》，《中国社会经济史研究》2004年第3期；梁洪生：《捕捞权的争夺："私业"、"官河"与"习惯"——对鄱阳湖区渔民历史文书的解读》，《清华大学学报（哲学社会科学版）》2008年第5期；梁洪生：《从"四林外"到大房：鄱阳湖区张氏谱系的建构及其"渔民化"结局——兼论民国地方史料的有效性及"短时段"分析问题》，《近代史研究》2010年第2期；贺喜：《从家屋到宗族？——广东西南地区上岸水上人的社会》，《民俗研究》2010年第2期；陈瑶：《靠岸：清前期湘潭鼓磉洲罗氏与渔之凑聚成族》，黄永豪、蔡志祥、谢晓辉主编：《边陲社会与国家建构》；等等。

[2] 参见萧凤霞、刘志伟：《宗族、市场、盗寇与蛋民——明以后珠江三角洲的族群与社会》，《中国社会经济史研究》2004年第3期。

较为生动地展现出山水交接之处,历史时期的矿工和船户的生产生活、神明信仰及其背后的社会运作机制。矿工和船户人群虽身处社会底层、文化知识较为浅薄,但仍可在生活环境逼仄、制度限制紧压之处发现他们生存能力之旺盛。由此个案可见,回到历史现场理解历史中具体人群的生活,需要站在他们的立场,综合考察其所面对的自然环境、社会经济和制度政策等诸多方面的因素,获得同情之理解的历史解释。

第九章

水路歌传唱：从生命地图到非遗名目

1917年，刘半农在北上的客船上，从船夫那里搜集到了20首吴语民歌，整理集结成《江阴船歌》并附上了注释。周作人在1919年为《江阴船歌》撰序称："半农的这一卷江阴船歌，分量虽少，却是中国民歌的学术的采集上第一次的成绩。"1920年末，北京大学成立北大歌谣研究会，其后又成立了风俗调查会和方言调查会。1927年11月，顾颉刚、钟敬文、容肇祖等在中山大学成立民俗学会，"以调查搜集及研究本国之各地方各种族之民俗为宗旨"。[1]可以说，搜集民间歌谣、方言、故事、谚语、风俗并展开现代学术研究的兴趣肇始于20世纪初，船歌又是其中最早引起学者关注的内容。

与在海上航行一样，在中国内陆河道从事运输的船民，也需

---

[1] 参见洪长泰：《到民间去：1918—1937年的中国知识分子与民间文学运动》，董晓萍译，上海文艺出版社1993年版；刘锡诚：《20世纪中国民间文学学术史》，河南大学出版社2006年版；廖元新：《20世纪中国民间歌谣搜集的实践历程》，《赣南师范大学学报》2019年第1期。

要掌握一套河道航行的知识,这套知识的积累、形成和传承,集中体现在船歌之中。亦如沿海从事渔业生产的渔民和对外商业贸易的海盗海商,内河运输中的船民在以往王朝历史中处于社会的底层和文化的边缘。他们的声音和知识、他们的历史与文化,即便在近代以来聚焦于"工""工人"这一社会阶层/阶级的研究论述中,也很少被提及、被发掘,遑论从他们自己的声音和视角来呈现他们的生活、工作和观念了。[1]湖南、湖北、江西水路歌(亦称船歌、船工号子、行船号子等)主要自20世纪80年代后得以收集、整理和出版。例如,在《中国民间歌谣集成·湖南卷》及各县市的资料册中,民间歌谣的采集者在湖南湘、资、沅、澧四大河流及其支流采访、搜集到船工号子和水路歌,并将它们整理出版。[2]湖南地区的水路歌文本,涵盖湘、资、沅、澧四条河流,以及湘江支流潇水、㵲水、涟水,沅水支流酉水、渠水和澧水支

---

[1] 查义高(Igor Iwo Chabrowski)认为,历史时期社会底层劳工自己的声音,在中国的文字系统中是非常难寻踪迹的,而四川船工是一个例外。他们独特的生活方式、劳动模式、文化传统,特别是他们的劳动号子,给中国文人、西方旅行者,还有最近几代民族志学者和民俗研究者留下深刻而长久的印象。四川船工留下的相关资料足够藉以从劳动者的视角讨论关于劳动的意义、大众文化和日常政治等问题。他提出,传统航运中被称为水手、纤夫、曳手、船工、水夫等各种各样的船工,他们在动乱的年代保持着一种独特的半独立的文化,这基于他们生活和工作方式的专业性、他们对地方历史的独到眼光,以及他们对地方传统和儒家正统规范这两者的接受。参见 Igor Iwo Chabrowski, *Singing on the River: Sichuan Boatmen and Their Work Songs, 1880s–1930s*, Leiden and Boston: Brill, 2015。

[2] 永顺民间文学集成办公室编:《中国民间歌谣集成湖南卷·永顺县资料本》,内部发行,1988年版;双牌县民间文学集成办公室编:《中国歌谣集成湖南卷·双牌县资料本》,内部资料,1987年版;保靖县民间文学集成办公室编:《中国歌谣集成湖南卷·保靖县资料本》,内部发行,1987年版;衡阳市南岳区民间文学集成编委会编:《中国歌谣集成湖南卷·南岳资料本》,内部刊物,1987年版;津市市民间文学"三集成"编辑小组编:《中国歌谣谚语集成湖南卷·津市资料本》,内部发行,1987年版;杨顺禄、杨中秧编著:《会同侗苗情歌》,诗联文化出版社2012年版;洞口县民间文学集成办公室编:《中国民间歌谣集成湖南卷·

流溇水。本章首先由水路歌的内容考察船民的工作与生活的样态，再按流域分析湖南湘、资、沅、澧四水及其支流上从事船运业的船民掌握并传颂哪些航行知识，从其自创的歌谣来讨论他们认为哪些河道知识和信息比较重要，他们如何描述河道状况和沿岸环境，并尝试辨析水路歌文本的形成过程及其底色内涵，以期从船民自己的声音了解他们的生活与想法。

第一节 船民的生计、生活与生命礼仪

船民是一个多样化的群体，一般来说，一条船的船员包括船主、引航员或舵手、艄公、纤夫、水手、厨师和监督。在川东特别是重庆地区，船民的就业与薪酬，与"袍哥"、船行老板、船帮

（接上页）洞口县资料本》，内部发行，1987年版；嘉禾县民间歌谣集成办公室编：《中国民间歌谣集成湖南卷·嘉禾县资料本》，内部发行，1988年版；慈利县民间文学集成办公室编：《中国歌谣集成湖南卷·慈利县资料本》，内部发行，1987年版；汉寿县民间文学集成办公室编：《中国民间歌谣集成湖南卷·汉寿县资料本》，内部发行，1987年版；新化县民间文学三大集成编辑委员会编.《中国民间歌谣集成湖南卷·新化县资料本》，内部发行，1987年版；石门县民间文学集成办公室编：《中国民间歌谣集成湖南卷·石门县资料本》，内部发行，1987年版；古丈县民间文学集成办公室编《中国歌谣集成湖南卷·古丈县资料本》，内部资料，1988年版；临澧县民间文学二套集成编委会编：《中国民间歌谣集成湖南卷·临澧县资料本》，内部资料，1987年版；衡东县民间文学集成编委会编：《中国歌谣集成湖南卷·衡东资料本》，内部资料，1987年版；衡南县民间文学集成编委会编：《中国歌谣集成湖南卷·衡南县资料本》，内部发行，1987年版；麻阳苗族自治县民间文学集成办公室编：《中国民间歌谣·谚语集成湖南卷·麻阳苗族自治县资料本》，内部发行，1990年版；益阳地区民间文学集成编委会编：《中国歌谣集成湖南卷·益阳地区分卷》，内部资料版，1994年版；湘潭县民间文学三套集成编委会编：《中国歌谣集成湖南卷·湘潭县资料本》，内部资料版，1987年版；湘潭市民间文学集成编委会编《中国民间歌谣集成湖南卷·湘潭市分卷》，内部资料版，1988年版；中国民间文学集成全国编辑委员会编：《中国歌谣集成·湖南卷》，中国ISBN中心1999年版。船帮

老大密切相关。查义高认为,船帮在清代四川区域经济和跨区域运输的大规模增长中发展起来,管理短途和长途运输,并建立起行业规范,帮头或老大每年在河神镇江王爷的诞辰庆典活动中选立,镇江王爷的生日是六月初六,大多数船帮通过举行仪式统合起来。① 四川的船工普遍难以组建并养活家庭,生活状况通常没有一般工人家庭那么好。他们的生活与农民也截然不同:他们去过村外和当地市场之外的很多地方;享受城市的妓院、茶馆、庙会和戏院;由于依赖于雇佣劳动的工资,他们有敏锐的市场经济意识,也参与袍哥、帮会等四川城市生活中各种各样的社会组织。②

川江号子变化多样,但首先是具有实用性和工具性,这一点在湖南船工的号子中也同样如此。在行船时,领歌和合歌之间呼喊交流,领头的纤夫与其他纤夫之间也进行应答。号子的形式包括轮流应答的形式和韵诗独唱的形式。节奏是号子最重要的形式特征,塑造了歌曲的框架,内容则在不同的情况下灵活安排。船工通过喊号子来协调整个团队的工作节奏,避免危险事故,同时减轻劳动负担。③ 如1986年4月7日采录于衡南县蒸市乡的《搁浅号子》:"号子不打力不齐,我打号子你着力,加力加力再加力,帮忙全靠众兄弟。"④ 这首号子便是在船搁浅的时候喊的,纤夫跟着节奏一齐加力拉船。1987年采录于长沙市黎托的《纤夫谣》,不仅含有劳动号子的节奏,歌词还直接唱出了纤夫工作的艰苦和生活的贫穷:

---

① Igor Iwo Chabrowski, *Singing on the River: Sichuan Boatmen and Their Work Songs, 1880s–1930s*, p. 71.
② Ibid., pp. 93–95.
③ Ibid., p. 119.
④ 《搁浅号子》,《衡南县资料本》,第9页。

> 啊嘞，用劲拉嘞，脚爪子钩泥腿莫弯嘞！纤绳拉得笔笔直嘞，拉得乌江子过急滩，到得长沙港把船湾。
>
> 啊嘞，齐用力嘞，桅杆拉得弯弯扭嘞！篾绳子拉得滑滑溜，受苦受磨几时休，家中冇米又冇油。①

1986年7月采录于桃江县的《背纤》②同样也是纤夫拉纤时呼喊的劳动号子。

湖南船民的生活与工作大抵也与川东船工类似。1986年11月采录于湖南衡东县石湾乡茶石村的《艄公歌》，唱的是在湘江航行的船工的生活：

> 轩辕帝，制船舟，从此水上得自由。掌舵的，名艄公，自古相传到如今。倒划子，小驳船，篙桨橹锚要备全。长桅杆，冲上天，根根棕绳蓬上牵。一只锚，三弯叉，炉筒仙人赐船家。能装货，能载人，横渡直水都能行。走下水，最轻松，顺水推舟笑盈盈。走上水，要靠风，扯起半蓬或满蓬。冒得风，要拉纤，只有拉纤累死人。无风猴，有风相，咯句俗话真正像。遇大风，舵把紧，劈风破浪才安稳。驾船佬，虽自由，河风吹老少年头。③

这首号子介绍了"驾船佬"的工作，谈到船的形制、撑船的方法、运载的对象、上水下水行船的要诀，指出拉纤的劳累，以及

---

① 《纤夫谣（长沙市）》，《中国歌谣集成·湖南卷》，第104页。
② 《背纤》，《中国歌谣集成·湖南卷》，第105页。
③ 《艄公歌》，《衡东资料本》，第26—27页。

虽然自由却困苦无依的生存境地。

还有不少湖南水路歌描写船民与女性的关系，表达船民对于爱情和家庭的想法。1986年10月记录下来的《涟水艄工号子（娄底市）》，内容主要是艄公抒发情感："嘿哟！嘿哟！驾船愁呀驾船愁，解愁还须妹点头。不怕急流和浅滩，就怕单身寂寞游。嘿哟！嘿哟！"①又如1987年1月录于古丈县毛坪的《酉水船歌》，表达了船民对家庭生活的见解：

> 杉木造船梓木舷，郎要开头姐要连，郎要开头赶时间，姐要连郎赶少年。楠木造船漂洞庭，借你大船快快行，借你大船快快走，船开不等岸头人。
>
> 楠木造船梓木桅，桅杆高头插旗子，一心漂下东洋海，打烂招牌看这回。我郎一心要撑船，口口劝姣要耐烦，年轻莫把儿女打，老来才有靠背山。②

再如《船工歌八首》，唱的不仅包括已经成家的船居夫妇、未成家的船工，还有船工与岸边妇女对答的生活场景：

> 楠木钉船两头高，郎坐船头姐坐腰。
> 郎在前面看水路，姐在后面撑竹篙。不怕风浪万丈高。
>
> 新钉大船把货装，半船鱼子半船姜。
> 养鱼还要新鲜水，栽姜还要老姜娘，船娘还要驾船郎。

---

① 《涟水艄工号子（娄底市）》，《中国歌谣集成·湖南卷》，第105页。
② 《酉水船歌》，《古丈县资料本》，第29页。

河里一位叔，手拿一杆竹，今日天不早，何不弯船宿？
河边柳发芽，树下一枝花，既然天不早，弯船傍你家。

砍柴莫砍杉芽机，有女莫嫁驾船的。
太阳晒得船板烫脚板，撑船不管雪和霜，河风吹老少年郎。

日头黄来快落山，郎要行船姐要弯。
郎要行船奔水路，姐要弯船把花探，人无两世在凡间。①

有趣的是，这首船工歌在采集时是由住在湘潭县南谷村的农民黄锡福演唱。这样的情况并不罕见，农民、搬运工人、兽医等也是《中国民间歌谣集成》采录的部分船工号子的演唱者，可见船工号子不仅在船民中传承，沿岸的居民听得熟悉也跟着传唱。

与川江号子一样，湖南同样有以女性的身份来与船民对唱的船歌：

手撑篙子把船开，问声驾船哥哥几时来？初三初四你莫望，十五十六定会回，带些绫罗绸缎把姐陪。②

再如，流传于安化县的《可怜我郎驾小船》，是以女性的角色开场，再转变为男性船民的口吻：

可怜可怜真可怜，可怜的我郎驾小船，撑一篙来是肚向

---

① 《船工歌八首》，《湘潭市分卷》，第28—30页。
② 《船工歌八首之七》，《湘潭市分卷》，第30页。

天，上起滩来真可怜。可怜可怜真可怜，可怜的我郎驾小船，急水滩头船难撑，慢些的上得好湾船。宝庆船来是溜溜尖，不湾船来我走四川，扯起那衣裳我划两划，划了益阳我划长沙。①

也有号子是直接唱诵女船工的，甚至有的湘江女艄公被认为有呼风的能力：

新钉大船扯白篷，扯篷的是个女艄公。十指尖尖随舵转，手牵力索口呵风（篷索，船民称"力索"，船民在行船中常常口里发出"络络络络"的声音，据说可以唤得风来，俗称"呵风"或"逼风"。——作者注），好像莲台上坐的观世音。②

这些船工号子透露出船民对于工作状态的感受，已然自觉"真可怜"；对于男女关系与家庭生活，船民大多数时候倾向于随意、悲观、忧虑，但同时蕴含一种向往的感情。船民虽然感受丰富，表达直白，却无力改变这种生活的状态。

除了性别和家庭观念的体现之外，部分船工歌谣具有一定的文学性，这引发笔者对于部分歌谣转化成文字的过程进行深层探讨的兴趣。下面举两个例子说明。

其一是1987年2月8日采录于新化县太平铺乡罗洪村的《楠木造船》。演唱者王成仲，男，62岁，罗洪村村民，曾念过两年私塾。搜集者王荣生，男，32岁，圳上区文化干部，高中文化。这首歌谣内容是：

---

① 《可怜我郎驾小船》，《益阳地区分卷》，第46页。
② 《船工歌八首之八》，《湘潭市分卷》，第30页。

楠木造船对下装，上装胡椒下装姜，生姜冒（冇）得胡椒辣，胡椒冒（冇）得生姜香，家花冒（冇）得野花香。楠木造船对下装，装船白米下益阳，十八姣莲来买米，手攀船棚脚踩舱，罗裙装米眼瞟郎。①

其二，1985年5月采录于新化县琅塘镇谭家村的《毛板船工号子》。演唱者杨昔山，男，82岁，谭家村村民，初小文化。这首歌谣的内容是：

呜——罗罗罗罗，嗨——呵！毛山毛树锯毛板，毛钉毛货毛板船，河水一发人上瘾，四板橹桡闯江天，酒酹恶浪吞山岳，纸烧烟雨逗龙旋，篙点悬崖提命走，舵扳急滩祭神鞭，艄公血肉喂鱼肚，折落骨头再撑船，呜罗罗——嗨罗罗，嗨——呵——嗨。②

这两首号子的演唱者，一位念过私塾，一位有初小文化，即便没有很深的文学造诣，也都读书识字，粗晓文辞。第一首讲了一个装运白米到益阳贩卖的故事，细致地描写当地女性的形容动作，暗中抒发女性的情愫，其中"瞟"字是很生动的用词。第二首则铺陈出船工在急滩恶浪中行船的危险场景，描绘艰难的工作环境的遣词用语，似乎比前引的一些号子更为复杂，更具文采。

水路歌中不仅传唱着船民的生计方式、生活样态，实际上，水路歌也是船民丧礼的仪式歌。第八章中提到湖南湘乡潭市镇白沙洲

---

① 《楠木造船》，《新化县资料本》，第6页。
② 《毛板船工号子》，《新化县资料本》，第29—30页。

村陈新开老先生，他曾用本地方言给我表演了原汁原味的水路歌的唱腔，并提供了陈氏船户代代相传的水路歌的文字稿，全文如下：

兰田开船石码山，八坝乌鸡并塘滩。撞钟打鼓胡田寺，鸡鸡鸭鸭棒鹭滩。乌乌黑黑包元山，喷喷香香韭菜滩。杆子坝来出河口，秤石滩来架浆走。娄底市来高车滩，黑石边来把船湾。死牛滩来百路湾，请问谷水湾不湾。七里塘来八里磬，一十五里猫公坝。猴孙过路是腊滩，羊角列列皂壳滩。腊月落雪雪加度，篙子一响鸬鹚滩。风伏胡讲响如雷，好比神仙下凡来。带好帽子穿好衣，水府庙内还神鸡。还了愿信不要急，斗盐潭里好修息。许了愿信不要怕，下面有个观音石。杏子铺来三洲滩，五子石来棕树滩。新打斧头是光口，春秋取味鲢鱼滩。左一湾啊右一湾，甘贤有个木皮滩。六月好过鲤鱼滩，鲤鱼滩来出柴卖。小小生意下洋滩，洋滩石玉水又深。长桥滩上打背工，乌风斗暗河加步。哀子煮饭熟潭湾，撞钟打鼓咨佛寺。篾织灯笼邓氏渡，油罗倒了滑石滩。六月口干并茶湾，石零口来水又回。火烧砖瓦是窑头，窑头渡子不渡河。潭市有个观音阁，跳米包盐不上坡。跑起米来包起盐，一板浆来摇西田。西田老上恋老泥，老板架的抽底船。官家嘴来马家滩，水牛磨丝青草滩。石狮江来木斗滩，发风落雨并泥湾。新打剪刀牙嘴口，腊月开花梅子湾。新打耙头是山枣，人字一湾下大滩。大滩有个狗头坝，十个梢工九个怕。下了大滩放了心，朱津渡口吃点心。宝庆有个徐公明，朱津渡口来过身。可惜渡子很死人，空人过河五十文。担子过河一百九，公明过渡打一赌。我要修起朱津渡，要你讨米又无路。但一脚来恨一身，江边海水退三分。我要修起这座桥，要你讨米卖瓜瓢。公明有一来打赌，惊动上帝下凡城。阴（雍）正一年桥下敦，阴（雍）正二年桥上梁。阴（雍）正三年桥完工，吃起饭来九十九。做起事来一百人，又喊此桥修得好。千年古迹万年牢，两边修起阳四（杨泗）庙。中间又安青铜镜，照破业龙不现身。朱津渡来鸬子鸭，巴蕉巷来出松柴。载起松柴摇几摇，双脚斗者杨金乔。杨金乔来出灯笼，灯笼出起四四方。起眼望见是湘乡，莫说湘乡无景致。请看洞石到孤洲，东水又望西方流。只见青官不久留，湘乡市来<u>大正街</u>。<u>学门前</u>来长夹滩，七里三分铜钱湾。<u>八角亭</u>来把船湾，<u>乌鸦巷</u>来乌鸦嘴。<u>横洲</u>介来出谷米，左一湾来又一湾。下面有个<u>东台山</u>，皂壳步来<u>挂宝山</u>。一眼望见<u>文家滩</u>，<u>碳扒河</u>来<u>乱石滩</u>。下去五里是<u>石滩</u>，石滩十里<u>南北塘</u>。<u>江车街</u>上好姑娘，落必度来情必巷。<u>沿街河</u>来听对响，左一湾来又一湾。湾出河上是<u>湘潭</u>，出了<u>河口</u><u>朋风</u>。父母吹在儿霄云，湘潭市来小南京。码头湾船要小心，<u>石嘴老</u>来<u>杨梅洲</u>。摇湾嫂子爱风流，湘潭有个<u>易家湾</u>。<u>滴水部</u>来对湘潭，湘潭三十<u>望召（昭）山</u>。<u>新码木洲</u>白鹭湾，科路铁石南湖巷。西湖桥上石栏关，<u>长沙</u>一站望<u>铜关</u>。青竹云田<u>磊石山</u>，炉锅同林底下水。雅兰毛礮石头滩，家禾排洲金口燕。黄鹤楼上吹玉笛，有人吹得玉笛叫。八个神仙一齐到，左边修起龟山头。右边修起黄鹤楼，龟山头来蛇山尾。盐船湾在塘角里，<u>汉口</u>三十望青山。请问<u>杨禄湾</u>不湾，杨禄不湾条直走。未江口来生姜口，生江口来口生姜。好过杭州对武昌,巴河洒水兰溪燕。赵氏伏内水茫茫,维阳过口其洲燕。马口彭郎对伏其,五家龙坪新国镇。杨郎两口望九江,九江关上扯红旗。大小官员要湾船,九江本是江西管。路过两京十三省,九江开船慢悠悠。八里江东把票收,横坝头来金光廖。好过彭结对小姑,马当跳过鸡公咀。华阳镇内水东流,祈阳头来黄石矶。安庆成祥对铁堤,棉杨把手棕阳上。池洲水洒大同矶,成林老鼠逃仓皇。板子矶来下凡昌,寿县出口风机套。户牵夹来望三笑,江里虾子上了坡。昭君娘娘浪里梭,无(芜)湖有个轴承厂。大小官员要完粮,一级二级四华山。中粮西粮彩石山,列山跑马江来镇。大圣关前是南京,南京宝塔高又高。草鞋来内出盐独包,燕子街来回流水。黄皮帐内浪滔滔,两面尖尖是青山。盐镇河内把船湾,盐镇宝塔高又高。高盐少白水滔滔,扬州就是天津卫。孤洲正在大江边,镇江有个金山寺。江里和尚趟来生,七河口来八河口。过了蕉山是上海,上海城市真出奇。一路到了十尔维,十尔维来真正好。江边无底就到了,顺风相送全国跑。多不多来少不少,水路歌来唱完了。水路去来旱路回,三言两句回家来。如今世界也不差,上海搭车到长沙。下了机场不要慌,喊上专车到湘乡。到了湘乡不要忙,高楼大厦坐孝堂。多不多来少不少,水路歌来唱完了。水路去来旱路回,完完本本唱出来。就将此歌押下韵,高高挑起满堂红。[①]

[①] 2017年8月12日由湖南湘乡市潭市镇白沙洲村陈新开老先生提供,该版最后手写添加"人又老来声音衰,唱歌元本陈新开。2017.2.18打印"。由于是新近落实为文字版本,该版内容叠加掺入近年的生活气息。歌词中下划横线的字词均为地名,后文同。

陈新开老先生出生于1938年，幼年时曾在陈氏宗祠读过几年私塾，1949年前就上船跟随父辈学习驾船，20世纪50年代加入湘乡成立的运输社，是现今白沙陈氏宗族硕果仅存的一位当过船工、会唱水路歌的老人家。据他所说，水路歌是船工驾船途中休息时唱的歌，不是所有船工都会唱，船工在码头休息时聚在一起唱歌，把各自到过的地方唱出来，各自又综合这些信息改编成自己的歌词。一首水路歌歌词中出现的所有码头和地点，也并非会唱这首水路歌的船工都亲自到过。例如，陈新开老先生会唱的这首水路歌，是从涟水上游一直唱到上海，但实际上，他驾驶木船的时间很短，并且一生中到达的最远地方是九江，并未到过上海。他还提到其他水路歌文本采集过程中未曾披露的一个重要信息：水路歌会在另一个重要场合被演唱，即在船民的丧礼上；船民丧礼中一个必不可少的环节，便是用水路歌的形式把亡者到过的地点唱一遍，以表赞叹、纪念与哀悼。是故，水路歌又具有仪式文献的内涵。

水路歌的内容十分广泛丰富，反映了船民的工作环境和状态，他们的生活样貌和感情诉求，他们对于家庭生活、男女关系的向往，以及他们的生命历程。其中最主要一类——也称为数滩歌[1]

---

[1] 船民不仅传唱数滩歌，还创造"滩神"。自江西赣州市沿赣江往下游16公里处的岸边建有一座雄伟的储君庙，庙中储君宝殿主祀储君（据储君庙宣传册称为黄帝的长子），两边袝祀赣州至下游万安县沿河河滩的"十八滩神"（参见图15），包括桃园滩、白涧滩、鳖滩、横弦滩、天柱滩、南风滩、狗脚滩、往前滩、金沙滩、良口滩、昆仑滩、武索滩、小蓼滩、大蓼滩、棉津滩、漂神滩、麻元滩、惶恐滩等十八位滩神。庙中题为《赣江十八滩滩歌》的宣传牌抄录了一首水路歌，其内容为："江西九十九条龙，条条游龙出山来。赣江龙头在哪里？章贡二水汇赣城。先叫浮洲和虔州，以后才把赣州称。赣州三角对三潭，东门磨角对汶潭。南门营角对欧潭，北门鬼角对储潭。东门城内出水寺，南门城外大教场。西门进

286 下编 江湖流声：长江中游船民们的声音

的内容，则直观地反映出船民日常水运活动所需掌握的知识和技能，下面按流域来展现和分析湖南湘、资、沅、澧四水及其支流上从事船运业的船民留下的水路歌。

图 15 江西赣州储君庙中崇祀的滩神

（接上页）口王将庙，庙边就是贺兰山。赣州府里好风光，城里却有三座山。还有五岭八景台，十个铜钱买得来。朝天门外鬼角尾，芦箕洲边桃源滩。老虎角下储潭庙，琉璃瓦面放光芒。关神庙下<u>白涧滩</u>，水口塘里有鳖滩。过了这滩又一滩，跟脚来到仙人潭。龙爪脚下吊排石，接连都是险要关。鹭鹚颈上人头石，鼓颈箩门<u>天柱滩</u>。街坪山口灵潭庙，米筛角下<u>狗脚滩</u>。黄泉路上最险恶，只可往前无退让。攸镇有座文昌阁，老鼠笼在<u>铜盘滩</u>。良富针对大良口，禾桶石下是<u>梁滩</u>。桥板石接香炉石，尧潭昆元麻元滩。<u>马索</u>下面在口庙，<u>小蓼大蓼郭公塘</u>。<u>棉津漂神又惶恐</u>，险滩过完是万安。"可见，唱滩歌几乎与沿岸河滩一一对应，成为船民平安航行渡过这一段河道的口诀。据笔者2021年9月4日实地考察所见，感谢赣南师范大学历史文化与旅游学院朱忠飞教授导览。

第二节　湘江及其支流船民水路歌文本

湘江发源于广西，流经湖南中部和东部诸多县市往北注入洞庭湖。湘江流域地区较多为平原，上游支流潇水、舂水所流经的地区属丘陵地带，下游支流涓水、涟水流经地区属平原地带。下面列举湘江水路歌五种，潇水水路歌一种，歌词中下划横线的字词均为地名。

1. 湘江水路歌五种

（1）《湘江水路歌》，这首"写景状物歌"1987年6月4日采录于南岳。讲述人李友才，79岁，男，木工，汉族，小学文化，住南岳镇北正街。全文如下：

耒河涨水捺横冲，衡州弯弯象把弓。莫道衡阳无景致，石鼓船山回雁峰。衡州开船到石潭，樟木七里鸡公潭。大浦萱洲霞流市，斗米雷溪到衡山。衡山自古称南岳，七十二峰多奇观。道观佛寺满圣地，骚人墨客赞名山。衡州景致多留恋，七层宝塔到石湾。流水滔滔鳌洲景，三樟油麻王十万。玩石宛州朱亭过，花石龙盘交连滩。三门渌口蒋水寺，株洲上湾对下湾。向家堂前马家河，曾修开到易俗河。易俗河下双河口，摇头一路到湘潭。湘潭开船文昌阁，鹞子崖前打酒喝。湘水滔滔望昭山，泥鳅湾湾芭蕉山。猴子石上打一望，西湖桥上石栏杆。一路迢迢酒介花，收篙顺水到长沙。长沙有个岳麓山，爱晚亭畔好风采。七十二峰多雄壮，湖南风物不等闲。①

---

① 《湘江水路歌》，《南岳资料本》，第184—185页。

南岳衡山位于湖南中南部，湘江中游。这首水路歌流传于衡山和湘潭，唱的是从衡山到长沙的湘江水路航线，以这条水路上的小地名和显著的风景名胜勾连出一幅景物画。

（2）《赞水路（一）》，1987年3月采录于湘潭县留田乡前进村。演唱者贺多福，男，七十一岁，农民，高小文化，留田乡人；搜集者赵仲灵，男，六十八岁，大专文化，退休教师，留田乡前进村人。

麒麟头上一点蓝，陪同伙计赞江山。岳山发脉本非凡，山后有个黑山潭。藏龙之地地势高，一年四季水滔滔。逆水行舟走不快，要到新桥装满载。新桥货物满了舱，一直开船到板仓。好个沙皮河不宽，夜多余水好行船。下流三里到白果，药糖爆竹好红火。楚南桥上打一望，大旗岭上好雄壮。过桥开船只顾下，下去五里黄龙坝。新铺子来大江洲，湘衡分界在中游。过了晓南朝直走，无事不必湾龙口。龙口以下钟家潭，要到花石把船湾。花石湾船港肚里，就请老板下谷米。马家咀来观政桥，千年古迹万年牢。乐家阆伴陈家山，下去两里河头湾。延化寺过白龙潭，再到盐埠把船湾。盐埠湾船不就势，就开金塘并锦石。射埠碧水路茫茫，顺水流去到吟江。吟江开船望长滩，郭家桥水夹中间。顺水行船无隔故，把船开到杨家铺。过埠不歇把桨拖，眨眼到了易俗河。在此停船再出口，进了湘江到河口。一十五里杨梅洲，要到县城把桨收。湘潭弯船沙湾里，花粮行来起谷米。百十里水路到了家，恭喜世代享荣华！①

---

① 《赞水路（一）》，《湘潭县资料本》，第130—131页。

这首《赞水路（一）》唱的是从衡阳新桥运输米粮到湘潭粮行的过程，主要信息包括水路小地名、河道状况、各地的物产商品。

（3）《赞水路（二）》，1986年12月采录于中路铺镇。演唱者：唐安顺，男，五十八岁，农民，小学文化，中路铺镇人；搜集者：唐新文，男，十九岁，初中文化，中路铺镇农校学员。

海水发啸望不清，船到海边打转身。海里开船头一关，三十三里到巴山。巴山上来二十四，江边有个青山寺。寺内和尚把道修，天京渭水是<u>扬州</u>。沙湖连天天连水，白艮有个青石嘴。走到<u>镇江</u>把船湾，望见高岭是年山。黄屯港、白石嘴，燕子岩前回头水。草鞋湖内搭浮桥，浙艮宝塔高又高。浙艮原来是大圣，刘通打马将军镇。东京西京采石山，一邑两邑两相关。渔围有个周杨港，逢船过身还粮饷。昭君街上烧盐包，好个彭宅美女姣。鸡公将军本也巧，一口泉水啸得好。铁江水坝大通流，送江对着西扬州。<u>黄石矶</u>来骑羊阁，<u>安庆城</u>来下铁脚。<u>华阳县</u>来水通流，船到<u>湖口</u>把篷收。左走东来右走西，望见<u>九江</u>扯红旗。好个船河一石山，请问<u>扬州</u>湾不湾。扬州不湾对直走，青山上来是<u>汉口</u>。玉笛声声黄鹤楼，嘉鱼荆口是排州。鸭栏毛铺一枝花，铜官六十到长沙。好个长沙多景致，拦湖港来狮子石。乌石上来<u>巴其滩</u>，<u>兴马莪洲</u>到<u>昭山</u>。昭山岭上一个庙，望见湘潭多热闹。左三街，右三街，<u>湘潭河</u>正后三街。湘潭上来十五里，<u>易俗河</u>来好谷米。易俗河来湾一湾，上来又是<u>麻蝈滩</u>。打石矶来吟江坝，<u>射埠锦石</u>慢慢驾。<u>金塘盐埠</u>回龙桥，船在河内慢慢摇。<u>白龙潭来柳树湾</u>，<u>延化寺</u>来河头湾。老板站在船头笑，望见花石多热闹。观众桥下水滔滔,千年古迹万年牢。行人车马闹纷纷,花石赛过小南京。①

这首《赞水路(二)》唱的是从海边、扬州、镇江水路返回湘潭、花石的过程,主要信息包括水路小地名、各地的主要地景。

(4)《船工收索号子》,采录时间不详。演唱者周炳云,男,78岁,鱼苗业老渔民,住洗脚桥居委会。采录者:唐愍,男,60岁,湘潭歌谣集成编者。

<u>湘潭</u>开头望<u>昭山</u>,<u>兴马羕洲</u>巴矶滩,枯石猴子<u>南湖港</u>,西湖桥上石栏杆。<u>长沙</u>开头到<u>铜官</u>,青竹云田磊石山,鹿角<u>城陵矶</u>下水,压缆茅埠石头滩。<u>嘉鱼</u>排洲荆口驿,<u>黄鹤楼</u>中吹玉笛。顺风吹过黄鹤楼,长江滚滚向东流。②

这首《船工收索号子》流传在湘江船民中。正文附注称,这是一首有词有曲的号子,其词是《赞土地,赞水路》和《巫歌·送船》中的一段,也是《赞狮子·赞船》的全首。歌词的每句都包含了一至三个弯船埠头,信息内容以地名连缀成七言。连同上两首《赞水路》,这一类"赞"歌一般属于仪式歌,很可能是在船民丧礼上吟唱。

(5)《湘江船工路歌》,1987年10月采录于岳阳市。

<u>湘潭</u>开头望<u>昭山</u>,<u>新马鹅洲</u>柏树湾。<u>长沙</u>一辗到<u>铜官</u>,

---
① 《赞水路(二)》,《湘潭县资料本》,第131—133页。
② 《船工收索号子》,《湘潭市分卷》,第30—31页。

贵州云田磊石山。鹿角城陵矶下水,夜过麻埠黄石滩。家住牌州荆口驿,黄鹤楼中吹玉笛。汉口开船到金山,借问水佬湾不湾?①

这首《湘江船工路歌》唱的主要是湘潭到汉口的水路地名。

2. 潇水水路歌一种

双牌县地处湘南中部,湘桂边界,潇水中下游。潇水《水路歌》,1987年2月22日采录于双牌县江村镇江村。演唱者周守灵,男,70岁,汉族,农民,初小文化,江村镇江村人。采录者周仁武,男,30岁,汉族,高中文化,江村镇文化辅导员;唐昌鸿,男,23岁,初中文化,农民,江村镇清明田村人。该《水路歌》全文如下:

梧江开头朝水滩,上步下步斗篷滩。大港小港相见湾,糊滩回头水幽幽,麻滩开头摇壳桩。(壳桩为栓排的木桩。——作者注)流滩浪洗泥浆水。单江扯起八字口,慢慢游去黄家潭。周冲开头双口滩,望见双牌白粉墙。双牌有个西天坝,逢路左弯右一弯。砧板滩来逢石下,麻仔雁王绿豆滩,慢慢游去袁石望,白米凤凰最难搬。杨家开头虾把口,荒家马庙赤溪回。樟树脚下吹倒风,一路流水下尖滩。奋箕干口潭公坝,周家蚌壳羊角滩。羊角滩来雕花下,一路流水下金滩。回府苦瓜五鸡蛋,冷饭仙人香炉山。香炉山来抬头望,望着转角楼在天上。永州城来永州城,永州城内七条

---

① 《湘江船工路歌》,《中国歌谣集成·湖南卷》,第104页。

门。东南西北为四季,潇湘太平小西门。永州开头望潇湘,回龙宝塔一支枪。贺家码头石马凼,蔡家木瓜曲河香。蜡树旮里好流水,冷水滩来闹洋洋。文昌阁楼有二渡,青龙石像要拜香。黑狗滩来长流水,望见一片水茫茫。高脚鳜鱼红牌楼,包暖十个雁山岩。大花小花平平过,铜锣一响到黄阳。二十四季刀枪箭,借州枇杷媳妇娘。牛皮州来当神仙,大水谨防杨梅岩。老山弯来八挂水,蒋家滩来水茫茫。乌漆祁阳为景子,狮子抬头望祁阳。祁阳开头锭水滩,多买钱纸敬凤凰。凤凰头上拜三拜,保得划子过横滩。白水开头漕河潭,箭溪潭里望归阳。上山九州岛广待铺,五家河州有二潭,良全本是三大界,颠簸仍是衡阳乡。涧口鲤鱼八方卖,待人松柏满市场。朝阳越铺抬头望,望见重州水茫茫。今日打鼓平日过,弟妹双双望掐关,毛叶扮作盘茶关,白沙洲来立卡湾。衡洲弯弯象把弓,石字尖尖对岩缝。又说衡阳无景子,家家有个麦拐冲。衡阳开头大河渡,樟木横过七星滩。二龙相斗雷如市,乌石码头望十湾。游满盘田弯不弯。三门六口珠厅过,株洲上湾对下湾,一束河水到湘潭。①

这首潇水《水路歌》正文附录的注释称,此歌流传于潇水双牌段一带,歌词以地名、显著的山形地貌、河道状态特点等内容为主。内容侧重的是从梧江到衡阳段湘江上游的水路小地名,衡阳到湘潭一段路程较为简略。

湘江流域水路歌的搜集工作,除了出版了以上六种详细的水

---

① 《水路歌》,《双牌县资料本》,第1—3页。

路歌，还于1987年在嘉禾县车头镇由当地文化站辅导员向车头背村老船工采录了《船工号子》两首。嘉禾地处湘南山区，岿水（亦称钟水河）由南向北蜿蜒流淌，注入湘江。每当春汛来临，河上白帆点点、木牌串串，号子悠悠。[①]可以说，嘉禾县作为湘江支流上游的偏远地区也存在船工号子，这说明有船运通航之处，必有船工，有船工之处，必有号子的传唱。

第三节　资江及其支流船民水路歌文本

资水发源于湖南湘西，流经湘中邵阳、新化、安化山区，在下游平原益阳地区流淌注入洞庭湖。流传于资水流域的号子歌《过滩谣》，1986年2月2日采录于安化县梅城镇，演唱者吴老倌是资江上老船工。这首号子简洁地总结资水行船的危险："哦嘿喂——资江河上一百零八滩哪，纤狗子过滩像过鬼门关，过得滩去算你狠，死在滩上是好汉！"[②]下面列举资江滩歌一种，南县往下游水路歌一种。

1. 资江水路歌一种

《资水滩歌》，1986年5月采录于新化县荣华乡琅塘镇。演唱者苏养吾，男，40岁，荣华乡鹊桥村村民，小学文化；杨锡山，男，82岁，琅塘镇谭家村村民，初小文化。这是一首很长而且完整的资水数滩歌，包括《序歌》《下滩歌》《上滩歌》三个部分。全部内容今录如下：

---

① 《划船号子》，《嘉禾县资料本》，第271—272页。
② 《过滩谣》，《益阳地区分卷》，第45页。

《序歌》

天下山河不平凡,千里资江几多滩,水过滩头声声急,船到江心步步难,谁知船工苦与乐,资水滩歌唱不完。

《下滩歌》

说唱滩来且唱滩,宝庆果然不非凡。纸盖长沙容易破,桥打十里铁栏杆。且看三门在水地,一门旱地雁门关。东瓜桥上看景致,喽啰小鬼妙仙湾。一声开船下汉口,象鼻头来头一滩。竹子山塘把流放,艄工想起上河滩,长滩只见长纤扯,景公塘里湾一湾。婆婆岩上把鹰打,小溪就把姜来担。小木滩来出红枣,抬头望见枞树滩,青荆滩上打一望,吉人庙上小连湾。石灰洞里歇一会,大连湾下大屋滩。兄弟同把花园进,出门又是小屋滩。栗滩走船如跑马,看见前面小南山。七里塘下团子石,猪楼门内心胆寒。干水要把短纤扯,大水稳舵莫乱扳。柴码头上多柴卖,小溪没立卖柴关。晾罾滩下是球溪,柘滩下来连里湾。麻溪哪见担麻卖,沙罐出在沙塘湾。干水象轱滩头放,马屎口里马披鞍。鸳鸯滩上排云雾,忽然雷公打鸡蛋。猫儿扑地老鼠石,炉埠果然好煤炭。西风塘里西风起,皮箩岩下皮箩滩。沙罗滩上纤难扯,一扯三碰难上难。陡山岩里乌金好,岩下就是旋塘湾。连皮加二乡里货,下河炭要秤加三。开船有个三篙半,老鼠港里锡矿山。学堂岩上来观看,十里茶亭口也干。化溪姑娘三仙会,鲤鱼滩下竹林湾。辕门柱子有一对,青滩航道在中间。马蹄塘下杨家咀,一州二州三州滩。青峰塘里清风起,顺风一落谢家滩。上渡港里歇一会,独石塘下垣州滩。新化县城来观看,四门扎起营盘关。西门抬头打一看,衙门坐个知县官。

第九章　水路歌传唱：从生命地图到非遗名目　*295*

为人莫作亏心事，到了官场也为难。东门抬头看下水，过河想起上炉观。新化开船<u>磨盘滩</u>，宝塔对着<u>塔山湾</u>。袁家山里出萝卜，<u>车把溪</u>对天子山。老师吹得牛角叫，<u>晾罾滩</u>下<u>游家湾</u>。<u>王爷滩</u>下长风走，<u>白沙州</u>下<u>尿壶滩</u>。<u>莘溪</u>河边好过渡，<u>丹滩</u>转弯是卡滩。神滩小洋鳜鱼地，车石下来心窝滩。贵州赶来黄轱坳，<u>白沙州</u>下<u>高桥滩</u>。<u>油溪</u>有个迭石函，中家庄抵红岩山。<u>鹅洋滩</u>上抬头望，抬头望见东门山。白溪无有江西客，<u>曲蟮滩</u>下<u>石头湾</u>。石子湾来湾不湾，雷公响在<u>思本滩</u>。祖师座下<u>连花庙</u>，五马破曹观音山。望花街上<u>株木溪</u>，<u>杨家坊</u>下<u>铜锣滩</u>。铜锣滩无铜锣响，<u>汪家塘</u>下<u>豺狗滩</u>。石莲斛里莲花现，<u>千篙滩</u>下十竹山。太湖崖来随湾走，下面有只<u>鳊鱼山</u>。礼溪有个成进士，潘洋有个御史官。<u>牌头滩</u>上抬头望，望见对门岩鹿湾。烟田滩下槽船地，龙溪脚下<u>清水滩</u>。琅塘有个堤机局，<u>杨木州</u>下<u>白沙湾</u>。千兵洲上多沙子，<u>鸡婆咀</u>送<u>松树滩</u>。抬头搭上滩脑水，且看<u>苏溪湾</u>不弯。问我装的什么货，装的烧纸和煤炭。喊起号子摇起橹，调转舵来放<u>瓦滩</u>。大水放船要提干，干水要往巢里攀。瓦滩只听滩水响，<u>大水湾</u>在<u>渡头湾</u>。鸡鸭鹅鸭是<u>润溪</u>，紧桨飞落<u>猪婆滩</u>。桥墩石上把谷晒，黄金堆在<u>猪屎滩</u>。好似横岩座水口，讲起<u>洋桥</u>不简单。观音赶来桥墩石，化作肥猪挤下滩。不是洞宾来点破，修起洋桥不为难。只为洋桥修不起，抛打绣球是<u>泥滩</u>。平口本是花花地，叫声客官把船湾。上街玩到下街止，只见藻水湾一湾。婆婆就把鹰来打，一把打落<u>担柴滩</u>。社溪本是坪河地，猴子忙把门来关。<u>乐滩</u>有个蓑衣石，野猪走落<u>排子山</u>。排子山里出美女，鸡婆塘内船难湾。猫儿听见泥鳅叫，老鼠怕了猫儿耽。白鹤赶落童子口，干水放船<u>水滴湾</u>。磨家池里打一看，<u>渠江</u>对门<u>斗笠湾</u>。铁匠打把钥匙口，<u>白水溪</u>下是<u>初滩</u>。湖泊塘里把橹起，只见高笼把<u>鸡关</u>。<u>火烧滩</u>下纤难扯，盛产桐油是<u>神湾</u>。<u>毛篙滩</u>上千篙石，探溪有只塞拉利昂。雪落鹅毛来下水，<u>扁担石</u>在<u>鲶鱼山</u>。水米煮粥<u>南坪地</u>，只见鲤鱼跳上山。黄牛怕了勾刀子，<u>皮塘</u>有个<u>观音山</u>。方石门前捆艄走，<u>尧家庄</u>内排难扳。婊子竹山是羊脑，杉木青龙<u>丘尺滩</u>。狗屎屙在猖狂洞，<u>黄连洞</u>里鬼门关。<u>碧溪</u>有座<u>观音阁</u>，两口相对无名滩。<u>大牛滩</u>下漏灌子，鹅嘴叨过<u>杨泗湾</u>。<u>杨泗</u>庙里把神祝，挂打三巡<u>三门滩</u>。鲤鱼穿腮现手段，花花绿绿是<u>榨滩</u>。<u>米窖湾</u>里卖沙竹，<u>陈口</u>乌龙一条滩。纸钱落地排八卦，<u>乔溪</u>黄沙一石担。<u>酉州</u>对门生金竹，<u>大鱼矶</u>下<u>小鱼滩</u>。<u>鱼公滩</u>下把禾晒，<u>孟公脚</u>下<u>君王滩</u>。<u>阳雀坪</u>对塘古坳，<u>朱溪江</u>下<u>水鹅滩</u>。先生送我<u>寺门前</u>，玛瑙出在<u>砸脑滩</u>。曹操带兵江南地，出口又是<u>磨子滩</u>。好似边纲对麻溪，百花开在<u>老屋湾</u>。<u>黄瓜滩</u>下<u>白沙上</u>，平地铺毡挂树冠。桎木为箍把柴捆，<u>小淹</u>有只<u>虾公山</u>。一舵闪过<u>老鼠石</u>，<u>雄鸡山</u>下<u>蜈蚣山</u>。河至溪里出杉树，<u>梅子塘</u>下是<u>庙湾</u>。一芦二芦花园里，斗米矶下<u>中边滩</u>。星子雕在抱肚上，螃蟹只上<u>丁家湾</u>。将军怕了阎王石，铁板拦洪<u>大边滩</u>。豹子园里出锅厂，夫溪叫做<u>干肠滩</u>。<u>七星滩</u>下塘湾地，沙衣洪下<u>天鹅湾</u>。<u>粽子滩</u>下<u>汪家渡</u>，鳜鱼走在<u>泥波湾</u>。一朵莲花也结籽，金银财宝用萝担。头顶原来<u>九官渡</u>，脚踏洪门<u>莲花滩</u>。有人葬得莲花地，至今纱帽在朝关。<u>马家塘</u>里好绸缎，过河铺下是<u>五滩</u>。龙官望见栏杆地，鲊铺下前<u>猪婆滩</u>。<u>栗山塘</u>里<u>坛柴港</u>，锦被王婆<u>桐子山</u>。桐树林上吊钟厂，木鱼洲上相公滩。筲箕又把米来打，三塘街上湾一湾。新开淹下黄丝渡，倒挂金钩茄子湾。九峰塘下干磨石，点起十个昼夜滩。花花轿子轮流转，美女晒日是须山。书塘街上养鸽子，月门山下筲箕湾。金挂洞中意下庙，晒谷石在横口滩。泥鳅洪里抬头望，桃花港里船难湾。宝塔又把水口座，五婆山下把牛关。极嘴坝上抬头望，新桥河里湾一湾。鹅公港下鹅公叫，抬头望见毛告山。龙尾滩下现高手，青龙滩下把门关。一路唤风把流放，新码头来船难湾。千架要走洪路水，毛板要湾鳊鱼山。到岸老爷打一敬，大家兄弟把心宽。姑娘叫做三仙会，玉石碟子摆中间。益阳开船往汉口，抬头望见鳊鱼山。魏公庙里把神敬，王庄对门犀牛湾。堤机关上把关过，宝塔座在清水滩。八母滩上子望母，黄茅洲下何家湾。沙头街上把米买，开船又走金阳滩。羊角抬起头来看，只见鞭把口又宽。吩咐艄公紧把舵，来到毛角把口参。三人河里松水过，姑嫂二人把花攀。关公坛下白马寺，色子庙下是大湾。轻轻出了临资口，牛屎仓里无人湾。元潭坛上观天色，羊雀港里把船湾。仔细心中来思想，米关立在芦林滩。鱼骨庙里香一柱，娘娘港下云头滩。羊节港里来思想，土星土林两港滩。若是风暴不好走，不敢过湖赊刀湾。白鱼便把鳍来现，崇山港里船难湾。陈口坛上抬头望，抬头望见磊石山。张家套里把逢落，扎矶嘴里买鸡蛋。万寿湖里大龙旺，干水铜盆湖也干。鹿角落在高山旺，龙虎嘴里龙虎山。金泊港里抬头望，雷公湖里一鞭山。南京港有癫子石，岳州有个提金关。北门港里来思想，想起当初七里山。城陵矶下金河老，擂鼓三通过五关。善湖港里躲风暴，港内又立检查关。开边有个巨凳石，白罗套上心胆寒。就在鸭潭分南北，鱼矶地界是湖南。王家宝真来金宝，新堤立起过排关。毛铺对门太平口，骨花洲上把心安。六金口里出广粉，对门就是孤独湾。皇王便把提金立，船湾宝塔洲过关。龙口哪见龙开口，抬头一望石璃关。家汝有个上甲口，鱼码头来把鱼担。燕子窝里出燕子，上林花口把花观。排洲对门青潭口，顺田一路空江湾。东阁老走慈丘口，金口对门大金山。涓口又把老关过，风暴船湾荞麦湾。鹦鹉洲前抬头看，望见武昌确非凡。洞宾神仙把楼座，黄鹤楼下有蛇山。河北锁里打一看，望见汉口是龟山。汉口穿心八十里，不知街上几多宽。有钱汉口真好耍，无钱真是汉子难。问君走到何方好，花花世界一样看。

《上滩歌》

　　唱了下滩唱上滩，回心转意把心安。汉口开船走上水，南岸过河讨栗关。载船就把双票用，空船车票好悠闲。汉阳城边得意过，望见洋街殿四关。武昌辞了都督府，涓口有个照栗关。二十四股回湾水，往返要到大金山。金口人来慈丘山，东阁老来定江湾。吩咐牌洲船莫急，上林燕子一石担。鱼码头上孤独湾，上水嘉汝石璃关。龙口宝塔大金口，大风毛铺也难湾。新市锣洲听鼓响，擂鼓台前心胆寒。城陵矶前把船看，芦席洲前把船湾。兵洲街上南津港，扯起风帆进鞭山。忽然一阵雷公响，金泊龙虎旺高山。铜盆湖里火龙旺，磊石陈口脱衣衫。白鱼又把云鳍现，只见娘娘又下凡。红薯出在土星港，白米出在芦林潭。阳雀元潭牛屎港，铃子一响上大湾。色子庙里只一色，骑着白马战江山。关公坛上抬头望,只见姑嫂树又干。南湖洲上西林港,八字哨上邹家湾。磨房滩里愁云锁,出了毛角心又安。河塘街上打一看,只见甘溪港又干。益阳关山船邦密,抬头又见鯿鱼山。转身来到益阳县,直流三堡扯风帆。我在汉口多年整,身无半文转湖南。从头仔细来思想,何必当初赊账玩。益阳开船望家乡,青龙滩上脱衣裳。龙尾滩上现高手,毛昔塘里定阴阳。鹅公港里淘白米,瓦桥河里拨米汤。勺咀坝上打中火,桃花港里借歇场。江内有个和尚石,叮叮当当到天光。横口滩有晒谷石,金凤鸡子到书塘。书塘有个读书子,须山美女晒衣裳。花花绿绿轮流转,十洞滩上樟树塘。竹叶洪里一班纤,抬头望见九风塘。倒挂金勾结茄子,三塘街上好灰行。童子王婆盖锦被,天地枯柴栗山塘。猪婆滩上是鲊铺,鲊铺滩上皮箩江。凭栏望见龙公地,五滩上来马迹塘。莲花滩上鳜鱼地,棕子滩上何散场。襄衣洪上塘湾里,善滩上来福鸡塘。大鸡滩上一斗米,庙湾上来梅子塘。安儿小淹青山好,陶澍果然好屋场。财主买田满了贯,至今不许买田庄。唱只骂歌叹口气,何草矶上白沙塘。坪里铺毡葬陶澍,黄瓜滩上老屋场。白花树上麻溪地,边江上来磨子塘。曹操点兵江南地,一轮明月正相当。先生送我寿门前,塘古贾里奶槽坊。糯米扎出粽子角,大鱼矶上金竹塘。山西来了买茶官,乔溪开起卖茶行。八卦滩上占一卦,只闻坪茶又喷香。沙竹滩上把柴买,果然到了錾子塘。柘滩上来一班纤,鲤鱼穿腮三名塘。杨泗湾里纤难扯,漏罐子上大溶塘。飞云把月碧溪口,黄连洞内好歇场。大柳杨来小柳杨,十个艄公九个亡。龙须滩上有龙爪,马必市里马恋王。丘尺当是鲁班用,青龙滩上杉木塘。羊老滩上十八节，竹山一日到皮塘。只见黄牛来下水，鲤鱼上山是南盘。烟溪有个对马石，鲶鱼洲上探溪塘。毛花滩上神湾地，高龙矶上湖北塘。初滩只见白水溪，虎骨上山是渠江。磨家溪上童子□，排子对门鸡婆塘。石灰洞内屙屎岩，乐滩社溪何散场。猴子关门担柴卖，坪口少个卖柴行。泥滩哪见泥落水，只见横岩拦断江。洋桥猪屎出浆义，润溪有个公管行。瓦滩只听滩水响，抬头望见苏溪江。苏溪有只水府庙，来往客人烧保香。千兵洲上使把劲，送婆鸡子到琅塘。曹船有个苏氏渡，潘洋有个御史官。礼溪有个成进士，药店开个资生堂。太湖湾里随湾走，千篙滩上石牛塘。石莲斛里莲花观，摇橹划桨汪家塘。铜锣滩无铜锣响，青荆对门杨家坊。株木溪上思本溪，雷打狮子次起塘。曲鳝滩无县官坐，抬头望见枣子塘。白溪有个江西店，鸾头印出好姑娘，鹅洋滩无鹅公叫，石灰出在中家庄，蓝靛湾里无靛卖，石笋出在尖石塘。油溪哪见担油卖，黄轱坳对赵家坪。邓家街上歇一会，车石鳜鱼在小洋。剩滩有个团鱼石，转弯又是丹坪塘。丹滩哪能担到底，卡滩也有船过江。辇溪望见白沙上，油麻滩上长风塘。王爷滩上来观看，游家湾有钉子行。晾罾滩上抬头望，抬头望见太阳江。湾船扎草寨背后，猪头还愿牛角塘。灶门岩里出木炭，只见木炭上下装。塔山湾里抬头望，新化城墙几多长。宝塔底下歇一会，青石街上借歇场。西门岭上天开门，不觉来到二堂上。鱼船来往争上渡，一网打进皮石塘。谢家滩上风相送，青峰塘内有鱼藏。连上三洲滩头水，杨家嘴上马蹄塘。马蹄日夜叮当响，响在春潭牛耳旁。一对柱子辕门竖，竹林湾上鲤鱼长。三仙姑娘会化溪，路走十里有茶香。学堂岩上鸡鸭落，起桨直划冷水江。石头藏宝是锡矿，五湖四海把名扬。旋塘湾水水旋转，码头上面好市场。崖叫陡山山也陡，沙罗滩上纤路长。皮箩滩边好篾箩，竹子出在西风塘。炉埠紧挨老鼠石，上头有滩飞鸳鸯。银鞍披马祥光照，照见象鼻三丈长。沙塘湾里沙罐好，宝庆汉口把名扬。柘滩两岸白杨密，球溪晾罾晒鱼忙。捡担干柴小溪卖，卖给纤夫烤衣裳。猪楼门里肥猪大，屠桌摆在七里塘。小南山前栗滩急，小屋大屋套连环。石灰洞边吉人庙，青荆滩里淹和尚。山山枞树映水绿，红枣树下乐姑娘。黄土栽姜是小溪，岩鹰展翅景公塘。长滩滩水明月照，满肚相思望情郎。上河滩岸楠竹茂，象鼻长长把竹装。石灰浸竹造土纸，上水装货进邵阳。解下搭背算完账，打点铺盖回家乡。碎银买点小礼物，一家大小喜洋洋。一路时新枕边讲，梦里滩歌长又长。①

这首长度近 5 千字的《资水滩歌》中，下滩歌唱的是资水顺流而下的水路路程，上滩歌则是唱逆资水而上的行程，内容包括宝庆与汉口之间沿途经过的滩头以及两岸的自然景观、风土人情、历史传说和地方特产，还加入行船的技巧和对于某些河道危险的提示。②

---

① 《资水滩歌》，《新化县资料本》，第 17—29 页。
② 贾毅利用碑刻、地方志、水路歌等资料对明清资江河道的疏浚、管理和航运秩序的建立进行了初步分析，认为各级政府、地方士绅和外地客商等均参与其中并发挥作用，由于安化茶叶的输出事关当地社会的切身利益，资江河道的修整和秩序维护以民间社会首倡和捐资实施为主。参见贾毅：《明清安化茶叶贸易与地方社会》，厦门大学历史系硕士学位论文，2021 年，第 104—116 页。

2. 南县水路歌一种

《南县开船往下流》歌谣流传于南县，南县地处湘鄂两省交界边缘，洞庭湖区腹地。这首水路歌1986年采录，演唱、采录者均佚名。全文如下：

> 南县开船往下流，船行三里石矶头。石矶头，水又走，下而连着新剅口。新剅口，水悠悠，不觉来到鱼尾洲。鱼尾洲，满洲沙，隔河相望九斤麻。九斤麻，毛雨稀，下面有个白马溪。白马溪，把路改，调梢转向神童港。神童港，往下瞟，大北洲又到小北洲。大小北洲不掉头，顺水行舟白鹤堂。白鹤堂，鹤飞走，下面又到中鱼口。中鱼口，捉青鱼，沙港市又对三仙湖。三仙湖，出寿星，往下不远八百弓。八百弓，往下开，顺风顺水茅草街。茅草街，好地方，湖水悠悠通三江。一船客人送到堂，南县名声天下扬。①

这首《南县开船往下流》唱的是自南县沿沱江到茅草街的一小段水路。

第四节 沅江、澧水及支流水路歌文本

沅水流经贵州和湖南西部由常德注入洞庭湖，沅江上游又称为清水江，上中游大多为少数民族聚居的山区，下游则为平原。酉水是沅水最大支流，在沅陵县城关镇注入沅水。渠水在黔阳县

---

① 《南县开船往下流》，《益阳地区分卷》，第54—55页。

第九章 水路歌传唱：从生命地图到非遗名目 303

托口镇注入沅水。下面列举沅江水路歌二种，酉水水路歌四种，渠水水路歌一种。

1. 沅江水路歌二种

（1）行船号子《路程记》为麻阳县苗族歌谣。麻阳苗族自治县地处湘西边沿山区，东临辰溪县，南连怀化市、芷江县，北与泸溪县、凤凰县毗邻，西与贵州省铜仁县接壤。《路程记》是1987年4月8日采录于麻阳县岩角坪村。演唱者滕树友，男，50岁，湖南麻阳人，务农，高小文化。搜集者滕晓文，男，23岁，湖南麻阳高龙村人，务农，高中文化。全文如下：

<u>常德</u>开船有三弯，脚踏草鞋<u>娘娘滩</u>，娘娘滩上三支箭，箭箭射到<u>河洑山</u>。河洑山，河洑山，陬溪打火歇<u>桃源</u>，只有桃源生的好，身怀一个<u>跑马滩</u>。跑马滩，跑马滩，盐船靠在<u>米合潭</u>。白马过河白马渡，糊里隔扯（指男女不正经的事。——作者注）<u>张家湾</u>。神仙打坐桃源洞，刘海砍樵天平山。刀打豆腐（指船夫、纤夫嫖女人。——作者注）<u>蕳家溪</u>，陈潭拉纤莫松肩。要呷鲜鱼茅棚刺，鱼梁修在河中间。孔明摆祭<u>云盘洲</u>，蛤蟆跳在河中间，郭老靠排（筏。——作者注）在川石，前面就是<u>林崽滩</u>。将军把剑挂宝山，前面就是癞子滩。一根竹子破两片，前面就是<u>姊妹山</u>。姊妹山，姊妹山，姊妹修行各一边。只有大姐来真心，一片竹子长满山，只有二姐冒真心，竹子冒长石满山。姊妹修行脚踏岩，生意买卖兴隆街，玉鹅生蛋<u>玉皇溪</u>，黄色拉纤莫松肩。箱子放在<u>桃源地</u>，前面就是毛里湾，妙玉庵堂击钟鼓，前面就是<u>麻衣湖</u>。画只老虎来跳栏，轻轻跳过<u>准仄滩</u>。芦苇飘流一声

风,青浪滩上斩鸡公。铜鼎片刻放一纤,拉出潭口莫松肩。拉过潭口歇一憩,大家伙计呷筒烟。①

这首《路程记》,唱的是常德往上游到潭口的水路地名。

(2)《沅水滩头歌》,1987年4月采录于黔阳县县城。演唱者曹兴德、唐敬才。采录者赵祖英、潘万彩、李惠人。全文如下:

> 黔阳狮子岩把头关,辰溪对河是风流山。油坊分的上下寨,再行五里泸溪县。好个泸溪县,男闲女不闲,男子家中坐,女子去耕田。慢慢摇来慢慢扳,泸溪有个秤砣山。过个小小椿木溜,就到沅陵柯槽湾。平岩有个瓮子洞,也是沅水一大关。木马口、妹公滩,两边又有姊妹山。张家小姐赖婚约,逼死癞子成了滩。挂边山、陵井滩,穿石奇迹筷子庵。孔明观灯也在此,夜退曹兵保江南。毛瓮祠,到成滩,剪家溪出的好笼罐。水溪口,到甘滩,对面有个桃花源。昔日"王子去求仙,丹成上九天,洞中方七日,世上几千年"。至今有个烂船洲,自古流传到今天。摇河边,水连天,牛角弯弯是桃源县。桃源它有三只阁,并排屹立在江边。铜方垴、盐井店、陬市、河府娘娘滩。船工们,加把劲,来到常德把船湾。②

这首《沅水滩头歌》唱的主要是泸溪县往下游到常德的水路地名。

---

① 《路程记》,《麻阳苗族自治县资料本》,第2—3页。
② 《沅水滩头歌》,《中国歌谣集成·湖南卷》,第107页。

2. 酉水水路歌三种

（1）《划船号子》，1962年10月采录于永顺县王村镇，土家族歌谣。永顺，土家族聚居县，地处湖南西部，与鄂、川、黔边境接壤。演唱者刘兴孔，男，土家族；搜集者顾陶然，男，五十二岁，县民政局干部。全文如下：

<u>辰州</u>上来十八滩，二面二幅桂竹山。人说桂竹无用处，小小桂竹撑大船。船儿弯到<u>北关山</u>，打酒称肉铁炉巷。东关豆腐西关酒，流氓痞子<u>溪子口</u>。<u>大茨滩</u>来<u>小茨滩</u>，鲁王正坐<u>石马潭</u>。一邀头来二邀梢，船儿走的象飞跑。头凤脱水不好弯，<u>白头岩潭</u>水又穿。<u>猴子岩</u>来是<u>新滩</u>，<u>杉木溪口</u><u>一长滩</u>。苦瓜开花黄瓜有，沙鱼散子在滩头。<u>公羊坪</u>来<u>顺巷滩</u>，观音正在<u>普陀山</u>。施溶驿来<u>施溶洞</u>，莫送虾子绕鸡笼。会溪坪来铜柱溪，鬼滩要转岩槽里。<u>麻潭</u>脱水是<u>麻溪</u>，<u>伞溪罗溪</u>吼一吼。<u>花滩</u>脱水见潭口，青鱼长角哪里有？<u>王村滩</u>来长又长，酒船挂在船尾上。有钱哥哥把酒喝，无钱哥哥把手搓。<u>王村</u>铺子开得高，老板称肉肖称泡。吃一半来留一半，响水洞儿吃中饭。吃了中饭套草鞋，求儿求女<u>老司岩</u>。老司岩上吹牛角，港口过夫牛路河。船儿弯到<u>三百洞</u>，叉个青瓜合皮开。一个青瓜园又园，义朝脱水到<u>白观</u>。白观滩上打一望，兵马池过铁城墙。<u>余水洞</u>来三转弯，生坏三门<u>一条滩</u>。那维洲来小地名，马过脱水是<u>兴坪</u>。<u>大鹞子</u>来<u>小鹞子</u>，鹞子过得<u>三角滩</u>。四溪陡水来得快，三个滩儿撑放赖。鹞子过了<u>盔甲滩</u>，上面就是<u>柳树弯</u>。<u>高长坪</u>来<u>螺狮滩</u>，敲鼓撞钟狮子滩。龙也治来虎也治，<u>保靖腰</u>

杆定要弯。保靖过去五连潭，皮上生的好陡滩，令牌岩来满天星，驼背老虎胆惊惊。驼背脱水铁毛洞，石遮帘口不好弄。栀子插在水把台，比耳岩边不好排。上面蜂子和尚岩，婆婆古树两边排。沙刀不砍婆婆树，无事不到里耶来。螺狮滩上是保靖，保靖码头本有名。船儿弯了万万千，天开文运是对门。三坛九洞十八峒，七十二岩到石堤。又有几多飞得起，又有几多跑得的。抱肚岩来凉水井，唐二挑担送苏秦。苏秦得了高官做，唐二丢在九霄云。猪娘口来下腮落，杨家有个杨令婆。令婆住在天波府，八姐九妹游江河。油榨岩来两裂开，无情无义蔡伯皆。有情有义赵氏女，罗裙包土上坟台。一字岩来生得悬，杏元小姐和北蕃。杏元小姐北蕃去，怀抱琵琶马上弹。二字岩来自生成，瓦岗寨上程咬金。山东好汉秦叔宝，夜打登州小罗成。龙洞烟雨雷钵弯，昭君娘娘和北蕃。昭君娘娘北蕃去，马上回头泪不干。渡船过来是亮溪，纣王无道宠妲己。比干丞相挖心死，黄家父子反西岐。罗依溪来鸡婆岔，头等好汉李元霸。手执铜锤八百八，他的本事盖天下。一字写来一杆枪，霸王行凶在乌江。霸王行凶乌江死，韩信功劳不久长。二字写来两条龙，保主跨海去征东。征东征西薛仁贵，辽东造反苏宝童。三字穿心一个王，薛葵薛蛟两个郎。薛葵薛蛟郎两个，抛打绣球庐陵王。四字有口又无能，七姐下凡配董永。神仙也有风流事，何况凡间小后生。五字写来铁门坎，手拿铁篙王延章。成头太保李成孝，顺子又见活阎王。六字写来绿茵茵，杨家有个杨家兵。六郎要斩亲生子，宗保难舍穆桂英。七字写来左脚单，三关名将是焦赞。

天门阵上去交兵，孟良本是英雄汉。八字写来两边飘，孔明用计般般高。庞统献个连环计，华容道上挡曹操。九字写来象把弓，七十二变孙悟空。手里拿个金箍棒，闹了龙宫闹天宫。十字穿东又穿西，纣王无道宠妲妃。江山又有何人败，江山败在妲手里。①

这首《划船号子》唱的是辰州到保靖的酉水沿线的水路地名，文本的后半段是很长的一段自编的历史故事。

（2）《酉水船工号子》1986年6月采录于保靖县。保靖县位于湖南西北部，湘西土家族苗族自治州中部，东邻古丈、永顺县，南靠吉首市、花垣县，西接四川省秀山县，北连龙山县。口述人张家才，86岁，土家族船工，隆头乡兴隆村人。姚茂先，61岁，男，土家族船工，比耳乡比耳村人。龙顺虎、刘黎光搜集整理。全文如下：

> 三老九峒十八峒，七十二岩拢石堤，多少在岸上，多少在水里？爱玩爱耍，哎呵——篙上浪哪，哎呵——堂板（回旋漂洒的水。——作者注）开在嘛，哎呵——西湖墙哪。哎呵——丝瓜井里，哎呵——不象样哪，哎呵——哪个有钱嘛，哎呵——调出堂哪。哎呵——（形容堂板有一种唱法是：进门来，笑嘻嘻，糊里糊涂两夫妻，半夜讲的知情话，天亮你各滚你的。——作者注）新隆街梳子，哎呵——亮光光哪，哎呵——吃酒吃饭嘛，哎呵——鸡窝巷

---

① 《划船号子》，《永顺县资料本》，第11—15页。

哪,哎呵——伙计们吃烟,哎呵——矮城墙哪,哎呵——哎呵——哎呵——哎呵哎呵——哎呵——哎呵哎呵呵——哎呵——(以下句中衬词同上)

左脚踏在桃源洞,右脚踏在烂船洲。鸡公打架莫翁子,张果老放排是穿石。姊妹修行姊妹山,敲经念佛明月庵。兄弟相争麻叶湖,船儿拢了青浪滩。遍地落雪是白溶,文司九觜有一凶。妹妹紧来嫂嫂松,老弟要绁坛子溶。莲子滩,不好弄,船儿拢了高鱼洞。弟兄多了好喜欢,船儿拢了白月滩,大河涨水往东流,沅陵坐了九龙头。小菜出在王草尾,萝卜出在和尚洲。卖菜大姐你莫捱,对门有对鸳鸯岩。沅陵府,沅陵城,四门景致本有名:一千三百垛子墙,七十二个土地堂,四十八脚到城隍,七十二脚到府隍。县城隍,府城隍,铜壶滴漏府堂上。东馆老爷坐得高,生意买卖通河桥。东馆豆腐西馆酒,叫化子坐在西子口。白河船,生灾难,进口就是燕子滩。白箭头,是小街,美女正坐梳头岩。万国九州岛共条天,瓦厂烧火透青烟。蛤蟆岩,不算岩,乌宿庙佬打草鞋。乌宿有个踏骨滩,二边浠水(回旋漂洒的水。——作者注)往上穿,踏骨滩,红水坪,下姓孙,上姓陈,中间坐的杂姓人。四方溪,下茄滩,铁麻溜,打腰站(船工伸腰小息。——作者注)。金花宝殿吼一吼,画眉飞过雀笼口。高起头,下茄滩,油滩脚下吃中饭。风流岩,不算岩,上头有个烧火岩。钻字岩,本有名,文武百官认不真,若是哪个认真了,一船金来一船银。板栗觜,张家滩,那岔脚下把船弯。踩脚岩,三枪岩,上面有个靠船岩。雷打岩,高又高,两边浠水往上漂。竹林觜,不好搞,一腰头来二腰梢。洞溶开头是华溶,观音(岩)镇坐河当中。脱了三凤是二凤,船儿正到刺巴弄。镇溪沙湾要弯船,兄弟伙计吃杆烟。小刺滩、大刺滩,鲁王正坐石马潭。杉木溪口一长缆,颗颗汗水摔八瓣,腰弓背驼把岩攀,爬到石门吃中饭。苦瓜开花黄花溜,鲨鱼孕子茄滩头。公羊坪、顺江滩,观音正坐普陀山。观音正坐普陀岩,顺岗波浪涌起来。司溶溢,司溶洞,莫松虾子不好弄。虾子(岩)背上一点红,双溶有个绕鸡笼。会溪坪、铜柱溪,麻滩要绁岩槽里。麻滩脱水(指船儿越过了滩头急流。——作者注)石马溪,青鱼(岩)生角见得稀。闪溪罗依吼一吼,花滩出水(指船儿越过了滩头急流。——作者注)箭潭口。王村潭儿长又长,酒船弯在河中央。二字岩,丢过河,王村饮酒笑呵呵。有钱大哥吃四两,无钱大哥把手搓。王村码头高又高,老板称肉一坨泡。吃一半,留一半,响水洞脚吃中饭。吃了中饭排草鞋,求儿求女老司岩。老司岩上吹牛角,列夕脱水牛渡河。渣洞溜、三百洞,船儿绁进刺巴弄。一个青瓜圆又圆,义槽脱水白溪关。白溪关上打一望,兵马难过铁城墙。氽水孔,三转弯,生坏三门一根滩。香炉洲,傻那觫,头纤牙吾(人拉的纤绳与总纤绳相连的栓子。——作者注)要受得。南渭洲,小地名,马角(岩)脱水是信坪。四季陡滩来得快,三篙滩儿撑放赖(撑得精疲力竭之意。——作者注)。要坝长滩一长缆,塘湾脚下吃中饭。大鹞子、小鹞子,鹞子飞过盔甲滩。柳树湾,高得岔,十个老板九个怕。第一打得张二瞟,第二打得米元大。第三第四无法数,第六打得曹太如。石楼洞、雀儿岩,船儿要绁望乡台。教场坪、教场滩,敲念经佛狮子庵。保靖码头很有名,"天开文运"在对门。龙也叫,虎也叫,保靖邀杠(船工打牙祭。——作者注)一定要。酒四两、肉半斤,豆腐两块不要称。末船哥哥你莫捱,船儿拢了<u>鸬鹚岩</u>。黄狗恋窝吼一吼,八部大王坐江口。陡滩脱水不好弄,脱水才拢<u>锣鼓洞</u>。锣鼓洞前吼一吼,船儿沙沙往上走。<u>棋盘滩</u>、棋盘岩,八峒神仙下棋来。<u>砂磨岩</u>、<u>界牌岩</u>,两个岩头河里排。<u>界牌岩</u>,满天星,驼碑老虎战兢兢。铁炉磨勾来得快,<u>牯牛(岩)</u>爬上芭茅寨。石维窄口不好弄,桅子插在<u>水坝洞</u>。水坝洞、<u>观音岩</u>,顺江波浪波起来。田丘子、<u>哑鱼滩</u>,哑鱼滩上一长缆。龙头坐有两样官,文官坐在坡头上,武官坐在<u>猪鼻湾</u>。末船哥哥你莫捱,头船拢了<u>送亲岩</u>。送亲岩、<u>黄牛滩</u>,虎王正坐猫儿山。一个鸡蛋两个黄,<u>小凤滩</u>脱水是<u>岩梁</u>。比耳潭里宽又宽,莫急脱水天平滩。天平滩,天平岩,<u>新寨潭</u>里一纤抬。蜂子(岩)飞到高崖处,沙刀砍断婆婆树。<u>八面山</u>高一只船,船儿拢了<u>橹皮滩</u>。橹皮滩,来得快,龙岩上头撑放赖。末船哥哥你快来,<u>杨家滩</u>,一纤抬。船儿拢了上龙岩,伙计慢慢把船摆。康家大门宽又宽,船儿又拢<u>牛屎滩</u>。牛屎滩,你快来,船儿弯在<u>草包岩</u>。草包岩,把船弯,到了<u>石堤</u>好喜欢。①

这首长达 2 千字的《酉水船工号子》唱的是沅陵到石堤的水路地名,其中包括危险滩头的航行技巧。

(3)土家族的摇橹号子《酉水号子》,1981 年 6 月录于古丈

---

① 《酉水船工号子》,《保靖县资料本》,第 17—22 页。

县罗依溪。古丈县位于湖南西部，湘西自治州中部偏东，武陵山横贯全境，酉水河绕县而过，与沅陵、泸溪、吉首、保靖、永顺毗邻。演唱者栗丁全，男，六十八岁，土家族，罗依溪镇人，退休老船工，文盲，1986年病故。彭继生，男，二十二岁，土家族，罗依溪镇会溪坪村人，农民，初中文化。搜集者伍秉纯。此文曾发表于1982年5月4日《团结报》。全文如下：

辰州坐到九龙头，两河江水往东流。白菜出在王雀尾，萝卜出到和尚洲。沅陵上来十八矶，七十二岩到石堤。又有好多走得路，又有好多飞得起。卖菜大姐你莫爱，前面有对鸳鸯岩。一对鸳鸯鸯又鸳，一鸳鸯到沅陵县。县堂低，府台高，生意买卖通河桥。船儿湾在东馆上，称肉打酒铁卢巷。酉水拖蓝河中间（酉水拖蓝：沅水与酉水〔白河〕交汇处，有一股碧蓝色的细流，拖挂河水之中，尤以洪水时最显，连绵数里，蔚为奇观。相传为一鲶鱼精所吐涎水之故。——作者注），鲶鱼吐涎白河边。东馆豆腐西馆酒，生意买卖溪子口。坡高不过龙桥山，水浅不过燕子滩。燕子岩，不算岩，油坊对面梳头岩。大石门，小石门，蛤蟆开口吞水经。乌宿滩，塘门前（乌宿：相传土家勇士向老倌人追杀朝军至此，正值暮鸦归巢之际，故名。——作者注），塔河脱水是泥湾。四方溪，河也宽，铁马流来落河潭。高砌头来到油滩，烧火岩前逮中饭。钻字岩来自生成（钻字岩：嘉祐二年1057年，溪州刺史彭秀曦与宋军议和，书《明溪新寨题名记》于崖，以昭信守。——作者注），文武百官认不清。若是有人能认清，一船金来一船银。拉汉滩，三桅岩，七丈湾，来得快。

三凤脱水是二凤，船儿拱进破刺笼。头凤脱水不好弯，白头岩潭水又穿。老板客人你莫忙，三斤猪肉摆中央。小茨滩，大茨滩，鲁王镇坐石马潭。红岩矶，是新滩，杉木溪口放长缆。田丘子，三转弯，生坏癞子一根滩。癞子头上过招呼，石门滩底放过河。土蔷开花黄花流，鲨鱼性子瞿滩头。人头矶，人头象，活神当年鲁大王。（鲁大王：土家传说中抗清英雄，家住石马潭[古渡口]，在瞿滩头上殉难前，用指甲在石壁上掐了个自己的人头象，人头象至今犹存，故此地曰人头矶。——作者注）公羊坪，顺巷滩，观音坐在普陀山。施溶溢，施溶洞，莫送虾子不好弄。（莫送：即莫送滩，相传彭、马溪州之战时，一妻送夫至此，丈夫叫妻子再莫送了，故得名。——作者注）虾子头上一点红，双溶有个绕鸡笼。黑连岩，白炮滩，右边就是铜柱溪。千年铜柱世上稀，铜帽废洲埋江底。（变洲：相传铜柱之帽被盗后落入江中，成了后来的双溶洲。——作者注）会溪坪，太平溪，鬼滩要越岩槽里。麻滩脱水是麻溪，青鱼长角见得稀。（青鱼长角：指青鱼潭中有条青鱼精，而青鱼潭又是清印潭演变而成。——作者注）门坎岩，长又长，敲经念佛狮子庵。青鱼潭，设税关，光洋要丢几箩筐。老板客人心莫慌，船重移到船篷上。闪溪滩，打一望，脱水就是罗依滩。（罗依滩：传说赴台"落印"之地，后谐写罗依滩，罗依溪镇也据此获名。——作者注）罗溪码头吼一吼，花滩脱水剑潭口。王村潭，长又长，酒船弯在河中央。（酒船：往日，王村潭中停泊的船上设有酒店，故名酒船。——作者注）二字岩，划过河，酒船老板笑呵呵。有钱哥儿打酒喝，无钱哥儿两手搓。王村码头高又高，老板称肉光称泡。每人四两没嫌少，照人半斤不嫌多。吃一半，留一半，响水洞前逮中饭。吃了中饭套草鞋，求儿求女老司岩。老司岩上吹牛角，一吹吹到牛路河。船儿拢了三百洞，买个金瓜搞皮弄。一个金瓜团又团，利槽脱水白溪关。白溪关，打一望，兵马难过铁城墙。（铁城墙：酉水河最险的纤道之一，令人望而生畏。——作者注）迷水孔，之转弯，生坏三门一根滩。香笼滩，哈达矶，头纤拿尾要受力。南吾州，小地名，马角脱水是杏坪。泗溪陡滩杀得快，三个滩儿撑放懒。大么子，小么子，鹞子飞过凯甲矶。船儿拢了柳树湾，大家哥们吃中饭。船子拢了篙竹汊，十个老板九个怕。头绞脚里斗篷岩，船儿要越望乡台。石楼洞，教场滩，敲经念佛狮子庵。保靖码头平又平，天开文运在对门。（天开文运：保靖码头对岸悬崖陡壁之上，雕有"天开文运"四个大字，视为仙迹。——作者注）肉四两，酒半斤，大家吃得醉昏昏。王连潭，把桨漾，大家哥们闹嚷嚷。王狗练窝是岗口，陡滩脱水落古洞。[1]

这首《酉水号子》是在访问了四十多个老船工的基础上汇编而成，唱的是沅陵至保靖一段的水路地名，生动地再现了酉水一带当年山川景物、名胜古迹、乡风民俗，言简意赅地记下了船工们过滩行舟的宝贵经验。

3. 渠水水路歌一种

《渠水船工滩歌》流传于会同。会同，位于湖南省西部，西

---

[1] 《酉水号子》，《古丈县资料本》，第23—26页。

与贵州省天柱县接壤。地处云贵高原边缘雪峰山区。渠水、巫水由南至北与沅江交汇。

  托口进江小板滩，鸡笼洋床过关难。牛埠乱石三根缆，沙堆门口剪刀滩。捡得铜钱穿现眼，木冲溪口上梁滩。小顶大顶进条冲，滑板三棹像舞龙。两个土雷挡猛虎，朗江汉里考英雄。朗江上去覆船洲，枫木塘里慢悠悠。落马洞头打一望，看到青朗和木舟。木舟上去客寨梁，要吃细鱼下巴梁。芷本场上买小菜，饱吃茶饭酿口塘。下子神来上子神，都是几个出门人。三百篙头问一信，利匹河里要小心。旋水门口坛子颈，老鼠过梁恶浪凶。王家洞呀陡隘隘，几篙几篙撑上来。妹仄滩头唱支歌，岩头妹妹笑呵呵。岩头场上买小菜，高涌洞脚等伴来。高涌洞头猫沙滩，要连情妹大畲埼。过路上下要进屋，粗茶淡饭吃一餐。绣花汉头洗个澡，连山妹妹出来瞧。撑架岩脚放把火，含洲洞头出青烟。坛子装米是江口，青石莫挡白岩滩。波士游海当江上，懒龙吃水太阳塘。金滩银滩滩沓滩，马蝗过河摇李塘。鸡公吃水贯宝度，桐木撬排是板滩。仙人骑马马安洞，神仙下凡是网塘。滴滴查查牛闷角，黑黑洞洞桐油林。花花丽落观音阁，取脱桅杆进洞门。几篙几桡扒拢岸，老板就去街上行。酬谢船工先称肉，每人到岸称一斤。腰嵩就把火烧起，同贺平安把酒斟。今晚同饮到岸酒，明天船工转回程。日后老板有生意，稍信我们再来撑。①

---

① 《渠水船工滩歌》，《会同侗苗情歌》，第153—154页。

这首《渠水船工滩歌》唱的是渠水水路地名，其中也涉及沿岸集市的特色和危险地点的注意事项。

澧水位于湖南省西北部，流域跨越湘鄂两省，至澧县小渡口注入洞庭湖，上中游两岸崇山峻岭，河谷深切，险滩毗连，水流湍急，下游地势逐渐趋缓进入平原。溇水，由湖北和湖南的三个水源在龙洞合流后往东南流，注入澧水。下面列举澧水水路歌一种，溇水水路歌一种。

1. 澧水水路歌一套

这套澧水号子于1986年12月采录于石门县二都乡宝塔村。石门县位于湖南西北部，境内澧水横贯，溇水纵注。演唱者向多才，男，50岁，初小文化，农民，当过船工，汉族，二都乡宝塔村人。搜集者马泽之，男，44岁，高中文化，汉族，二都乡中渡村人，石门县文化馆副馆长。这套号子流传于澧水、溇水沿岸村镇。全文如下：

（1）《上水更比下水难》（三么台）（三么台：澧水号子调名，多用为起板。——作者注）

拉起铁锚扯起帆，顺风顺水好行船。咋夜歌在慈利县，今口满载到新安（新安：石门与津市之间的大集镇，属临澧县。——作者注）。

白：搁起哒（搁起哒：指船搁了浅。——作者注）！搁起哒！下水抄船喽！把衣儿裤子穿起，开船喽！

撑转船头背起纤，稳住船舵把招扳。一滩更比一滩险，上水更比下水难。①

(2)《一路号子满河滩》(数板)(数板:号子调名,平水、过滩均可使用。——作者注)

一人掌舵众划船,过了一滩又一滩。过了樟木到三江,(樟木滩:与三江口、大龙潭,均为沿澧水村名。——作者注)转眼又到大龙潭。顺水过了杨岭岗,一眼望见宝塔尖。(宝塔:石门县城对河二都乡宝塔村有明代七层古塔,行船望见此塔尖,即说明快到石门县城了。——作者注)唱了一台又一台,一路号子满河滩。②

(3)《澧水河上常行船》(平板)(平板:澧水号子调名,节奏徐缓,常用于平水行船,船工常唱此调与岸上妇女调情。——作者注)

澧水河上常行船,洗衣姐儿认得全。棒锤催我把路赶,"转来记得带绸缎"。洞庭湖麻雀吓大了胆,恶水险滩不怕难。闯过"擂鼓"("擂鼓":即石门县与新安镇之间的擂鼓滩。——作者注)到新安,到了合口(合口:亦为澧水沿岸大集镇,属临澧县。——作者注)哆(即大吃一顿。——作者注)中饭。一橹一橹推向前,今晚津市好弯船。③

---

① 《上水更比下水难》,《石门县资料本》,第19页。
② 《一路号子满河滩》,《石门县资料本》,第19—20页。
③ 《澧水河上常行船》,《石门县资料本》,第20—21页。

这套澧水水路歌唱的是从慈利县到津市的水路地名,以及驾船的技术和生活场景。

2. 溇水水路歌一种

《溇水船夫号子》1986年5月采录于石门县溇南村。演唱者李登科,男,80岁,初小文化,退休工人,汉族,皂角市镇溇南村人。搜集者晏友淼,男,39岁,初中文化,汉族,皂角市镇文化站辅导员。全文如下:

溇水河,不安全,弯有千千,滩有万万。磨市开船三角滩(以下各滩均为溇水沿岸滩名。——作者注),步步走的阎王殿。包家渡,连三滩,洗马滩,下转弯,倒脱靴,乱岩多,芦土洞,猪槽溶,看明白,口在南边。破儿河,是沙滩,口在北面,过洛坪,走邓坪,放心大胆。放大盆,过寨岩,一心一意,王家渡,涨洪水,提心吊胆。唱歌岩,一面艄(用大力扳舵,与逆水涡窝拼搏。——作者注),人要灵泛(机灵,见机行事。——作者注)。铜车坝,溜溜口,千万千万,柳树滩儿王家湾,湾里有弯。放蛟滩,遇大浪,危险危险。汾水湾,绞车划,克服困难。毛儿角,下转弯,防岩撞船。皂角流,急角湾,早把舵搬。桑儿架,发海事(水上事故。——作者注),家常便饭。羊轱墩,南北湾,顺弯就弯。石刀坝,桌儿滩,北边撞船。观音岩,夜响庙,休息笑谈。放霸口,心要明,手快眼尖。炸刺滩,放下水,心细大胆。私儿滩,羊角岩,松气危险。谢湖滩,朝北走,永久不变。杨子桥,庙儿潭,加速争先。米鸡滩,下出口,

北有悬岩。袁公渡，十忘滩，易出麻烦。鱼儿溪，向家滩，
小心放船。放土塔，樟树阁，防止危险。蚕子洞，下坝长，
时常打船。肚角纠，行上水，只过一船。岩板桥，下汇窝，
南边撞船。陈家缺，放长滩，安然安然。菁鱼脑，下转弯，
注意安全。油榨滩，有暗岩，伸在两面。泥巴滩，杨柳滩，
招护南边。放沙滩，下出口，就到阳泉。燕儿洞，要仔细，
水急滩浅。皂角市，起鼓墩，又有险滩。车子口，连三湾，
要有经验。下沙滩，张汇窝，谨防麻烦。李家滩，放出口，
南边搁船。枧子溪，傍堤走，下有急弯。水渣滩，是凶滩，
好比分娩。银朱滩，放下水，下有急弯。川水滩，出口处，
暗岩顶船。新关镇，过高桥，抬手两边。熊家枧，傍堤走，
没有急湾。丫角岩，放恰水（大水。——作者注），拿龙捉
虎。树根滩，猪元嘴，要靠南边。夏家滩，逢中走，溇水
出口，出口后，放浬水，石门弯船。①

这首《溇水船夫号子》唱的是磨市到石门的溇水水路地名，而且特别强调各个地点的危险程度和驾船通过的技术。

第五节　水路歌文本的形成过程与底色

水路歌的最早形成时间是一个有待解决的问题。查义高认为号子作为一种口头的歌谣，没有固定的歌词，在行船时作为劳动工具不断地被修改，如20世纪60年代和80年代被固化为文字

---

① 《溇水船夫号子》，《石门县资料本》，第21—23页。

歌词的水路歌中难免吸收当时的文化色彩。他对于川江号子的最初发生并没有给出一个定论，基本上认为号子的发生与船工这一职业的存在紧密依存。由行船号子的劳动工具属性，可以推断其形成时间是在区域社会经济发展的繁盛时期，与船运业的兴起同步发生和演变。对于长江中游地区来说，晚明以降，特别是清代以来，土地开发和商品经济发展进入新阶段，"湖广熟，天下足"的俗语广泛流传，这些水路歌中留下许多清代湖南米粮外输的记忆碎片，便是一个例证。要解决水路歌谣形成时间这一问题，是有难度的，但我们至少可以在承认其内容具有层累叠加性质的前提下，尝试剥离出不同时代的印记。

所以，我们在使用《中国民间歌谣集成》中的水路歌之前，有必要对水路歌文本的形成过程与不变的底色进行辨析。目前我们熟悉的民间文学三套"集成"资料的汇编出版，是一个由上而下统筹安排的国家文化工程。[1]《中国民间歌谣集成·湖南卷》为1991年出版，各县市分册大多是在1985至1988年搜集、编辑和出版。其中，少数县市查阅了20世纪60年代民间文学调查小组所搜集的部分资料（如永顺、石门），基础资料则主要来源于20世纪80年代后期的搜集和编辑。《益阳地区分卷》收录的《总序》提到这一背景：

> 根据文化部、国家民委、中国民间文艺家协会《关于编辑出版〈中国民间故事集成〉、〈中国歌谣集成〉、〈中国谚语集成〉的通知》和省文化厅、省民委、中国民间文艺家协会湖南

---

[1] 参见吴言题：《吕骥同志谈〈中国民间歌曲集成〉》，《人民音乐》1983年第4期。

分会《关于编辑出版民间文学三套"集成"湖南分卷的意见》精神,我区从1985年3月起,由地委宣传部牵头,地区文联、文化局、群众艺术馆参加,组成专门领导小组,开始了民间文学三套"集成"工作。迄今为止,全区共搜集口头民间文学资料1100余万字。根据三性(全面性、代表性、科学性)要求,遵循"忠实记录,慎重整理"原则,经过筛选审订,现已编辑《中国民间故事集成湖南卷·益阳地区分卷》上下册、《中国歌谣集成湖南卷·益阳地区分卷》、《中国谚语集成湖南卷·益阳地区分卷》共三套四册,约110万字。[1]

其他县市资料册的序言也对这一背景有所交代,并且都与益阳地区一样,编辑出版的内容只占搜集到的资料的小部分。如保靖县搜集到的原始资料多达约五万余首歌谣[2];南岳地区搜集了歌谣660多首,经过衡阳市三套集成编委会的领导和行家们的多次精选,共选出330多首收入资料册[3];衡东资料本出版的民间歌谣400首,是从普查采录的3300多首歌谣中精选出来的[4];古丈县所选的367首歌谣是从上万首民歌中遴选而成[5]。故而,我们现在看到的资料册的内容,是经过多次筛选的结果。如石门县经过三次较大的筛选和增补,共选入238名歌手演唱的573首歌谣,使得各个类别大体平衡,小类基本齐全,各个乡镇均有篇目收录。[6]

[1] 《总序》,《中国歌谣集成湖南卷·益阳地区分卷》。
[2] 《前言》,《保靖县资料本》。
[3] 《后记》,《南岳资料本》。
[4] 《序言》,《衡东资料本》。
[5] 伍秉纯:《序言》,《古丈县资料本》。
[6] 《序言》,《石门县资料本》。

其次,搜集民间歌谣的人员、过程和现场,也值得我们回顾。在歌谣内容之外,资料册也在编选的每一首民间歌谣正文之后,依次标明采录时间和地点,以及演唱者和采录者的相关信息,包括姓名、性别、年龄、民族、籍贯、职业、文化程度等。有些县市资料册在正文中需要说明的地方,添补了附记或注释,帮助读者了解该县市的方言方音、民俗风物和正文出现的较生僻的人物、地名、史实,也具有参考作用。石门县对歌谣演唱者的身份较为重视,演唱者的身份有农民、艺人、小商贩、工匠、道士、巫师、工人、干部、医生、教师、学生,"在普查中,基本上掌握了全县民歌手、老艺人的情况。为了表彰他们保存祖国文化遗产的功绩,选了汤太阶、张元香等十一位同志作为大家的代表,为他们编写了小传。小传中简要地介绍了这些同志的身世、从艺经历及艺术成就和演唱风格"[①]。

湖南水路歌采集过程的信息主要包括采录时间、地点、演唱者个人信息、搜集者个人信息等。这些信息(参见表26)说明,大多数水路歌采集于1962年至1987年间,更为集中在文化部和湖南省下达相关通知之后的1986年和1987年。采集地点主要在演唱者的所在地。水路歌的演唱者有农民、船工、木工、搬运工、渔民,以农民和船工为主,一般具有初小文化程度。搜集者主要有县民政局干部、县文化局/馆干部、区文联编辑、乡镇文化站/馆干部和辅导员、镇农校学员、文化专干、歌谣集成编者,或者有高中、大专文化的本地人,一般比演唱者的文化程度高。

[①]《序言》,《石门县资料本》。

表 26 《中国民间歌谣集成·湖南卷》及各县市的资料册所收水路歌采集信息

水路歌名	采录时间	采录地点	演唱者信息	搜集者信息	资料来源
《划船号子》（土家族）	1962 年 10 月	王村镇	刘兴孔，男，土家族	顾陶然，男，五十二岁，县民政局干部	《永顺县资料本》
《拖木号子》（三声号子）（土家族）、《拖木号子》（四声号子）（土家族）	1962	王村镇	戴国齐，男，土家族，务农	顾陶然	《永顺县资料本》
《水路歌》	1987 年 2 月 22 日	江村镇江村村	周宁灵，男，70 岁，汉族，农民，初小，江村镇江村人	周仁武，男，30 岁，汉族，高中，江村镇文化辅导员；唐昌鸿，男，23 岁，初中，农民，江村镇清明田村人	《双牌县资料本》
《酉水船工号子》	1986 年 6 月		张家才，86 岁，土家族船工，隆头乡兴隆村。姚茂先，61 岁，男，土家族船工，比耳乡比耳村。	龙顺虎，刘黎光	《保靖县资料本》
《湘江水路歌》	1987 年 6 月 4 日	南岳	李友才，79 岁，男，木工，汉族，小学，住南岳镇北正街	罗琦	《南岳资料本》

续表

水路歌歌名	采录时间	采录地点	演唱者信息	搜集者信息	资料来源
《澧水船夫号子》（津市，汉族）（高腔）（数板）	1936年4月	津市文化馆	张国炎，男，40岁，津市市搬运公司，工人，初小	曹开春，男，30岁，阳由乡人，阳由乡文化站干部，高中毕业	《津市资料本》
《渫水船工滩歌》	—	—	—	—	《会同侗苗情歌》
《船工号子（一）》	1987年	车头镇车头背村	李德彭，男，83岁，汉族，船工，文盲，车头镇车头背村人。	李秧，女，20岁，汉族，高中，车头镇文化站辅导员	《嘉禾县资料本》
《划船号子（二）》	1987年6月	车头镇油涵铺村	雷克一，男，82岁，汉族，农民，文盲，车头镇油涵铺村人	李秧，女，20岁，汉族，高中，车头镇文化站辅导员	《嘉禾县资料本》
《澧水号子（三首）》（慈利县，汉族）	1978年	慈利县文化馆	向盛培，男，55岁，初中，城关镇人；王家贵，男，57岁，高小，溪口搬运队船工；朱云次，男，55岁，文盲，溪口镇人	满盛炳，男，37岁，初中，原文化馆干部	《慈利县资料本》
《河湾里的船儿新又新》（汉寿县，汉族，渔歌）	1985年7月1日	汉寿县三星村	詹友新，男，45岁，汉族，高小，农民，湖南汉寿县人	肖英坤，男，35岁，汉族，高中，湖南汉寿县坡头镇文化专干。	《汉寿资料本》

续表

水路歌歌名	采录时间	采录地点	演唱者信息	搜集者信息	资料来源
《资水滩歌》	1986年5月	荣华乡琅塘镇	苏茅吾，男，40岁，荣华乡鹊桥村村民，小学文化。杨锡山，男，82岁，琅塘镇镇谭家村村民，初小文化。	苏武生，男，33岁，荣华乡文化专干，高中毕业	《新化县资料本》
《毛板船工号子》	1985年5月	琅塘镇谭家村	杨昔山，男，82岁，谭家村村民，初小文化	周少尧	《新化县资料本》
《上水更比下水难》汉族〈澧水号子、三么台〉；《一路号子满河淌》汉族〈澧水号子·数板〉；《澧水河上常行船》汉族〈澧水号子·平板〉	1986年12月	二都乡宝塔村	向多才，男，50岁，初小，农民，当过船工，汉族，二都乡宝塔村	马泽之，男，44岁，高中，汉族，二都乡中渡村，石门县文化馆副馆长	《石门县资料本》
《溇水船夫号子》	1986年5月	溇南村	李登科，男，80岁，初小文化，退休工人，汉族，皂角市镇溇南村。	晏友渺，男，39岁，初中，汉族，皂角市镇文化站辅导员	《石门县资料本》

续表

水路歌歌名	采录时间	采录地点	演唱者信息	搜集者信息	资料来源
《酉水号子》	1981年6月	罗依溪	粟丁全，男，六十八岁，土家族，罗依溪镇人，退休老船工，文盲，1986年病故。彭继生，男，二十二岁，土家族，罗依溪镇会溪坪村人，农民，初中文化。	伍秉纯	《古丈县资料本》
《酉水船歌（沿河腔）》	1987年1月	毛坪	文爱凤，女，三十四岁，汉族，罗依溪毛坪人，农民，小学文化	伍秉纯	《古丈县资料本》
《不怕波浪万丈高》	1986年5月	罗依溪	鲁学选，男，五十二岁，土家族，罗依溪镇小宫坪人，船工，小学文化	伍秉纯	《古丈县资料本》
《胆大心细过长滩》、《一把难儿不为难》（数板号子）	1986年10月	合口镇	张德银，男，62岁，初小，汉族，务农，合口镇	覃柏林，男，44岁，高中，文化专干	《临澧县资料本》
《艄公歌》	1986年11月	石湾乡茶石村	刘牧林	向国政	《衡东资料本》

续表

水路歌名	采录时间	采录地点	演唱者信息	搜集者信息	资料来源
《搁浅号子》	1986年4月7日	衡南蒸市乡	唐松柏，男，70岁，衡南蒸市乡人，农民，初小二年	吴利宾	《衡南县资料本》
《路程记》（行船号子）	1987年4月8日	麻阳县岩角坪村	滕树友，男，50岁，湖南麻阳人，务农，高小	滕晓文，男，23岁，湖南麻阳高龙村人，务农，高中	《麻阳苗族自治县资料本》
《过滩谣》（号子）	1986年2月2日	梅城镇	吴老倌，男，56岁，汉族，梅城镇人，资江上老船工，文盲	何良才，男，28岁，汉族，安化县文化馆干部，大专文化	《益阳地区分卷》
《收缆子》（号子）	1986年7月19日	益阳市青龙洲	姚云霞，男，76岁，汉族，益阳市青龙洲贮木场退休工人，半文盲	张吉安，男，34岁，汉族，益阳地区文联编辑，大专	《益阳地区分卷》
《可怜我郎驾小船》	1986年7月	安化县	杨大山	谌献群，谌乐希	《益阳地区分卷》
《南县开船往下流》	1986年	南县	佚名	佚名	《益阳地区分卷》
《赞水路》（一）	1987年3月	留田乡前进村	贺多福，男，七十一岁，农民，高小文化，留田乡人	赵仲灵，男，六十八岁，大专文化，退休教师，留田乡前进村人	《湘潭县资料本》

续表

水路歌歌名	采录时间	采录地点	演唱者信息	搜集者信息	资料来源
《赞水路》（二）	1986年12月	中路铺镇	唐安顺，男，五十八岁，农民，小学文化，中路铺镇人	唐新文，男，十九岁，初中文化，中路铺镇农校学员	《湘潭县资料本》
船工歌八首			刘梯云，66岁，退休兽医，住晓南乡。王海山，男，农民，湘潭县南谷乡金湖村支部书记。黄锡福，男，65岁，农民，住湘潭县南谷村。文路，男，59岁，易俗河供销社干部。	符新良，22岁，学生，住湘潭县晓南乡。叶丹，男，52岁，湘潭县文化局副局长。罗传胪，湘潭县易俗河镇百花学校退休教师。	《湘潭市分卷》
船工收桨号子			周炳云，男，78岁，鱼苗业老渔民，住洗脚府居委会。	唐憨，男，60岁，湘潭歌谣集成编者。	《湘潭市分卷》

绝大多数水路歌的采集环境,不是在船上,也不是在劳动的场合。这其实无可厚非,因为在传统时代,船民或是在行船途中喊起劳动号子,或是在途中休息的时刻唱起水路歌,前引数滩歌一类,大多是在休息时演唱。水路歌演唱者文化水平和社会地位普遍不如采集者,甚至有些演唱者本身不识字,所以水路歌文本的形成,大概可以想象成演唱者和采集者共同创作的过程。这些水路歌自底稿收集到编辑手里,到最终被读者看到的印刷文字,发生了怎样的变化?一些歌谣集成册子的编辑团队对此有所说明,大概存在以下几个方面的变化。

首先,革命话语、阶级矛盾与翻身解放的思想、道德教育与爱国主义是主基调。除了在内容上考虑类别、篇目分布均匀,编纂者在对这些口头传统进行文字化和拣选出版时,也需要遵循政府既定的方针和指向。正如《双牌县资料本》的"前言"所说,这套资料集成在选编的过程中必须符合其多方面的重要意义和目标:"有利于抢救保存千百多年来我们的祖先所创造的优秀口头文学遗产,有利于发扬祖先所创造的优良文化传统;是对广大群众和青少年进行道德教育和爱国主义教育的好教材,可以直接为社会主义精神文明建设服务;可以促进社会主义新文艺创作的发展和繁荣,同时也为有关学科的研究提供了完整而生动的资料"。[①]这为编辑的选择提供了基本依据。

民间歌谣集成资料册在编辑时面临的压力可能主要来自仪式歌。涉及宗教和民间信仰的仪式歌是否要收录、以何种面貌收录、如何阐释这些歌谣的宗教内涵,是很多资料册编辑者认为需

---

① 贺梅楚:《前言》,《双牌县资料本》。

要在前言或后记中进行说明和表态的问题。这些编辑者的说明和表态又反映了20世纪80年代末各县市级地方文化界对于民间文化的看法及其中存在的细微差别。《南岳资料本》称:"我们根据南岳的特点,以仪式歌为主,把一些能反映我区全貌的歌谣收集整理成册,……有些诀术歌,有不少内容带有一些落后的东西,甚至有些迷信色彩。必须要用科学的眼光去研究他的历史和现状,否则就会把人们的思想搞乱,起到反的作用。"①《津市资料本》的编辑者认为仪式歌是"我市一幅幅色彩斑斓的民风民俗画页,当然,其中有一些唯心主义,封建有神论的东西",表明"选编的目的不是宣扬这些东西,而是为研究我市的民风民俗提供宝贵的资料"。②这是当时比较普遍的认识。《攸县资料本》的编辑者则表达了另一种稍为开放的态度:"这是资料本,不是教科书,不是生活规范。我们没有必要对内容进行精度提纯。我们要认识那个时代,就必须真实反映那个时代。没有必要按主观愿望和现代模式,去重新塑造那已成过去的时代。当然,对于那些确属封建统治阶级硬塞进来的糟粕或者被篡改得面目全非的劣品,是必须剔除的。……历史给每一个地区、每一个群落提供了平等的机遇。让我们勇敢地不失时机地作出正确的选择。"③

将民间传唱的歌谣转化为歌词文字(一些资料册附录了几首歌谣的曲谱),还要处理大量异文的问题。《永顺县资料本》的"前言"称:"其中仪式歌部分均采录有大径相同的三至五种异

---

① 康冬余:《前言》(1987年9月),《南岳资料本》。
② 《序言》,《津市资料本》。
③ 刘芳九:《前言》,《攸县资料本》。

文，且篇幅较长，有的章节多是反复诵唱，其扬歌部分又多为即兴编唱，故而，我们只选编本次采录的定型部分。劳动歌、时政歌、情歌、生活歌亦用此法选编。"[1] 石门县处理异文的办法是"保持原貌，不搞'组装'，经过反复比较，在以内容为主的基础上，适当考虑代表性来加以取舍"[2]。

行船号子和数滩歌基本归于劳动歌一类，劳动歌中或多或少有一些色情的部分，被编者作"纯化"处理。劳动歌是直接反映劳动生活或协调劳动节奏的民歌。这是一种由体力劳动直接激发起来的民间歌谣，它伴随着劳动节奏歌唱，与劳动行为相结合，具有协调动作、指挥劳动、鼓舞情绪等特殊功能。歌词主要是诉说劳动中的感受，有的是叙述劳动生活和由此引申出来的情歌。劳动人民借这些悠扬的歌声和富有鼓动性的词句，鼓舞劳动热情，在精神上减轻负担。[3] 整体来看，劳动歌较少涉及思想意识方面，在整理成文字的转化过程中，受到影响是比较小的，被"纯化"的部分主要在于船工表达情与性的相关内容。

此外，遣词的雅化、方言的官话化、仪式功能的削除、曲调的缺失，都是水路歌文本化过程中必然发生的折损，然而，水路歌文本仍然保留了水路歌的底色：一连串没有任何颜色（俗文化色彩、地方文化色彩、仪式色彩等）的水路地名。实际上，这些小地名便是水路歌的"基石"（corner stone）信息。传统时期，船夫群体这一套自己的技艺与知识，在行船实践中以口传的方式

---

[1] 印家安：《前言》(1988年4月)，《永顺县资料本》。
[2] 《序言》，《石门县资料本》。
[3] 《劳动歌》，《汉寿县资料本》。

传承。造船技术、导航设备、建造大坝、改良河道等现代化进程，湮灭了这些小地名和水路航线，从根基上摧毁了这套技艺与知识。2005年，湖南澧县文化馆将"澧水船工号子"以民间音乐类别申报国家级非物质文化遗产保护名录项目，2006年经国务院批准，与重庆申报的"川江号子"一同列入第一批国家级非物质文化遗产名录。①

第六节 本章小结

水路歌不仅有助于船工在船运旅程中互相沟通交流和保持工

---

① 参见 http://www.ihchina.cn/project_details/12483/，2021年4月8日。澧水船工号子简介如下：澧县位于湖南北部、洞庭湖的西缘。这里是湘西北重镇，有"九澧门户"之称，明清时代成为重要的商埠码头，是整个湘西北物资进出的集散中心。由于特殊的地理环境，这里的长途运输只能靠水路船运，澧县境内的澧水、涔水、道河沿岸的劳动人民大多以行船运货为生，船舶近千，桅杆林立，船工不足一万也有八千，每只大型木船的纤夫不少于二十人。在逆水行船拉纤的过程中，为了集中力量，振奋精神，统一步调，自然而然出现了一种由地方小调转化成的独特的劳动号子，这就是澧水船工号子。澧水船工号子以反映船工们苦难生活和劳动场面为主题，没有固定的唱本和唱词，也不需要专门从师，全凭先辈口授，代代相传。这些号子大多因时因地因人即兴而起，脱口而出，虽然比较通俗，但豪气冲天，充满了艺术魅力。其句式分七字、五字两种，一般是由 人领唱，众人合唱，气势磅礴，浑厚有力。另外，也有专门唱给船老板和旁观者听的号子，如"高山乌云即刻到，拉纤好比过大桥。泥烂路滑难行走，汗水雨水流成槽"，"风儿吹来河儿弯，情哥搭信要鞋穿"等等。由于地域不同，澧水船工号子可分为上河腔和下河腔两种。上河腔在石门以上、桑植以下的区间唱。由于这里山高水急，河面狭窄，滩头礁石较多，行船运货十分艰险，故船工号子高亢有力、节奏明快、衬词多于唱词、富有大无畏的战斗精神。该类船号以摇橹数板为主。澧水船工号子原随商船的产生而形成，又随商船的发展而发展，随木板商船的消失而濒危。改革开放以来，交通事业突飞猛进，汽车、火车运输取代了澧水流域的水上运输，百分之九十的船民早已改行，另谋生路，船工拉纤已成陈迹。老一辈的船工也因年事已高，相继离世，在此情形下，曾经名扬中外的古老的澧水船工号子正濒临着失传的危险。

作节奏，也是船民传承河道航行知识的一种方式。每条河流都不同，河流的季节性水流量大小等水文条件、河道宽窄和暗礁分布等河道状态、码头的分布和税关的位置等沿岸环境，这些信息，成为民船航运业者必须掌握的一套航行知识。传统时期在河道航行的知识和技术完全靠船工多年的经验积累，而航行知识的传承方式则为口口相传。

在不同时空生活和劳作的人群关于空间的知识体系的发生、形成和发展各有其特征，由他们的生存环境、生活方式和劳动模式等主要因素决定。如果拿长江流域湖南和四川的水路歌与沿海地区海上航行使用的针路、徽州商人使用和记录的路程图引、读书人绘制的地理图志等具有地图性质和导航功能的载体（声音、图画、文字）进行比较，将会是一个有趣的课题。这些接受不同生活经验和知识训练的人创造出来的空间知识体系，作为不同文化传统的代表，能够具体微观地提供一些让我们去了解"精英文化与大众文化光谱"的线索。

首先，湖南与四川船工号子进行比较的结果说明，内河航行的自然环境、社会生活和地域文化虽然各有特点，但基本文化体征可以说是大同小异。船工对自己日常生活和谋生的水路空间的安全和通畅、家庭生活等方面表达了类似的关心和情感。

其次，海洋航行的针路簿类资料较河道水路歌更早形成船民自创的文本。针路，又称针图、针经、针谱、针簿等，是福建、广东、海南等东南沿海地区渔民和船民（火长、舟师等）在海洋捕捞和外洋贸易的长期航海实践中积累和记录而成的航线指南。目前可见的针路簿大多为手抄本，也有油印本，油印本出现的时间一般在20世纪60年代之后，到20世纪80年代仍在使用，20

世纪90年代以后,沿海渔民逐渐改用GPS定位导航系统取代针路簿这套传统的航海导航知识。针路簿具有很多形式,有的是以航海图的形式呈现,绘制出中国沿海地区的岛屿、礁石、树木、山形等图示,有的则以罗经图示配以文字说明。不同地区的针路簿记录的内容会根据该地区海洋活动人群的活动范围而不同。比如,海南的更路簿较多记录海南渔民在南海海域生产活动时的航路及岛屿地名;泉州针路簿记录的更为广泛,包括去澎湖、台湾的海洋航路,北起辽宁南至海南的航路,有些还记录到达越南、柬埔寨、泰国、印度尼西亚雅加达的航路。一般来说,《针路簿》内容大致包括各地的潮汐规律、气象观察方法以及往返各地的罗经方向、路程远近(更数)、礁石隐现、打水深浅、能否停泊等信息。一些研究认为,针路簿有很强的传承性,如一本20世纪70年代手抄本《针路簿》上观察气象的内容,和400年前《东西洋考》上的记载完全一致。《针路簿》记录的航线也多具有稳定性。[1]

其三,船工号子与商人的路引比较起来,存在诸多方面的异同。据王振忠的研究,徽州商人路程歌的形成大致分为两个阶段,首先是各地点间距离几里的纯交通记录,然后才插入各种诗歌,将途经的地名编成生动活泼的口诀,以便外出务工经商者朗朗上口,容易记忆。在这一过程中,文人和贾而好儒的徽商显然起到相当大的作用。他所收集到的新安江水程歌、路程歌清代文献基本都是抄本,徽商在传抄的过程中,可以见到增删补漏的情

---

[1] 参见丁毓玲:《福建针路簿解密泉州地区航运贸易路线》,《中国社会科学报》2013年5月24日;杨彦杰:《清代民间航海经验的累积与传承——以莆田〈水路簿〉的解读为中心》,《爱知大学国际问题研究所纪要》第156号,2020年10月。

况，也会根据方言读法稍微进行文字上的修改。有的徽州人甚至将水路程歌的内容写在折扇上。[1] 可见，徽商的路程歌比内河水路歌更早落实为文字形式，依赖文字的程度更高，在抄本时代也会出现各种变化的版本。

最后，地方志中的地名录和地图或单幅地图的绘制，大多数情况是由文人精英进行信息搜集、编写、测绘，这类空间知识体系与船工号子的区别更为鲜明。查义高关于川江号子的专著就对船工号子与地方志相关内容进行了比较。他认为，四川的地方志里制作的地名表格，虽然每个地点都注明不同季节和水流高度的相应危险，但并没有清楚地表明如何从一个地方到另一个地方。这反映出官方编纂的地理志和船工号子作为实际劳作指导的地形知识之间的明确区别。他对1889年刊印的《峡江图考》进行考证，认为国璋在印制《峡江图考》时，借鉴了川江号子这类最精确的长江导航地图作为主要资料依据，说明船工号子的知识进入到精英的视野并被利用。在国璋眼中，虽然号子听起来粗俗，但比起官方绘制的地图，船歌号子能提供更准确的信息。[2] 这一发现十分重要，船工号子的"基石"信息经过士大夫官员的辨析和认可，进入精英文化和主流文化之中，具体实在地反映了底层文化因其专业性而无法被取代，亦无法被忽略。

---

[1] 参见王振忠：《新安江的路程歌及其相关歌谣》，《史林》2005年第4期；王振忠：《清代徽商与长江中下游的城镇及贸易——几种新见徽州商编路程图记抄本研究》，《安徽大学学报（哲学社会科学版）》2019年第1期。相关研究还有陈学文：《明清时期江南的商品流通与水运业的发展——从日用类书中商业书有关记载来研究明清江南的商品经济》，《浙江学刊》1995年第1期。

[2] Igor Iwo Chabrowski, *Singing on the River: Sichuan Boatmen and Their Work Songs, 1880s–1930s*, p. 67.

综上所述，内河船民的水路歌反映了船工生活和工作的场景，以及船工对自己生活和工作状况的认识。水路歌作为内陆河道航行的劳动工具，除了劳动号子的功能之外，还保存了各条河流的详细的航行口诀，内容包括沿途的险滩急流、风景风貌、湾船港口、码头市镇的商品货物特产、收税的关卡等水路知识。水路歌作为歌声中的地图，与海洋航行的针路簿、商人创制的路程歌以及文人精英撰写的地理书、绘制的地图进行比较，可以看到不同水域的船民、不同社会阶层对于空间的观察、记忆和转述方式截然不同，生存环境和文化程度在其中影响颇大。

毋庸讳言的是，若能将湖南、湖北、江西等长江中游流域甚至更广泛区域搜集到的水路歌系统整理出来，将其反映的航运路线及历史地名标识在历史地图上，则更能让人对于各条通航河流的河道水文、山川风景、人文风貌形成具有空间意义的图景，也更为一目了然。要完成这一工作，既应当进一步在历史地理文献、地方志、文集笔记等文字资料中搜索诸多小地名的相关信息，加以补充，制作地图，更重要的，是需要沿着大小河道进行地毯式的田野考察，一一落实水路歌中船民了如指掌的地名如今所在的位置。近代以来的河床疏浚工程和拦河大坝建设工程给完成沿河考察的田野工作带来了极大的困难。本章不厌其烦地抄录湖南四水上搜集到的水路歌，谨以汇集史料的起步工作，期冀将来于历史地理和历史地图研究有力者，会垂青和利用水路歌这种船户口头相传的文献，如国璋一般，重视其价值。

结　　语

　　在中国社会的劳动大众中，船民因其生计模式和生活方式而成为一个具有高度日常流动性的社会群体，被政府官员、知识精英、工商人士、乡村居民视为逃离乡土社会的人，船民很容易非法集合，难以监控且威胁社会秩序。船民社群因其流动的生计模式，采取与农耕社会不完全相同的组织形态和文化策略。市场转型与不断演变的政府管理制度，也深刻地引导着船民社群内部的组织实态和商业机制。清朝与民国地方政府管控与征派船民的方式，包括两个方面，一是政府行政层面的船保甲、船行、埠头、塘汛、巡船、水警局等制度和机构，二是社会组织层面的船行牙行、船帮、船户家族、商船同业公会、民船船员工会、航运公司等机制。相对于官方文献着重记载管理制度与相关失序事件的处理，船民历史文献和地方民船业档案往往显示，内河水域社会中大部分船民虽然浮荡为生、生计艰难，却鲜有见财起心、趁乱劫掠的江湖盗匪。在中国商品市场经济拓展的历史中，即便面临轮船、火车、汽车等新技术工具的出现和冲击，船民与木帆船在交通运输业中一直不可或缺。时至抗日战争期间，华中地区前线船民在现代交通运输体系骤然崩溃的危急形势下，承担起军需战备和民用物资的运输工作，在其中做出了巨大的贡献和牺牲。船民在精英文献中的负面的社会形象，与船民在中国商品经济发展中的运输业者身份之间存在冲突，也与船民在抗战时救国于危亡的实际行动之间，难以自恰。这些矛盾的现象，正是我在实证研究中期待寻找解释的起点。通过相关资料的搜集、整理和研究，本书得出以下具体认识，并由此引发一些意犹未尽的感想与思考。

一、本书的结论

本书对清朝至民国长江中游木帆船的数量和载重量，以及船民的数量进行了初步的保守统计，认为18世纪至19世纪中期长江中游干流民船的总量不低于5万只，平均载重量为40吨；湖南、湖北、江西三省支流河道上的运输民船各不低于2.5万只，平均载重吨数可保守估为6吨。在人口迈向高峰、商贸持续繁盛的18世纪至19世纪中期之间，长江中游干支流民船数大概为12.5万只，总载重量约为245万吨。若以平均每条船5—8人计算，其时长江中游干支流水域上从事运载的船主、船夫、水手、舵工、篙师、纤夫等人数大概在62.5万至100万之间。不难看出，清代长江中游民船具有相当大的运输能力，分布广泛且适应地方性水路运输，这也反映长江中游流域各级市场之间以及长江中游与上下游之间的联系十分频繁密切。

民国年间，长江流域轮船航运业获得普遍发展，在长江中游干流上从事运输的民船数量大幅度缩减，但民船总数量并未减少，它们主要活跃在支流运输和城乡物资的交流网络中。民船数量的维持主要有几个方面的原因。首先，由于长江中游各地对外贸易量的上涨和新兴业务的涌现，运输业市场对于传统民船的需求仍然很大，新型业务与民船业形成了新的合作关系。在传统商贸之外，粮食运销局、交通部等政府部门，以及湘桂铁路、小火轮公司、中国旅行社等公私企业，开始直接与民船船帮签订运输合同。其次，轮船运输与民船运输之间建立起新的合作机制。由于民船具有较好的河道适应能力，运费低廉且相关码头配套系统完善，是以轮船航运发展带来的运业市场分化，不仅未给民船业带来致命性打击，反而与民船在特定航道、季节或政策背景下形成相辅相成的合作关系。第三，民船运输业不断专业化，形成了一些新型业务组织，包括水面、转运、报关及堆栈等，提升了船运的保障机制和配套设施，有助于民船运输方式吸引业务资源。总的来说，20世纪以来，民船航运业面临中国交通运输业的复杂演变：公路和铁路的建设缓慢起步，轮船运输逐渐适应内河河道环境。在整个交通运输体系迅速转型的初期，传统民船运输业灵活应变，寻找新的合作方式和业务来源，仍然保持着其在运输业中的重要地位。时至20世纪中期，木帆船仍是我国交通运输部门不可或缺的组成部分。

  清朝前期是长江中游木帆船航运业发展的一个新阶段。面对流动性极高的上百万船民和日益繁盛的长江流域商贸活动，清朝各级官府越来越关注河道交通运输的安全问题，由知县、塘汛、巡检、典史以及临时佥派的巡河人役、佐杂、吏目等对船民进行直接管理，但管控成效不甚显著，难以长期有效实行。清朝前期，为了重点监控商贸繁荣河段的船民，长江中游沿岸地方官府引入船行、团总、船什长、埠头、牙行等制度管理船户。清朝官府的这套间接管理方式，一直持续到清末，给予船户社会经济活动较大的自主空间。这一时期，长江中游流域各地组建起大量船帮，成为民船航运业中的主要社会经济组织。船帮为船户自发创立，内部形成了多种行业行为规范，共同解决运输业务中的纠纷和冲突。在小支流上，地域性船户甚至发展出社会关系更为紧密的宗族组织。清朝前期，船民和民船不仅在数量上前所未有地激增，而且在组织模式上也出现复杂化的新趋势。到清朝晚期，船运组织在大部分地方性河段形成了一些内部纠纷处理机制，但船帮的分散性也带来竞争，未能在汉口等长江中游重镇形成具有较大权势以至于能够有效处理跨河段经济冲突的船商团体或商人团体。这与以上海为中心的长江三角洲、以重庆为中心的长江上游形成鲜明对比。

20世纪前30多年中，长江中游的民船运输业整体上有退缩到支流港汊河道的趋势，成为专营短途水运与城乡运输的主力，组织方式初现变化端倪。南京国民政府成立之后，长江中游三省各地船帮受到政府行政机构设置和法规律令的影响，开始在组织形态上自行改组，成为登记在案的合法同业组织。少数船商、船主和船民意识到自身的职业性质存在合法性问题，但大多数民船同业团体的组织形态仍保持为船帮。这个传统行业与近代新兴竞争同行相互结合、共生共荣的过渡时代，为即将到来的战争时期保存了不少传统民船的能量。抗战爆发后，整个大后方内河航运渐趋繁要，民船应时而起，再度成为运输业主力，民船航运业呈现战时繁荣的行业样貌。

相较于抗战之前，民船同业团体和船员身份在抗战时期和战后复员时期发生了关键性的转变。在战争前线，国民政府军政机关变通统制政策，尽力登记和掌握民船同业团体和船员个体，落实征派船只的政策。战争前线的湖南船主和船民在国难当前的紧要关头，承担起军民运输和后方稳定的交通运输工作，获得了政府的认可。经历战时军差民运和战后复员运输中的身份合法化，以往被视为是江湖帮会、流动不羁的船民和船帮群体，转变成为支援抗战、协助复员的船运工人和同业工会成员，完成了职业身份和阶级身份的转型。

本书认为，长江中游木帆船航运业的近代转型过程，颇具象征意义地呈现出长期新旧杂糅的变迁样态。面对复杂的历史现场，民船与轮船之间新旧取代的简单解释模式显然是不合适的，行业的内部结构与行业所处的外部环境，应当作为一个整体纳入分析框架。虽然，一些资料反映了轮船初现华中省份时，被当地官民的抵制，还与木帆船之间发生摩擦或冲突，但若在宏观与长期的视野下审视近代航运业，便能发现，共谋合作和发展才是主流。从整体上来看，船民对于具有外来性、替代性、先进性的新兴轮船航运业并非一味抵制，而是不断拓展自身的业务范围，提高自身的业务能力和专业性，刷新自身的社会组织和职业面貌，力求在近代中国社会经济变迁中谋求生存和发展。

传统行业的近代转型乃历史大势所趋，其中反复延缓的表现，也在情理之中；传统行业近代转型的节奏，深具区域性差异，内陆与沿海、长江中游与下游之间，都显示出不同的步调。直至1949年，木帆船航运业等中国许多传统行业的近代转型并未完成。即便在政治制度大一统和国内市场紧密化的中国，也不可否认，各个地区的同一行业的近代转型历程进度不一，在新技术、新市场结构、新组织方式等诸多因素参差不齐的持续牵引下，区域社会经济发展的差距日益显著。本书更愿意以中国社会经济整体体系的延续和更迭为常态，使用"新陈代谢"一词，来评价长江中游木帆船航运业的近代经历。不同行业新旧更迭的速率差异和区域差异，值得我们用谨慎的态度来对待和思考，不可一概而论。

以上是本书对于清至民国长江中游木帆船航运业发展历程和近代船民社会转型研究所获得的基本认识。本书关注的另一个方面，是船民这类流动人群的生计模式、日常生活、传统技术，这些内容集中体现在本书的下编中，着重利用船民创制的第一手史料——船民账簿、族谱和仪式、水路歌——进行分析研究。

湖南湘潭县搜集到的九种船户账簿属于十分罕见的史料，其内容反映出船户日常生活十分拮据，消费粮食之外其他食品的机会极少；船民在日常工作结算中表现为更信任光洋，到1953年才完全使用人民币；湘潭船工的实际工资在当时来说并不是工人中收入最低者。大部分船民与政府机构和民间团体存在密切的社会经济关系，直到1952年，民船同业团体的会费制度仍然影响着船民的生活。

湖南湘乡县涟水陈氏的仪式传统和族谱编纂，从地域社会的角度展现出船户社会生计方式的另一种可能。供奉水神祖先必清公的船户，可以与深居山区、供奉梅山张五郎的人群统合成同一个白沙陈氏宗族，在庆贺祖先诞辰的仪式中展演出水神和山神的信仰，创造出形式独特的唱太公仪式。矿工和船户在陈氏宗族建构过程中整合到一个社会组织中，生动地反映了清前期地方社会因应矿产资源开发、政策变动，追求市场利益的组织能力和文化创造力。

水路歌相对于账簿和族谱来说，是更为普遍易见的船户文献，是船民传承河道航行知识的一种载体。水路歌的内容，可以看作传统时期船民群体在河道航行中经年积累的知识和技术经验汇总，不仅反映船民日常生活和工作状态，还映射出船民对自身和外界的认知。水路歌中详细描述的各个河段的险滩急流、沿途风景、港口码头、市镇土产、税关厘卡等具体实用信息，可以视为歌声中的导航地图，也展现了船民对于空间的观察、记忆和转述方式有其独特之处。

本书认为，以水运谋生的船民，收入微薄，受教育机会极少，又因流动的生计方式难以维系持久稳定的社会关系，身处社会底层而又缺乏"乡土式"的社会生活，历来为世人忽视甚至歧视。本书力图摆脱成见，通过实地考察和深度访谈，搜集和整理船民自身创造的文字和语言，由此类船民本位的文献来观察船民的生计方式、社会性质、仪式传统等诸方面，如此才能取下有色眼镜，站在船民的角度来记录和讨论他们真实的生活面貌。本书认为，船户人群的非文字性文化知识并不浅薄，他们在生存空间逼仄、收入低下且不稳定、制度限制、文化歧视的环境下，仍然表现出强大的生命力和创造力。

二、余论与思考

2010年5月28日，一个名叫邬共存的湘乡市运输公司退休老职工写了一封《求助请愿书》给湖南省各级领导，回顾了湘乡运输公司新中国成立后的历史，质疑公司的资产和资金去处及分配方式。他的《求助请愿书》称：

> 湖南省原湘乡运输公司的前身是1956年由在湘乡涟水

河上跑运输的船民用自己的私有船只入股而成立的运输组织，其名称是湘乡木帆船合作社，后经艰苦创业，在国家没有投资的状况下扩展壮大，在湘乡市内拥有了第一运输处、第二运输处、第三运输处、航运处、工业装备厂、职工医院、汽车队等数处庞大的房地产及繁荣的运输业务市场，不仅没有给国家带来任何负担，相反成了湘乡市地方企业第一个纳税大户。

近年来，在改革大潮中，据说公司卖掉了工业装备厂、公司总部办公楼、职工医院，2006年改成众旺公司股份公司，但是依然是沿袭和继承了原运输公司的所有房产和所有资金。依然是原班的领导层，原来的管理模式，换汤不换药，只不过是换个名称而已。

2008年，又把运输一处、运输二处、运输三处、航运处、汽车队等房地产及整个公司的经营权以一千多万的贱价卖给了一个私营老板。所有房地产的变卖资金，公司几十年来积累的资金，由少数几个领导人把持，新老职工一片茫然，全不知情。

近年，公司以所谓"股民"的名义发了一部分钱给一小部分人。我们认为这是不合法，又不合情理的，因为运输公司的所有资产、资金不是由近年这几个所谓"股民"创建起来的，而是由自1956年上辈用自己私有船只入股成立运输组织以来，经几代新老职工用自己的血汗苦心经营凝聚而来的。真正的股民及受益者应该是自1956年成立运输组织以来至今的所有新老职工。同时运输公司既然有了股民，那么说明运输公司改制成了股份制的企业，是符合国家的企业政策，那么为什么又要卖给一个私营老板呢？其内幕真相如何，令人费解。以及公司历年积累资金的去向是一个谜。

现在我们特向各级领导请求几点：一、请求高层政府对公司历年房地产变卖资金和历年积累资金，予以调查与清查。二、运输公司的所有资产、资金是经几代人的艰辛创业积累起来的、现在公司所变卖和历年积累的资金，新老职工应一视同仁、共同分享。三、整个运输公司数处庞大的房地产及繁荣的运输业务市场远不止一千多万。我们请求政府对运输公司的房地产变卖、改制，秉着公正、客观、透明的原则重新评估，对公司房地产变卖改制的内幕及所有资金进行调查与清查。以消除职工的种种猜测及保障职工的合法权益。①

对此，湘乡市交通局很快给予了详细的回复，对邬共存提及的湘乡民船的历史贡献予以肯定，也解释了该运输公司的体制改革及其改制和资产分配的具体过程：

原湘乡市运输公司是1956年成立，至2005年解体前，历经几代人艰苦创业，公司从无到有，从弱到强，在不同的历史时期，为湘乡的大中型企业的发展和壮大，提供了较好的劳务服务，也可以说，大中型企业的发展壮大，你们付出了艰辛的劳动。一度时期，也成为湘乡地方企业中纳税大户

---

① 参见湖南省人民政府网页 http://www.hunan.gov.cn/hnszf/hdjl/wxszsjh/xjgs/201506/t20150629_4830596.html，2020年7月17日。

之一，也可以说为湘乡的经济发展作出了应有的贡献。同时，提供了较多的就业岗位，也可以说为湘乡的稳定作出了贡献。上述这些功绩是有目共睹，勿须置疑的。

但公司经营至21世纪初，湘乡国有大中型企业经营状况相继陷入困境，搬运装卸业随之萎缩。加之公司人员多达1400有余，退休人员980有余，庞大的人员负担及一些诸如医保、养保等硬性支出，再加上公有公营这一体制上的诸多弊端，单靠肩扛背挑极简单的机械作业形成的收益不足以维持公司的正常运转，故公司效益每况愈下，难以为继。针对上述情况，公司于2004年向市人民政府提出了改制的请求，实施了"两个置换"的工作。当时通过正常拍卖程序，由新组建的股份制私有企业——众望公司以750万元拍得。表面上看，公司似乎家大业大，但评估处置资产的净值仅有1008.5万元，而要做好"两个置换"的工作，职工所需的置换款，退休人员医药补偿款等支出为2315.740236万元，特殊工种人员补交退休养老金、保险款为115.75万元，两品相抵，资金缺口为1422.99036万元，这个缺口是市财政填补的（说明：1、关于资产处置是按湘党发【2000】12号文件要求，依法依程序阳光操作的。2、上述有关数据是市体改办、市财政提供的，敬请咨询。）"两个置换"实施后，按理就湘乡大多数企业改制后的情况，企业要解体，职工要走人，但基于考虑搬运装卸业务的连续性和有序性，及青壮职工的就业问题，组建了湘乡市众望运输有限公司，部分职工是以政府给付的置换金作为股金在公司入股的，根据该公司章程，管理层人员及决策层人员追缴了相应现金作为股金在公司入股的，可以说是一个地道的、全民皆股的民营股份公司，其公司应有自主经营的资金分配权。2008年，由于火车站的扩建，按照铁道部的要求，要组建相应规模的物流公司（除搬运装卸外，物资集散还要具备向周边县市有辐射功效）。而当时众望公司也无财力组建这样投资需过亿的公司，在此情况下，经全体股东代表表决，经董事会同意，最终万里行公司以1650万元整体收购众望公司。众望公司在分配此款时，是按众望公司有关章程所规定的按股进行分配。应该说，这样的分配是无可非议的。就此事曾在去年一部分退休老同志也提出过要参与此款分配，我们当时对此事的来龙去脉向老同志作了解释说明，消除了老同志的疑虑，得到了老同志的理解，在此，同样希望得到你的理解。

如不服本处理意见，您可自收到本处理意见书之日起30日内向湘乡市政府或湘潭市交通局书面提出复查申请，逾期不申请复查，本处理意见书即为该项信访事项的终结性意见。①

结合本书涉及明清以来湖南湘乡涟水船民和木帆船航运业的各章论述，至此，长江中游流域一条小支流上船民与船运的故事，画上了历史句号。湘乡县涟水流域，自明代中期开始由邓、陈、潘三姓承担船役。清乾隆年间，湘乡县上报涟水有倒划船不下六七千只，仍为邓、陈、潘三姓充当埠头，协助县令稽查与管理

---

① 参见湖南省人民政府网页 http://www.hunan.gov.cn/hnszf/hdjl/wxszsjh/xjgs/201506/t20150629_4830596.html，2020年7月17日。

船户和船只。直至20世纪30年代，湘乡涟水的船只数量总计在3000只上下，其中陈埠约1500余，潘埠约1000余，邓埠约600余只。据上引文件，至20世纪50年代，湘乡涟水河上的船民将作为自己唯一财产的私有船只入股，成立湘乡木帆船合作社，之后进入国有企业时代。实际上，大多数木制民船在20世纪50年代已经配置马达，利用帆船运输的时代一去不复返了。由以上文件看来，到21世纪初年，在老一辈船民对众望公司在四年内增值一倍多的质疑声中，涟水的航运业也完全成为历史。

湘乡涟水船民的历史，是长江中游干支流河网上从事运载工作的船民历史的缩影，反映清代以来长江中游社会经济的发展与近代转型，也展演了中国社会基层劳动大众的过往生活。他们的生活，在既往的主流历史书写中难觅踪迹，这是否意味着他们的生命历程和劳动付出在滚滚历史长河中水过无痕？他们说过的话、唱过的歌、记过的账单、签过的合同、立起的规矩、提出的控诉，是否都无法彰显他们自己的声音和想法？通过本研究的展开，我想答案是否定的。

基于本书的实证研究，我认为根据船民群体的特点，可将其归纳为"流动性劳工群体"，这来源于对船民日常生活、生计方式和社会性质的根本特征的认识。大多数船民的大多数时间生活在流动着的船上，以水路运输为业，运输业务一般由船民以群体合作方式共同承接和完成。是故，船民不仅具有显著的流动性，还具有强烈的市场依赖性和社会群体性。其中，流动性被视为船民的本质特性，往往被放大甚至掩盖了他们的其他特征，成为他们被误认为"对秩序具有危害性"群体的原因。那么，流动意味着什么？流动人群为何如此让人担忧？

中国传统文献中，保留着许多与流动人群有关的词汇，例如流民、游侠、移民、流氓、游民等等。远的不说，《明史》在规范基层里甲户籍赋役制度相关概念的同时，对于离开原籍的流动人口表示了专门的关怀，其中关于各种流动人口的表述，赋予他们"逃户""流民""附籍""移徙"等专有的制度称名，以及一套相应的处置办法，以示其与"编户齐民"有别，处置办法总的指导方针是使之还籍复业、收附民籍、授田输赋，处置目标是最大程度减少这类流散人员的数量。[1]这也是明朝初年明太祖统治制度特色被归纳为"画地为牢"的一个论据。

流动人员不仅给统治秩序带来问题，当他们聚集、组织成为一个群体，更被社会普遍认为具有危险性。经常被引用来论证明代中后期发生"资本主义萌芽"的江南雇工史料里，便出现了这些令人不安的劳工群体。如苏州府的丝织业小户织工，每日聚集一处，等待雇主选用，"什百为群，延颈而望，如流民相聚，粥后俱各散归。若机房工作减，此辈衣食无所矣"。[2]这些自由出卖劳力的雇用工人，往往难以控制。如万历二十九年（1601），苏州织造太监参随黄建节勾结本地棍徒汤莘等擅自加税，织工"一呼响应，毙黄建节于乱石之下，付汤莘等家于烈焰之中"。[3]再如嘉兴府石门县的油坊丁夫，在当地人眼中，是"赤身亡赖，或故髡钳而匿名逃罪者"之类，"千百为群，即坊主亦畏之"。更有

---

[1] "其人户，避徭役者曰逃户，年饥或避兵他徙者曰流民，有故而出侨于外者曰附籍，朝廷所移民曰移徙。"参见张廷玉等：《明史》卷七十七《食货一》，中华书局1974年版，第1884页。
[2] 傅衣凌：《明清时代商人及商业资本》，人民出版社1956年版，第12页。
[3] 《明神宗实录》卷三百六十一，万历二十九年七月丁未，中研院历史语言研究所校印本1962年版，第6742页。

史料显示,经济发展及随之而来的流动劳工群体引起的社会紧张感,可能激发更严重的冲突事件甚至惨案。[1]可见,流动性的劳工群体,一方面因应商品经济发展和劳动力市场的需求而产生,另一方面,则被视为扰乱社会秩序的不稳定因素。这不是某一时期的特殊现象,而是经济发展升级过程中反复出现的社会状况。

在现代交通运输方式和通信技术出现和发展起来之前,一切物资的流通都伴随着大量人员的流动来完成。由一地前往另一地经商的商人、务工的移民,有些会立即在移入地定居下来,另一些则在两地奔波,还有一些是靠赚取商货的空间差价来谋生,这些人流动性更强。船民、水手、马帮[2]、司机等交通运输业从业人员,正是具有日常流动性的劳工群体,他们的生计经营,是以流动为基本特征的。如果以中国为例,将人群流动性的强弱制作一道光谱,按照流动性由弱到强的次序,或可表示为:定居的读书人、农民等——移民、移工、商人——交通运输业从业人员。实际上,流动性最强的交通运输行业从业人员,甚或仅具有一般流动性的劳工商人,不止在中华人民共和国建立之前的时代,也不止在中国,既是商业市场发展的先行者,又常被视为社会秩序的麻烦制造者。

时至今日,流动的劳工群体仍然既为社会经济发展和商业市场繁荣提供劳力,又给社会秩序稳定带来顾虑,如何对待流动劳工,成为政府和社会的两难问题。社会人类学家对当代中国改革

---

[1] 傅衣凌:《明清时代江南市镇经济的分析》,《历史教学》1964年第5期。
[2] 参见马健雄、马存兆:《马帮交通的跨越性与限制——以赵州坝子为中心的考察》,赵敏、廖迪生主编:《云贵高原的"坝子社会":历史人类学视野下的西南边疆》,云南大学出版社2015年版。

开放之后涌现的流动劳工群体的调查和研究,颇为引人深思。其中,项飙所做的北京浙江村的研究,对本研究具有很大的启发。《跨越边界的社区:北京"浙江村"的生活史》说的是浙江温州服装商人和大批民工自20世纪80年代初开始聚集于北京城乡接合部而形成浙江村的故事,揭示中国改革开放后城乡地区之间人口流动加速下的社会经济新现象。到20世纪90年代中期,"浙江村"的温州商人在北京核心商城站稳脚跟,联结流入地和流出地而形成的覆盖全国乃至辐射国际的"流动经营网络",发展出一个"国家空间"之外的"新社会空间"。然而,这个空间并未得到政策、法律及一般社会意识上的明确认可。例如这套流动系统中的外来/农村劳动力,常常被视为扰乱社会秩序的"问题"。根据"秩序决定洁污定义"的观点,这些外来/农村劳动力作为农民在农村生活,才符合人们意识中的社会秩序,农民来到城市则直接冲击了这一想象中的秩序,使人们感到不安。"浙江村"作为一个改革开放时代具有象征意义的社会现象,代表了市场的要求,来促进其他社会领域的改革。改革的关键是处理好"浙江村"与城市社会之间的多个"接口",是改变现有的行政管理思路和管理体制,建立起"互动"特别是多元制衡的行政思维,而不是一味地控制乃至取消这些新形成的社会空间。项飙认为,"浙江村"中出现的市场化"危机"和"问题",实际上反映的是整个行政管理体系、法律制度与市场发育的不配套。[①]

最近,清华大学社会学系沈原教授带领的学术团队接连推出三部《中国卡车司机调查报告》(下文简称《卡车司机》),让我

[①] 项飙:《跨越边界的社区:北京"浙江村"的生活史》,生活·读书·新知三联书店2000年版。

似乎看到已成历史的船民及其行业在新时代重新面世。从规模上看,中国卡车司机 3000 万的庞大从业人口,深刻反映了中国市场化改革大潮中正在形成的工人队伍。三部《卡车司机》依次处理了自雇司机、卡嫂、组织化、他雇司机、物流商和女司机等主题。卡车作为生产资料,实际上为超过 70% 卡车司机所占有,恰恰是对这一生产资料的占有形式的特殊性,决定了卡车司机劳动的"不稳定"。因为这意味着卡车司机一入行就背负每月五六千元(轻卡)到一两万元(重卡)的还贷压力。迫切的还贷压力对卡车司机找货的方式、接受的运价、行车的路线、驾驶的实践、围绕工作的日常生活产生了直接影响,导致其更容易接受虽然可能更不稳定、条件更为苛刻,但能够保持持续现金流收入的运输工作。卡车司机劳动的"不稳定"同其高度流动性的特点紧密联系在一起。这种流动性不仅体现在卡车司机始终四海为家、一直在路上,还体现在其所面对的生产关系本身就是流动的,大部分卡车司机都是自雇,他们与货主之间是临时性的雇佣关系。由于雇佣关系大多是临时的,导致卡车司机的运输路线、货源、收入和支出可以说是"一单一变"。除此之外,互联网与智能手机等技术变迁和平台经济更加剧了卡车司机劳动的"不稳定性"。换句话说,流动性即意味着不稳定的劳动。[1]

---

[1] 传化公益慈善研究院"中国卡车司机调研课题组":《中国卡车司机调查报告 No.1:卡车司机的群体特征与劳动过程》,社会科学文献出版社 2018 年版;传化公益慈善研究院"中国卡车司机调研课题组":《中国卡车司机调查报告 No.2:他雇·卡嫂·组织化》,社会科学文献出版社 2018 年版;传化公益慈善研究院"中国卡车司机调研课题组":《中国卡车司机调查报告 No.3:物流商·装卸工·女性卡车司机》,社会科学文献出版社 2019 年版。参见闻翔:《"双重危机"与劳工研究再出发:以〈中国卡车司机调查报告〉三部曲为例》,《清华社会科学》第 2 卷第 1 辑,商务印书馆 2020 年版。

以上关于流动性劳工群体的社会学研究,涉及流动人群如何建立社会组织和拓展生存空间,如何在市场浪潮和资本引力中自我定位,如何处理与政府的关系,如何面对近代以来科学技术的日益更新等等问题,更阐发了流动的劳工群体作为一种具有离散性的力量,不仅通过空间流动解决自身的民生需求,还突破原有政治架构、市场结构和社群边界,创造出"新的社会空间"、合作性的社会关系以及具有价值的社会资源,为整个社会营造活力和提供希望。这些学术议题的讨论,都与本书从船民的立场思考和分析近代船民、船帮、木帆船航运业及其与市场、政府、技术之间的动态互动关系等诸种问题,形成一种超越时空的呼应。

由此可见,中国经济发展历史中每一次商品流通和市场拓展的升级,都会带来更大的流动性和新型庞大的运输业从业人口,随之而来的,是社会生活中新的空间的出现,以及新一轮的"社会秩序失衡和危机",让人们感到不安。就像电子商务在21世纪初开始出现和发展过程中,大量新闻报道电子商务中的欺骗行为、从事快递运输业人员的不负责任甚至偷窃抢夺行为,类似的报道至今仍然层出不穷。如果以此类报道作为主要文献来论证网络商务、快递公司和快递人员的经济功能和社会属性,则很难解释当今社会生活中网络商务的普遍化。

"日月经天,江河行地"是中国的一句老话,意思是太阳和月亮每天经过天空,大江大河永远流经大地,比喻人或事物的永恒、稳定、伟大。本书研究的木帆船航运业从业船民,至20世纪后期渐已成为历史,称不得永恒,但是,他们的后来者依然人数众多、势头强劲,用"江河行地"来象征已成历史范畴的船民,并无不适,因为他们能够代表永恒、稳定、伟大的中国社会的普通劳动大众。不仅如此,"江河行地"一词,引发一种江河流动、前进、奔腾的意向,也象征性地表现出船民如同江河般的天然的流动性和生命力,故本书选此为题。虽然很多类似船运的流动性极强的行业和工作并不受到社会的普遍尊重,但还是有人去做,被视为"不稳定的"劳动者,实则展现出基石般的稳定性。他们皆如江河日月,光明正大,不可或缺。

参考文献

一、官史、方志、文集

1. 官方文献

[清]贺长龄、[清]魏源等编:《清经世文编》,中华书局1992年版。
黄时鉴点校:《通制条格》,浙江古籍出版社1986年版。
黄时鉴辑点:《元代法律资料辑存》,浙江古籍出版社1988年版。
交通部统计处:《中华民国三十三年交通部统计年报》,1946年。
《明神宗实录》,中研院历史语言研究所校印本1962年版。
《清世宗实录》,中华书局1986年版。
司法院参事处编纂:《增订国民政府司法例规》,京华印书馆1931年版。
[清]张廷玉等:《明史》,中华书局1974年版。
《中华民国国民政府公报》,成文出版社1971年版。

2. 地方史志

乾隆《长沙府志》,江苏古籍出版社2002年版。
乾隆《湖南通志》,齐鲁书社1996年版。
《湖南省例成案》,香港科技大学华南研究中心藏,据日本东京大学东洋文化研究所藏刊本影印。
光绪《会同县志》,成文出版社1975年版。
光绪《湘潭县志》,成文出版社1970年版。

同治《湘乡县志》,岳麓书社 2009 年版。
民国《夏口县志》,江苏古籍出版社 2001 年版。
丹凤县志编纂委员会:《丹凤县志》,陕西人民出版社 1994 年版。
傅金土主编:《江西省铁路志》,中共中央党校出版社 1994 年版。
《湖南历史资料》编辑室:《湖南历史资料》,湖南人民出版社 1980 年版。
湖南省地方志编纂委员会编:《湖南省志》,湖南人民出版社 2001 年版。
景德镇文史资料委员会:《景德镇文史资料》第 11 辑,1988 年版。
萍乡矿务局志编纂委员会:《萍乡矿务局志》,内部资料,1998 年版。
谭日峰:《湘乡史地常识》,湘乡铅印局 1935 年版,湖南图书馆古籍室藏。
湘潭市交通志编纂委员会编:《湘潭市交通志(1980—2002)》,湖南人民出版社 2006 年版。
湘潭县地方志编纂委员会编:《湘潭县志》,湖南出版社 1995 年版。
湘乡县志编纂委员会编:《湘乡县志》,湖南出版社 1993 年版。
政协湘潭县委员会文史资料研究委员会编印:《湘潭县文史》第一辑,1985 年版。
株洲市地方志编纂委员会:《株洲市志》,湖南出版社 1995 年版。

3. 文集

陈旭麓、顾廷龙、汪熙主编:《盛宣怀档案资料》,上海人民出版社 2016 年版。
[清]范锴:《汉口丛谈》,成文出版社 1975 年版。
[清]刘献廷:《广阳杂记》,中华书局 1997 年版。
[明]钱春:《湖湘五略》,齐鲁书社 1996 年版。
张应俞:《杜骗新书》,山西古籍出版社 2003 年版。
[清]左宗棠:《左宗棠全集》,岳麓书社 2009 年版。

二、民间文献、地方档案

1. 族谱

陈氏十五派嗣孙启基(字亨临,行六)纂录的世系,手抄本,湘乡潭市镇白沙村陈华强家收藏。

湘乡《白沙陈氏必元房谱》，世德堂刊本，1909年修，美国犹他家谱学会收藏缩微版。
湘乡《白沙陈氏续修支谱》（中房谱），树德堂刊本，1925年修，上海图书馆家谱阅览室藏。
湘乡《江口邓氏族谱》，南阳堂刊本，1830年修，湖南图书馆古籍室藏。
湘乡《涟西潘氏广系二修支谱》，荥阳堂刊本，1917年修，上海图书馆家谱阅览室藏。
湘乡《上湘白沙陈氏支谱》，颍川堂刊本，1914年修，湖南省娄底市娄星区郊外水塘埔村陈家组陈时生藏。
湘乡《上湘陈氏家谱》，星聚堂刊本，1864年修，湘乡潭市镇白沙村陈氏家族收藏。
湘乡《湘乡邓氏族谱》，南阳堂刊本，1944年修，美国犹他家谱学会藏缩微版。
娄底《窑上陈氏支谱》，望房纹祯公支谱，2004年修，娄底市娄星区小碧乡陈氏宗族收藏。

2. 碑刻、契约及其他

乾隆五十一年《永定章程》石碑，湘乡潭市镇白沙洲村。
道光三十年无名碑，湘乡潭市镇白沙洲村。
同治湘潭船行官契。
光绪汉口船行官契，牛津大学图书馆藏。
《湘潭船行成案稿》，汉益商号船帮刻本，光绪三十年（1904），湖南图书馆藏。
《潮音》，湘乡县潭市镇潮音文学社。
何宇恕纂辑：《类成堂集》，张智、张健主编《中国道观志丛刊续编》第11册，广陵书社2004年版。

3. 湖北省档案馆档案

《国民政府主席武汉行辕关于请依法处理旅汉湖南五邑、安益两船帮因互争码头纠纷案的代电及武汉警备司令部的代电》（1947年），湖北省档案馆藏，档案号LS7-2-0776(3)。
《罗峤父等关于请令判定安益帮将坐船退回原处的状》（1947年），湖北省档案馆藏，档案号LS7-2-0076(3)。

《湖北高等法院民事判决》（1947年），湖北省档案馆藏，档案号LS7-2-0776(1)。
《湖北高等法院书记室关于检送旅汉湖南安益船商同乡会与旅汉湖南五邑米业商船同业会确认码头权利案卷宗、判决书、证物等请查照办理的公函》（1948年），湖北省档案馆藏，档案号LS7-2-0776(1)。
《旅汉湖南安益船商同乡会关于请驳回旅汉湖南五邑米业商船同业公会上诉请求的答辩状》（1948年），湖北省档案馆藏，档案号LS7-2-0776(1)。

4. 湖南省档案馆档案

《湖南省轮航管理处船舶总队部全宗》（1940年），湖南省档案馆，档号86-1-47。

5. 长沙市档案馆档案

《长沙市民船业公会关于选举工作的函电及理监事名册》（1945年），长沙市档案馆藏，档号24-1-248。
《为据遵照中央法令组织长沙市民船商业同业公会并照章注册呈请转呈核准由》（1945年10月3日），长沙市档案馆藏，长沙市商会档案，档号24-1-248。
《长沙市民船商业同业公会第二届理监事名册》（1947年），长沙市档案馆藏，档号24-1-248。

6. 岳阳市档案馆档案

《为在岳设立湖南五邑船商公会驻岳办事处谨录议案恳予核准候示只遵由》（1948年），岳阳市档案馆藏，档号17-18。

7. 邵阳市档案馆档案

《人民团体总登记表》（1945年），邵阳市档案馆藏，档号S3-03-00005-0004。

8. 湘潭县档案馆档案

《湘潭积谷局志》，1926年刊本，湘潭县档案馆藏。

《无名氏船户1934江河总簿》，湘潭县档案馆藏。

《湘潭人船户吴德贵、张忠义、贺春吉等窃盗案》（1939年），湘潭县档案馆藏，湘潭县地方法院档案，档号16-8-7719。

《湘潭盐务局函请追缴船户张忠义亏欠盐斤拘案函呈》（1939年），湘潭县档案馆藏，湘潭县地方法院档案，档号16-8-5255。

《呈为谋团体福利促进战时交通拟依法组织湘潭市民船航运商业同业公会恳予察核备案由》（1940年），湘潭县档案馆藏，民国湘潭县政府（建设科）档案，档号3-10。

《呈为修改耒阳旅潭环秀堂简章恳请备案并恳准予另刊耒阳旅潭环秀堂图记由》（1940年），湘潭县档案馆藏，湘潭县地方法院档案，档号16-1-1514。

《武昌人向求明（驾船业）侵占案》（1940年），湘潭县档案馆藏，湘潭县地方法院档案，档号16-8-9355。

《县政府、县总工会、县划业职业公会关于除以划业陋习的指令、布告、呈、传票和县知事余示》（1940年），湘潭县档案馆藏，湘潭县地方法院档案，档号16-1-1518。

《湘阴人胡茂初（驾船）、郭美华、长沙人李燮卿侵占及脱逃案》（1940年），湘潭县档案馆藏，湘潭县地方法院档案，档号16-8-10944。

《准省党部抄送帆船船员工会组织规则草案仰签具意见由》（1940年），湘潭县档案馆藏，民国湘潭县政府（建设科）档案，档号3-10。

《报告（三十年一月八日于联运总站）》（1941年），湘潭县档案馆藏，民国湘潭县政府（建设科）档案，档号3-10。

《为电复旅居该县湘安船民请组织联合办事处一案于法无据应予否准仰遵照由》（1941年），湘潭县档案馆藏，民国湘潭县政府档案，档号3-1-460。

《为强掳勒派请求撤职严惩而恤工艰由》（1941年），湘潭县档案馆藏，湘潭县地方法院档案，档号16-1-1519-2。

《为设立湘安民船同业驻潭联合办事处以利军运货运兼解自身痛苦呈恳核备乞予援助由及县府批复》（1941年），湘潭县档案馆藏，湘潭县地方法院档案，档号16-1-97。

《为文星埠头划痞刘春林既不遵令应派差船复又夺械行凶祈鉴核严惩由》（1941年），湘潭县档案馆藏，湘潭县地方法院档案，档号16-1-1519-2。

《呈为组织同业公会恳派员视察并办法许可证以便筹备而利进行由》(1942年),湘潭县档案馆藏,湘潭县地方法院档案,档号16-1-1487。

《谕知改派指导员仰尅日筹备组织成立由》(1942年),湘潭县档案馆藏,民国湘潭县政府档案,档号3-1-53。

《为呈请鉴核准咨湘乡县政府迅令制止征捐由》(1942年),湘潭县档案馆藏,民国湘潭县政府档案,档号3-1-65。

《为电陈仍乞核准征收船民月费当否乞示只遵由》(1942年),湘潭县档案馆藏,民国湘潭县政府档案,档号3-1-65。

《为具呈衡清船民傅连生等编组保甲恳予依令给发身份证以资利便由》(1942年),湘潭县档案馆藏,民国湘潭县政府档案,档号3-1-14。

《为据情转呈乞予饬队缉拏严究由》(1942年),湘潭县档案馆藏,民国湘潭县政府档案,档号3-1-65。

《指导人民团体组织总报告表(湘潭县耒阳同乡会)》(1942年),湘潭县档案馆藏,湘潭县地方法院档案,档号16-1-1514。

《会址迁移至文庙内办公乞予备查由》(1943年),湘潭县档案馆藏,民国湘潭县政府档案,档号3-1-53。

《据民船工会呈以合利猪食粮行拦河登记强收船民佣金转恳严令制止取销该行名义并依法究办以恤艰困由》(1943年),湘潭县档案馆藏,民国湘潭县政府档案,档号3-1-65。

《为本会常务理事陈石麟煽动船员抗不入会并串通水警队长吴声理私擅逮捕差没票恳予分别拘案讯办并乞加派枪兵二名下会协助以维威信而期业务普遍推行可否祈鉴核由》(1943年),湘潭县档案馆藏,民国湘潭县政府档案,档号3-1-15。

《为成立易家湾姜云石潭三分事务所造具各所职员名册三份恳鉴核备案由》(1943年),湘潭县档案馆藏,民国湘潭县政府档案,档号3-1-65。

《为该县株洲镇民船船员工会依法应与县船员工会合并组织并得改设分事务所以期兼顾仰转饬遵照办理具报由》(1943年),湘潭县档案馆藏,民国湘潭县政府档案,档号3-1-65。

《为合利猪食粮行拦河强迫征收行佣据情转请鉴核立予取销依法究办由》(1943年),湘潭县档案馆藏,民国湘潭县政府档案,档号3—1—65。

《为会员纯系流动情质征收会费困难兹特遵令拟具办法两项祈鉴核示遵由》(1943年),湘潭县档案馆藏,民国湘潭县政府档案,档号3-1-65。

《为会员抗缴会费恳准派警协助征收以维会务祈察核由》(1943年)，湘潭县档案馆藏，民国湘潭县政府档案，档号3-1-65。
《为会员延不入会抗缴会费特拟大字布告恳准出示晓谕由》(1943年)，湘潭县档案馆藏，民国湘潭县政府档案，档号3-1-65。
《为会员在大步桥贩买糠粹糟谷等物被外埠煽惑滥用小斛特召集资购用新制市斛加盖本会字样以昭慎重而杜流弊乞准备查由》(1943年)，湘潭县档案馆藏，民国湘潭县政府档案，档号3-1-65。
《为据会员赵福生等呈明假名敲诈郭投佣金恳予法究追回原款等情□请究办由》(1943年)，湘潭县档案馆藏，民国湘潭县政府档案，档号3-1-65。
《为恳转请层峰通令保护运灰空船以利滨湖农村肥料当否乞示遵由》(1943年)，湘潭县档案馆藏，民国湘潭县政府档案，档号3-1-65。
《为民船工会违法征费浮支滥用恳予依法究办并乞令饬从速改选切实整理以肃纪纲而维会务由》(1943年)，湘潭县档案馆藏，民国湘潭县政府档案，档号3-1-65。
《为拟组织湘潭县民船大队担负差运可否乞鉴核示遵由》(1943年)，湘潭县档案馆藏，民国湘潭县政府档案，档号3-1-65。
《为请查照前案转函湖南省水警总队藉资证明而昭虚实祈示遵由》(1943年)，湘潭县档案馆藏，民国湘潭县政府档案，档号3-1-65。
《为实行强制入会及征收会费恳予派枪兵协助以利进行由》(1943年)，湘潭县档案馆藏，民国湘潭县政府档案，档号3-1-65。
《为谭云桂等抗缴欠费侮辱本会雇员吴春华签请迅派枪警二名下会协同前往带究由》(1943年)，湘潭县档案馆藏，民国湘潭县政府档案，档号3-1-65。
《为易家湾渡运军差繁重恳予救济以资长期应付由》(1943年)，湘潭县档案馆藏，民国湘潭县政府档案，档号3-1-65。
《为再恳饬派枪警一名协助征收会费以维会务由》(1943年)，湘潭县档案馆藏，民国湘潭县政府档案，档号3-1-65。
《为征收会费节省公帑特拟具办法两项恳准备案施行祈鉴核示遵由》(1943年)，湘潭县档案馆藏，民国湘潭县政府档案，档号3-1-65。
《为转令本县民船商业同业公会停止征收船员工会会员会费咨复查照由》(1943年)，湘潭县档案馆藏，民国湘潭县政府档案，档号3-1-65。
《为遵令剔减业务介绍抽提经费并呈赍修正章程恳予察核备案由》(1943年)，

湘潭县档案馆藏，民国湘潭县政府档案，档号3-1-65。

《为遵令造具抗缴会费及延欠会费会员名册一份恳鉴核准予派警俯缴由》（1943年），湘潭县档案馆藏，民国湘潭县政府档案，档号3-1-65。

《为遵章组织业务介绍所负责代运以利货运客商连同章程可否祈示由》（1943年），湘潭县档案馆藏，民国湘潭县政府档案，档号3-1-65。

《盐务分局函送掺和船户左梓江》（1943年），湘潭县档案馆藏，湘潭县地方法院档案，档号16-8-5261。

《为船民廖加祥被骗恳请提究勒限清偿维护小本贩运以恤商艰由》（1944年），湘潭县档案馆藏，湘潭县地方法院档案，档号16-1-1514。

《为郑炳炎违犯会章肆意勒索破坏人民团体非法拘押船民恳请将该郑炳炎缉捕法办以维法纪而惩强霸由》（1944年），湘潭县档案馆藏，湘潭县地方法院档案，档号16-1-1514。

《呈为组织湘潭县各帮船商业同业公会准予备案事》（1945年），湘潭县档案馆藏，湘潭县地方法院档案，档号16-13-133。

《抄发救济运用民船运输合作救济收复区失业船员办法等件电仰遵办具报由》（1946年），湘潭县档案馆藏，民国湘潭县政府档案，档号3-1-262。

《呈覆船舶业公会收费情形请鉴核由》（1946年），湘潭县档案馆藏，湘潭县地方法院档案，档号16-13-133。

《据民船船业工会报请制止船舶业滥收会费一案函请查照核办由》（1946年），湘潭县档案馆藏，湘潭县地方法院档案，档号16-13-133。

《据民船船员代表王飞亭等呈诉该会理事长潘海清藉会敛财等情转请核夺示遵由》（1946年），湘潭县档案馆藏，民国湘潭县政府（社会科）档案，档号3-6-25。

《为发起组织湘潭县船舶业商业同业公会恳请派员指导筹备并恳颁发许可证以便进行由》（1946年），湘潭县档案馆藏，湘潭县地方法院档案，档号16-13-133。

《为据船舶保报请发给护照派警维护涓湘间商运一案恳请鉴核备案并给发正式护照转饬水上警察予以协助由》（1946年），湘潭县档案馆藏，民国湘潭县政府档案，档号16-1-1161-1。

《湘潭县船舶商业同业公会章程》（1946年），湘潭县档案馆藏，湘潭县地方法院档案，档号16-13-133。

《湘潭县船舶商业同业公会第一届理监事职员略历名册》（1946年），湘潭县档案馆藏，湘潭县地方法院档案，档号 16-13-133。

《湘潭县船业同业工会呈请组织报告第一届理监事职员略历表、会员花名册、章程》（1946 年），湘潭县档案馆藏，湘潭县地方法院档案，档号 16-13-133。

《湘潭县甄选民船运输合作社易俗河埠社员名册》（1946 年），湘潭县档案馆藏，民国湘潭县政府档案，档号 3-1-262。

《湘潭县甄选民船运输合作社易俗河涓江埠社员名册》（1946 年），湘潭县档案馆藏，民国湘潭县政府档案，档号 3-1-262。

《已逸名船户 1946 年记工簿》，湘潭县档案馆藏。

《指导人民团体组织总报告表（湘潭县船舶商业同业公会）》（1946 年），湘潭县档案馆藏，湘潭县地方法院档案，档号 16-13-133。

《为呈转宝庆五属码头请准恢复指令只遵由》（1947 年），湘潭县档案馆藏，湘潭县地方法院档案，档号 16-13-133。

《为筹备成立宝庆五属船民事务所恳予备案由》（1947 年），湘潭县档案馆藏，湘潭县地方法院档案，档号 16-1-1803-1。

《为请求依法解散湘潭县船舶商业同业公会以保业权而符法令由》（1947 年），湘潭县档案馆藏，湘潭县地方法院档案，档号 16-13-133。

《为物价高涨收入有限恳请更章增加经费以维会务兹特补具议决案请予鉴核由》（1947 年），湘潭县档案馆藏，湘潭县地方法院档案，档号 16-13-133。

《为遵令查复民船工会呈以船舶业公会巧立名义滥收款项一案乞鉴核由》（1947 年），湘潭县档案馆藏，湘潭县地方法院档案，档号 16-13-133。

《贺鸿发 1948 年出入工数簿》，湘潭县档案馆藏。

《四川人架船周汉卿等盗窃案》（1948 年），湘潭县档案馆藏，湘潭县地方法院档案，档号 16-8-7887。

《为本县船舶商业同业公会非法组织冲突频繁各情续恳迅予撤销以符法令由》（1948 年），湘潭县档案馆藏，湘潭县地方法院档案，档号 16-13-133。

《为奉令撤销名义并将图记截角缴销以符法令由》（1948 年），湘潭县档案馆藏，湘潭县地方法院档案，档号 16-13-133。

《为奉令据实呈报恳予严饬本县民船船员工会遵照上令各守职责由》（1948 年），湘潭县档案馆藏，湘潭县地方法院档案，档号 16-13-133。

《无名氏船户 1937 年出入数簿》（1948 年），湘潭县档案馆藏。

《贺鸿发 1950 年出入工数簿》，湘潭县档案馆藏。

《贺鸿发 1950 年河江总簿》，湘潭县档案馆藏。
《贺谷生 1952 年出入工数簿》，湘潭县档案馆藏。
《湘潭易俗镇造船厂工会 1953 年出入数簿》，湘潭县档案馆藏。
《湘潭易俗镇造船厂工会 1953 年伙食簿》，湘潭县档案馆藏。

三、中外调查、汇编史料、报刊

1. 中文调查

湖南法制院、湖南调查局编：《湖南民情风俗报告书·湖南商事习惯报告书》，劳柏林校点，湖南教育出版社 2010 年版。
粮食运销局：《湘桂粤三江民船运输调查》，1937 年，上海图书馆藏。
平汉铁路管理局经济调查组编：《长沙经济调查》（1936 年），张研、孙燕京主编：《民国史料丛刊》第 381 册，大象出版社 2009 年版。
上海实业部国际贸易局：《中国实业志·湖南》，1935 年，香港中文大学图书馆藏缩微版。
湘潭县地方自治筹备处编：《湘潭县调查汇刊》，1930 年，湘潭县档案馆藏。

2. 日文调查

安井正太郎編著『湖南』東京博文館藏版，1905 年。
東亜同文会編『支那経済全書』第 3 輯，両湖総督署藏板，神田印刷所 1908 年印刷。
東亜同文会編『支那省別全誌』第 10 巻『湖南省』，1918 年。
東亜同文会編『支那省別全誌』第 10 巻『江西省』，1918 年。
東亜同文会調査編纂部編『支那開港場誌』第二巻，1924 年，https://dl.ndl.go.jp/info:ndljp/pid/949578，2023 年 1 月 28 日。
東則正編『中部支那経済調査』，1915 年，https://dl.ndl.go.jp/info:ndljp/pid/952438，2023 年 1 月 28 日。
日清汽船株式会社『日清汽船株式会社三十年史及追補』，1941 年，https://dl.ndl.go.jp/info:ndljp/pid/1068392，2023 年 1 月 28 日。
商工省商務局貿易課編『漢口貿易』，1928 年，https://dl.ndl.go.jp/info:ndljp/

pid/1208972，2023 年 1 月 28 日。

外務省通商局編『宜昌帝国領事館管轄区域内事情』，1925 年，https://dl.ndl.go.jp/info:ndljp/pid/947319，2023 年 1 月 28 日。

在長沙日本領事館編『在長沙帝国領事館管轄区域内事情』，1924 年，https://dl.ndl.go.jp/info:ndljp/pid/1017318，2023 年 1 月 28 日。

在九江日本領事館編『在九江帝国領事館管轄区域内事情』，1923 年，https://dl.ndl.go.jp/info:ndljp/pid/1878146，2023 年 1 月 28 日。

在沙市日本領事館編『在沙市帝国領事館管轄区域内事情』，1924 年，https://dl.ndl.go.jp/info:ndljp/pid/1878245，2023 年 1 月 28 日。

中根和一編『漢口日本商業会議所年報』，1919 年，https://dl.ndl.go.jp/info:ndljp/pid/932050，2023 年 1 月 28 日。

中根和一編『漢口日本商業会議所年報』，1920 年，https://dl.ndl.go.jp/info:ndljp/pid/932051，2023 年 1 月 28 日。

中根和一編『漢口日本商業会議所年報』，1921 年，https://dl.ndl.go.jp/info:ndljp/pid/932051，2023 年 1 月 28 日。

3. 汇编史料

保靖县民间文学集成办公室编:《中国歌谣集成湖南卷·保靖县资料本》，内部发行，1987 年版。

慈利县民间文学集成办公室编:《中国歌谣集成湖南卷·慈利县资料本》，内部发行，1987 年版。

洞口县民间文学集成办公室编:《中国民间歌谣集成湖南卷·洞口县资料本》，内部发行，1987 年版。

古丈县民间文学集成办公室编:《中国歌谣集成湖南卷·古丈县资料本》，内部资料，1988 年版。

汉寿县民间文学集成办公室编:《中国民间歌谣集成湖南卷·汉寿县资料本》，内部发行，1987 年版。

衡东县民间文学集成编委会编:《中国歌谣集成湖南卷·衡东资料本》，内部资料，1987 年版。

衡南县民间文学集成编委会编:《中国歌谣集成湖南卷·衡南县资料本》，内部发行，1987 年版。

衡阳市南岳区民间文学集成编委编:《中国歌谣集成湖南卷·南岳资料本》,内部刊物,1987年版。

嘉禾县民间歌谣集成办公室编:《中国民间歌谣集成湖南卷·嘉禾县资料本》,内部发行,1988年版。

江西省内河航运史编写办公室编印:《江西省内河航运史资料》,内部资料,1987年版。

津市市民间文学"三集成"编辑小组编:《中国歌谣谚语集成湖南卷·津市资料本》,内部发行,1987年版。

临澧县民间文学三套集成编委会编:《中国民间歌谣集成湖南卷·临澧县资料本》,内部资料,1987年版。

麻阳苗族自治县民间文学集成办公室编:《中国民间歌谣·谚语集成湖南卷·麻阳苗族自治县资料本》,内部发行,1990年版。

聂宝璋编:《中国近代航运史资料(1840—1895)》,上海人民出版社1983年版。

聂宝璋、朱荫贵编:《中国近代航运史资料(1895—1927)》,社会科学文献出版社2002年版。

石门县民间文学集成办公室编:《中国民间歌谣集成湖南卷·石门资料本》,内部发行,1987年版。

双牌县民间文学集成办公室编:《中国歌谣集成湖南卷·双牌县资料本》,内部资料,1987年版。

四川省档案馆、四川大学历史系主编:《清代乾嘉道巴县档案选编》,四川大学出版社1989年版。

谭其骧主编:《中国历史地图集》,中国地图出版社1982年版。

王铁崖:《中外旧约章汇编》,生活·读书·新知三联书店1957年版。

湘潭市民间文学集成编委会编《中国民间歌谣集成湖南卷·湘潭市分卷》,内部资料,1988年版。

湘潭县民间文学三套集成编委会编:《中国歌谣集成湖南卷·湘潭县资料本》,内部资料,1987年版。

新化县民间文学三大集成编辑委员会编:《中国民间歌谣集成湖南卷·新化县资料本》,内部发行,1987年版。

杨顺禄、杨中秧编著:《会同侗苗情歌》,诗联文化出版社2012年版。

姚贤镐:《中国近代对外贸易史资料》,中华书局1962年版。

永顺民间文学集成办公室编:《中国民间歌谣集成湖南卷·永顺县资料本》,

内部发行，1988年版。

益阳地区民间文学集成编委会编:《中国歌谣集成湖南卷·益阳地区分卷》，内部资料，1994年版。

曾赛丰、曹有鹏编:《湖南民国经济史料选刊》，湖南人民出版社2009年版。

中国民间文学集成全国编辑委员会编:《中国歌谣集成·湖南卷》，中国ISBN中心1999年版。

中国社会科学院历史研究所清史研究室编:《清史资料》第三辑，中华书局1982年版。

4. 报刊和网络信息

《大公报（长沙）》。

《东方杂志》。

《湖北水警季刊》。

《湖南财政汇刊》。

《交通部汉口航政局局务汇刊》。

《申报》。

《统计月刊》。

湖南省人民政府网页：http://www.hunan.gov.cn/hnszf/hdjl/wxszsjh/xjgs/201506/t20150629_4830596.html，2020年7月17日。

四、研究论著

1. 中文著作

〔荷〕包乐史（Leonard Blussé）、王振忠主编:《长江与莱茵河：长江与莱茵河历史文化比较研讨会论文集》，中西书局2019年版。

陈锋:《明清以来长江流域社会发展史论》，武汉大学出版社2006年版。

陈旭麓:《近代中国社会的新陈代谢》，上海人民出版社1992年版。

陈瑶:《籴粜之局：清代湘潭的米谷贸易与地方社会》，厦门大学出版社2017年版。

传化公益慈善研究院"中国卡车司机调研课题组":《中国卡车司机调查报告

No.1：卡车司机的群体特征与劳动过程》，社会科学文献出版社2018年版。
传化公益慈善研究院"中国卡车司机调研课题组"：《中国卡车司机调查报告No.2：他雇·卡嫂·组织化》，社会科学文献出版社2018年版。
传化公益慈善研究院"中国卡车司机调研课题组"：《中国卡车司机调查报告No.3：物流商·装卸工·女性卡车司机》，社会科学文献出版社2019年版。
樊百川：《中国轮船航运业的兴起》，中国社会科学出版社2007年版。
樊枫主编：《老武汉·新武汉》，河北美术出版社2018年版。
方行、经君健、魏金玉主编：《中国经济通史·清代经济卷》，经济日报出版社1999年版。
方孝坤：《徽州文书俗字研究》，人民出版社2012年版。
方志远：《明清湘鄂赣地区的人口流动与城乡商品经济》，人民出版社2001年版。
傅衣凌：《明清时代商人及商业资本》，人民出版社1956年版。
龚胜生：《清代两湖农业地理》，华中师范大学出版社1996年版。
贺喜、科大卫主编：《浮生：水上人的历史人类学研究》，中西书局2021年版。
黄国信：《国家与市场：明清食盐贸易研究》，中华书局2019年版。
黄娟：《湖南近代航运业研究》，湖南人民出版社2015年版。
黄冕堂编著：《中国历代物价问题考述》，齐鲁书社2007年版。
黄永豪：《米谷贸易与货币体制：20世纪初年湖南的经济衰颓》，广西师范大学出版社2012年版。
胡铁球：《明清歇家研究》，上海古籍出版社2015年版。
罗传栋主编：《长江航运史（古代部分）》，人民交通出版社1991年版。
江天凤主编：《长江航运史（近代部分）》，人民交通出版社1992年版。
梁淼泰：《明清景德镇城市经济研究》，江西人民出版社1991年版。
李锦彰：《晋商老账》，中华书局2012年版。
李文治、江太新：《清代漕运》，中华书局1995年版。
李学通、金以林、吕迅：《中国抗日战争史》第6卷《战时经济与社会》，社会科学文献出版社2019年版。
李玉：《长沙近代化的启动》，湖南教育出版社2000年版。
林荣琴：《清代湖南的矿业：分布·变迁·地方社会》，商务印书馆2014年版。
刘宏友、徐诚主编：《湖北航运史》，人民交通出版社1995年版。
刘诗古：《资源、产权与秩序：明清鄱阳湖区的渔课制度与水域社会》，社会科学文献出版社2018年版。

刘锡诚:《20世纪中国民间文学学术史》,河南大学出版社2006年版。
刘泱泱主编:《湖南通史(近代卷)》,湖南人民出版社2008年版。
刘志伟:《贡赋体制与市场:明清社会经济史论稿》,中华书局2019年版。
鲁西奇:《区域历史地理研究:对象与方法——汉水流域的个案考察》,广西人民出版社2000年版。
鲁西奇、潘晟:《汉水中下游河道变迁与堤防》,武汉大学出版社2004年版。
吕实强:《中国早期的轮船经营》,"中研院"近代史研究所1976年版。
吕永昇、李新吾:《"家主"与"地主":湘中乡村的道教仪式与科仪》,香港科技大学华南研究中心2015年版。
马敏:《官商之间:社会剧变中的近代绅商》,天津人民出版社1995年版。
马木池编:《北海贞泰号1893—1935年结簿》,香港科技大学华南研究中心2003年版。
聂宝璋:《聂宝璋集》,中国社会科学出版社2002年版。
倪玉平:《清代关税:1644—1911年》,科学出版社2017年版。
彭南生:《行会制度的近代命运》,人民出版社2003年版。
彭雨新、张建民:《明清长江流域农业水利研究》,武汉大学出版社1992年版。
皮明庥主编:《近代武汉城市史》,中国社会科学出版社1993年版。
皮明庥、吴勇主编:《汉口五百年》,湖北教育出版社1999年版。
邱澎生、陈熙远编:《明清法律运作中的权力与文化》,(台湾)联经出版公司2009年版。
任放:《明清长江中游市镇经济研究》,武汉大学出版社2003年版。
任放:《中国市镇的历史研究与方法》,商务印书馆2010年版。
任放:《华中近代经济地理》,华东师范大学出版社2017年版。
沈兴敬主编:《江西内河航运史》,人民交通出版社1991年版。
苏云峰:《中国现代化的区域研究·湖北省》,"中研院"近代史研究所1981年版。
谭钜生等:《江西省地理》,江西教育出版社1989年版。
王日根、曹斌:《明清河海盗的生成及其治理研究》,厦门大学出版社2016年版。
王玉茹:《近代中国价格结构研究》,陕西人民出版社1997年版。
巫宝三:《中国国民所得(一九三三年)》,商务印书馆2011年版。
吴承明:《中国的现代化:市场与社会》,生活·读书·新知三联书店2001年版。
吴量恺:《清代湖北农业经济研究》,华中理工大学出版社1995年版。
吴琦:《漕运与中国社会》,华中师范大学出版社1999年版。

吴晓美：《商镇兴衰：洪江的商业历史与地域社会建构》，社会科学文献出版社 2021 年版。
项飙：《跨越边界的社区：北京"浙江村"的生活史》，生活·读书·新知三联书店 2000 年版。
徐斌：《制度、经济与社会：明清两湖渔业、渔民与水域社会》，科学出版社 2018 年版。
徐鼎新：《上海总商会史》，上海社会科学院出版社 1991 年版。
许檀：《明清华北的商业城镇与市场层级》，科学出版社 2021 年版。
张芳霖：《市场环境与制度变迁——以清末至民国南昌商人与商会组织为视角》，人民出版社 2013 年版。
张国雄：《明清时期的两湖移民》，陕西人民教育出版社 1995 年版。
张建民主编：《明清长江流域山区资源开发与环境演变》，武汉大学出版社 2007 年版。
张建民主编：《10 世纪以来长江中游区域环境、经济与社会变迁》，武汉大学出版社 2008 年版。
张明、汪国祥：《黄冈地区水运志》，上海社会科学院出版社 1991 年版。
张朋园：《中国现代化的区域研究·湖南省》，"中研院"近代史研究所 1982 年版。
张应强：《木材之流动：清代清水江下游地区市场、权力与社会》，生活·读书·新知三联书店 2006 年版。
赵敏、廖迪生主编：《云贵高原的"坝子社会"：历史人类学视野下的西南边疆》，云南大学出版社 2015 年版。
赵伟洪：《粮食流通与市场整合——以乾隆时期长江中游为中心的考察》，经济管理出版社 2018 年版。
中国人民大学清史研究所等编：《清代的矿业》，中华书局 1983 年版。
朱德兰：《长崎华商——泰昌号、泰益号贸易史（1842—1940）》，厦门大学出版社 2016 年版。
朱荫贵：《中国近代轮船航运业研究》，中国社会科学出版社 2008 年版。

2. 中文论文

蔡勤禹：《抗战时期国民政府对工商业团体的管制》，《河北师范大学学报》1998 年第 3 期。

蔡正雅、陈达:《上海解放前后工资问题史料(上、下)》,《档案与史学》2003年第3、4期。
曹金娜:《清代粮船水手中的罗教》,《宗教学研究》2013年第2期。
陈锋:《20世纪的晚清财政史研究》,《近代史研究》2004年第1期。
陈峰:《清代的船帮水手及其破坏性》,《西北大学学报(哲学社会科学版)》1995年第4期。
陈华:《清代江西运漕及其负担研究》,江西师范大学硕士学位论文,2005年。
程军:《近代长江流域行轮内港时空变迁研究(1898—1929年)》,《历史地理研究》2020年第4期。
陈学文:《明清时期江南的商品流通与水运业的发展——从日用类书中商业书有关记载来研究明清江南的商品经济》,《浙江学刊》1995年第1期。
陈瑶:《明清湘江河道社会管理制度及其演变》,《中国经济史研究》2016年第1期。
陈瑶:《清代湖南涟水河运与船户宗族》,《中国经济史研究》2017年第4期。
陈瑶:《辈岸:清前期湘潭鼓磉洲罗氏与渔户之凑聚成族》,黄永豪、蔡志祥、谢晓辉主编:《边陲社会与国家建构》,稻乡出版社2017年版。
陈瑶:《整体把握长江民船业近代转型》,《中国社会科学报》2018年12月4日。
迟香花:《抗战时期川江的木船运输》,西南大学硕士学位论文,2008年。
戴鞍钢:《五口通商后中国外贸重心的转移》,《史学月刊》1984年第1期。
戴鞍钢:《近代上海与长江流域商路变迁》,《近代史研究》1996年第4期。
邓亦兵:《清代前期的粮食运销和市场》,《历史研究》1995年第1期。
邓亦兵《清代前期全国商贸网络形成》,《浙江学刊》2010年第4期。
丁毓玲:《福建针路簿解密泉州地区航运贸易路线》,《中国社会科学报》2013年5月24日。
范金民:《清代刘家港的豆船字号——〈太仓州取缔海埠以安海商碑〉所见》,《史林》2007年第3期。
范金民:《清代前期上海的航业船商》,《安徽史学》2011年第2期。
冯筱才:《中国商会史研究之回顾与反思》,《历史研究》2001年第5期。
傅衣凌:《明清时代江南市镇经济的分析》,《历史教学》1964年第5期。
高元杰:《20世纪80年代以来漕运史研究综述》,《中国社会经济史研究》2015年第1期。
龚汝富:《清代保障商旅安全的法律机制——以〈西江政要〉为例》,《清史研究》2004 年第 4 期。
郭玮:《1949—1958 年卫运河船民融入集体的历史进程》,《当代中国史研究》2020 年第 2 期。
贺喜:《从家屋到宗族?——广东西南地区上岸水上人的社会》,《民俗研究》2010 年第 2 期。
侯德础:《抗战时期四川内河航运鸟瞰》,《四川师范大学学报》1990 年第 3 期。
侯彦伯:《晚清泛珠三角模式的贸易特色:华商、中式帆船与粤海常关的积极作用(1860—1911)》,《中国经济史研究》2021 年第 6 期。
黄纯艳:《宋代船舶与南方民众的日常生计》,《中国社会经济史研究》2016 年第 2 期。
黄向春:《身份、秩序与国家——20 世纪 50 年代闽江下游地区的"水上人"与国家建构》,《开放时代》2019 年第 6 期。
黄志繁、邵鸿:《晚清至民国徽州小农的生产与生活——对 5 本婺源县排日账的分析》,《近代史研究》2008 年第 2 期。
黄忠鑫:《清代以来汉水中游的商业中心及其变动》,《近代史学刊》第 10 辑,华中师范大学出版社 2013 年版。
胡梦飞:《近十年来国内明清运河及漕运史研究综述(2003—2012)》,《聊城大学学报(社会科学版)》2012 年第 6 期。
蒋勤、曹树基:《清代石仓农家账簿中数字的释读》,《社会科学辑刊》2016 第 5 期。
蒋勤、高宇洲:《清代石仓的地方市场与猪的养殖、流通与消费》,《中国经济史研究》2019 年第 3 期。
贾毅:《明清安化茶叶贸易与地方社会》,厦门大学历史系硕士学位论文,2021 年。
孔艳:《明清时期湘江长沙段历史地理问题探讨》,上海师范大学硕士学位论文,2011 年。
李伯重:《中国全国市场的形成:1500—1840》,《清华大学学报(哲学社会科学版)》1999 年第 4 期。
李伯重:《十九世纪初期中国全国市场:规模与空间结构》,《浙江学刊》2010 年第 4 期。
李刚、卫红丽:《论丹江水运与明清陕西商品经济的发展》,《人文杂志》2004 年第 3 期。

梁洪生:《吴城商镇及其早期商会》,《中国经济史研究》1995年第1期。
梁洪生:《捕捞权的争夺:"私业"、"官河"与"习惯"——对鄱阳湖区渔民历史文书的解读》,《清华大学学报(哲学社会科学版)》2008年第5期。
梁洪生:《从"四林外"到大房:鄱阳湖区张氏谱系的建构及其"渔民化"结局——兼论民国地方史料的有效性及"短时段"分析问题》,《近代史研究》2010年第2期。
廖声丰、顾良辉:《百年来厘金研究述评》,《中国社会经济史研究》2012年第4期。
廖元新:《20世纪中国民间歌谣搜集的实践历程》,《赣南师范大学学报》2019年第1期。
林红状:《从地方文献看清代重庆的船行埠头》,《图书馆工作与研究》2012年第3期。
刘伯涵:《漕运船帮中的协作与秘密结社》,《史学月刊》1985年第4期。
刘秋根、杨帆:《清代前期账局、放账铺研究——以五种账局、放账铺清单的解读为中心》,《安徽史学》2015年第1期。
刘诗古:《从"化外之民"到"水上编户":20世纪50年代初鄱阳湖区的"民船民主改革"运动》,《史林》2018年第5期。
刘秀生:《清代内河商业交通考略》,《清史研究》1992年第4期。
刘永华:《从"排日账"看晚清徽州乡民的活动空间》,《历史研究》2014年第5期。
刘永华:《小农家庭、土地开发与国际茶市(1838—1901)——晚清徽州婺源程家的个案分析》,《近代史研究》2015年第4期。
黎心竹:《水域政区化:新中国水上民主改革的历史透视(1950—1955年)》,《当代中国史研究》2019年第6期。
李彦荣:《民国时期上海教师的薪水及其生活状况》,《民国档案》2003年第1期。
鲁西奇、潘晟:《汉水下游河道的历史变迁》,《江汉论坛》2001年第3期。
鲁西奇、徐斌:《明清时期江汉平原里甲制度的实行及其变革》,《"中央"研究院历史语言研究所集刊》第84本第1分,2013年3月。
鲁西奇:《中古时代滨海地域的"水上人群"》,《历史研究》2015年第2期。
马敏:《关于同业公会史研究的几个问题》,《理论月刊》2004年第4期。
梅莉:《移民·社区·宗教——以近代汉口宝庆码头为中心》,《湖北大学学报

（哲学社会科学版）》2014年第3期。

聂宝璋:《19世纪中叶中国领水主权的破坏及外国在华轮运势力的扩张》，《中国经济史研究》1987年第1期。

聂宝璋:《轮船的引进与中国近代化》，《近代史研究》1988年第2期。

欧阳恩良:《从漕船到盐场:青帮形成过程中活动载体的演变》，《求索》2014年第10期。

潘前芝:《论抗战初期国民政府的民船征用问题》，《抗日战争研究》2010年第1期。

彭凯翔:《近代北京货币行用与价格变化管窥——兼读火神会账本（1835—1926）》，《中国经济史研究》2010年第3期。

全汉昇、王业键:《近代四川合江县物价与工资的变动趋势》，《"中央"研究院历史语言研究所集刊》第34本上册，1962年。

任放:《近代两湖地区的交通格局》，《史学月刊》2014年第2期。

任放:《近代两湖地区的市场体系》，《安徽史学》2014年第2期。

任云仙:《1952—1953年江西省水上民主改革研究》，《当代中国史研究》2019年第6期。

邵鸿、黄志繁:《19世纪40年代徽州小农家庭的生产与生活——介绍一份小农家庭生产活动日记簿》，《华南研究资料中心通讯》第27期，2002年4月。

苏永明、黄志繁:《行帮与清代景德镇城市社会》，《南昌大学学报（人文社会科学版）》2007年第3期。

谭刚:《抗战时期大后方的内河航运建设》，《抗日战争研究》2005年第2期。

谭刚:《抗战时期国民政府的交通立法与交通管理》，《抗日战争研究》2007年第3期。

谭刚:《抗战时期四川的粮食运输管理》，《抗日战争研究》2012年第4期。

陶家元、廖春华:《汉江航道及其航运前景的研究》，《华中师范大学学报（自然科学版）》1990年第4期。

田蕊:《"水上"的故事:1950年代的上海市水上区》，《史林》2015年第2期。

童光政:《明律"私充牙行埠头"条的创立及其适用》，《法学研究》2004年第2期。

王春英:《服从与合作:抗战时期日占区统制经济下的同业公会》，《近代史研究》2013年第6期。

王云:《近十年来京杭运河史研究综述》,《中国史研究动态》2003年第6期。
王振忠:《新安江的路程歌及其相关歌谣》,《史林》2005年第4期。
王振忠:《明清以来的徽州日记及其学术价值》,国家图书馆古籍馆编:《第二届地方文献国际学术研讨会论文集》,中国国家图书馆出版社2009年版。
王振忠:《排日账所见清末徽州农村的日常生活——以婺源〈龙源欧阳起瑛家用账簿〉抄本为中心》,《中国社会历史评论》第13卷,天津古籍出版社2012年版。
魏文享:《近代工商同业公会研究之现状与展望》,《近代史研究》2003年第2期。
魏文享:《商人团体与抗战时期国统区的经济统制》,《中国经济史研究》2006年第1期。
魏文享:《回归行业与市场:近代工商同业公会研究的新进展》,《中国经济史研究》2013年第4期。
温春来:《清代矿业中的"子厂"》,《学术研究》2017年第4期。
闻翔:《"双重危机"与劳工研究再出发:以〈中国卡车司机调查报告〉三部曲为例》,《清华社会科学》第2卷第1辑,商务印书馆2020年版。
吴言趣:《吕骥同志谈〈中国民间歌曲集成〉》,《人民音乐》1983年第4期。
吴智和:《明代江河船户》,《明史研究专刊》1978年第1期。
吴智和:《明代的江湖盗》,《明史研究专刊》1978年第1期。
吴智和:《明代渔户与养殖事业》,《明史研究专刊》1979年第2期。
萧放:《明清江西四大镇的发展及其特点》,平准学刊编辑委员会编:《平准学刊》第五辑下册,光明日报出版社1989年版。
萧凤霞、刘志伟:《宗族、市场、盗寇与蛋民——明以后珠江三角洲的族群与社会》,《中国社会经济史研究》2004年第3期。
萧正红:《清代汉江水运》,《陕西师范大学学报》1988年第4期。
徐斌:《明代河泊所的变迁与渔户管理——以湖广地区为中心》,《江汉论坛》2008年第12期。
徐斌:《明清军役负担与卫军家族的成立——以鄂东地区为中心》,《华中师范大学学报(人文社会科学版)》2009年第2期。
徐斌:《明清河泊所赤历册研究——以湖北地区为中心》,《中国农史》2011年第2期。
徐斌:《以水为本位:对"土地史观"的反思与"新水域史"的提出》,《武汉大学学报（人文科学版）》2017年第1期。

徐斌、曹振禹：《19世纪湖北境内长江水运路线考论——以英人立德〈扁舟过三峡〉为据》，《中国历史地理论丛》第34卷第1辑，2019年1月。

许檀：《明清时期江西的商业城镇》，《中国经济史研究》1998年第3期。

许檀：《清代前期的九江关及其商品流通》，《历史档案》1999年第1期。

许檀：《清代前期流通格局的变化》，《清史研究》1999年第3期。

闫富东：《清初广东渔政述评》，《中国农史》1998年第1期。

燕红忠：《清政府对牙行的管理及其问题》，《清华大学学报（哲学社会科学版）》2012年第4期。

杨飞、庞敏：《陕西丹凤龙驹寨船帮会馆及其演剧考论》，《文化遗产》2019年第1期。

杨国安、徐斌：《江湖盗、水保甲与明清两湖水上社会控制》，《明代研究》2011年第17期。

杨培娜：《"违式"与"定例"——清代前期广东渔船规制的变化与沿海社会》，《清史研究》2008年第2期。

杨培娜：《从"籍民入所"到"以舟系人"：明清华南沿海渔民管理机制的演变》，《历史研究》2019年第3期。

杨纫章：《湘江流域水文地理》，《地理学报》1957年第2期。

杨彦杰：《清代民间航海经验的累积与传承——以莆田〈水路簿〉的解读为中心》，《爱知大学国际问题研究所纪要》第156号，2020年10月。

尹恩子：《20世纪三四十年代湖北省沿江地区帮会》，《近代史研究》2008年第4期。

尹玲玲：《明代的渔政制度及其变迁——以机构设置沿革为例》，《上海师范大学学报（哲学社会科学版）》2003第1期。

尹玲玲：《明清时期长江武汉段江面的沙洲演变》，《中国历史地理论丛》第22卷第2辑，2007年4月。

袁为鹏、马德斌：《商业账簿与经济史研究——以统泰升号商业账簿为中心（1798—1850）》，《中国经济史研究》2010年第2期。

袁为鹏：《商业账簿史料对社会经济史研究的意义》，《中国社会科学报》2015年1月28日。

曾伟：《近代萍乡煤炭资源开发中的官商关系》，《中国社会历史评论》第十六卷（下），天津古籍出版社2015年版。

张博锋：《近代汉江水运变迁与区域社会研究》，华中师范大学博士学位论文，2014年。

张建民：《明代湖北的鱼贡鱼课与渔业》，《江汉论坛》1998年第5期。

张劲：《抗战时的川江航运》，《四川师范学院学报（哲学社会科学版）》1996年第1期。

张瑞威：《清代粮船水手的组织与巢穴》，《运河学研究（第5辑）》，社会科学文献出版社2020年版。

张修桂：《汉水河口段历史演变及其对长江汉口段的影响》，《复旦学报（社会科学版）》1984年第3期。

张修桂：《长江宜昌至沙市河段河床演变简史——三峡工程背景研究之一》，《复旦学报（社会科学版）》1987年第2期。

张修桂：《近代长江中游河道演变及其整治》，《复旦学报（社会科学版）》1994年第6期。

赵世瑜：《东山赘婿：元明时期江南的合伙制社会与明清宗族》，《北京大学学报（哲学社会科学版）》2021年第5期。

衷海燕：《清代江西漕运军户、家族与地方社会——以庐陵麻氏为例》，《地方文化研究》2013年第6期。

周琳：《征厘与垄断——〈巴县档案〉中的晚清重庆官立牙行》，《四川大学学报（哲学社会科学版）》2015年第5期。

周育民：《漕运水手行帮兴起的历史考察》，《中国社会经济史研究》2013年第1期。

朱美兰：《清代漕运与地方社会——以江西省莲花厅为中心》，南昌大学硕士学位论文，2009年。

朱英：《中国行会史研究的回顾与展望》，《历史研究》2003年第2期。

朱英：《近代中国同业公会研究亟待加强》，《光明日报》2004年8月10日。

朱英、向沁：《近代同业公会的经济与政治功能：近五年来国内相关研究综述》，《中国社会经济史研究》2016年第4期。

朱荫贵：《抗战时期日本对中国航运业的入侵与垄断》，《历史研究》2011年第2期。

朱荫贵：《清代木船业的衰落和中国轮船航运业的兴起》，《安徽史学》2014年第6期。

3. 外文论著（含中文译本）

Chabrowski, Igor Iwo, *Singing on the River: Sichuan Boatmen and Their Work Songs, 1880s–1930s*, Leiden and Boston: Brill, 2015.

〔日〕渡边惇:《清末时期长江下游的青帮、私盐集团活动——以与私盐流通的关系为中心》，钱保元译，《盐业史研究》1990 年第 2 期。

〔美〕费正清、〔美〕费维恺编:《剑桥中华民国史》，杨品泉等译，中国社会科学出版社 1994 年版。

洪长泰:《到民间去：1918—1937 年的中国知识分子与民间文学运动》，董晓萍译，上海文艺出版社 1993 年版。

Klemann, Hein A. M., "The Central Commission and Regulation of Rhine Shipping",〔荷〕包乐史、王振忠主编:《长江与莱茵河：长江与莱茵河历史文化比较研讨会论文集》，中西书局 2019 年版，第 415—438 页。

刘广京:《英美航运势力在华的竞争（1862—1874）》，邱锡镕等译，上海社会科学院出版社 1988 年版。

〔美〕罗威廉:《汉口：一个中国城市的商业和社会（1796—1889）》，江溶、鲁西奇译，中国人民大学出版社 2005 年版。

马德斌:《中国经济史的大分流与现代化》，徐毅、袁为鹏、乔士容译，浙江大学出版社 2019 年版。

〔日〕松浦章『清代上海沙船航運業史の研究』，関西大学出版部 2004 年版。

〔日〕松浦章:《清代内河水运史研究》，董科译，江苏人民出版社 2010 年版。

〔日〕松浦章:《清代华南帆船航运与经济交流》，杨蕾等译，厦门大学出版社 2017 年版。

〔美〕托马斯·罗斯基:《战前中国经济的增长》，唐巧天、毛立坤、姜修宪译，浙江大学出版社 2009 年版。

〔美〕王国斌、〔美〕罗森塔尔:《大分流之外：中国和欧洲经济变迁的政治》，周琳译，江苏人民出版社 2018 年版。

〔美〕万志英:《剑桥中国经济史：古代到 19 世纪》，崔传刚译，中国人民大学出版社 2018 年版。

〔日〕中村治兵衛『中国漁業史の研究』，刀水書房 1995 年版。

后 记

自 2013 年春节在美国犹他家谱学会网页上扫谱发现湘乡《白沙陈氏必元房谱》，2014 年 6 月 3 日第一次前往湘乡潭市，至今恍然又十年。多次接待我的湘乡县潭市白沙陈氏家族宗亲会的乡亲们，正值重修合族通谱，每次都热情地带我们寻人访碑，随时回复我在微信中提出的各种古怪问题，并把重修族谱过程中找到的族谱版本，无私分享给我。他们成为这项研究的起点。回味涟水边餐馆的美味菜肴，尤其是那天，陈新开老爷子特地唱水路歌给我听，并告诉我，只剩下他和唐凤连会唱了，再要听，得等到他们其中一个的丧礼了。那是我走进历史现场的时刻，也是本书找到基石的开始。

本书之所以能够完成，要感恩默默支持我的人们。本书所征引的大部分资料来自于诸位师友乡亲无私的帮助。自 2018 年结识松浦章教授，他之后将他大部分研究论著和相关资料赠予我学习，本书所使用的仅是冰山一角。杨建庭兄分享了山西商人在湘潭雇船的船契，以及长江中游茶叶贸易的大批史料。查义高教授在他的新书正式出版前就与我分享了他的研究成果。滨下武志教授和侯彦伯教授给我寄来相关的海关档案。叶再兴提供了他在湘潭县档案馆搜集的民国档案。肖瑾璟和高琳颖小姐、芝加哥大学高晓宇博士也帮忙下载传递了海关资料。陈玥接待了我和学生并带我们参观了汉口的老茶厂，后又提供了丰富的江汉关相关资料和旧照片。陶仁义提供了他在牛津大学图书馆网站发现的船契。王琦、孙延青、汤琰、谭宇桑等几位同学，慷慨地将邵阳和岳阳的民船业档案提供给我使用。澧县文化局赵凌云先生热情地为我讲解了澧水号子成为非物质文化遗产的过程以及目前传承的情况。湘潭县档案馆和谭静江老师一直支持我的研究，我县档案馆宝库，值得我一辈子挖掘。

本书部分章节曾在报告讲座或学术会议中发表，并且获得与会学者的建议。科大卫教授、刘志伟教授和廖迪生教授领衔的香港特别行政区大学教育资助委员会第五轮卓越学科领域计划项目"中国社会的历史人类学研究"提供我于2016年3月至6月在香港中文大学的访学机会，我向诸位师友报告这一研究的开启情况，收获科大卫、蔡志祥、廖迪生、邱澎生、黄永豪等老师的建议。承蒙台北"中研院"史语所"2015年明清史学会"、香港中文大学中国文化研究所"2016年中国文化研究青年学者论坛"、厦门大学2016至2018年三届"民间历史文献论坛"、南开大学2018年"生活与制度：中国社会史新探索国际学术研讨会"、南昌大学张芳霖教授主持的"近代长江中游地区（湘鄂赣）商会档案资料整理与研究"项目会议、第四届中国经济史青年学术研讨会的会议邀请，本书中的部分篇章得到了发表的平台。徐斌教授邀请我参加2017年8月武汉大学和中山大学共同主办的田野工作坊，带领我们寻访洞庭湖区的水域社会。包乐史老师和王振忠老师邀请我参加了2019年5月的"长江与莱茵河"会议，那是我第一次去到欧洲，包乐史教授与海恩·A.M.克莱曼教授等诸位研究莱茵河和欧洲史的教授还领着我们参观并介绍荷兰的历史和风物。在厦门大学历史系、云南大学历史档案学院、兰州大学历史文化学院的支持下，第一、二、三届"水域史工作坊"成功举办，徐斌、尹玲玲、刘诗古、潘威、江田祥、田宓、张景平、梁志平等师友为本书中部分篇章的初次报告提供了有趣的反馈和观感。鲁西奇教授读了第四章和第六章的初稿，帮我理清文章的架构，并在阅读全书初稿后建议我更深入地探讨水路歌文献的价值。黄纯艳等老师也认为水路歌文献还有继续分析和实地考察的必要。黎志刚教授、高超群教授为第四章和第六章的初稿提出了修改建议。蒋勤教授就第七章的初稿与我进行过交流。邱澎生老师在多次审稿和相助推荐的过程中，鼓励我多多思考理论问题。刘永华老师贡献了对各章节具体精准的批评。诤友廖小菁教授在推进本书写作和思考的过程中，贡献良多。教导和引领我走上历史研究道路的厦门大学历史系和香港中文大学历史系的诸位师友对我一贯支持和督促，让我不敢懒惰。很多建设性的修改意见，在书中尚未得到充分吸收，成为我继续努力的方向。

本书的初稿完成于2019年至2020年京都大学访学期间。2019年8月开始的京都之行，是一段波澜不惊却又暗流涌急的奇幻经历。感谢蔡志祥老师引荐、村上卫教授邀请，以及国家留学基金委的资助，让我得以度过一段"奢侈"的生活，回到单纯的学术环境和思想体验。这一期间，承蒙京都大学人文科学研究所的岩井茂树教授、石川祯浩教授、村上卫教授、都留俊太郎教授，以及太田出教授、木越義则教授、小野达哉教授、岩本真利绘教授、瞿艳丹博士、谷雪妮博士、小笠原朋子、西南大学来访学者王刚教授等诸位师友的照顾。整个一年中，我参加了岩井茂树教授"张集馨《道咸宦海见闻录》"史料研读班、石川祯浩教授"20世纪中国史研究的资料复原"共同研究班、村上卫教授"转型期中国的社会经济制度"共同研究班，以及大阪水越知教授和伍跃教授主持的"清代（巴县）档案整理与研究"研讨班，这些学术活动总有一番意外的乐趣和收获。松浦章教授的指导和在大阪的导览，他一辈子对东亚海域交流、水运史研究的坚持不懈和对我的研究的关怀，令我感佩尤深。本书的大纲与第六章于2020年6月26日在村上卫教授"近代中国的制度和模型"共同研究班上报告，对太湖渔民进行过调查和研究的太田出教授担任评议人，给予我丰富的建议，特别提醒我注意船民的信仰方面，菊池秀明教授对于湘乡船户宗族在太平天国时期的遭遇很感兴趣，村上卫、木越义则、都留俊太郎等教授以及赵崧、关艺蕾等同学也提供给我一些信息或问题，长达5小时的讨论，让我整整一周思绪万千。

感谢王日根、钞晓鸿、饶伟新等老师提供的修改建议，让这个项目可以获得国家社科基金的资助（批准号：18BZS146）。这个项目于2021年6月结项时获得"优秀"的评鉴，五位匿名评审专家给予了多方面的修改意见。书中第五、七、九章未曾正式发表，第一、二、三、四、六、八章是在已刊文章的基础上经过修订、重组、增补的新版本，这六章原文曾经发表于期刊和论文集的情况如下：（1）《明清湘江河道社会管理制度及其演变》，《中国经济史研究》2016年第1期；（2）《清代湖南涟水河运与船户宗族》，《中国经济史研究》2017年第4期；（3）《整体把握长江木帆船业近代转型》，《中国社会科学报》2018年

12月4日;(4)《山水相接处,矿工与船户:清前期湘中地区的煤礦外运与宗族建构》,钞晓鸿主编:《历史上环境与社会经济的互动:中国环境科学学会环境史专业委员会首届年会论文选集》,厦门大学出版社,2019年;(5)《清代长江中游的木帆船与船运组织》,王振忠、〔荷〕海恩·A.M.克莱曼主编:《长江与莱茵河 II——长江与莱茵河历史文化比较研讨会论文集》,中西书局,2022年;(6)《抗战前后湖南民船业同业团体的嬗变》,《中国经济史研究》2022年第1期;(7)《长江中游木帆船航运业近代转型》,《中国社会科学报》2022年3月15日;(8)《制度更革、绅商新兴与技术初渐——晚清变局中的湘江下游民船航运业》,《中国经济史研究》2023年第1期。这些文章的匿名审稿专家和编辑老师也从不同角度提出修改建议,有助于书稿的完善。

2020年1月24日除夕午餐,我与同时在人文研访学的季家珍(Joan Judge)教授谈起新冠病毒疫情,她问我的那些问题,至今不时浮现。自那天开始的几个月,我时刻关注武汉、湖北及此后世界各地的疫情。武汉是我研究中关注的城市。封城之后的武汉,基层交通运输业的从业人员坚守岗位,维系着一个千万人口的城市的稳定运转,那些快递小哥们、私家车司机们、向武汉运输物资的大卡车司机们,一如本书所写的船户群体。他们大多收入水平低,受教育程度低,他们在生活中的选择空间极其有限,却敢于去做事,竭力去达成目标,倔强地留下声音,在所有这些层面上,我扪心自问,在成为一个"读书人"之后,我是不是失去了这些倔强。我完全比不上他们。他们在危难之时,如江河行地,如日月经天,是整个社会的定心丸,他们是历史的创造者。

  本书的完成,还要感谢我的好友肖瑾璟、欧阳文、彭毅、李瑾熙,感恩我的父母,在寻访历史的旅程和生活中给予我无限的支持和爱。

2022 年 11 月 13 日

于厦门湖里高林

专家推荐意见一

以木船特别是木帆船为主要工具的水路运输，乃是传统中国大宗货物中长途运输的主要方式。在古代，木帆船航运业的发展，强化了区域间经济、社会乃至政治、文化的联系。近代以来，随着轮船运输的迅速发展，木帆船航运业逐步衰退。木帆船航运业在近代的遭遇及其应对、转型，在很大程度上代表了中国传统产业在近代的遭遇、应对与转型，也是中国传统经济、社会之近代转型的重要组成部分。同时，木帆船航运业的主要从业者——船民，是有着鲜明行业特色与社会组织特点的社会群体，其在传统经济社会体系中的地位与作用，及其在近代化进程中的应对与抉择，其社会组织方式、经济社会关系网络及其变动，都具有典型性。陈瑶著《江河行地：近代长江中游的船民与木帆船航运业》，以清至民国时期长江中游地区的木帆船航运业为研究对象，通过对此一区域性产业部门的细致分析，探讨传统航运业的近代转型问题，特别着意于船民在传统渐变至现代的中国社会中怎样谋求生存、应对危机和实现转型，在此基础上，解析近代中国社会经济变迁的基本方向、步骤和趋势，总结近代化进程中中国社会的诸种问题，探究其解决之道。

关于近代木帆船航运业的主体从业群体——船民的研究，是本项研究中最具特色且最有深度的部分。传统的交通运输业研究，对于其普通从业者相当忽视。本项研究从船民切入，探讨其生计模式、生活方式、组织形态及其与国家、市场间的关系，分析他们如何应对技术、市场与社会的变化，然后回过头来，考察政府如何控制、管理这一流动性很强的行业群体，市场机制如何对这一群体的社会关系发挥作用。作者既站在船民的立场上，去看待技术的变化、市场的变动以及国家和社会的变化，给他们带来的影响，以及他们的应对与调整，从而切实地去体察所谓"近代转型"在这一群体中发生的根源、过程及其具体表现，又立足于国家政府以及整体的市场体系，去看作为政府控制、管理对象与运输市场之重要环节的船民群体，在政治、经济与社会体系均发生着巨大变化的历史进程中的地位与作用，从而将船民置入近代巨变的大环境中加以考察，赋予了此项研究以更为深广的学术意义。

本书综合运用地方民船业档案与船户族谱、契约、账簿、碑刻、讼案、水路歌等民间历史文献，深入细致地考察了清至民国时期长江中游木帆船航运业的整体图景、运作机制及其在经济社会体系中的地位与作用，描述了"近代"的"先进技术"逐步进入内陆"传统"的"地方社会"的历史过程，生动展现了传统船民的日常生活、生计模式和社会经济关系及其面对近代新兴运输工具、地方权势转移和外来商业势力等变化时的因应时势的行动。全书在史料发掘、历史过程描述、经济与社会的结构分析、理论对话等各方面，均有创新，很多认识具有鲜明的个性特点，对相关研究与认识形成较大推进。

基于以上理由，我郑重推荐《江河行地：近代长江中游的船民与木帆船航运业》一书申请贵馆"日新文库"的出版计划。

鲁西奇
武汉大学历史学院教授
2021 年 12 月 15 日

专家推荐意见二

执事女士先生敬启者：

 这本《江河行地：近代长江中游的船民与木帆船航运业》，主要研究清代至 20 世纪 40 年代长江中游地区木帆船航运业的近代转型，全书搜集众多珍贵史料，包括《湖南省例成案》等清代地方官文书、清末与民国地方政府主持的社会经济调查、日本人撰写的中国社会经济调查报告等已出版的史料，作者又赴湘潭县档案馆、湖北省档案馆、上海档案馆等机构，辛勤收罗船货承运契约、码头使用权地图等各类地方民船业档案，甚至还运用船户流传"江河总簿、出入工数簿"账簿、宗族族谱与"唱太公"仪式文书（特别是白沙陈氏宗族留存者）、水路歌（也称船歌、船工号子或行船号子）等未出版的"船户历史文献"。

 除此之外，作者还亲访调研乃至聆听感受"船工号子"等更多珍贵船工口述资料，全书运用史料确是琳琅满目，异常丰富。同时，作者对长江木船航运业既有研究成果也进行了甚多研读与思考，确实是部史料扎实并富学术前沿性的研究，十分值得出版，以飨学林。

作者基本是以"近代化"为全书核心议题，欲以清至民国长江中游木帆船航运业种种变化现象，探究中国近代社会经济体系的渐进演变过程。全书强调不应将近代西式轮船与传统木帆船对立起来，应该更有机地看待传统与近代中国社会经济的演变问题。故而，作者着意探究近代西方传入科技和传统地方社会的复杂互动，考察长江中游传统木帆船如何灵活因应近代轮船航运业的巨大挑战，甚至还将欧洲莱茵河航运业制度变革的事例一并列入考察，为如何思考中、欧航运业近代化，也进行了某种有意义的"互惠式、对称式"的历史比较，从而提供许多饶有趣味并富启发性的有益思考。

同时，全书也极关注文化与经济的互动关系，能将长江帆船船工群体的社会生活、生计模式与文化观念，放在传统以至近代中国市场经济发展历程之中，对木帆船船工在近代轮船航运业引进过程中，如何提升自身业务的专业性、改造营业与社团组织方式，乃至重塑自身职业的社会形象，进行了细致论证以及整体性考察。全书提供船工职业经营与日常生活变迁的种种具体事例，不仅可以增进我们对明清以至近代社会变迁与物质文化的深入理解，也确能符合作者有意替当时船工祛除种种社会"污名化"的研究初衷。

总之，本书探究长江中游木帆船近代化变迁的历史事例，实可接续罗威廉先生的汉口研究，由都市以外的"水域地方社会"研究视角，继续挑战韦伯"西欧近代理性化"等既有论述，进而延伸扩大明清中国如何出现"早期近代性"的相关论证。全书论证可谓重要而又精彩，肯定会引起学界关注。

以上略述笔者对本部书稿一些个人观察，敬供参考。

专此，即颂

时祺

邱澎生

上海交通大学历史系特聘教授

2021 年 12 月 29 日

日新文库

第一辑

王坤鹏	越在外服：殷商西周时期的邦伯研究
王路曼	中国内陆资本主义与山西票号：1720—1910年间的银行、国家与家庭
刘学军	张力与典范：慧皎《高僧传》书写研究
李科林	德勒兹的哲学剧场
陈乔见	义的谱系：中国古代的正义与公共传统
周剑之	事象与事境：中国古典诗歌叙事传统研究

第二辑

何博超	说服之道——亚里士多德《修辞术》的哲学研究
陈　瑶	江河行地：近代长江中游的船民与木帆船航运业
赵　萱	耶路撒冷以东——一部巴以边界的民族志
郭桂坤	文书之力：唐代奏敕研究
梅剑华	直觉与理由——实验语言哲学的批判性研究